U0934185

主编简介

张卫平，男，山东人，1979 年考入原西南政法学院法律系，1983 年本科毕业。1986 年研究生毕业留校执教。1993 年从讲师直接破格晋升为教授。同年赴日本留学，先后在东京大学法学部和一桥大学法学部学习。1996 年获得博士生导师资格，同年任《现代法学》主编。1999 年初调清华大学法学院任教至今。现为清华大学法学院教授、博士生导师，天津大学卓越教授，中国法学会民事诉讼法学研究会会长。代表著作:《程序公正实现中的冲突与衡平》(1992)、《破产程序导论》(1993)、《诉讼构架与程式》(2000)、《探究与构想: 民事司法改革引论》(2004)、《民事诉讼:关键词展开》(2005)。在《法学研究》《中国法学》等杂志上公开发表学术论文百余篇。

齐树洁，河北武安人，1954 年 8 月生。1972 年 12 月自福建泉州一中应征入伍，1978 年 4 月从新疆军区 39487 部队退役。同年 7 月参加高考。1982 年 7 月毕业于北京大学法律系，获法学学士学位。1990 年 8 月毕业于厦门大学民商法专业，获法学硕士学位。2003 年 11 月毕业于西南政法大学诉讼法专业，获法学博士学位。曾在西南政法学院、中国人民大学、香港大学、澳门大学、台湾政治大学、菲律宾 Ateneo 大学、英国伦敦大学、德国 Freiburg 大学、法国巴黎第二大学、美国佛罗里达大学研修和访问。现为中国法学会民事诉讼法学研究会副会长，中国仲裁法学研究会副会长，厦门大学法学院教授、博士生导师、司法改革研究中心主任。

Access to Justice

2019年第2辑
总第28辑

Judicial Reform Review

司法改革论评

张卫平　齐树洁　主编　　唐　力　执行主编

主办方：

西南政法大学法学院

西南政法大学比较民事诉讼法研究中心

厦门大学出版社
XIAMEN UNIVERSITY PRESS
国家一级出版社
全国百佳图书出版单位

图书在版编目(CIP)数据

司法改革论评. 2019 年. 第 2 辑：总第 28 辑/张卫平，齐树洁主编.—厦门：厦门大学出版社，2020.8
ISBN 978-7-5615-7873-5

Ⅰ. ①司…　Ⅱ. ①张…　②齐…　Ⅲ. ①司法制度—体制改革—文集
Ⅳ. ①D916-53

中国版本图书馆 CIP 数据核字(2020)第 205657 号

出 版 人　郑文礼
责任编辑　李　宁

出版发行　厦门大学出版社
社　　址　厦门市软件园二期望海路 39 号
邮政编码　361008
总 编 办　0592-2182177　0592-2181406(传真)
营销中心　0592-2184458　0592-2181365
网　　址　http://www.xmupress.com
邮　　箱　xmup@xmupress.com
印　　刷　厦门兴立通印刷设计有限公司

开本　720 mm×1 000 mm　1/16
印张　21.25
插页　2
字数　400 千字
版次　2020 年 8 月第 1 版
印次　2020 年 8 月第 1 次印刷
定价　88.00 元

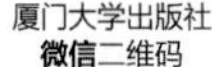
厦门大学出版社
微信二维码

厦门大学出版社
微博二维码

《司法改革论评》

目录

卷首语

本辑聚焦:检察制度改革

刑事法律前沿

宪法与行政法论坛

经济法论坛

民事法律专论

司法制度研究

比较法研究

卷首语

理论、原理与体系

张卫平

对于所谓理论，人们虽然有各种定义和理解，但大体上认可的理论是人们对某特定事物知识的认识和论述。所谓民事诉讼的理论也就是人们关于民事诉讼法(广义)的制定、运用的认识和论述。科学的民事诉讼理论应当是对民事诉讼法制定、运用规律的认识和论述，是人们对长期以来民事诉讼实践活动的经验总结和概括。我们在谈论理论的意义时，总是从理论对实践的关系上来把握，即理论具有指导实践的作用。如果理论能够准确地把握实践的规律性，那么理论就能够正确地指导人们的实践活动。理论也就成为人们行动的指南，使得人们的实践活动不再是摸着石头过河，能够做到事半功倍。

民事诉讼法作为人们在进行民事诉讼时所必须遵守的规范，民事诉讼法的制定和运用也就离不开民事诉讼理论的指导。民事诉讼法的制定需要以特定的理论为根据，没有理论为根据，其制度规定就可能只是片面的感性认识。我们在制定每一项特定的民事诉讼制度时，似乎只是根据某种特定的实践或社会需要而制定，如此，我们完全可以根据自己的意志设计制度结构，作出具体的制度安排。但科学地立法是不能唯意志的。科学的法律必须是理性的，讲道理的。理论讲的就是道理和逻辑。因此，如果没有理论的指引，我们的制度就可能出现矛盾或问题。

例如，关于小额诉讼制度的设置，就必须依照小额诉讼的相关理论。而这些理论就是人们在小额诉讼实践中的认识总结。人们对小额诉讼的基本理论是基于诉讼救济成本与诉讼救济权利大小之间关系的认识，即纠纷解决的效率与成本理论，是经济学原理在诉讼领域的具体运用。由于所救济的权利数额较小，因此从成本与效率的角度考虑，应当设置相应简化的程序予以应对，以提高小额纠纷解决效率，降低纠纷解决的成本。

再如，关于仲裁裁决是否可独立作为执行根据时，有的人认为，虽然没有人民法院的确认，也可以直接作为执行根据，无须法院的确认，我们的仲裁法也当然可以如此规定。还有的认为此系我国仲裁法和民事执行法的特点。这样的认识和理解显然就没有顾及民事执行法的原理，是背离民事执行法原理的。民事执行法的一个基本原理是，强制执行权专属于国家。作为民间性质的仲裁机构的裁决需要获得执行力，就必须得到国家的承认，即使国家支持鼓励仲裁发挥纠纷解决替代作用，也不能放弃国家的职责。在具体的程序上就是法院代表国家进行审查确认，以确认该仲裁裁决有无执行力。只有在法院确认赋予执行力的情形下，生效仲裁裁决才能作为执行根据。

又如，实务界和学界都有人呼吁建立第三人申请撤销生效仲裁裁决制度。这一观点主要是基于这样一种认识，他人之间的裁决损害了第三人的合法利益。尤其是虚假仲裁。既然如此，第三人就可以申请撤销。但这种认识没有考虑到裁决效力相对性这一原理——还是原理！他人之间的裁决，无论是法院的判决、裁定，还是仲裁机构的仲裁裁决，原则上对第三人都没有效力，既然没有效力有什么必要撤销呢？对第三人没有效力的裁决如果进入执行阶段欲对第三人执行，第三人的执行异议是一定能够成立的，因为这种针对第三人的执行是没有执行力的。这是基于原理的认识和应用。这种执行一定是违法的（严格而言应当称为不当，违法是针对执行根据）。我们之所以说第三人撤销之诉制度存在问题，也是因为这一制度没有顾忌民事诉讼法的这一原理。把特殊情形下（既判力扩张）当成一般情形对待。一部好的法律应当充分体现其内在的原理。

就民事诉讼法的运用而言，也是如此，也有自己的规律，也同样离不开民事诉讼理论的指引，正确的理论是关于民事诉讼原理的阐释，背离民事理论也将导致民事诉讼法的运用偏离应用的轨道，无法实现民事诉讼法规范的目的。尤其是背离关于民事诉讼基本原理，这种偏离就越大。

如前所述，理论是人们对特定事物的认识和论述。民事诉讼理论也就是人们对民事诉讼的认识和论述。但这些认识和论述如果不是体系化的，那么，这些理论认识和论述就只能是一堆散沙。没有体系化的理论相互之间就可能是矛盾或冲突的。体系化的理论通常是由基本原理、基础理论和具体理论构成的，如同树干、树枝与树叶的结构关系一样。树叶直接依赖于树枝，树枝依赖于树干，如此才能生长为参天大树。当我们在认识树叶有困难时，不妨理一理与树叶相联系的树枝和树干，如此，就能够很好地把握对树叶的认识，关于树叶的认识就不会有大的偏差。

笔者经常对青年学者提到，我们从事民事诉讼法学理论研究的人应当将主要的精力和资源放在基本原理的研究上，因为基本原理相比较基础理论和具体理论具有更广泛的涵摄性；基础理论又比具体理论具有涵摄性。具体理论是对具体制度结构和运行的抽象概括，具有相对具体的针对性。基本原理往往与基本原则直接关联。作为理论的原理与作为规范的原则之间，有时区别不是那么清晰。当然，如同客观存在的事物一样，彼此之间在某些特殊情形下也存在模糊地带。理论的体系化是将理论按照特定的框架结构组织起来，形成一个有机的整体，彼此之间依据一定的基本原理予以连接，从而使得人们的实践活动能够在体系化的理论指导下实施，以保证实践活动的协调和统一。体系化的各个局部的理论必定服从于体系化的总体要求，在体系的基本原理下构筑起来，如此也就保证了各种理论在体系中的协调性和统一性。

作为民事诉讼法学工作者核心和基本的任务就是探究民事诉讼法的规律和原理，正确地阐释其规律和原理，使立法者和实务工作者能够更好地理解民事诉讼法的这些规律和原理，依据这些根据和原理，科学地建构和实践民事诉讼法。

2019 年岁末于北京“知白斋”

本辑聚焦:检察制度改革

论司法责任制视域下检察机关内设业务机构的监督功能*

刁岚松**

摘要:应当将检察机关内设机构解构为职务职位(检察官)系统和内设业务机构系统二元组织结构体系,并在此框架下解读司法责任制下检察官办案独立性与内设业务机构业务监管功能之间的关系。司法责任制实行以来,检察监督主要业务案件数呈整体下降态势,内设业务机构监管功能弱化是重要原因之一。为强化检察机关法律监督功能,有必要在放权检察官的同时,明确授权内设业务机构对检察监督类案件的审核监督功能,突出对授权检察官办理的检察监督案件以及对由检察官承办、检察长(检察委员会)决定的重大监督办案事项和部分诉讼监督案件的监管。鉴于监督权力行使的行政性,对于检察监督办案责任,宜由检察官、内设业务机构、检察长在各自职权范围内承担。

关键词:司法责任制;法律监督;检察官;内设业务机构;监督机制

司法责任制实施以来,随着突出检察官主体地位的要求,检察机关内部办案实行的三级审批制退出历史舞台,内设业务机构诉讼类案件监督功能弱化乃至取消是总的趋势。但未分案件类型的一刀切式地取消内设业务机构的审核功能,却给检察监督工作带来了消极的影响。如何适应并顺应新形势,牢牢把握法

---

* 本文系2018年度安徽省检察理论研究课题"检察机关内设机构改革研究"(项目编号:AJ201807)的阶段性成果。

** 作者系南京大学法学院2016级法学理论专业博士研究生,安徽省郎溪县人民检察院第三检察部主任。

律监督是统摄各项检察职能的“纲”,[①]强化检察机关法律监督的宪法定位,一个重要的方面是准确定位内设业务机构的功能,在取消其诉讼类案件审批职能的同时,加强对检察监督类案件的能动性审查、审核,充分发挥内设业务机构的监督作用,从整体上提升法律监督的质效。故此,本文提出检察机关内设机构是由职务职位(检察官)系统和内设业务机构系统二元结构组织体系构成的观点,并通过分析检察官办案权与内设业务机构监管权之间的关系,阐释司法责任制对内设业务机构监督管理的影响,从检察监督业务的角度切入论述内设业务机构一个应然的功能性定位,提出新形势下以检察监督为重心构建内设业务机构监督机制的设想。

一、检察机关内设机构二元结构的组织体系

(一)检察机关内设机构二元结构组织的设置依据

中华人民共和国成立初期,根据1949年《中央人民政府最高人民检察署试行组织条例》的规定,我国检察机关内设机构分为三类,即领导机构、业务机构和综合管理机构。同时,也形成了依据检察职能划分内设业务机构的设置标准,这一标准沿用至今。[②] 领导机构即检察长和检察委员会,业务机构即检察机关各内设业务部门,综合管理部门即办公室等检务保障部门。其纵向结构为领导机构下设业务机构和综合管理部门;横向结构为平行的业务机构和综合管理部门。以上为检察机关通常内设的组织架构。

检察机关内设机构属于检察机关组织机构范畴。在概念上,有“组织结构”和“组织机构”之分。通常认为:“检察机关的组织结构所要解决的主要问题是检察机关在国家机构中如何建制以及检察机关的不同级别之间和一个检察机关内部如何组织起来,形成有机系统,保证检察权的有效运作。”亦即,检察机关的“组织结构”包括“组织体系”和“内部组织机构”。[③] 从狭义上说,内部组织机构即内设业务机构。从广义上理解,并从检察权行使的组织载体的角度来看,人民检察

① 张军:《强化新时代法律监督　维护宪法法律权威》,载《学习时报》2019年1月2日第A1版。

② 邱学强:《恢复重建以来检察机关内设机构改革的历史经验与启示》,载《检察日报》2018年11月13日第3版。

③ 徐鹤喃、张步洪:《检察机关内设机构设置的改革与立法完善》,载《西南政法大学学报》2007年第1期。

院的组织机构，是由各级、各类人民检察院及其内设机构和检察官共同组成的，内部密切联系、外部相对独立的组织体系。① 这一定义将检察官这一职务或职位纳入组织机构研究，诚如马克斯·韦伯科层制理论所认为的，科层制的基本单位是职务或职位，这些职务或职位按照规则、功能、文件以及各种强制手段组织成层级的形式，分科执掌，分层负责。用纯粹理性主义的观点来看，个人服从对象不再是拥有特定职务的个人，而是个人拥有的特定职务，换句话说，在科层制中，任何人都在为客观的非个人的组织和组织目标服务。② 检察官是科层制组织体系中按标准设置的一种职务职位③体系，有具体的任职资格条件要求与职权、义务和责任等内容，是一种基本的组织形式和组织单元，正如有学者认为的，"确立检察官不仅是一种职务或官名，而且是一种机关"④，回归组织机构本位去解读检察官，将之视为内设机构予以认识，在于本文是因为，我国宪法、法律，确认人民法院、人民检察院独立行使职权，尚未确认司法官独立行使职权的原则。⑤ 可见在我国的法治语境下，检察官个体独立行使检察权并未得到立法确认，因此将职务职位（检察官）抽象为客观存在的内设机构一个类别，以解释司法责任制下，具有独立行使检察权的是作为内设机构的检察官职务职位，而不是作为自然人的检察官个体。在具体司法语境中，则指向为应当正确行使检察官职务职位规定权力的检察官个体。

基于以上认识，本文将检察机关内设机构解构为二元结构组织体系：职务职位（检察官）体系和业务监管体系。职务职位（检察官）体系设置的法律依据是我

① 徐鹤喃、张步洪：《检察机关内设机构设置的改革与立法完善》，载《西南政法大学学报》2007 年第 1 期。

② 吕世伦主编：《西方法律思潮源流论》，中国人民大学出版社 2008 年版，第 257 页。

③ 马克斯·韦伯在论述现代官员特殊的运作方式表现时，认为：存在着固定的、通过规则即法律或行政规则普遍安排有序的、机关的权限原则，也就是说：(1)对为了官僚制统治机构的目的所需要的、经常性的工作，进行固定的分工，作为职务的义务；(2)对为了履行这些义务所需要的命令权力，同样进行固定的分割，并且通过规则对赋予它们的强制手段，划清固定的界限；(3)为经常性地和持续地履行这样分配的义务和行使相应的权利，通过招聘具有一种普遍规定的资格的人员，有计划地事先做好安排。这三个因素在公法统治里构成一种官僚体制"行政机关"的存在。[德]马克斯·韦伯：《经济与社会》(下)，林荣远译，商务印书馆 1997 年版，第 278～279 页。

④ 谢鹏程：《论检察官独立与检察一体》，载《法学杂志》2003 年第 3 期。

⑤ 龙宗智：《司法改革：回顾、检视与前瞻》，载《法学》2017 年第 7 期。

国宪法、人民检察院组织法和检察官法；业务监管体系，即检察机关内设机构设置的法律依据是《人民检察院组织法》第18条和第19条。[①] 当前司法改革关于司法责任制的顶层设计，实质上就是内设的职务职位（检察官）体系权力配置改革，其目的是明确各类职务职位（检察官）在司法办案中职权、义务和责任，其核心是赋予检察官独立办案权，解决其办案的司法责任问题。虽然尚无法律等规范性文件明确规定检察官为检察权运行的组织载体，但是从我国现行《人民检察院组织法》第29条、第34条，《检察官法》第9条[②]的规定来看，检察官具有检察长委托授权下的部分办案决定权，使之实际上具有行使检察权的功能。而传统意义上的内设机构改革，主要是内设业务监管机构改革，以落实"一类事项原则上由一个部门统筹、一件事情原则上由一个部门负责"的要求，科学设置内设机构，使整个检察权运行高效有序。[③] 其重要性体现在，检察机关内设机构作为检察权运行的组织载体，也是检察权内部配置和管理的表现形式，其设置、运行、相互关系等，对检察权运行和检察职能履行发挥着十分重要的作用。[④] 司法改革后，在实然层面上，除了人民检察院之外，检察长授权条件下的检察官与内设业务机构均成为检察权运行的组织载体，且已经形成共存格局。如果不厘清两者权力性质、边界，必然会导致权力行使的冲突，界定、平衡和协调二者的关系是检察权正确有效运行的关键。

（二）检察机关内设机构二元结构组织的构成及其功能

检察机关内设机构二元结构组织体系的构成：一是内设职务职位（检察官）体系，其组成为：检察长[⑤]、检察委员会委员、检察员等；二是内设业务监管体系，

---

① 《人民检察院组织法》第18条："人民检察院根据检察工作需要，设必要的业务机构。检察官员额较少的设区的市级人民检察院和基层人民检察院，可以设综合业务机构。"第19条："人民检察院根据工作需要，可以设必要的检察辅助机构和行政管理机构。"

② 新修订的《检察官法》第9条完全吸收《人民检察院组织法》第29条的规定："检察官在检察长领导下开展工作，重大办案事项由检察长决定。检察长可以将部分职权委托检察官行使，可以授权检察官签发法律文书。"《人民检察院组织法》第34条规定："人民检察院实行检察官办案责任制。检察官对其职权范围内就案件作出的决定负责。"

③ 邱学强：《恢复重建以来检察机关内设机构改革的历史经验与启示》，载《检察日报》2018年11月13日第3版。

④ 邱学强：《恢复重建以来检察机关内设机构改革的历史经验与启示》，载《检察日报》2018年11月13日第3版。

⑤ 为论述方便，本文仅以检察长为论述对象。

其组成为:检察长(检察委员会)、业务机构(中层负责人)、机构办案单元等。具体如表1。

表1

内设机构		组　成
1	职务职位(检察官)体系	检察长、检察委员会委员、检察员等
2	业务监管体系	检察委员会、检察长、业务机构(中层负责人)、机构办案单元

表1表明了检察机关二元结构组织的构成体系,各自独成系统。职务职位(检察官)体系是检察权运行组织载体的司法办案主体系统,行使的是检察办案权,包括诉讼权和诉讼监督权,在性质上既有司法性,又有行政性;业务监管体系是监督和行政管理系统,其依据的是《人民检察院组织法》以及组织编制部门的规范性文件和检察机关有关设立内设业务机构的内部规范性文件等设置,行使的是检察管理权和检察监督权,在性质上具有行政性。

在二元组织结构体系中,检察长均位列其中,但其角色定位并不相同。在职务职位(检察官)体系,检察长是司法办案单元,同时又是司法办案授权主体;在业务监管体系,检察长是监督和行政管理主体。因此,在检察机关,检察长具有双重性质。除此之外,检察委员会委员、检察员的职务职位与内设业务机构负责职务、机构办案单元也具有重叠性。担任内设业务机构负责职务的检察委员会委员和检察员也具有身份上的双重性,既是办案单元又是管理监督者,其中检察委员会委员既是内设机构的管理者监督者,又是决策机构的监督者。未担任内设机构负责职务的委员仅是办案单元和(决策层)监督机构;未担任内设机构负责职务的检察员只是办案单元。具体如表2所示。

表 2

<table>
<tr><th colspan="3">检 察 机 关 内 设 机 构</th></tr>
<tr><td>内设职务职位(检察官)</td><td colspan="2">内设业务机构</td></tr>
<tr><td>检察长</td><td colspan="2">办案单元;授权主体;全面业务、行政管理监督机构</td></tr>
<tr><td rowspan="2">检察委员会委员</td><td>任内设业务机构负责职务</td><td>办案单元;管理、监督机构</td></tr>
<tr><td>未任内设业务机构负责职务</td><td>办案单元;监督机构</td></tr>
<tr><td rowspan="2">检察员</td><td>任内设业务机构负责职务</td><td>办案单元;管理、监督机构</td></tr>
<tr><td>未任内设业务机构负责职务</td><td>办案单元</td></tr>
</table>

一般认为,传统意义上的检察机关设置内设业务机构的目的和意义有两个:一是为了实现专业分工提高效益;二是有利于上级指挥监督。[①] 申言之,检察机关的内设机构,实际上是检察机关内部的一个管理层级和单元,而之所以创设内设机构,主要是弥补检察长直接行使管理权之不足,以所谓内设机构的名义,延伸检察长管理的"手"和"臂",增强检察长对检察官的管理力度和效率。检察体制实际上有必要设立若干承载不同业务类型的内设机构,并将从事相同业务类型的检察官归口到同一机构工作,以提高各个专项业务办理的专业化程度,提升业务办理的效率和质量。[②] 上述所指的内设机构,不包括内设职务职位(检察官)机构。职务职位(检察官)与内设业务机构是两种不同的内设机构体系,虽然性质、功能、作用相异,但是二者在检察权运行中互相关联,相互影响。

概言之,司法改革后,职务职位(检察官)体系是检察长授权之下的独立办案系统;内设业务机构体系则成为检察长委托制下的监管系统。

本文研究仅限于传统意义上的处于中层监督管理地位的内设业务机构,以及内置于内设业务机构的检察官组织体系中的检察官办案单元。将检察官办案单元纳入内设机构予以考察,主要是基于司法责任制赋予检察官独立办案权与消解内设业务机构审核权对检察监督业务的影响,澄清认识并阐释司法责任制视域下内设业务机构功能的一个应然转向问题。

---

① 龙宗智:《检察机关内部机构及功能设置研究》,载《法学家》2018 年第 1 期。

② 万毅:《检察机关内设机构改革的基本理论问题》,载《政法论坛》2018 年第 5 期。

(三)检察机关内设机构二元结构组织相互关系的一般认识

从狭义上理解,“对于内设机构的存在和功能,检察官的地位和状况具有说明和支配意义——检察官独立性的大小,说明了内设机构职能作用的大小,其中是一个反相关的关系。即内设机构的职责如果过多,则检察官的独立性小,反之亦然”①。如果从权力的视角分析,授予检察官独立办案权的大小也反向于内设业务机构审核权的大小。司法责任制后,这种权力关系的重心已经倒向检察官一方。二者关系具体体现为:

第一,从形式上看,为了实现专业化,检察机关设置了必要的内设业务机构,而检察官被配置到相应内设业务机构从事专业化办案工作。

第二,从功能上看,在司法责任制下,按照“检察官—检察长”的路径建构检察官办案系统,检察官办案自主性增强,而内设业务机构办案审核功能逐渐被取消,不再介入检察官办案系统;内设业务机构存在的功能仅限于日常的管理功能和政治功能。

第三,从责任承担上看,根据权责统一原理,在“谁办案谁负责,谁决定谁负责”以及在职权范围内对办案质量终身负责的司法责任制下,检察官被赋予了一种不容干涉的相对独立的办案权力。而其置身其中的内设业务机构,相应地减损了对检察官办案审核权,不再对检察官因故意或重大过失实施的法定禁止性行为或法定后果承担司法责任。这一制度设计,使集体负责制转向了个人负责制,责任认定、追究难的弊端得到改变,但同时也对检察官办案过程监督留下了漏洞和隐患。

概言之,如果将内设业务机构审核权狭义地理解为案件审批权的一个环节,那么审核权与办案权在性质上就具有同一性,在去行政化的司法责任制下,赋予并扩张检察官办案决定权,势必淡化并最终取消内设业务机构审核权。但这种认识是片面的,必将导致司法责任制下全盘否定内设业务机构审核权存在的必要性,新形势下应当对内设业务机构审核权予以重新认识(有关审核权性质、特点和内容详见下文)。

---

① 徐鹤喃、张步洪:《检察机关内设机构设置的改革与立法完善》,载《西南政法大学学报》2007年第1期。

二、司法责任制对内设业务机构监督管理功能的影响

(一)内设业务机构监管功能的文本规定及其利弊分析

司法责任制改革以来,最高人民检察院(以下简称高检院)出台了两个重要的规范性文件《关于完善人民检察院司法责任制的若干意见》(2015 年 9 月 28 日)、《关于完善检察官权力清单的指导意见》(2017 年 3 月 28 日)(以下简称"两个意见")。从"两个意见"的规定看,检察机关司法办案的总体趋势是放权于检察官,减少办案层级,实行扁平化管理,对检察长、检察委员会委员、检察员职务职位(检察官)体系作了办案职权范围和责任的划分,初步厘清了各自的权力清单,顺应了司法责任制改革的要求。"两个意见"对内设业务机构功能也作了规定,详见表 3 条文规定及其利弊分析。

表 3

高检院规范性文件	内设业务机构(负责人)功能	利弊分析
1.《关于完善人民检察院司法责任制的若干意见》(2015 年 9 月 28 日)	19.业务部门负责人除作为检察官承办案件外,还应当履行以下职责:(一)组织研究涉及本部门业务的法律政策问题;(二)组织对下级人民检察院相关业务部门办案工作的指导;(三)召集检察官联席会议,对重大、疑难、复杂案件进行讨论,为承办案件的检察官或检察官办案组提供参考意见;(四)负责本部门司法行政管理工作;(五)应当由业务部门负责人履行的其他职责。	利:适应司法责任改革,业务机构不再承担案件审批功能,有利于检察官独立办案。 弊:没有规定对诉讼或者诉讼监督类案件的监督功能。难以克服检察官办理诉讼案件过程中的机会主义和寻租活动,不利于内设业务机构发挥了解、知情案件的作用;不利于发挥检察机关法律监督功能。

续表

高检院规范性文件	内设业务机构(负责人)功能	利弊分析
2.《关于完善检察官权力清单的指导意见》(2017 年 3 月 28 日)	八、检察官应当在检察官权力清单确定的职权范围内独立作出决定。省级人民检察院可以根据人民检察院层级及案件类型,在检察官权力清单中明确业务部门负责人是否审核检察官职权范围内作出的决定。基层人民检察院业务部门负责人的审核权原则上应当严格限制并逐步取消。省级人民检察院和地(市)级人民检察院业务部门负责人的审核权可以根据实际情况适当保留。 业务部门负责人审核案件,承担相应的监督管理责任。业务部门负责人审核时,可以要求检察官对案件进行复核或补充相关材料,但不得直接改变检察官意见或要求检察官改变意见。业务部门负责人与检察官处理意见不一致时,可以召集检察官联席会议讨论,也可以将审核意见连同检察官处理意见一并报检察长(副检察长)审查或决定。召集检察官联席会议讨论的,应当同时报送检察官联席会议讨论情况。	利:授权省级院内设业务机构可以具有审核权;根据实际情况适当保留省级和市级院内设业务机构审核权。有利于检察监督工作的开展。 弊:1.对省级、市级院审核案件的范围未作规定,一方面易造成对诉讼案件的过宽、过度干预;另一方面容易造成审核的随意性。 2.对基层院内设业务机构审核权严格限制并逐步取消的规定,容易产生办案和监督的脱节,不利于整体上的检察监督功能发挥作用。

一般情况下,检察官办案存在两种形式:一是检察官办理检察长授权下的办案事项,并具有决定权;二是检察官作为承办人办理的应由检察长或者检察委员会决定的重大办案事项。这两种形式,都取消了内设业务机构的审批功能,减少了层级,做到了放权于检察官,这符合司法责任制本质要求。

但值得注意的是,"两个意见"还有两条特殊的规定,即《关于完善人民检察院司法责任制的若干意见》(2015 年 9 月 28 日)第 6 条以及《关于完善检察官权力清单的指导意见》(2017 年 3 月 28 日)第 8 条。① 前者规定了检察机关自行侦查的案件需经过内设业务机构审核;后者的规定则给省级、市级院内设业务部门审核权留下制度空间,但该规定没有对案件类型作出规定,而是交由省级院自由裁量。尽管这两条规定对内设业务机构的审核权作了适当的保留,但总的来说,"两个意见"对内设业务机构的审核权作了严格的限制。

问题是,为什么上述两个规范性文件对内设业务机构审核功能(自行侦查工作除外)的规定发生了从《关于完善人民检察院司法责任制的若干意见》中的"无"到《关于完善检察官权力清单的指导意见》根据有关情况可以"有"的变化?虽然有"不得直接改变检察官意见或要求检察官改变意见"的限权规定,但毕竟还是对内设业务机构有权审核检察官办案开了口子。究其原因,从经验上推测,不外乎是基于案件质量的把关和检察监督业务的开展两个方面的考量。

总之,与司法责任制实施以前三级审批制相比,内设业务机构的审核功能明

---

① 《关于完善人民检察院司法责任制的若干意见》第 6 条规定:"人民检察院直接受理立案侦查的案件,一般由检察官办案组承办,简单案件也可以由独任检察官承办。决定初查、立案、侦查终结等事项,由主任检察官或独任检察官提出意见,经职务犯罪侦查部门负责人审核后报检察长(分管副检察长)决定。"《关于完善检察官权力清单的指导意见》第 8 条规定:"检察官应当在检察官权力清单确定的职权范围内独立作出决定。省级人民检察院可以根据人民检察院层级及案件类型,在检察官权力清单中明确业务部门负责人是否审核检察官职权范围内作出的决定。基层人民检察院业务部门负责人的审核权原则上应当严格限制并逐步取消。省级人民检察院和地(市)级人民检察院业务部门负责人的审核权可以根据实际情况适当保留。业务部门负责人审核案件,承担相应的监督管理责任。业务部门负责人审核时,可以要求检察官对案件进行复核或补充相关材料,但不得直接改变检察官意见或要求检察官改变意见。业务部门负责人与检察官处理意见不一致时,可以召集检察官联席会议讨论,也可以将审核意见连同检察官处理意见一并报检察长(副检察长)审查或决定。召集检察官联席会议讨论的,应当同时报送检察官联席会议讨论情况。"

显弱化。

(二)内设业务机构审核功能弱化对检察监督业务的影响

1.检察监督核心业务数据下降态势

检察监督业务工作开展情况是考察检察机关内设业务机构审核功能是否弱化的一个重要衡量标准。为此,本文采集了近10年(2009—2017年)的全国检察机关刑事、民事行政以及刑事执行检察监督案件办理数据进行分析,如图1、图2。①

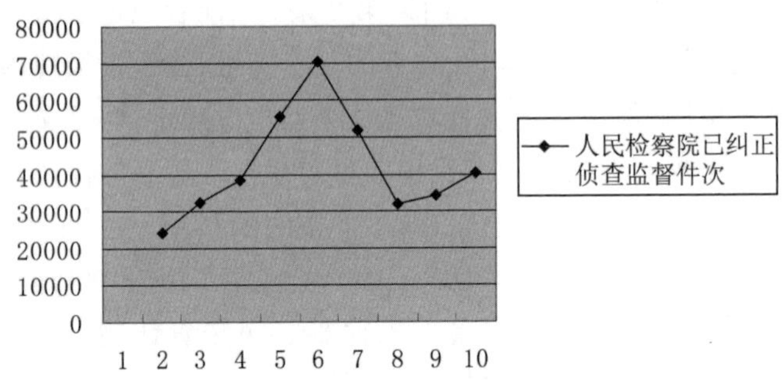

图1 人民检察院已纠正侦查监督案件

资料来源:本文采集人民检察院已纠正侦查监督件次的数据,作为代表说明检察机关侦查监督活动数据。该数据虽不包含检察机关纠正监督立案、监督撤案数据,但该两项数据反映的特点与纠正侦查监督件次相同;因2014—2017年国家统计局网站没有审查逮捕、审查起诉环节纠正件次数据的反映,该数据也不包括审查逮捕、审查起诉环节纠正件次数据。

首先对刑事检察监督案件(包括刑事侦查监督和刑事审判监督)有关数据进行分析。图中横向坐标指示年度(其中2—10数字分别代表2009—2017年份),纵向坐标指示如图所示。图1、图2显示,在司法改革和司法责任制实行之前,侦查监督和刑事审判监督案件件次自2009年至2013年逐年上升到峰值。司法改革和司法责任制启动后的2014年至2015年两年案件件次明显下降;2016年至2017年案件件次虽缓慢上升,但侦查监督于2016年、2017年回复的数据仅分别略高于2010年、2011年;刑事审判监督于2016年、2017年回复的数据也仅

① 数据来源于国家统计局国家数据网站。

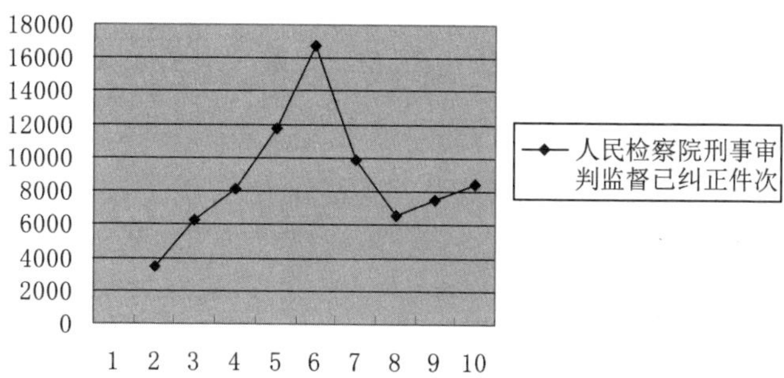

图 2 人民检察院刑事审判监督已纠正案件

浮动于 2011 年数据上下,这距离 2013 年的峰值仍相差甚远。而近 10 年间,全国检察机关刑事案件批捕和起诉总数量(2008—2017 年)①则是逐年上升的(见图 3)②,两相比较形成了一种明显的反差。

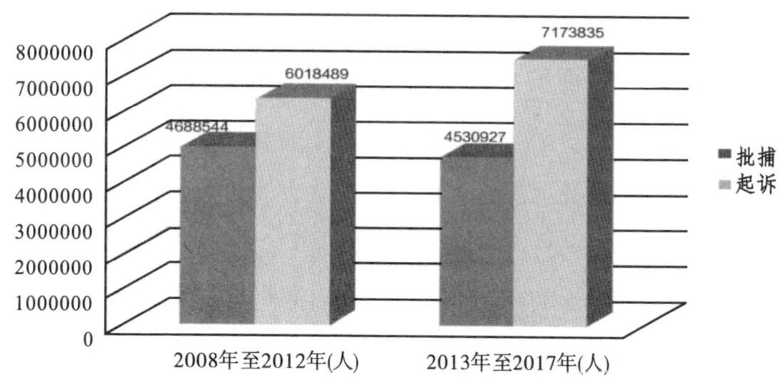

图 3 批捕、起诉刑事犯罪情况

由此,可以得出一个基本判断:与检察机关办理的逮捕和起诉的案件总数上升比较而言,刑事检察监督数据整体上却是下降的。

以上是对近 10 年来的刑事检察监督案件数据的分析。

① 曹建明:《最高人民检察院工作报告——2018 年 3 月 9 日在第十三届全国人民代表大会第一次会议上》。文中采用曹建明工作报告(2008—2017 年)统计的数据,主要是说明批捕、起诉案件数据上升的总体事实情况。

② 曹建明:《最高人民检察院工作报告——2018 年 3 月 9 日在第十三届全国人民代表大会第一次会议上》。

下面,再来分析一下近10年全国检察机关民事、行政检察抗诉案件数据和刑事执行检察监督数据情况(见图4、图5)。这两类业务是检察机关专司检察监督的业务。图中横坐标指示内容同图1、图2,纵坐标如本图所示。

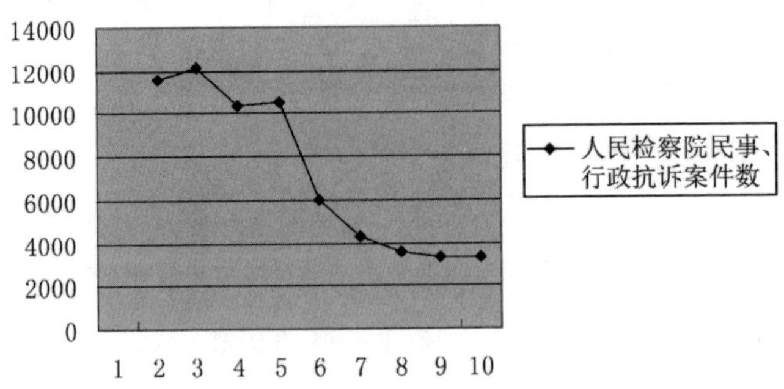

图4 人民检察院民事、行政抗诉案件

图4显示,2010年民事行政抗诉案件数达到峰值,此后一直处于下降态势(2012年小幅反弹)。而同期的年份人民法院的民事行政审判案件数却是逐年上升的。

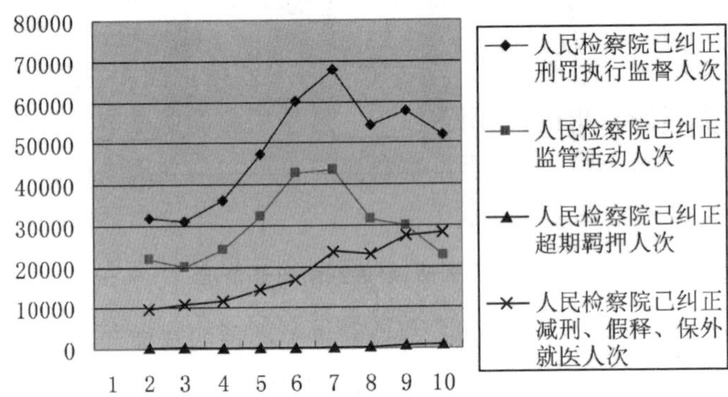

图5 人民检察院刑事执行检察监督

图5显示,2014年纠正刑罚执行监督和监管活动人次达到峰值,此后一直呈下降态势;而2009—2017年纠正减刑、假释、保外就医人次却逐年上升(这与检察机关对此项监督工作的重视以及开展的专项活动有关),纠正超期羁押人次2009—2016年在低位徘徊,2017年有所上升。

根据对以上这些图的分析,可以得出一个结论:大部分检察监督业务在2013年或2014年份达到峰值,此后呈逐年下降态势,即使在2016年、2017年刑事检察监督呈上升态势,也仅是在司法改革之前的2011年度数据上上下浮动。

那么,刑事检察监督案件在2014年、2015年数据的急剧下降的原因是什么? 为什么2016年、2017年又缓慢上升?

民事行政抗诉案件数为什么在2010年之后一直处于下降状态? 刑事执行检察监督除了已纠正减刑、假释、保外就医人次逐年上升之外,已纠正超期羁押人次多年呈小幅变化,而纠正刑罚执行监督和监管活动人次在2014年后却均呈下降态势?

2.数据下降的原因分析

(1)检察官行使检察监督职权的消极性。首先,刑事检察监督方面。从宏观上分析,2014年、2015年数据下降应当说是司法改革从启动到涉入深水区的副产品;2016年、2017年数据缓慢上升,可以将之归结为司法改革成果的初步显现。从微观上分析,数据下降主要有以下因素:一是检察官较少关注诉讼案件中是否存在应该监督的事项。在实践中,检察官在办理诉讼类案件的过程中,一般注重审查罪与非罪、此罪彼罪、罪轻罪重等实体性案件事实、证据和法律适用。只要案件定性没错,事实和证据符合逮捕或起诉条件,就会作出有关决定,不太关注诉讼案件中是否存在需要监督的事项。二是对诉讼案件中客观上存在的监督事项,怠于行使法律监督职责。员额制改革后,具有办案权的检察官数减少,①而案件数却又在上升,案多人少的矛盾更加突出,办案检察官往往抱着多一事不如少一事的心态就案办案,即使发现案件审查、审判中存在需要监督的事项,也不积极履行法律监督职能。2017年3月,高检院出台了《关于完善检察官权力清单的指导意见》,对内设业务机构有关办案事项审核权适当保留的规定,各省级院也相继下发了权力清单相应的细化办法。上述规定、办法出台后,各级院内设业务机构不同程度地加大了对检察官办理检察监督案件的监督力度,在一定程度上促进了相关年份数据的上升。三是司法体制综合配套改革机制尚不健全,如员额制改革后,检察员额与辅助人员配置比例还不能完全得到满足,部

① 检察官员额制全面推开以来,全国检察机关第一次员额遴选,从原有16万名检察官中遴选出员额内检察官8.7万名,近50%的检察官未能入额。参见《最高人民检察院工作报告》(2018年3月9日)。

分未入额的检察官不平衡心理以及在配合办案上的消极心态,导致员额检察官承担了办案中大量事务性和程序性工作,处理案件主要和重要办案事项的时间和精力不足,无暇顾及诉讼案件中的检察监督事项。其次,民事行政检察监督和刑事执行检察监督的主要业务数据的下降,有两个不可忽视的原因:一是民事行政检察监督历来是检察机关的短板业务,刑事执行检察监督的人员则配置相对较弱;二是两类检察监督案件法定来源渠道不多,大量案件仍依靠自行发现,这就要求检察官发挥主观能动性,但少办案、少出错、少担责的利己心态影响制约着检察官积极主动地寻找检察监督案源。

(2)内设业务机构审核权的缺位。首先,从现行规定来看,除了自行侦查案件、重大办案事项以及部分诉讼监督案件外,检察官在检察长的授权下,具有办案事项决定权,并排除了内设业务机构的审核权。这对于一般刑事诉讼案件而言是可行的。因为在案件诉讼过程中,检察官的独立办案权会受到外部的当事人诉权、辩护权、侦查权和审判权的监督制约以及内部司法责任的约束。但检察机关的案件还包括诉讼案件中可能存在的,以及自行发现或来自当事人控告申诉的检察监督类案件,此类案件背后体现得更多的是公平正义、人权以及国家和社会公共利益等价值,对之也全然取消内设业务机构的审核监督权,不但不符合监督类案件办理程序的行政性特征,而且失去监督的检察官,也往往会从利己主义的角度出发怠于行使或者不去行使本应行使的检察监督权,导致对侦查权、审判权和执行权的监督缺位,从而影响检察机关整体法律监督功能的彰显。其次,检察核心业务考核作用发挥不足。多年来,检察机关为了整体检察业务的科学发展,对其核心业务实行上级考核下级的制度,每项业务都根据诉讼法以及高检院相关办案规则对检察监督事项设计出具体的考核标准。而一个院对考核数据变化具体负责并承担责任的则是各个内设业务机构。考核工作的一般逻辑是,上级院会按照月份或季度等时段对下级院核心业务数据予以通报,每当数据通报下来,下级院会召集内设业务机构负责人召开会议,数据下降要分析原因、寻找对策、推进工作、提升业务数据;数据上升,则强调保持态势,力求再上升。司法改革前,考核情况和目标任务在通过内设业务机构传导至具体承办案件检察官的同时,内设业务机构也发挥着对检察官办案的审核作用,共同推动核心业务数据向好。而司法改革后,一方面,内设业务机构由于没有了审核权,无从过问案件,监督无门,在司法责任制下,其主观上也不愿监督,内设业务机构的监督缺位;另一方面,检察官独立办案权也不容内设业务机构审核权的介入,在部分检察官监督自觉性和责任心不强、制约检察官积极主动监督的奖惩机制尚不健全的情况下,检察监督类案件业务数据整体下降应在情理之中。

行文至此,本文并非否定司法责任制,而是认为,应当在司法责任制下建构一种机制,寻求内设业务机构对检察官独立办案的监督空间,以协调内设业务机构监督权与检察官办案权之间的冲突,澄清监督权和办案权应当并行的必要性,更好地实现在办案中监督,在监督中办案的愿景。

也许有人会认为,既然实行了司法责任制,就应当通过完善检察官办案机制来促使检察官主动作为,积极履行检察监督职权。这种通过司法责任制来促进检察监督业务发展的思路不无道理,但任何制度都不是万能的,任何权力都理应受到监督,单依赖司法责任制来推动检察官加强监督有其内部性、单向性和有限性的缺陷。而要实现对检察官办案权的过程监督,继而实现全面、有效、及时的监督,离不开司法责任制下内设业务机构通过审核的外部监督这一重要途径。

(三)"检察官承办—检察长(检察委员会)决定"办案模式信息不对称性

在实践中,由检察长或检察委员会决定的重大办案事项以及部分诉讼监督类案件,[①]一般情况下由检察官承办。采取的办案模式是:检察官承办—检察长(检察委员会)决定。但在这一模式下,案件仅在承办者和决定者之间流转,存在明显的信息不对称性。一般来说,检察长或检察委员会并不介入具体案件的以下办理情况。

第一,检察官一般均配置在专业化内设业务机构里从事办案工作。内设业务机构对检察官承办的所有案件通过统一的业务应用系统进行管理,其最为了解检察官办案情况。检察官在办案中遇到问题,向内设业务机构反映也最为

① 部分诉讼监督类案件是指,《关于完善人民检察院司法责任制的若干意见》第2条"健全司法办案组织及运行机制"第7项规定的"诉讼监督等其他法律监督案件,可以由独任检察官承办,也可以由检察官办案组承办。独任检察官、主任检察官对检察长(分管副检察长)负责,在职权范围内对办案事项作出决定。以人民检察院名义提出纠正违法意见、检察建议、终结审查、不支持监督申请或提出(提请)抗诉的,由检察长(分管副检察长)或检察委员会决定";《关于完善检察官权力清单的指导意见》第5条第3款进一步专门规定"诉讼监督案件中对检察官委托授权的范围,即'诉讼监督案件中以人民检察院名义提出(提请)抗诉、提出纠正违法意见、检察建议的决定权由检察长(副检察长)或检察委员会行使;以人民检察院名义提出终结审查、不支持监督申请的决定权,可以由检察长(副检察长)或检察委员会行使,也可以委托检察官行使'"。"两个意见"对诉讼监督类案件中检察官办理的"提出(提请)抗诉、提出纠正违法意见、检察建议"三类案件的决定权由检察长或检察委员会行使。

便利。

第二,一般情况下,案件提前介入或者与侦查机关讨论研究案件、交换案件办理意见等,也都是通过内设业务机构组织进行的。

第三,当承办案件检察官在对案件事实、证据、定性以及程序和法律适用等方面存在疑问、争议等不同看法时,内设业务机构是检察官联席会议的召集、组织、主持者,与部门员额检察官共同研讨案件。

因此,在上述情形下,检察长或检察委员会对案件信息知之甚少,只是消极等待听取承办检察官汇报案件办理情况,难以做到亲历性。此时,又缺乏清楚案件情况的内设业务机构审核、监督以及办案信息传递功能,在检察官与检察长(检察委员会)之间产生了信息不对称,从而极易导致代理人机会主义①和权力寻租活动。

客观上,内设业务机构在"检察官承办—检察长或者检察委员会决定"的办案模式中,能起到一种承上启下的桥梁作用,消解两者之间信息不对称,对案件处理具有过滤功能,同时还能对检察监督类案件起到同步监督的作用。

总体上,"谁办案谁负责,谁决定谁负责"的司法责任制,要求突出检察官的主体地位,使之具有司法办案的相对独立性。在检察长授权的范围内,独立办案,承担责任。一般诉讼类案件的司法属性决定了需要完全放权于检察官,以司法责任制和适度监督来管控案件质量。然而,由于检察监督类案件更多地依赖于承办检察官的能动性和主动作为,程序法上具有行政性,需要在更大程度上体现"上命下从"的检察一体原则。此类案件,虽然可以交由检察官承办,检察长或检察委员会决定,但是在实践中,案件直接在两者之间流转,存在难以克服的管

① 这种办案模式类似于一种"委托—代理"方式,即每当人们按他人的要求行动(我们称后者为委托人)且代理人比委托人更了解运营情况(信息不对称)时,就会产生委托—代理问题。这时,代理人有可能按自己的利益行事并忽略委托人的利益(偷懒、机会主义行为)。这个问题在大企业和大政府中普遍存在,它提出了一个重大的管理挑战。纵观历史,与政治权力有关的另一个关键问题是政府代理人——无论其是世袭的统治者、民选议员、部长还是被任命的政府官员——都受诱惑而按其私利行事。代理人(官僚、政治家),作为内部人,比他们的委托人、外部公民,更了解情况。然而,与代理—经理要受竞争约束的企业不同,在政府里,对委托—代理问题缺少这样的自动监察。这造成了更大的信息不对称,并最终为代理人机会主义造成了更多的机会。参见[德]柯武刚、史漫飞:《制度经济学——社会秩序与公共政策》,韩朝华译,商务印书馆 2008 年版,第 80、395~396 页。

控困难,并且事前、事中无监督,将会导致事后监督难等问题。

三、以检察监督为重心构建内设业务机构监督机制

法律监督是宪法对检察机关的定位。司法责任制改革后,为防止检察官就案办案,重办案、轻监督,弱化检察机关法律监督功能,做强检察机关的主责主业。应当赋予并深化和强化内设业务机构的监督功能,围绕以检察监督为重心构建内设业务机构监督机制,突出检察机关法律监督功能,实现在办案中监督,在监督中办案的目的和效果,切实维护司法公正,保障人权。

(一)正确认识内设业务机构审核权的性质

1.审核权的性质和特点

检察监督案件审核监督权属于检察长的职权范围,经过检察长委托,内设业务机构行使此项权力,属于委托制下的监督权力,此时,内设业务机构作为检察长的代理人行使监督权,即代为检察长行使监督权。检察官独立办理检察监督案件的权力则来源于检察长的授权,是授权制下的办案权力;检察官受指令承办由检察长或检察委员会决定的检察监督案件,对案件处理不具有权力性。委托制下的监督权与授权制下的办案权性质不同,前者是权力监督权,后者是权力行使权或者决定权。在一个组织内部,前者的权力能够制约后者的权力。因此,内设业务机构对检察官检察监督办案权的监督,应合了上级监督下级和权力监督权力的权力监督制约理论。在检察官受指令承办案件的情形中,内设业务机构只具有审核、过滤功能。

另外,监督权具有程序性权力的特点,其本身对监督主体行为不具有实体上的变更权。监督权具有的纠错功能及意义体现在启动主体自行纠错程序,督促行为主体自我纠错,最终让权力运行回到正确的轨道上来。检察机关内设业务机构通过审核的监督权也是如此,其监督本身并不能改变检察官办案决定权,但能够启动检察官自行纠错程序,并实现自我纠错的目的。

2.司法改革前后审核权的内容

司法改革前,由于对案件集体负责的逻辑前提,承办案件的检察官须先将案件提交给内设业务机构审核,然后再由内设业务机构提请审批,即所谓的三级审批制;其内容包括审核案件的实体和程序正确与否以及是否存在检察监督事项。内设业务机构对检察官承办案件的处理意见、案件质量和检察监督业务负有审核责任。司法改革后,在"检察官—检察长"的办案模式下,内设业务机构审核案

件功能退出办案体系,但不能因为内设业务机构不能对检察官办案意见或决定进行审核,就否定并推导出不能对检察官办案行使监督权的结论。其实,对案件质量和检察监督业务的监督权无论怎样改革都应始终存在,只不过司法改革后内设业务机构功能应当转向监督案件质量和检察监督业务的开展,此时,审核权应当被理解为监督权。

需要注意的是,办理检察监督案件不能僵化地适用司法责任制。应对检察官承办案件类型化,责任承担类型化,将重大办案事项和检察监督类案件与一般诉讼类案件及其责任承担区别对待。对于重大诉讼办案事项主要运用内设业务机构指导、协调功能;而对所有检察监督类案件仍应当发挥内设业务机构的监督作用:一是在方法上,采取行政式的审核制、督促制和决定制;二是在责任承担上,承办者、审核者、决定者在各自职责权限范围内承担相应的责任;三是虽然对于一般诉讼类案件可以完全放权于检察官,取消内设业务机构审核权,由司法责任制约束检察官,但是仍应当出于对案件质量的管控,保留适度的监督权。

(二)赋予内设业务机构对检察监督案件监督权的依据

1.是检察监督业务的现实需求

前文已对司法改革以来检察监督案件核心业务数据下降态势及其原因作了分析。这一现象与检、法两院近年来实际办理案件上升数形成强烈的反差,不符合司法规律和法律监督的现实要求。检察监督案件数下降的非正常化现象与司法公平正义的现实紧迫需求形成了一对紧张的关系,破解这一问题的对策,还需要深入研究,但毋庸置疑的重要手段之一就是充分发挥内设业务机构的监督作用,锻造一支革命化、正规化、专业化和职业化的法律监督"梦之队",编织一张强韧有力和疏而不漏的法律监督之网,加大检察监督的力度,让人民群众在每一个司法案件中感受到公平正义。

2.法律及规范性文件依据

我国宪法及人民检察院组织法、检察官法等法律明确规定检察机关的法律监督定位以及检察监督职能;三大诉讼法对于检察监督具体事项已有明确的规定;宪法和基本法律赋予检察机关的法律监督功能及其权力只能强化,不能弱化。高检院 2017 年 3 月下发的《关于完善检察官权力清单的指导意见》,已经明确授权省级院内设业务机构可以具有审核权;根据实际情况适当保留省级和市级院内设业务机构审核权。这是内设业务机构拥有审核监督权的规范性依据。但对于占办理案件数 80%的基层院,该意见反而对其内设业务机构作出严格限制并逐步取消审核权的规定,显然不利于检察监督工作的大力、有效开展。因此,本文建议,对于检察监督类案件,基层院内设业务机构应当继续保留审核监督权。

(三)内设业务机构监督运行机制构建设想

1.实行检察监督线索备案审查制

检察机关案件管理部门,在分案给承办案件的检察官时,应当随案附一份检察监督线索备案表。由办案检察官在审查案件后填写。案件审查结束后,交由内设业务机构负责人审查,签字确认。具体程序设计如下:

第一,对于有监督线索的,审查后如认为属于检察长或检察委员会决定的监督事项,交由承办检察官承办,办结后,由内设业务机构负责人审核,报检察长或检察委员会决定;对于属于承办检察官决定的事项,交由承办检察官办理,办结后,报内设机构负责人审核。

第二,对于没有发现监督线索的,承办检察官应当零报告,但内设业务机构负责人需听取承办检察官的汇报,同时可以根据需要审查法律文书和案卷。听取汇报并审查后,若没有监督线索,签字确认。若有监督线索,区分情况,属于检察长或者检察委员会决定的办案事项,报请检察长决定自己办理或指令检察官办理;属于检察官职权范围内的办案事项,交由原承办案件检察官办理或其他检察官承办。同时责令案件原承办人说明未能发现检察监督的理由,并记录在案。

第三,对于是否存在监督线索不确定的,及时报告内设业务机构负责人审查处理,内设机构负责人可根据案件中反映的监督事项的事实和证据,组织检察官联席会议研究讨论,不能形成一致意见的,应当报请检察长或检察委员会决定。

2.审核检察监督法律文书

对于需要监督的事项,属于一般监督事项的,内设业务机构负责人要认真审查承办检察官制作的监督案件法律文书及其监督理由,属于检察长或者检察委员会决定的重大诉讼监督办案事项的,法律文书经内设业务机构审核后,报请检察长或检察委员会审签决定。

3.检察监督办案效果跟踪反馈

监督事项法律文书发出后,内设业务机构负责人要督促承办检察官跟踪反馈情况。有关单位在法定期限内未纠正、反馈意见的,内设业务机构负责人应当及时向检察长或检察委员会报告,并报请上级检察机关向该单位上级主管部门反映,同时将未纠正的情况书面报告同级纪委监委;无明确法定期限规定的,承办检察官可商请有关单位在合理期限内反馈检察监督事项结果,内设业务机构负责人督促跟踪反馈情况，对于未能在合理期限内反馈或者怠于反馈、不反馈的，依上述程序办理。

4.突出检察监督绩效考核

突出检察监督办案工作，将之作为检察官绩效考核内容之一，采取定量和定性相结合的方式考核。具体从办案数量、办案质效两个方面进行，办案数量分值化，办案质效分成优秀、良好、一般、差四档分别定性，根据数量和质效两项内容计算相应的得分。内设业务机构负责人根据办案量和质，结合检察官司法能力，给出该项工作综合评价分值，并计入绩效考核总分。

员额制改革下检察指令的规范运行

黄美强*

摘要：“谁办案，谁决定，谁负责”的司法办案原则是深化员额制改革和落实司法责任制的主要内容，这要求强调执行命令与服从决定的检察指令在检察实践中更加规范地运行。但在检察指令的实践运行中，仍存在适用范围不清、效力过于刚性、责任追究机制不明等问题。为了深化和完善司法责任制，特别是员额制改革，凸显检察官的主体地位并在实质上加强检察一体，需要从明确检察指令的发布范围、缓解其刚性效力、明确责任追究机制等方面着手，为检察指令的更加规范运行创造条件，进一步促进检察官以客观公正之立场履行客观公正之义务，为群众提供更加优质的法治产品、检察产品。

关键词：员额制；司法责任制；检察指令；检察官

2014年10月，党的十八届四中全会提出要“推进法治专门队伍正规化、专业化、职业化，提高职业素养和专业水平”。随后，最高人民检察院公布的关于深化检察改革的一系列文件，提出要建立检察官员额制，实现人员分类管理。员额制改革是司法责任制的“牛鼻子”，其核心在于“谁办案，谁决定，谁负责”的原则在检察官司法办案活动中的落实，强调的是检察官对案件处理自主决定、自负其责。

这不同于检察指令。检察指令是上级检察机关或检察官就案件处理对下级检察机关或检察官发布的命令，强调的是命令的执行，即服从。从形式上看，员额制改革之下的“谁办案，谁决定，谁负责”的责任制似乎与服从检察指令之间存在着冲突。但实际上，二者统一于实现检察官正规化、专业化、职业化，提高职业素养和专业水平的目标。

* 作者系广州市番禺区人民检察院检察官助理，法学硕士。

从实践来看,在员额制改革及司法责任制的推动下,检察指令在实践中运行得越来越规范,但仍然存在指令适用范围不清、效力过于刚性、责任追究机制不明等问题。因此,检察指令的规范运行成为检察改革的核心课题之一。它涉及检察上级与检察下级之间的命令与服从关系,与检察官司法办案中"谁办案,谁决定,谁负责"的检察官办案责任制既具有密切的联系,又具有一定的差异。因而,进一步规范检察指令的实践运行尤为必要,特别是对于尊重检察官主体地位和落实司法责任制具有重要的意义。

一、检察指令规范运行的必要性

检察指令规范运行是检察权规范运行的重要组成部分,也是符合检察权运行规律的要求的,因而成为检察改革的核心问题之一。检察指令涉及检察上级与检察下级,其规范运行有利于给检察官充分的依法独立判断的空间,尊重检察官的主体地位,更好地推进司法责任制的落实,并进一步加强检察上级与检察下级之间的一体化。

(一)落实司法责任制的必然要求

党的十八届三中全会开启了新一轮的司法体制改革,建立和完善司法责任制成为本轮司法体制改革的关键任务之一。司法责任制是司法体制改革的"牛鼻子",抓住了它就抓住了关键、抓住了重点,有利于牵引司法体制全面、深刻、彻底地改革。[①] 2015 年 8 月,中央全面深化改革领导小组审议通过的《关于完善人民检察院司法责任制的若干意见》,标志着司法责任制在全国检察机关的进一步深入推进。作为司法体制改革的重心和关键,推行司法责任制符合司法运行规律,体现司法专业主义和正当程序性精神,有利于克服司法活动中长期存在的"审者不定,定者不审"的弊病,提升司法质量和公信力。[②] 在检察领域,落实司法责任制就是要让检察官在司法办案中依法作出决定,依法承担责任,做到权责明晰、权责一致,实现作为司法责任制核心内容的"谁办案,谁决定,谁负责"的司法办案原则。因此,在检察实践中落实好司法责任制既是检察改革的核心任务之一,又是推进检察改革和司法改革的关键举措。

---

① 张文显:《论司法责任制》,载《中州学刊》2017 年第 1 期。

② 龙宗智:《加强司法责任制:新一轮司法改革及检察改革的重心》,载《人民检察》2014 年第 12 期。

检察指令伴随着检察官司法办案的全过程和各环节,对检察官司法办案有重要影响。检察指令与司法责任制,在整体上并不矛盾,是相互统一的。检察指令是贯彻检察上级与检察下级之间“上命下从”的检察一体、统一法律适用、确保办案质效的内在要求。这也是司法责任制所强调的内容和所要达到的目标,二者在出发点和落脚点上是一致的。但从司法责任追究的角度而言,检察上级对检察下级就司法办案中的普遍性问题或个案处理发布检察指令,检察下级必须执行;如果检察指令严格依法规范运行,那么显然更有利于推进办案责任制;但如果检察指令出现不规范、不合理,甚至不合法的情况,检察下级基于“上命下从”的要求执行该指令,当出现案件质量瑕疵甚至违法情形时,司法责任如何认定和追究?不规范的检察指令在检察官办案中的执行与“谁办案,谁决定,谁负责”的司法责任制要求不符,认定为承办检察官的责任但又不是其作出的决定,他只是指令的执行者;认定为检察上级的责任却又不是其办理的案件,他只是指令的发出者。如此一来,在检察指令的发出者与执行者之间,如何认定和落实办案的司法责任成为一个问题,更是一个难题。所以,难以认定责任、无法落实责任成为检察指令不规范运行的潜在风险之一。而防范这一风险,有赖于检察上级在司法办案全过程和各环节严格依法规范对检察下级发出指令并在司法办案过程中规范运行。

(二)突出检察官主体地位的应然选择

检察官是司法办案活动的主体,只有突出检察官的主体地位才能真正落实“谁办案,谁决定,谁负责”的办案责任制。检察指令是检察一体下的产物,是检察权的行政权属性的表现,而检察官司法办案活动则更需要强化其司法属性,尽量弱化其行政属性的影响。在传统的“三级审批制”办案模式中,检察官对案件的处理在很大程度上履行的是建议权,其对案件的处理建议只有经过部门负责人的审核、检察长或副检察长的决定才能发生效力,由处理建议变为处理决定。在此模式下,检察官的主体地位是受到一定程度的限制的。然而,作为司法办案主体的检察官应具有相对的独立性,应保障其在所承办的案件中依法适用法律,依法作出决定,在其责任范围内依法承担责任,除了特定的检察指令外不受其他任何案外因素的不当干涉。这是强化检察官在司法办案活动中的主体地位的需要,也是司法规律的必然要求。从案件办理的角度来看,这更有利于检察官抵制上级违法或错误命令,增强检察官的责任心和主观能动性,提高检察工作的质量和效能。[①] 新一轮的司法改革正是朝着这样的目标迈进的。在司法实践活动中，根据检察首长的授权，检察官对承办的案件拥有了一定的决定权限，检察官的主体地位越来越得到强调并逐步实现。

检察上级对检察下级发出的检察指令，无论何种检察指令都会对检察官处理具体事务产生重要的影响，因为其作为检察一体中的一员具有执行检察指令的天然义务。当然，如果是合法规范的检察指令，那么并不存在该指令改变检察官对具体案件的处理意见和违背检察官对特定案件事实和证据所形成的内心确信的问题。但是，如果检察指令在并非合适的时机介入、采取并非规范的方式介入或者并非合法合理的指令内容，而是存在命令或暗示检察官如何处理案件、随意介入检察官司法办案活动中的事实认定和证据评价等非法律适用问题时，首当其冲的是检察官的司法办案活动受到了影响，难以站在客观公正的立场上履行其客观义务，中立地审查案件事实和依法作出决定，直接的后果是将对当事人的诉讼权利和人权保障产生影响，甚至影响公平正义价值的实现。这实际上是对作为司法办案主体的检察官主体地位的认识偏差而出现的结果，也是对司法活动规律和司法责任制误读的结果。因此，突出和实现检察官的主体地位，让检察官站在客观公正的立场，中立审查案件和作出决定，是检察指令规范运行的内在要求。

(三)加强检察一体的题中之意

检察一体是检察制度中有关检察上级与检察下级之间存在的上命下从的权力运行方式；[②]是检察权运行的一项基本原则，指检察下级根据检察上级的指示和命令进行工作和活动。[③] 形象地说，检察一体就是检察下级服从于检察上级的命令，执行检察上级的决定，检察上级与检察下级之间以统一的标准公正执行法律。在检察一体下，上下级检察机关之间、上下级检察官之间存在上命下从的领导与被领导关系、职能协助义务和职务上的继承、移转等。这有利于各级检察机关之间适用法律的统一性，确保案件办理质量，提升检察效能，确保检察内部的一致性，更有利于检察机关整体对外依法独立行使检察权。

检察指令是检察一体的重要载体之一。上级检察机关或上级检察官向下级

① 朱孝清:《检察官相对独立论》，载《法学研究》2015 年第 1 期。

② 谢鹏程:《什么是检察一体化》，载《检察日报》2006 年 4 月 18 日第 3 版。

③ 陈国庆:《检察制度原理》，法律出版社 2009 年版，第 97 页。

检察机关或下级检察官发出检察指令,该下级必须执行该指令。在检察事务中,如果上级的指令是对有效的疑难复杂案件中正确的法律适用、行为性质的准确认定、正确的控诉方向和有效的控诉策略等,那么,检察下级对该指令的执行必然有助于准确适用法律,确保上下级检察机关适用法律的统一性,提高案件办理的质量,保障当事人的合法权益,提高司法的公信力和促进司法公正。但是,如果检察上级的指令不具备规范的形式,或者以不规范的方式向检察下级发布指令,抑或指令的内容本身有瑕疵甚至不合法,那么,检察下级执行类似的指令将会削弱而不是加强检察一体,也不利于检察机关整体对外独立行使检察权,更可能降低司法公信力。因此,要加强检察一体,就需要检察指令规范运行,如若不然,检察一体将会是表面的、形式的,而不是实实在在的。

值得思考的是,加强检察一体与检察官的相对独立是否冲突。实际上,该问题指向的是检察指令与检察官的相对独立是否冲突。事实上,检察指令伴随着检察官司法办案的全过程,规范运行的检察指令不仅确保了检察官在检察上级的指导下作出正确的决定,更以其规范运行的方式为检察官正确处理案件留出了空间,也使得检察上级与检察下级之间更加紧密。这也从另一个角度反映出加强检察一体就要检察指令规范化。

二、检察指令运行现状的检视

在检察权运行过程中,检察上级可以在诸多事项上向检察下级发布检察指令,因而,检察指令伴随着包括检察官司法办案在内的整个过程。在实践中,各级检察机关非常注重自身司法行为的规范化,特别是在对外行使检察权时。在检察指令作出方面同样如此,即指令内容合法、形式相对规范,指令作出和执行严格依法进行,并有缜密的考虑、详细的论证和严格的审核。当然,实践中检察指令不规范运行的情况也偶有出现,在众多的检察指令中,如适用范围不甚明确、指令的效力刚性有余而柔性不足、特定情形下责任难以明晰等。这些问题不仅不利于检察指令本身的贯彻执行,更不利于司法责任制和检察官员额制的落实,因而需要深入分析并明确关键所在。

(一)检察指令适用范围不清

检察指令有相应的适用范围,检察上级在一定事项范围内可以发布指令,但在该范围外和特定事项上是不适宜发布指令的。一般认为,在检察指令的适用范围上,存在积极事由和消极事由,在积极事由下,检察上级可以就有关事项发布指令,但在消极事由下,检察上级不得或不适宜就相关事项发布指令。其中,积极事由主要包括便宜主义下需要统一裁量基准的、需要统一法律解释的、需要提升检察效能的、检察官误断或滥权的;消极事由包括法定主义、检察官客观义务、证据评价或内心确信、诫命规定与合法性义务。① 这从积极和消极正反两个方面大致圈定了检察指令的适用范围,初步描绘了检察指令相对明确的适用空间。

在实践中,由于检察指令伴随着司法办案、检察行政等检察事务全过程,再加上发布主体的多元性、多层次性等,检察上级可就诉讼类事务与非诉讼类事务、诉讼案件的任何阶段对检察下级发布指令,且各个层级的检察指令众多,其中不乏突破发布范围或游走于界限边缘的指令,也有一些指令可能涉及检察官客观立场、客观义务、证据评价或内心确信等方面。长此以往,这可能对检察官履行客观义务,站在客观公正的立场上审查案件和作出决定造成影响,对检察官对证据的分析评判,对被追诉对象是否实施犯罪行为、罪名是否成立、证据是否充分、能否排除合理怀疑等形成内心确信上产生干扰。由此可见,检察指令的适用范围并非足够清晰,具有一定的模糊性,过多过泛的超出范围的检察指令一方面容易导致在特定问题上出现指令矛盾冲突的情形,另一方面也可能对检察官司法办案活动造成不必要的干扰,甚至导致案件处理出现一定的偏差。

(二)检察指令的效力过于刚性

检察指令是一种命令,带有很强的行政权属性,其效力具有很强的刚性。检察上级对检察下级发布的指令,检察下级"必须执行",这奠定了检察指令极强的刚性效力的基础。从《刑事诉讼法》《人民检察院组织法》《检察官法》《人民检察院刑事诉讼规则(试行)》等法律及规范性文件来看,上级检察机关或检察官对下级发布的指令,下级检察机关或检察官"必须执行""不得擅自改变""有异议的,需执行的同时向上级报告"。由此观之,上级发布的检察指令是不允许下级拒绝执行的,也没有表达异议和商讨的余地,只能不折不扣地予以执行。此外,即使检察官不执行上级的指令也没有效果,因为检察文书需要检察上级签署才能对外发生效力,检察上级签署意见就等于改变了检察官的原有意见。因此,检察上级可以在审核的过程中全部或部分改变检察官的处理意见,使得检察上级的指令得到执行。

① 杜磊:《论检察指令权的实体规制》,载《中国法学》2016 年第 1 期。

从这个角度来看,我国的检察指令已经演变为绝对的命令与服从关系,是极其高度的检察一体化。① 这也反映出检察实践中运行的检察指令的刚性有余而柔性不足。这是由于检察上级与检察下级之间缺乏一种合理的异议沟通交流机制,使得双方之间变成了一种完全的单向的命令与服从关系。在发生意见不一致的情形时,不能给检察上级和检察下级之间充分表达异议的程序和渠道。当然,这对于加强形式上的检察一体和贯彻检察上级的决定可能有些许助益,但并不一定有实质的帮助。更为关键的是,这对承办案件的检察官客观公正地审查案件,从而严格依法作出决定并承担相应的司法责任造成一定的影响,不利于展现检察官作为"世界上最客观公正的官署"的客观中立形象;也不利于检察机关符合规律地行使检察权和整个检察权的良好运行,对检察机关的公平公正形象带来挑战之虞。最重要的是,对检察机关的司法公信力和司法权威造成了一定的影响。

(三)检察指令的责任追究不明

检察指令是检察上级对有关问题的决策和指示,作为一种命令,必然有执行的检察下级。检察下级执行检察上级的指令后,所产生的责任由谁承担?两者之间的责任如何认定、如何追究等问题关系到检察官员额制及司法责任制的落实。事实上,在检察指令的责任认定和追究上,相应的机制并不足够明确,也难以很好地予以区分。一是指令涉及的层级和人员众多。在重大疑难复杂的案件中,承办案件的检察官需要向部门负责人汇报,经检察官联席会议讨论,再向分管领导汇报,其中一些案件还需要经过检察委员会的讨论决定。同时,在各级检察机关中,特定问题的指令可能存在发生矛盾和冲突的情形。所以,指令的数量多、涉及的层级和人员多等导致责任认定困难。二是不规范的指令偶有存在。虽然大多数指令都有严格的审批或流转签发程序,均表现为书面形式,但是也不乏口头指令的存在。在此种情况下,责任的划分更成为问题。由于一些案件特别是重大、疑难、复杂案件的审和定相对分离,指令作出主体与执行主体的责任较模糊,特别是在作出口头指令时,责任更难区分。② 三是事实责任与法律责任本身难以区分。虽然一般而言,检察下级对案件事实承担责任,检察上级对适用

① 姜涛:《论"上命下从"与检察官的客观义务》,载《北京理工大学学报(社会科学版)》2012 年第 6 期。

② 郑青:《论司法责任制改革背景下检察指令的法治化》,载《法商研究》2015 年第4 期。

法律承担责任,但是在具体案件中,事实和法律的界限并非非黑即白的关系,两者之间并没有一条清晰明确的界限。况且,一方面,对案件的审查本来就需要在事实与规范之间来回往复,检察下级是否对案件事实归纳汇报到位,也在很大程度上影响着检察上级对法律适用的决策,检察上级偏差的决策可能源于检察下级一开始的事实归纳;另一方面,即使检察下级对案件事实提炼准确全面而无一遗漏,检察上级也可能基于多种因素考虑而作出相对偏差的指令。这些问题要么导致难以区分指令作出者的责任还是指令执行者的责任,要么导致难以明确指令的作出者,要么导致难以分辨事实责任与法律责任。

三、检察指令的规范运行之道

在当前深入推进和完善司法体制改革的背景下,大部分程序性权限和实体性权限已由检察长授权给具体承办案件的检察官实施,检察上级的指令适用范围得到进一步缩减。因此,当前检察指令的发布范围主要集中于重大、疑难、复杂案件和新类型案件等的法律适用和重大案件的指控方向和策略上,但就这些方面发布的指令比一般的程序性指令更为关键和重要,更需要予以重视和规范。这是贯彻落实检察官员额制和司法责任制,规范检察权运行,彰显检察官主体地位的必然要求。

(一)界定范围:明确检察指令的发布范围

检察指令的发布必须明确限定在一定的范围内,超出范围不能发布指令或者明确已发布的指令无效。这既是规范检察指令权的需要,也是规范检察权运行的需要。新一轮司法改革以来,特别是《关于完善人民检察院司法责任制的若干意见》实施以来,各级检察机关陆续制定和出台了检察官权力清单,明确了检察官司法办案的职责和权限。经检察首长授权后,检察官对很大一部分案件拥有决定权,因而在这类案件中,检察上级发布指令的权限受到了限制。在这些案件中,检察官基本上能够完全自主地进行审查并作出决定,承担相应的司法责任。所以,在新一轮的司法体制改革和检察改革背景下,检察指令在普通类型的案件中大幅减少。

在检察指令发布范围的具体确定上,要从两个方面着手:一是相对确定可发布检察指令的范围。这主要集中在需要统一法律适用标准的事项,为提升检察效能的事项,检察官错误判断或违法滥权,重大、疑难、复杂案件的法律适用,拟作不起诉处理的案件,拟作撤销处理的案件,指控犯罪的方向和策略等方面。从具体案件类型的角度来说,一般只有案件具有重大社会影响、高度政治敏感、重大疑难复杂时才需要上级指令,保证检察权的统一正确行使;而从界定的形式来看,需要以司法解释的方式对指令发布范围予以明确。① 契合新时代发展实际和人民群众对公平、正义、民主、法治、安全、环境等方面的新需求,检察上级可在互联网金融犯罪、知识产权犯罪、新型财产犯罪、计算机网络犯罪、生态环境与资源犯罪、食品药品犯罪整体惩治中,在公益诉讼、司法人员职务犯罪侦查、职务犯罪中监检衔接等新的业务领域,在扫黑除恶专项斗争等活动中可探索检察指令的适用空间,更多地发挥其对下指导作用,明确新类型犯罪的法律适用标准和推进检察业务的开展。二是明确不可发布检察指令的范围或所发出的检察指令无效的范围。这主要包括法律明确规定属于检察官范围内自主决定的事项、检察官履行客观义务、检察官对事实的归纳、检察官进行的证据评价或内心确信、其他合法性义务等。这些事项是适用检察指令的界限,相当于一道道防线将该类检察指令阻挡在检察官依法自主决定的范围之外,排除检察指令的不当干扰。但是,这并不完全排除检察指令在这些方面的适用,只是在无特殊情况的条件下,检察上级不得违背这些方面的规定发布指令。在检察指令适用范围的明确方式上,可先通过检察机关内部规范予以明确,然后再形成体系化、制度化乃至法治化的检察指令适用范围。

(二)趋向柔性:缓解检察指令的刚性

在检察指令的效力问题上,我国检察指令具有很强的刚性效力已成为一大特点,而德国、日本等主要典型国家的检察指令并不具有绝对的刚性效力,而是一种柔性的效力,检察官承担的是柔性的服从义务。这些国家的检察指令的柔性效力主要表现为检察官可不服从不合法的指令;检察官不服从指令而作出的决定对外仍然有效;检察上级可在检察官不服从指令时行使职权收取或移转案件的权力;检察官不服从指令仅承担内部的纪律责任,有违法犯罪情况方承担刑事责任。② 这给了承办案件的检察官很大的依法自主决定的空间,正是"谁办案,谁决定,谁负责"的具体体现,契合了当前的检察官员额制及司法责任制改革。

鉴于此,我国检察指令的效力如何由刚变柔、趋向柔性呢?具体而言,需要从以下四个方面出发,使检察指令在发出者与执行者之间规范顺畅运行。一是

① 邓思青:《我国检察一体保障制度的完善》,载《国家检察官学院学报》2016 年第2 期。

② 杜磊:《论检察指令权的实体规制》,载《中国法学》2016 年第 1 期。

构建发布检察指令的书面化及其说理机制。检察指令是严肃的命令,为了防止错误执行,确保执行的准确性,有必要以书面的形式予以呈现。另外,对发布的指令进行说理是阐述指令逻辑性、合理性、科学性的需要,也是论证案件法律适用理据的要求,有利于向检察下级准确传达真实的指令内容,让接受指令的检察下级更加理解指令的内容和意图,降低或消除由于对指令的不解产生的抵触心理。同时,检察上级作出指令前充分听取下级的意见,加强双方的沟通,保障指令的合理性,对于实现检察指令更具意义。[①] 这从法理上降低甚至消解了指令发布者与指令执行者之间的疑惑。因此,该机制对于检察指令的发布、执行的事前、事中、事后均有莫大的助益,正所谓“事前可以慎重,使下令者三思是否介入个案;事中可臻明确,避免受命者误解指令之内容及形式效力;事后则可厘清权责,防范双方推诿,各说其话”[②]。二是构建对检察指令的异议沟通机制。对于检察上级的指令有不同意见的,检察下级可以通过书面形式进行充分反馈,请求检察上级审视和确认指令,并将异议内容和相关情况记录在案。这从心理上降低甚至消解了指令执行者的抵触与不解。三是构建和完善检察上级行使职务收取权或职务移转权转移案件承办人的机制和程序。在充分沟通的前提下,如若检察下级对案件仍有异议并不适宜继续办理案件的,或者承办案件的检察官有违法犯罪等情形的,检察上级可行使职务收取权或职务移转权,要求承办人将案件交出由其他人员办理。当然,承办检察官如认为自己不适宜继续办理特定案件的,亦可请求检察上级将案件进行转移。四是完善检察官的纪律惩戒机制。在检察官无违法犯罪等情形时,即使不服从指令也不承担刑事方面的责任,仅仅承担内部的纪律惩戒责任。这从职务保障上确保了检察官客观公正地行使职权。

总体来说,从指令的书面说理、异议反馈、案件移转和不服从指令责任等途径消解指令发布者与指令执行者之间在法理上、心理上等方面的分歧、误解与抵触,一定程度上降低其效力的刚性度,保障检察官司法办案的自主性,增强检察官在司法办案中的主体地位。

(三)区分责任:明晰责任承担

权力意味着责任,责任就要有承担的主体。检察指令的形成、发布、执行各

---

① 谢小剑:《司法责任制改革中检察一体化的完善》,载《中国刑事法杂志》2017 年第 5 期。

② 林钰雄:《检察官论》,法律出版社 2008 年版,第 143 页。

个环节涉及多个层级的机构和人员,明晰检察指令流转的各环节、各机构、各参与人员的责任范围是承担责任的第一步。

分清检察指令的作出主体与执行主体的责任,并切实落实好各自的责任是司法责任制的题中应有之义,也是检察官员额制改革的内在要求。检察指令的规范运行必然需要指令责任的明确。在此问题上,需要明确区分以下几类责任:一是指令作出主体与指令执行主体的责任。这里要分清检察上级与检察下级、检察委员会与检察官、主任检察官与办案组内成员的责任。在检察上级与检察下级之间,检察上级要对指令的合法性承担责任,不能因为检察下级执行不合法的指令而承担不应承担的责任;在指令合法有效的情况下,检察下级要承担错误执行指令的责任。在检察委员会与承办检察官之间,检察委员会是检察机关的最高业务决策机构,对重大疑难复杂案件的法律适用承担责任,具体案件的承办检察官需要向检察委员会准确充分地陈述案件事实和证据,并就陈述的全案事实和证据承担责任。在主任检察官与办案组内成员之间,主任检察官经过检察首长的授权并具有一定的职责权限,办案组内其他成员履行辅助办案的职责。因此,主任检察官是检察指令的主要执行者,承担主要责任,其他成员承担相应的责任。同时,在办案组内部,组员需要听从主任检察官的指令。二是要区分事实责任和法律责任。虽然在具体案件中,事实责任与法律责任相对难以区分,但是由于指令的特殊性,需要最大限度地分清二者的界限。作为检察上级的上级检察机关、上级检察官、检察委员会、检察首长需要对法律适用承担责任,作为检察下级的下级检察机关、下级检察官需要承担案件事实部分的责任。另外,更为重要的是,需要构建和完善作出和执行不当检察指令的甄别机制和责任追究机制。对于指令正当性的争议的裁决,需要有一个相对中立的机构或部门承担。这一职责由当前探索中的检察官惩戒委员会承担具有一定的合理性。[①] 对于作出不当检察指令的,作出主体需要承担指令不当之责任,该责任需要由改革后设立的检察官惩戒委员会予以认定,并将责任落实到作出指令的具体个人或机关。在执行不当指令的情况下,对于执行主体责任的认定需要考察指令的不当缘由、执行主体有无履行异议反馈职责和尽到应尽的义务。其实,检察官对于检察上级的不当或错误指令,在一定条件下有权拒绝执行,因为检察官以维护法制和公

① 杜磊:《检察指令权的程序性规制》,载《国家检察官学院学报》2016 年第 4 期。

平正义为使命，法律高于“上命下从”。[①] 这是保障检察官客观公正履行职务的内在要求。

在此之外，需要检察上级与检察下级提高检察指令的发布和执行能力，减少指令内容本身的不当或执行的偏差或错误。对于检察上级，需要提高决策指导的精准度，特别是对重大、疑难、复杂或新类型案件的法律适用问题，因该类法律适用问题具有先例指导意义，对后续类似案件的处理将起到指导作用。对于检察下级，需要不断提升案件审查的能力和水平，特别是对案件事实的把握和对法律的准确理解与适用能力，增强自主决定的能力，以及准确执行指令内容的能力，减少执行指令不当或错误导致的责任。

结　语

“谁办案，谁决定，谁负责”的司法原则在检察官司法办案活动中的落实，是检察官员额制及司法责任制改革的核心目标。这与强调执行命令和服从决定的检察指令在表面上看似乎存在冲突，但事实上，二者在促进检察官正规化、专业化、职业化，提高检察官司法办案的职业素养和专业水平的目标实现上是一致的。检察指令贯穿于检察官司法办案的全过程和各环节。在深化和完善检察官员额制改革的背景下，实践中的检察指令尤其要遵循其发布范围，趋于柔性并注意责任区分，确保其符合规范地运行于检察实践。

同时，进入新时代，人民群众对公平、正义、民主、法治、安全、环境等方面的要求提高了，提供优质的法治产品、检察产品是检察机关更好地服务群众的必然要求。作为检察上级决策载体的检察指令，应努力契合时代要求和群众需求，在互联网金融犯罪、知识产权犯罪、新型财产犯罪、计算机网络犯罪、生态环境犯罪、食品药品犯罪、“套路贷”案件等新类型犯罪中统一法律适用标准，在公益诉讼、调查核实权、司法人员职务犯罪侦查、职务犯罪办理中的监检衔接、认罪认罚等领域推进检察新业务的有序开展，在扫黑除恶专项斗争等活动中充分发挥积极的指导作用。在新时代的检察实践中，更加规范运行的检察指令，必将进一步促使检察官站在客观公正的立场上履行客观公正义务，整体上提升检察官的司法办案质效，提供优质的检察产品，更好地满足群众的新需求。

---

① 孟群、董东晓：《检察一体化下检察官的独立性》，载《人民检察院组织法与检察官法修改——第十二届国家高级检察官论坛论文集》，中国检察出版社 2016 年版。

刑事执行巡回检察模式改革研究

赵志辉[*] 周德松[**]

摘要:《人民检察院组织法》以立法的形式确定了检察机关刑事执行巡回检察制度。检察机关以巡回检察制度的确立为契机,顺应人民群众的新需求,加强刑事执行检察监督力度,注重保障罪犯合法权益。为了更好地履行法律监督职能,检察机关应加强刑事执行巡回检察的专业化队伍建设,为了避免熟人模式的不愿监督、不敢监督、监督流于形式,应开展刑事执行常规巡回检察、刑事执行专项巡回检察、刑事执行机动巡回检察与刑事执行交叉巡回检察。刑事执行巡回检察的有序开展,有效地避免了派驻监狱检察室的程序性和实体性的制度弊端,对监狱监督检察的形式更为灵活,对监狱监督检察的实效性更强,对监狱罪犯改造的成效更为显著。通过内容丰富、形式灵活多样的刑事执行巡回检察的开展,实现了检察法律监督和监狱安全监管、刑罚执行的共赢。

关键词:巡回检察;检察监督;改造罪犯

刑事执行巡回检察是最高人民检察院顶层设计,是自2018年6月12个省试点共同探索的一项新的检察制度。2018年10月26日,十三届全国人大常委会通过的《人民检察院组织法》吸收试点经验,以立法的形式将巡回检察和派驻检察共同列为监狱检察的法定形式。

一、刑事执行巡回检察的基本法理

刑事执行监狱巡回检察是在原有的派驻监狱检察的基础上提出的一种新的监狱检察制度,巡回检察制度的设计丰富了检察机关对监狱检察的形式。

---

* 作者系天津市宝坻区人民检察院检察长,法学学士。

** 作者系天津市宝坻区人民检察院第一检察部检察官助理,法律硕士。

(一)刑事执行巡回检察的概念

刑事执行巡回检察是指检察机关为有效发挥法律监督职能,以常规巡回检察、专项巡回检察、机动巡回检察和交叉巡回检察等形式,促使刑罚执行规范化和保障罪犯合法权益,把罪犯改造成为守法公民的制度。刑事执行巡回检察是检察机关为了更好地履行对监狱的法律监督而积极探索建立的一项检察制度,这项制度最早是由最高人民检察院发布巡回检察方案,由 12 个省进行试点的新的创新性制度。刑事执行巡回检察制度设计的逻辑起点是法律赋予检察机关对监狱刑罚执行的检察监督权,检察机关充分发挥法律监督职能,有效地保证刑罚执行的程序规范合法。刑事执行巡回检察探索试行的目的是解决检察机关在对监狱派驻检察过程中出现的问题,刑事执行派驻监狱检察室因人员长期固定而出现了对监狱刑罚执行碍于情面不愿监督的问题,为了维护相互之间的关系而不敢监督和监督流于形式的问题。刑事执行巡回检察的制度设计可以有效地解决监狱派驻检察存在的检察机关不愿监督、不敢监督、形式化监督的问题。刑事执行巡回检察在实际执行过程中主要通过常规巡回检察、专项巡回检察、机动巡回检察和交叉巡回检察等四种巡回检察方式对监狱的刑罚执行和罪犯改造进行监督。常规巡回检察是巡回检察组对监狱检察的例行性巡回,专项巡回检察是在常规巡回检察的基础上进行的专项性巡回检察,专项性巡回检察主要是针对监狱中人员非正常死亡等情形而采取的巡回检察。机动巡回检察是针对常规巡回检察和专项巡回检察的再监督和检察,检察常规巡回检察和机动巡回检察发现问题的整改情况。交叉巡回检察是为了解决在巡回检察过程中出现的熟人巡回检察的问题,在省内地级市检察机关之间交叉进行监狱监督检察的情况。

(二)刑事执行巡回检察的特征

1.检察机关对刑事执行的法律监督

对监狱刑罚执行和监管改造活动实行法律监督是检察机关的一项重要职责。[①] 检察机关作为法律监督机关,以往检察机关对于刑事诉讼的监督倾向性观点及实践均表现出法律监督职权的前移,检察机关法律监督前移加强对刑事诉讼侦查机关的监督,刑事案件的提前介入就是检察机关刑事诉讼监督前移的具体体现。刑事执行作为刑事诉讼的一个重要环节和内容,同样关系着刑事诉

① 彭波:《探索更为有效的法律监督方式——访最高人民检察院刑事执行检察厅厅长王守安》,载《人民日报》2018 年 6 月 13 日第 17 版。

讼目的的实现。以往检察机关对刑事执行的法律监督属于刑事诉讼中的薄弱环节,应加大对刑事执行的法律监督。检察机关通过有效均衡法律监督资源,加大对刑事诉讼中薄弱环节的法律监督力度,有效保证刑事执行过程中的执法规范化监督和罪犯改造效果的监督,达到监管机构执法更加规范化、罪犯改造再犯率有效降低的目的。

2.形式多样化的巡回检察有效监督刑罚的执行

形式多样化的巡回检察是检察机关对刑事执行履行法律监督职责的一种检察形式表述,具体体现在采取常规巡回检察、专项巡回检察、机动巡回检察和交叉巡回检察等形式多样的方式进行监督检察。检察机关对于监狱检察的内容仍应当依据《宪法》《刑法》《刑事诉讼法》《监狱法》的相关规定,依法履行法律监督职能。采取形式多样的巡回检察的目的是解决派驻监狱检察室长期派驻在一个监狱,同时派驻监狱检察室的检察人员长期不变的问题。检察人员长期派驻在一个监狱履行法律监督职能,容易出现长时间接触被同化,[①]不容易发现问题的情况。形式多样化的巡回检察是在派驻监狱检察室的基础上,采取的以不固定人员组成巡回检察组对不特定的监狱进行巡回检察的制度设计。常规巡回检察,是人员不特定的巡回检察组对监狱刑罚执行和对罪犯教育改造问题进行常规巡回检察,确保监督检察的常规化,以每月至少巡回检察一次的形式保证监督检察的强度,有效保证巡回检察对监狱监督的监督力度。专项巡回检察是针对监督中出现的突发问题和专项性问题进行的专项巡回检察,专项巡回检察区别于常规巡回检察,是为了解决一个问题或者一类问题而启动的专项性巡回检察,有效解决常规巡回检察不宜发现的类化的问题,增强检察机关对监狱检察的深度。机动巡回检察是对常规巡回检察和专项巡回检察过程中发现的问题整改情况进行的回头看性质的监督检察,确保常规巡回检察和专项巡回检察问题的有效整改和制度落实,使巡回检察落到实处。交叉巡回检察是在常规巡回检察、专项巡回检察、机动巡回检察的基础上,为了解决"固定人员"巡回检察而提出的一个升级版的跨区域巡回检察,采取以市级检察机关之间人员交叉对对方辖区监狱进行巡回检察。

---

① 袁其国、尚爱国:《试论刑事执行检察理论体系之构建》,载《河南社会科学》2015 年第 7 期。

3.巡回检察有效促进罪犯改造成为守法公民

我国《监狱法》第 3 条规定:“监狱对罪犯实行惩罚和改造相结合、教育和劳动相结合的原则,将罪犯改造成为守法公民。”检察机关监督刑罚执行,监督监狱的减刑、假释等制度的执行情况,监督监狱对罪犯的教育改造工作。检察机关履行如上法律监督职权的依据是《监狱法》等法律,同样的监狱法规定对罪犯的改造目的也是检察机关履行法律监督职责所要达到的目的。检察机关开展巡回检察的目的同样应有效促进罪犯改造成为守法公民。任何国家的刑罚执行面临的问题都是如何将罪犯更好地改造成为守法公民,任何国家都不希望监狱成为再犯罪的工厂。① 巡回检察的制度设计就是为了更好地发挥检察机关在对监狱刑罚执行以及对罪犯改造上充分发挥检察职能,有效地监督刑罚执行机关对监狱法的执行情况。检察机关建立巡回检察组织对监狱进行巡视检察的目的并不是为了找监狱监管部门的毛病,对监狱监管情况吹毛求疵,而是实实在在地以有效促进罪犯改造成守法公民为最终目的,确实可行地对监狱的执法以及监管情况提出纠正意见,有效地促使监狱平稳、安全运转。对于罪犯的改造而言,检察机关的检察监督和监狱对罪犯的监管目的是一致的,检察机关的检察监督对于监狱的管理起到的是正能量促进作用。监狱只有充分认识到检察机关的检察监督作用,才能主动接纳检察机关的巡回检察,以平和的心态接受检察机关的监督。

二、刑事执行派驻监狱检察的制度弊端

刑事执行检察监督对于监狱监管场所的监督主要有两种途径,分别是派驻监狱检察室和巡回检察。2018 年 10 月全国人大常委会立法确认巡回检察之前,检察机关对于监狱的监督主要是派驻监狱检察室。设立巡回检察的目的为解决刑事执行派驻监狱检察因派驻检察官长期与监管人员接触,容易出现被监管人员同化,进而出现检察人员不愿监督、不敢监督、形式化监督等问题。② 为更好地发挥巡回检察的作用,应当对派驻监狱检察进行深入的研究,派驻监狱检察的弊端主要体现在派驻监狱检察对监狱监管形式化,派驻监狱检察室检察人员监督主动性不强等程序性和实体性制度弊端。

---

① 李忠诚:《刑事执行功能研究》,载《中国法学》2003 年第 3 期。

② 龚培华:《构建规范高效的刑事执行监督体系》,载《检察日报》2015 年 10 月 26 日第 3 版。

(一)刑事执行派驻监狱检察的程序制度弊端

刑事执行派驻监狱检察的程序制度弊端,是指因刑事执行派驻监狱检察的制度设计带来的一系列的派驻检察人员监督主动性不强、监督能力不足,以及检察人员在具体执行过程中出现的不规范的检察行为。

1.派驻监狱检察的监督主动性不强

派驻监狱检察室作为监督监狱刑罚执行的法定派出机构,对于监狱刑罚执行的规范执法具有义不容辞的责任和义务。若负有监管职责的派驻监狱检察室丧失监督主动性,则非常不利于刑罚执行的规范性。[①] 对于"监督"的理解有两个解释:一是作为动词,意为察看并督促;二是作为名词,意为做监督工作的人。派驻监狱检察室对监狱的监督应为动词的意思,为词条中的第一个解释——察看并督促。派驻监狱检察对检察机关的监督应当是两个内容:一是对监狱的执法行为进行实时的查看,二是对于监狱的刑罚执行以及监管活动有违法的行为予以纠正,对于监狱应为而不为的情况应当督促监狱积极作为。监狱可以根据罪犯的表现情况,有权提请减刑和假释。如果监狱的减刑和假释提请权力没有相关的法律监督,监狱监管在无监督的情况下很容易出现监狱民警滥用职权。[②] 实践中,派驻监狱检察室的检察人员在日常监管中,对于监督的执法活动大多只能做到对监狱的监管行为进行察看;对于监狱监管行为只是因为物理上与监管机构的近而"不得不"进行的察看,对于监狱的监管行为以及刑罚执行的情况并不进行有效的"干预",任由监狱监管机构自行监管和执行刑罚。派驻监狱检察室的检察人员对于监狱不符合程序的减刑、假释提请情况,对于不符合程序的暂予监外执行提请情况都应当依法进行审查,对于不合法的提请应当依法予以纠正;对于监狱对罪犯收监是否符合规定条件、收监法律文书是否齐全应当依法予以监督,确保收监人员程序合法、收监人员准确无误;对于监狱中罪犯出监也应对出监罪犯和法律文书是否相符,出监社区矫正和监外执行的法律文书是否送达等进行监督,通过有效地履行派驻监狱检察的监督职能,促使刑罚执行的规范化。

---

① 李国安、祁云顺、陈炜:《困境与出路:刑事执行检察工作现状与重构》,载《北京政法职业学院学报》2015年第4期。

② 管益胜:《深化司法改革,保障刑罚执行监督权的实现——对完善刑罚执行监督的一点建议和设想》,载《犯罪研究》2005年第5期。

2.派驻监狱监督检察形式化

派驻监狱检察对于减刑假释的监督形式化,不利于对刑罚执行减刑、假释的监督。[①] 根据法律的规定,监狱对于减刑、假释的案件有权依法提请人民法院对减刑、假释进行审理判决,最终的裁定权在人民法院。在司法实践中,人民法院对于罪犯的减刑、假释案件的审理流于形式,造成监管机关成为罪犯减刑、假释实质上的审核机关。[②] 派驻监狱检察室检察人员对于刑事执行检察监督的手段主要有纠正违法、检察建议和对监管人员职务犯罪的侦查等。检察人员对于刑罚执行的减刑、假释的审查多为书面审查,检察人员发现监狱刑事执行的违法行为向监狱发出纠正违法、检察建议,检察监督效果不明显。对于监狱错综复杂的利益关系,派驻监狱检察室的检察人员只是简单地形式审查,使检察监督流于形式。只有对监狱减刑、假释等刑事执行检察内容进行专门化检察,通过谈话、调取监控录像、查阅相关材料等多种方法和途径进行深入的监督检察,才能使检察机关对监狱的检察监督落到实处,才不会使派驻监狱检察的检察形式化,达到通过监督监狱的刑罚执行情况,促使监狱对罪犯加强改造、减少罪犯刑满释放的再犯可能。派驻监狱检察的形式化体现在如上的不积极履行检察法律监督职能和只是流于书面例行审查的形式化。派驻监狱检察室的检察人员责任心不强,不充分发挥检察机关的检察监督职能,对于监狱刑罚执行的监督力度不足,必定会影响降低罪犯再犯目标的达成。

3.派驻监狱监督检察监督能力不足

派驻监狱检察的检察人员的能力不足并非指个别检察人员的业务能力不足、法律监督水平不高,而是指检察机关作为法律监督机关派驻监狱检察室的检察监督能力不足。检察机关以派驻检察室的形式将检察人员派驻监狱依法履行法律监督职权,一定时期内委派固定人员到监狱检察室履行法律监督职能是理所当然的,也是有利于工作开展的必然选择。每个人的能力是有限的,委托相对固定的人员在监狱检察室开展法律监督工作,检察人员对于监狱的固定化长期性的运行方式会习以为常,如果该项运行监管方式不合法或者违规的话,那么检

① 朱宁宁:《最高检:哪里问题突出就去哪里巡回检察》,载《法制日报》2018年10月27日第2版。

② 徐静村:《〈刑事执行法〉立法刍议》,载《昆明理工大学学报(社会科学版)》2010年第1期。

察人员就不会认为这种习以为常的运行方式是需要纠正的。成都市检察院监狱巡回检察组在对成都市所辖的3个监狱进行巡回检察的过程中发现某个监狱看似合理的现象,但是其他监狱都没有,后经核实该现象果然与监狱管理规章制度相违背。[①] 同时,监狱对罪犯的监管是一个系统性的工程,检察机关派驻监狱检察室的检察人员数量有限,对于监狱进行全覆盖的监管客观上是不可能的。检察机关如果想对监狱进行全方位、多领域的有效监督检察,应当加强监督检察力量,同时加强检察监督人员的专业化能力水平。传统的观念认为监督者应当强于监督者,检察监督人员专业化的不足也在很大程度上降低了检察监督的效果,只有加强检察机关的专业化能力水平才能对监狱监管进行有效的监督检察。除派驻监狱监督检察的检察人员法律专业化不足外,检察机关对于监狱监管过程中的非法律专业外的消防监管、罪犯心理疏导效果监管往往没有有效的监管手段和方法。对于这些区别于法律专业外的更为专业化的领域,检察机关应当充分发挥外脑的作用,邀请应急部消防救援局相关专家、心理咨询中心的心理咨询师等具有专门知识的人员,对监狱监管中的专业化内容进行监督检察,为检察机关法律监督的有效行使,为对罪犯改造目的的达成而提供专业化意见。

(二)刑事执行派驻监狱检察的实体制度弊端

1.派驻监狱监督检察重点不明确

监狱对罪犯的监管是一个系统性的工程,涉及方方面面的内容,检察机关只有抓住监督检察的重点才能有效地对监狱进行监督检察,进而对罪犯予以惩罚的同时,最终达到改造的目的。派驻监狱检察室因人员配置与监狱的监管人员相比明显不足,监管人员和检察监督的检察人员比例高凸显。监狱监管是个系统工程,检察机关对监狱进行监管并不仅仅是对相关法律的实施情况进行监督,还应当对监狱的安全监管、对罪犯的权利保障、监管区域的医疗保障等内容进行监管。介于被监管的内容多、监管内容复杂,检察机关的派驻监狱检察室就显得力不从心了。只有充分发挥检察机关的整体法律监督职能,有效地、有针对性地对重点环节、重点内容开展专项的监督检察,才能挖掘监狱监管过程中存在的影响监管安全的深层次问题。派驻监狱监督检察除存在监督重点不明确的问题外,还长期存在监督监管表面化的问题。检察机关的法律监督应当以对罪犯的

① 任鸿:《监狱巡回检察 第一轮"试水"试出了什么?》,载《四川日报》2018年9月7日第12版。

改造为最终目的,全方位多角度地进行检察监督,同时对高危环节进行重点监督检察,有效地监督检察监管中存在的易发腐败的环节。派驻监狱检察室对于监狱监督检察更多的是偏重于程序性的监督检察,日常监督检察主要的工作是对人民法院的减刑、假释裁定进行书面审查,监督工作处于被动接受状态,检察监督重点不突出,对实体内容的监督检察不足。

2.派驻监狱检察对监管安全的监督检察不足

派驻监狱检察对监狱监管安全的监督检察主要是在狱警的监管下不出现罪犯非正常死亡、罪犯脱逃、重大生产安全事故和监区内重大刑事案件。[①] 派驻监狱检察室的监督模式均为对发生监管安全后的事后责任追查监督检察,属于事后的亡羊补牢的工作模式,对于监管安全前的预防性工作开展不足。派驻监狱监督检察对监狱安全物防的监督检察不足,对于监狱大门 AB 的执行情况监督不足,有些监狱通过技术手段对 AB 门进行控制,使 AB 门不能同时打开。很多监狱并没有通过技术手段对 AB 门开启进行技术控制,而是通过监管人员人为控制使 AB 门不能同时开启。人为地控制 AB 门不能同时开启就会面临因人为过失造成 AB 门同时开启,进而容易出现罪犯脱逃的安全隐患。检察机关可以通过聘请"外脑"的方式,聘请专家对这些专业化的技术问题提出监督检察意见,进而有效提高物防的安全性。狱政管理检察的监督不足,应加强对狱政管理的监督检察力度。狱政管理检察是对监狱的管理情况进行的检察,监狱管理主要分为两个部分:一是监狱对罪犯的监管情况,是否能够保证监狱的运行安全,比如监狱安全警戒系统是否安全,是否能够保证罪犯无法脱逃;[②]监狱对罪犯是否能够有效管理,确保罪犯的管理井然有序。二是监狱对罪犯的管理过程中是否能够保证罪犯的人身安全健康,比如监狱疾病预防是否有效、对罪犯的医疗保障是否能够到位,老病残罪犯是否能够得到适当的照顾。监狱教育改造检察是在保证罪犯身体健康的基础上,在对罪犯监禁惩罚的同时应当达到的终极目标:把罪犯改造成为守法公民。

3.派驻监狱监督检察对变更执行的监督不足

现行法律规定,检察机关的检察监督对于刑罚变更执行的监督为事后监督,

---

① 彭辉:《对监管安全的理性认识》,载《犯罪与改造研究》2002 年第 3 期。

② 最高人民检察院监所检察厅课题组、白泉民:《监狱改革背景下中国监狱检察制度的改革与完善》,载《中国刑事法杂志》2009 年第 8 期。

事后监督有其自身制度设计的弊端,检察机关对变更执行的监督力度明显削弱。派驻监狱检察对变更执行的监督检察的事后监督检察不具有及时性,对于已经执行的刑罚变更执行案件,如果检察机关发现变更执行中有违法行为,事后纠正该违法行为对于刑罚变更执行的纠正非常不利于司法机关法律权威的树立。派驻监狱检察的事后监督检察不同于变更执行的事前批准,派驻监狱监督检察的强制力略显不足。为了加强派驻监狱检察对变更检察的监督力度,应当通过制度设计改变检察监督的事后监督机制,将派驻监狱的监督检察时间适度提前。派驻监狱监督检察中检察机关无减刑、假释的建议权,不利于派驻监狱监督检察职能的充分发挥。检察机关在对监狱进行监督检察的过程中,对于符合减刑、假释的条件而监狱并未提出对罪犯减刑、假释的请求,如果派驻监狱检察无权提起相关建议,检察机关的检察监督就成为没有制度保障的监督权。只有赋予监督机关足够的约束被监督者的制度保障,才能有利于检察监督权的有效行使。有效解决检察机关对监狱监督检察的不作为的制度保障,更应当赋予检察机关广泛的调查权。检察机关广泛的调查权是保证检察监督有效行使的手段保障,完善检察机关刑罚变更执行的监督方式。只有赋予检察机关对检察监督过程中发现的刑罚变更执行有误或者应当变更执行而监狱并未启动变更执行程序等问题的调查权,才能有效保证检察机关刑罚变更执行建议的准确性。

三、刑事执行巡回检察制度的规范完善

刑事执行检察制度的完善主要体现在监狱监督检察内容由原来的单一的派驻监狱监督检察变成派驻监狱监督检察和巡回检察。完善巡回检察制度机制,就应当以派驻监狱监督检察的实践运行弊端为切入点,有效避免派驻监狱监督检察的程序和实体弊端,充分发挥巡回检察的优越性,完善刑事执行检察制度机制。

(一)刑事执行巡回检察的制度优势

1.沟通机制更加顺畅

山东省检察机关在试点期间探索建立了“日常检察+巡回检察”工作新模式,①日常检察和巡回检察体现的是检察机关在保留派驻监狱检察室的基础上开展巡回检察。派驻监狱检察室较先前的检察室人员减少,原则上保留一人从

① 徐日丹:《监狱巡回检察试点工作稳步推进》,载《检察日报》2018年7月10日第1版。

事日常事务性工作,负责对巡回检察与监狱进行对接等工作。巡回监狱检察组的制度设计,很大程度上使检察监督和监狱之间的沟通机制更加顺畅了,四川省成都市邑州监狱主动要求巡回检察组参与监狱的狱情分析会。① 狱情分析会会涉及监狱监管中的薄弱环节,监狱主动邀请检察监督机关参加狱情分析会在之前是很难想象的。监狱主动邀请巡回检察组的检察官参加监狱的狱情分析会,将监狱管理中的监管问题直接“暴露”给检察机关,使检察机关能够准确、及时地了解监狱管理存在的问题。监狱主动暴露监管问题,大大地减少了检察机关发现监狱监管问题的时间和精力,使检察官有更多的时间和精力对监狱监管过程中暴露的问题提出更为科学、有效的建议。监狱转变观念积极主动作为,促使检察机关精准建议,有效避免司法资源的浪费。检察监狱巡回检察组履行法律监督的目的是保证监狱的安全有序运转,促使罪犯改造成为守法公民。检察机关的检察监督和监狱的监管目的是一致的,巡回检察组从检察监督的角度对监狱的监管提出帮助,有利于提高监狱对罪犯的安全管理和改造。监狱和检察机关的沟通机制更加顺畅,实现检察机关法律监督和监狱安全监管、刑罚执行的共赢。

2.监督重点更加明确

派驻监狱检察室对于监狱监督检察更多的是偏重于程序性的监督检察,日常监督检察主要的工作是对人民法院的减刑、假释裁定进行书面审查,监督工作处于被动接受状态,检察监督重点不突出。2018 年 12 月 25 日在巡回检察制度被法律确定的两个月后,最高人民检察院印发了《人民检察院监狱检察工作目录》(以下简称《工作目录》),该《工作目录》为巡回检察组更好地开展对监狱的巡回检察提供了更加可操作性的工作指引。巡回检察的工作内容更加明确,该《工作目录》将人民检察院监狱检察的内容分为三个部分:一是刑事执行检察,二是狱政管理检察,三是教育改造检察。刑事执行检察是传统意义上的看得见的监督检察,主要是对收监和出监的检察,减刑、假释检察,暂予监外执行检察,控告、举报、申诉等内容的检察。减刑、假释和暂予监外执行检察内容为社会更多地了解和熟知。

① 赵文、徐毓蔚:《变“驻”为“巡”检监联手守护正义》,载《四川法制报》2018 年 8 月 14 日第 7 版。

3.监督的主动性和敏感性提高

监狱巡回检察组的人员组成情况较派驻监狱检察室而言,巡回检察队伍的人员应该是不固定的,主要以执检部门检察人员为主。巡回检察组以不固定的检察人员进行组建就是为了避免熟人模式,充分调动检察人员的监督主动性,更好地丰富巡回检察的方式和手段,提高检察监督实效。在实践中,对监狱提请的减刑、假释的案件进行审查时,一般是书面审查监狱提请的减刑、假释的程序是否合法,证据是否确实、充分。对于监狱提请的减刑、假释案件人民法院一般是进行书面审查,作出刑事裁定;①检察机关对于人民法院裁定的审查也是书面审查。检察机关开展巡回检察制度以来,检察机关对于减刑、假释案件的审查方法和手段更加丰富。检察机关对于减刑、假释案件逐一进行审查,列席减刑、假释案件评审会议,询问有关人员查明提请、裁定减刑、假释罪犯的改造等情况。检察机关通过对监狱开展巡回检察,对刑罚执行中减刑、假释的检察更加深入,将检察工作做得更细,将对减刑、假释的监督做得更实,有效地避免了减刑、假释领域中的渎职犯罪的发生。巡回检察组的人员不固定的特征,在很大程度上避免了熟人监督的不愿监督、监督流于形式等问题,检察人员监督的积极性显著增强,职业责任感显著增强。检察机关对监狱的巡回检察制度有效避免了"监督盲区",提高了检察人员检察监督的敏感性,将检察监督落到实处。

(二)刑事执行巡回检察的制度原则

为了促使刑事执行巡回检察制度的有序开展,首先要明确刑事执行巡回检察应当遵循的原则。基本原则是指导实践刑事执行巡回检察有序开展的基本原则,只有严格遵守把罪犯改造成守法公民原则、注重保障罪犯合法权益原则才能切实有效地把保障刑事执行巡回检察监督落到实处。

1.把罪犯改造成守法公民原则

检察机关在对刑事执行进行巡回检察监督的过程中,应当始终坚持把罪犯改造成守法公民的原则。把罪犯改造成守法公民也是刑事执行巡回检察监督的终极目标,没有哪个国家想将监狱变成再犯罪和传播犯罪方法的工厂。检察机关对监狱进行监督,应当摒弃检察机关的监督检察就是为了找监狱监管毛病、吹毛求疵、为了找毛病而找毛病的不正确观念。检察机关检察监督并非简单地找

---

① 李勤:《减刑假释制度的适用:积分制的缺陷及其完善》,载《政法论坛》2017年第2期。

监狱的监管毛病,也不是为了找毛病而找毛病,而是为了监狱科学管理而提出检察建议。监狱监管机构也应当转变错误的观念,变被动监督为主动自愿接受监督,充分利用检察机关的监督作用,有效提升监狱监管水平和能力。检察机关对监狱的刑事执行检察是为了保证监狱对罪犯的收监和释放准确无误,是为了保证减刑、假释、暂予监外执行的程序合法,证据确实、充分,为了保证控告、举报、申诉能够被及时转交。狱政管理检察中对于监管安全的检察、分押分管检察和通信会见检察,都是为罪犯提供一个安全的监管场所和一个有温度的监管氛围,为罪犯改造成守法公民提供了可能。对于罪犯奖励、考核的检察可以使罪犯有动力争取减刑的可能,主动积极地将自己改造成守法公民。教育改造检察的四项内容就是为了对罪犯进行教育改造,从最开始的入监集中学习到出监的集中学习,通过教育劳动对罪犯进行改造,对于文化程度不高的罪犯应当进行文化教育使罪犯能够获取更多的文化,为罪犯刑满释放出监更好地投入社会成为守法公民而进行文化积累。对于罪犯的监管是全覆盖、多阶段的检察监督,使罪犯在监狱接受监管后能够成为守法公民。

2.注重保障罪犯合法权益原则

注重保障罪犯合法权益原则是把罪犯改造成守法公民原则外,应当严格遵循的基本原则。注重保障罪犯合法权益原则是指检察机关对监狱监督检察应当注重保障罪犯的合法权益,应当保证监管场所的人身安全、保证监管场所的公共卫生、保证罪犯能够得到足够的文化教育、保证罪犯能够获取同亲属会见的机会等内容。注重保障罪犯合法权益原则和将罪犯改造成为守法公民原则是一致的,都是刑事执行巡回监督检察应当全领域、多阶段覆盖的基本原则,在监督检察中实时体现检察机关注重保障罪犯合法权益。[①] 刑事执行检察监督中对减刑、假释的程序和证据进行审查,确保减刑、假释案件公平公正,有效保障罪犯合法权益。狱政管理检察中保证罪犯被羁押的场所公共卫生安全,确保罪犯公共卫生安全。加强对罪犯安全性教育,确保监狱监管的正常监管秩序,保证罪犯的人身安全不受威胁。对罪犯亲情会见、拨打亲情电话,保证罪犯的亲情会见权得到有效保障。巡回检察中应当检查罪犯戒具的使用是否合法,适用的情形是否符合法律规定,是否有随意给罪犯戴双铐、双镣等情形。合法合规地使用戒具,

---

① 邢娜、郑锦春:《对减刑案件检察监督权配置的思考》,载《中国刑事法杂志》2010 年第 1 期。

对部分罪犯的人身自由进行限制的同时,保证了监管场所的安全,同时在更大的程度上保障了大多数罪犯的合法权益。对于男犯、女犯和未成年犯分开羁押管理,保护未成年人和女犯的特殊权益。对于老病残罪犯的羁押应当分别管理,在生活和劳动改造上予以照顾,保护特殊体质罪犯的合法权益。

(三)刑事执行巡回检察的队伍建设

刑事执行巡回检察专业化队伍建设主要解决的是派驻监狱监督检察实践中监督检察人员专业化能力不足的弊端。监狱对罪犯的监管是一项系统性的工程,派驻监狱监督检察人员专业化能力不足。刑事执行巡回检察为了有效避免派驻监狱监督检察专业化能力不足的问题,邀请具有专门知识的人参与巡回检察,对罪犯心理疏导、监狱消防状况综合评价等内容发挥"外脑"对刑事执行检察监督的积极促进作用。

1.专业化的巡回检察队伍建设

刑事执行巡回检察工作的有序、专业化开展需要有一支专业化的检察队伍,因此要全面加强刑事执行检察队伍建设,进一步提升队伍的整体素质和履职能力。[①] 检察机关作为法律监督机关,应当加强自身的依法监督、规范监督的能力。检察机关作为监督机关如果想对监狱的监管行为进行有效、充分的监督,应当确保自身了解监狱监管所依据的所有法律法规和规章制度,明晰应当如何对监狱进行监管。同时刑事执行巡回检察组应当了解监狱监管的实际情况,知道如何依法将监狱的监管工作做好。这就需要刑事执行巡回检察组的检察人员加强自身依法监督的能力、规范监督的能力,确保检察监督提出的问题准确、建议可行,被监督的监狱容易接受。巡回检察队伍的组成人员应该不是固定的,不固定的人员组成才能真正解决熟人模式带来的监管问题。巡回检察队伍应当以刑事执行检察人员为主要构成人员,同时吸纳检察机关的刑事、民事、行政检察等其他部门的检察官、检察官助理参与到刑事执行巡回检察队伍中来。

2.具有专门知识的人参与巡回检察

2018 年最高人民检察院印发了《关于指派、聘请有专门知识的人参与办案若干问题的规定(试行)》,明确提出了检察机关在办案过程中针对专门性问题可以邀请有专门知识的人参与,为检察官科学办案提供专业技术性的认识和经验。

---

① 袁其国:《在新的起点上全面推进刑事执行检察工作》,载《人民检察》2015 年第 12 期。

刑事执行巡回检察制度要求,检察机关在对刑事执行活动进行监督的过程中,可以依照最高人民检察院的文件就专门性问题聘请有专门知识的人参与其中。对于监狱中罪犯劳动改造的情况,可以聘请安全生产监管部门对监狱中的劳动生产情况进行监督检察,确保监狱中的生产活动不出现安全事故,避免劳动改造过程中因管理不善造成对罪犯的人身伤害。检察机关在巡回检察过程中,对罪犯教育改造效果的评估可以聘请专业的心理辅导机构参与其中,以专项巡回检察的方式对监狱中罪犯改造的情况进行评估,进而提出更为科学、严谨、有效的改造方案,有效促进监狱对罪犯的劳动、教育、改造。对于监狱中消防设施及火灾防范情况的检察邀请应急部消防救援局的相关专家参与其中,对监狱的消防状况进行综合评估,为罪犯教育改造提供安全的改造场所。对于专门性问题,检察机关可以让更为专业的人员参与刑事执行巡回检察,同相关职能部门建立机制,有效发挥"外脑"对刑事执行巡回检察的积极促进作用。

(四)刑事执行巡回检察的模式类型

刑事执行巡回检察的常规巡回检察是为了保证刑事执行常规性监督检察内容常态化、全覆盖。刑事执行专项巡回检察是为了避免熟人监督的弊端,对专项性的内容进行监督检察,是刑事执行检察监督的专门化内容。刑事执行机动巡回检察是为了保证刑事执行巡回检察的检察监督的实效性,而针对监狱对监督检察的落实情况进行的监督检察,通过回头看的形式避免刑事执行巡回检察流于形式。刑事执行交叉巡回检察是为了有效避免派驻监狱检察室中的派驻检察人员长期派驻于某一固定监狱,配合多、监督不足的问题。

1.刑事执行常规巡回检察

刑事执行常规巡回检察的功能基本上等同于派驻监狱检察室,常规巡回检察的内容在所有巡回检察中应当是最全的,应当覆盖人民检察监狱检察工作目录中的所有内容,应尽可能地做到面面俱到。刑事执行巡回检察制度建立运行以来,刑事执行的检察重点是以巡回检察为主要手段以派驻监狱检察室为辅助手段进行的刑事执行检察。派驻监狱检察室履行的是常规事务性的工作,因派驻监狱检察室的人员配置较以往已经大大减少,已经无法做到无死角、全覆盖地履行刑事执行检察监督职责。刑事执行常规巡回检察在派驻监狱检察室的常规检察的基础上,对于刑事执行检察、狱政管理检察和教育改造检察三部分中的二十个检察重点逐项进行检察。严格做好罪犯收监和出监的检察,坚持做到收监和出监的三个月集中培训制度,检察监督把好出口、入口关保证监管收押、释放准确,劳动教育改造有效。常规巡回检察中应重点监督激发罪犯改造成守法公民的制度落实情况,比如罪犯奖励、考核情况、劳动绩效、劳动报酬、减刑等情况。常规巡回检察中应重点监督女犯、未成年犯和男性罪犯是否分别关押,老病残罪犯是否得到应有的适度照顾,罪犯生活、改造的监管环境是否安全,公共卫生安全是否能够得到有效保障。刑事执行常规巡回检察,秉持监狱监管安全,罪犯合法权益得到保障和把罪犯改造成为守法公民的理念,对刑事执行检察、狱政管理检察和教育改造检察三部分中的二十个检察全领域、无死角全覆盖。

2.刑事执行专项巡回检察

刑事执行专项巡回检察是在刑事执行常规巡回检察的基础上,针对专门性的问题进行专项的巡回检察。刑事执行专项巡回检察所解决的问题的范围和内容不同于刑事执行常规巡回检察,刑事执行常规巡回检察的内容是对监狱全方位的检察,刑事执行专项巡回检察是为了弥补刑事执行常规巡回检察精细化不足的缺点。针对刑事执行监管中的减刑、假释容易出现滥用职权问题,狱政管理中罪犯奖励、考核容易出现滥用职权问题进行专项巡回检察,坚决查处刑事执行领域中的监管人员违法犯罪行为。刑事执行专项巡回检察中还应当对监狱分押分管情况进行专项巡回检察,确保女犯是由女性监狱民警直接管理,成年男犯、女犯和未成年犯分开关押和管理,老病残罪犯因个体差异而获得适当的照顾。刑事执行专项巡回检察对监狱中的安排罪犯亲属会见是否符合规定,地点是否安全、会见方式是否合法,是否存在可能不利于罪犯改造的情况以及罪犯通过其亲属向在外其他犯罪嫌疑人通风报信等情形。在对监狱进行专项巡回检察中邀请质量技术监督相关有专门知识的人参与巡回检察,对监狱中罪犯的食物进行专项检察,确保罪犯的饮食安全。检察监狱中食堂的从业人员是否具有健康证,食堂是否建立了食堂从业人员管理档案;食堂中的原材料是否符合国家的安全卫生标准,商品是否在有效期内、是否有生产企业、生产地址等信息。刑事执行巡回检察对监狱中的医院也应当进行专项检察,确保医院的医生和护士具有相关行业的从业资格,药房药物均在有效期内,对于过期的药物应当及时进行销毁。[①] 对于监狱中的突发事件,比如监狱中发生的罪犯非正常死亡、脱逃等监管事故,检察机关应当第一时间对狱政管理情况进行专项巡回检察。

---

① 李轩甫、刘洪记:《每一次巡回都不走过场》,载《检察日报》2018年9月26日第9版。

3.刑事执行机动巡回检察

刑事执行机动巡回检察较刑事执行常规巡回检察和刑事执行专项巡回检察而言,巡回检察的时间更为灵活、人员要求更为灵活。刑事巡回机动检察的内容具有双重特点,一般来说刑事执行机动巡回检察是对先前刑事执行专项巡回检察和刑事执行专项巡回检察中出现的问题进行再督促、再检察,检察监狱管理部门是否能够根据巡回检察组对该项内容提出的整改意见进行整改,整改是否达到了预期的效果。这一层次的刑事执行巡回检察是对前阶段整改的督促回头看,对于检察建议、督促整改只有有足够的回头看督促机制才能使被监督者落实监督者的意见和建议,使巡回检察的整改效果落到实处。刑事执行机动巡回检察对于先前检察组对监狱提出的检察建议和督促整改方案也是一次自省的过程,可以检验先前自己的建议与监狱的实际是否相适应,检察建议是否能够有效解决监管中出现的问题。检察机关的机动巡回检察对于检察监督能力也是一次回头看,为后期更好地提高检察机关的检察监督能力打下良好的基础。与此同时,机动巡回检察对先前的刑事执行常规巡视检察和刑事执行专项巡回检察的执法规范化也一并予以检察,促进检察队伍对监狱监督检察的规范化。刑事执行监督巡回检察除对先前巡回检察进行回头看的内容外,还可以根据巡回检察的目的对其他工作进行巡回检察。

4.刑事执行交叉巡回检察

刑事执行交叉巡回检察区别于上述三种巡回检察制度,交叉巡回检察解决的最为重要的问题就是派驻监狱检察室的检察人员因长期派驻于固定的监狱,造成配合多、监督不足,出现不愿监督、不敢监督、监督流于形式等问题。[①] 刑事执行交叉巡回检察的检察方式主要有两种:一是省内地级市检察院之间相互的对对方辖区监狱进行检察监督,二是地级市辖区内的县级检察机关之间对对方辖区内监狱进行检察监督。以上两种是常见的交叉巡回检察模式,因为同级的监狱虽然下辖于不同的市级检察院,但是省级检察机关对于省内的监狱都具有监督检察的职权,所以省内平级之间的交叉巡回检察比较容易开展。刑事执行交叉巡回检察在省际检察院之间进行交叉巡回检察的基础上,在不同的省市之间的检察院之间也可以开展交叉巡回检察。跨省市的交叉巡回检察是在省级院之间就巡回检察达成一致意见的基础上才能开展的,主要是为了尊重监狱巡回

① 袁其国:《论刑罚执行和监管活动监督权的合理配置》,载《人民检察》2011 年第4 期。

检察的地域职权。如果不经过其他省级检察机关的允许就对其他省检察机关所辖的监狱开展刑事执行巡回检察,那么开展巡回检察的检察机关在一定程度上超越了自己的职权,有滥用职权的嫌疑。巡回检察在试点的初期,我国云南省检察机关、[①]海南省检察机关、湖北省检察机关[②]、四川省检察机关[③]就积极采用交叉巡回检察对本省所辖监狱进行巡回检察。从官方媒体报道可知试点的八个省市就有一半试点省市采用了巡回检察的方式对监狱进行巡回检察,足可以看出刑事执行交叉巡回检察对于有效避免熟人模式的弊端成效是显著的。

(五)刑事执行巡回检察的具体内容

完善刑事执行巡回检察的内容是在派驻监狱监督检察程序性完善的基础上提出的,目的是有效提高刑事执行巡回检察监督的实效性。通过完善对犯罪改造的检察、对监管安全的检察、加强检察监督对刑罚变更执行的实时同步监督等内容,完善刑事执行巡回检察模式。

1.完善对罪犯教育改造的检察监督

我国《监狱法》规定对罪犯应当适用惩罚和改造相结合、教育和劳动相结合的原则。对罪犯的教育改造是改造罪犯的基本手段,应当贯穿于监狱对罪犯改造工作的全过程。对罪犯的教育改造是两个层次的内容,对罪犯的改造是与惩罚相对应的,限制罪犯的人身自由是对罪犯的惩罚,同时限制罪犯的人身自由不是目的,目的是通过限制罪犯的人身自由使其行为能够得到有效的监督,确保其对社会不会产生危害。在限制罪犯人身自由的整个监禁过程中,对罪犯的监禁也是为了更好地对罪犯进行教育改造。教育改造中的另外一个层次是教育,教育是对罪犯改造的基本手段,通过对罪犯的教育培训,使在押罪犯能够得到有效的教育,促使罪犯改造,使其出监时能够成为一个守法的公民。在教育改造过程中,对罪犯的教育也应是科学的,不应当是为了教育而教育,应当采取灵活多样的教育方式。在对罪犯进行教育的同时,也应当促使罪犯进行一定程度的劳动,通过以劳动促学习促成长的方式,提高监狱对罪犯教育改造的工作成效。检察

---

① 董新颖:《云南:全面推开对监狱实行巡回检察试点工作》,载《检察日报》2018 年 9 月 29 日第1 版。

② 徐日丹:《监狱巡回检察试点工作稳步推进》,载《检察日报》2018 年 7 月 10 日第 1 版。

③ 任鸿:《监狱巡回检察第一轮"试水"试出了什么?》,载《四川日报》2018 年 9 月 7 日第 12 版。

机关通过“派驻检察+巡回检察”的方式，对监狱对罪犯的教育改造进行继续监督检察，可见有效地提高监狱对罪犯教育的针对性和时效性。对于开展传统文化教育的监狱，检察机关应当对监狱传统文化教育的开展情况进行监督检察。监狱的传统文化教育是简单的播放音频、视频，还是通过邀请社会传统文化演出单位进入监区为罪犯提供更为直观、形式更为多样化的演出服务呢？对于新进监区的罪犯是否能够有效的开展三个月的入监教育，使新入监的罪犯能够适应监狱规范化管理。如果监狱的三个月入监集中培训教育，使罪犯感到的不是更好地融入监狱生活，而是严管的三个月，那么监狱管理中的入监三个月教育培训的预期作用就没有达到，对于罪犯的教育改造效果就令人担忧。在监狱管理中，检察机关应当以日常的内容入手，以将罪犯改造成为守法公民为目的，对监狱对罪犯的教育改造进行监督检察。

2.完善对监管安全的检察监督

监狱的监管安全是监狱管理的生命线。监狱监管安全是指监狱在执行刑罚的过程中，在狱警的监管下不出现罪犯非正常死亡、罪犯脱逃、重大生产安全事故和监区内重大刑事案件。对于监狱安全监管中的生命线，“四无”也是检察机关刑事执行巡回检察需要重点监督检察的内容。检察机关的检察监督只有盯紧监狱监管安全这一重要问题，才能确保达成将罪犯改造成为守法公民的目的。在对监狱监督检察的过程中应当瞄准监狱监管安全物防、监狱监管安全技防、监狱监管安全排查、监狱监管安全应急处置四个方面。一是监狱管理安全物防的监督检察。监狱管理安全物防是指通过监狱、武警和监区周边单位形成的内管、外警和周边监督的制度及设置的警戒实施。检察机关在对监狱管理安全物防进行检察时应当重点检察监狱大门是否分设车通道和行人通道，是否设置了AB门，是否安装了门禁监控系统。严格检察监区门卫管理情况，人员进出监区是否查验进出人员的证件，确保监区监管安全。二是监狱监管安全技防的监督检察。监狱监管安全技防是指通过技术手段确保监区的安全，对于进出监区的人员进行安检确保管制刀具、违禁品无法带入监区，同时对于进出监区的人员采用指纹、人脸识别等手段确保进入监区的人员与出监区的人员系同一个人，保证监管安全。建立监区无死角监控系统，确保监管人员对于罪犯的一举一动均能有效监督，使罪犯处于被监控的状态而不敢违法违规。检察机关对于监区的监管情况进行检察监督，确保监区运行安全。三是监狱管理安全排查的监督检察。检察机关对监狱管理安全排查的重点是对监狱对监区安全的预判和预防的监督检察。监狱管理安全排查机制是监狱通过对犯情排查、敌情排查和重点对象敌情排查三种途径,分析了解监区敌情、监管安全隐患,进而采取有效措施预防监狱监管安全事故的发生。四是监狱监管安全应急处置的监督检察。监狱监管安全应急处置是监狱对人为因素、社会因素造成的监狱、人身安全的突发性事件的处置能力工作系统,对于突发的罪犯脱逃、突发公共卫生安全、罪犯非正常死亡等情形采取的积极有效措施。对于监狱出现的安全应急事件,检察机关应对监狱的监管情况进行专项巡回检察监督。

3.完善对刑罚变更执行的检察监督

现行法对减刑、假释和暂予监外执行等刑罚变更执行的检察监督主要是事后监督,为了提高检察机关对刑罚变更执行的有效监督,应当丰富检察机关的检察介入时间和检察方式,通过形式多样、方法灵活的检察方式,全程介入的充分参与,有效监督刑罚变更执行。检察机关通过巡回检察制度推进检察机关对刑罚变更执行的同步监督,一是加强同步监督内容建设。第一,明确检察机关随时介入制度,检察机关积极主动作为做到"事前、事中、事后"的"三同时"介入。第二,明确刑罚变更执行的建议应当首先经过检察机关的批准,才能由执行机关向人民法院提出刑罚变更执行的建议书。这样明确检察机关检察监督的强制性,减少检察机关事后监督不力状况的出现。第三,赋予检察机关减刑、假释的建议权。对于有重大立功、悔改表现的罪犯,检察机关可以建议执行机关报请人民法院裁定对罪犯减刑、假释。① 二是完善检察机关刑罚变更执行的监督方式,赋予检察机关广泛的调查权。② 检察机关通过与减刑、假释所在监区的罪犯与民警进行谈话,了解拟减刑、假释罪犯的服刑和悔改表现情况。检察机关通过对被减刑、假释罪犯所在的乡镇、街道、村委等人员进行沟通了解罪犯的社会危害性情况。通过赋予检察机关广泛的调查权,使检察机关对罪犯的减刑、假释的刑罚变更有一个全面的了解、公正的决定。完善检察机关对刑法变更执行的同步监督内容,赋予检察机关广泛的调查权,为检察机关对刑法变更执行的监督检察提供有利的制度支撑。检察机关对减刑、

---

① 陈峰、杨海燕:《关于推进检察机关对刑罚变更执行同步监督的思考》,载《武汉大学学报(哲学社会科学版)》2010 年第 2 期。

② 北京市人民检察院课题组、郭兴旺、高祥阳、曹晶、宋红伟、刘晟、杨宁:《"三类罪犯"刑罚变更执行检察监督机制研究》,载《中国检察官》2016 年第 3 期。

假释和暂予监外执行开展刑事执行专项巡回检察,有针对性地对一段时间内的刑罚变更执行开展巡回检察监督,对监狱刑罚变更执行的程序合法、证据确实、充分情况进行有效的检察监督。

民事虚假诉讼检察监督的职能优势与完善路径

——以一起"套路贷"虚假诉讼为例

顾桂娟*

摘要:近年来,司法实践中虚假诉讼案件频发,由民商事领域中最初的单纯欺诈型向胁迫型转化,衍化为"套路贷"等利用虚假诉讼牟取非法利益的新型犯罪。当事人及利害关系人自我救济能力缺失、法院发现与纠错的程序性障碍等问题,彰显出虚假诉讼检察监督的优势,检察机关具备成为规制虚假诉讼的专门办案机关的能力。《民事诉讼法》的修改、《刑法修正案(九)》及最高人民法院相关指导意见对规制虚假诉讼的规定,标志着虚假诉讼检察监督进入了新的发展阶段。但检察机关的监督主体优势因一些配套制度的欠缺未发挥出应有的成效。从制度上破解对虚假诉讼检察监督范围、线索来源、调查核实等难题,同时借鉴域外的做法,从诈害防止参加和恶意诉讼侵权损害赔偿制度中汲取智慧,才能有效防治虚假诉讼。

关键词:虚假诉讼;检察监督;套路贷;诈害防止参加;损害赔偿

一、问题的提出

随着我国虚假诉讼的频发,其对司法秩序及司法权威的破坏也得到理论界和实务界的高度重视。多地司法机关出台了相应的规定和指导意见加大对虚假诉讼的打击力度。检察机关积极进行实践探索,积累了丰富的经验。据 2012 年至 2018 年最高人民检察院工作报告显示:

---

* 作者系江苏省南通市海安市人民检察院第四检察部检察官助理,西南政法大学 2018 级民事诉讼法专业硕士研究生。

表 1

<table>
<tr><td>年份</td><td colspan="4">主要工作类别</td></tr>
<tr><td rowspan="2">2012—2014</td><td colspan="2">监督虚假诉讼案件</td><td>移送犯罪线索</td><td>会签工作文件</td></tr>
<tr><td colspan="2">4972 件</td><td>957 件</td><td>41 件</td></tr>
<tr><td rowspan="2">2015</td><td colspan="2">监督虚假诉讼案件</td><td>查办职务犯罪人员</td><td>监督重点领域</td></tr>
<tr><td colspan="2">1401 件</td><td>63 人</td><td>居间造假、规模性造假</td></tr>
<tr><td rowspan="2">2016</td><td colspan="2">监督虚假诉讼案件</td><td>查办职务犯罪人员</td><td>开展专项活动</td></tr>
<tr><td colspan="2">2017 件</td><td>146 件</td><td>基层民事行政检察工作推进年</td></tr>
<tr><td rowspan="2">2017</td><td>监督虚假诉讼案件</td><td>涉案标的</td><td>追究当事人刑事犯罪</td><td>监督重点领域</td></tr>
<tr><td>415 件</td><td>8.6 亿</td><td>90 人</td><td>民间借贷、企业破产</td></tr>
<tr><td rowspan="2">2018</td><td colspan="2">监督虚假诉讼案件</td><td>对涉嫌犯罪的起诉</td><td>出台司法解释</td></tr>
<tr><td colspan="2">1484 件</td><td>500 人</td><td>会同最高法制定《关于办理虚假诉讼刑事案件适用法律若干问题的解释》</td></tr>
</table>

笔者作为一名基层检察院民事行政检察部门的工作者，在 8 年的工作实践中发现，检察机关的法律监督职能定位对虚假诉讼监督具有天然的优势，近年来在该领域的监督也取得了不菲的成绩。但由于法律的滞后性，以及制度设计上的缺陷，使检察机关对虚假诉讼的监督能量没有完全释放。本文从一起新型的“套路贷”案件入手，在厘清虚假诉讼概念的基础上，论证检察机关监督虚假诉讼的比较优势，梳理归纳实践中虚假诉讼办理的重、难点问题，分析对策，探讨如何以检察机关为核心，构建一个统一的虚假诉讼查处制度，以协调、整合各司法办案部门的力量共同惩防虚假诉讼，并思考如何借鉴域外经验，创新虚假诉讼检察监督模式，探索出一条中国特色虚假诉讼监督道路。

2017 年 12 月 10 日，吴某伟向周某兵借款 3 万元。周某兵让吴某伟立下 7 万元的借条，其通过网银转 7 万元到吴某伟银行账户，随后再让吴某伟将 7 万元中的 4 万元转到第三人孙某的银行账户。双方口头约定该 3 万元借款，利息 2 角，借款期限 1 个月，如果吴某伟按时还款，只需还 3.75 万元；如果无法还款，通过诉讼途径就按照借条 7 万元的数额起诉吴某伟。吴某伟借款之后直至 2018

年 3 月陆续向周某兵还款共计 1.5 万元。2018 年 3 月底,周某兵与吴某伟协商还款事宜,吴某伟仅想归还本金,外加利息,但周某兵等人认为吴某伟未能按时还款,坚持要求其按照借条上的数额还款。2018 年 4 月,周某兵向人民法院以 7 万元的借条,扣除已还的 1.5 万元,向吴某伟提起诉讼,人民法院作出民事判决,支持了周某兵的诉讼请求。吴某伟报警,称周某兵等人使用虚假借条进行虚假诉讼,公安局立案侦查,并对周某兵采取刑事拘留的强制措施,提请检察院批准逮捕。检察院认为周某兵与吴晓伟民间借贷纠纷一案构成虚假诉讼,向法院提出抗诉。

本案是当前民事诉讼活动中一种新型的"虚假诉讼"案例,通过借款的方式有预谋的牟取非法利益,俗称"套路贷"①。此类案件中的借款主体在催款过程中甚至与黑社会组织、恶势力团伙相关联,即涉黑涉恶,该类案件对司法公正、法律权威以及社会秩序造成了严重的损害,对其进行有效地监督和制约,成为目前司法权正常运转的迫切需要。

二、虚假诉讼的内涵分析

虚假诉讼尚不是一个具有确定内涵的法律概念。张卫平教授将其定义为:所谓虚假诉讼,通常是指形式上的诉讼双方当事人共谋通过虚构实际并不存在的实体纠纷(包括双方之间根本不存在实体法律关系以及虽存在实体法律关系,但并不存在争议两种情形),意图借助法院对该诉讼的判决达到损害诉讼外第三人权利或权益的诉讼。② 2012 年修订的《民事诉讼法》第 112 条、第 113 条分别对虚假诉讼行为的审理、执行情况进行了规定。笔者认为,虚假诉讼,也就是现实中常提及的打假官司,是当事人出于不法目的,采取虚构主体、捏造事实,扩大、隐瞒或者篡改真相等手段提起民事诉讼,企图利用司法权获取非法利益,妨害司法秩序,侵害法益的行为。2016 年 6 月《最高人民法院关于防范和制裁虚假诉讼的指导意见》(以下简称《指导意见》)第 1 条指出,虚假诉讼一般包含以下

---

① "套路贷"主要表现为小额贷款公司通过宣传"无须抵押、快速放贷"等手段,吸引急需资金的借款人前来借款,然后让其公司的员工作为出借人以个人名义与对方签订借款合同,通过在贷款中设置一系列套路,将虚高借款数额"合法化",获得看似完整的证据链条,进而强占借款人的合法财产。

② 张卫平:《中国第三人撤销之诉的制度构成与适用》,载《中外法学》2013 年第 1 期。

要素:(1)以规避法律、法规或国家政策谋取非法利益为目的;(2)双方当事人存在恶意串通;(3)虚构事实;(4)借用合法的民事程序;(5)侵害国家利益、社会公共利益或者案外人的合法权益。这是目前为止出台的对虚假诉讼概念界定较为详细的司法文件,但虚假诉讼的内涵和外延并未完全涵盖在内。有学者认为,虚假诉讼的构成要件有三:一是双方当事人串通或一方当事人虚构事实获得虚假诉权。二是审判权的被利用。三是获得对抗他人效力的生效裁判。前两个要件是手段,第三个要件是目的和结果。①

虚假诉讼近年来的高发及屡禁不止与民事诉讼本身具有的特征具有关联性,包括当事人的诉权、处分权和生效裁判的效力等。② 民事争议的存在是当事人产生诉权的前提,当事人出于解决争议和保护权利的需要,便产生获得向法院起诉的需求,但是向法院起诉的权利并非自然获得的,还要此项权利具有法定可诉性,或称是否具有“诉的利益”。另外,诉权为争议双方当事人同时享有,如《法国民事诉讼法》第 30 条从“提出诉讼请求的人”(原告)和“应诉的人”(被告)两个角度分别对诉权作出完整的定义:“诉权对于提出某项请求的人,是指其对该项请求之实体意见陈述能为法官所听取,以便法官裁判该请求是否有根据的权利。对于他方当事人,诉权是指辩论此项请求是否有根据的权利。”③虚假诉讼的根源是在没有民事争议的情况下,双方串通编造民事争议事实,虚拟诉权,双方行使并不存在的诉权,致使法院行使审判权。我国关于诉权的通说认为诉权具有程序含义和实体含义,即进行虚假诉讼的“当事人”,其行使伪造的诉权,既是追求法院审理过程中的程序利益,更多的是追求法院裁判带来的实体利益。

(一)“恶意串通”和“单方欺诈”应同时适用

《指导意见》将“双方当事人恶意串通”作为构成虚假诉讼的要素,在虚假诉讼实务工作中,频繁发现虚假诉讼并不一定限于双方当事人之间的合谋。例如,吴某伟与周某兵之间,二人不存在串通的情况下,通过周某兵单方增加债权数额向法院提起诉讼,双方对其中虚增的 4 万元没有借贷合意,在该笔债权债务关系

① 洪冬英:《论虚假诉讼的厘定与规制——兼谈规制虚假诉讼的刑民事程序协调》,载《法学》2016 年第 11 期。

② 洪冬英:《论虚假诉讼的厘定与规制——兼谈规制虚假诉讼的刑民事程序协调》,载《法学》2016 年第 11 期。

③ 洪冬英:《论虚假诉讼的厘定与规制——兼谈规制虚假诉讼的刑民事程序协调》,载《法学》2016 年第 11 期。

实际未发生的情况下,周某兵向法院主张归还该笔借款,仍然构成虚假诉讼。2013 年,江苏省高院、省检察院、省公安厅、省司法厅联合印发《关于防范和查处虚假诉讼的规定》的通知(苏检会[2013]6 号)(以下简称《规定》),将"单方虚构法律关系"扩充到虚假诉讼的含义中,[①]对打击不断衍化、日益猖獗的虚假诉讼行为是十分必要和值得肯定的。《刑法修正案(九)》对虚假诉讼罪的叙述为"以捏造的事实提起民事诉讼,妨害司法秩序或严重侵犯他人合法权益",并未将双方恶意串通作为构成虚假诉讼罪的要件。2018 年 10 月 1 日起施行的《最高人民法院、最高人民检察院关于办理虚假诉讼刑事案件适用法律若干问题的解释》(以下简称《虚假诉讼若干问题的解释》)也对这个问题作出回应,明确虚假诉讼犯罪行为的具体实施方式可以表现为"单方欺诈型"和"恶意串通型"。[②] 笔者认为,虚假诉讼的概念,无论是理论研究还是现实操作,都可以按照《规定》第 2 条来定义。虚假诉讼的方式既可以是恶意串通也可以是单方欺诈,判断是否构成虚假诉讼,主要从以下两个方面考量。首先,需要从本质上把握虚假诉讼的立法目的,打击的行为是什么?即利用诉权,获得的法院裁判文书为载体,通过执行等司法权力来确认自己的非法利益,破坏司法秩序的行为。其次,需要整体上把握虚假行为的特征,即什么叫"与真实情况不相符"?包括无中生有、隐瞒真相等虚构、捏造并不存在的事实,或在真实的民事法律关系基础上扩大范围、虚增数额,采取伪造证据等手段篡改事实等。

(二)"虚假诉讼"和"恶意诉讼"应进行区分

恶意诉讼作为一种实质上的侵权行为,在民事诉讼中,基于不正当利益和不合法目的,诉讼行为人不正当地进行民事诉讼,甚至于滥用其他诉讼权利,假借

---

① 江苏省高院、省检察院、省公安厅、省司法厅联合印发《关于防范和查处虚假诉讼的规定》(苏检会〔2013〕6 号)第 2 条:本规定所指的虚假诉讼,是指当事人之间恶意串通或者当事人单方采取虚构法律关系、捏造事实、伪造证据,唆使他人帮助伪造、毁灭证据、提供虚假证明文件、鉴定意见等手段,通过诉讼、调解、仲裁等能够取得各种生效民事行政法律文书的方式,或者利用虚假仲裁裁决、公证文书申请执行的方式,妨害司法秩序,损害国家、集体、他人合法权益或者逃避履行法律文书确定的义务的行为。

② 《最高人民法院 最高人民检察院关于办理虚假诉讼刑事案件适用法律若干问题的解释》(法释〔2018〕17 号)第 1 条:"采取伪造证据、虚假陈述等手段,实施下列行为之一,捏造民事法律关系,虚构民事纠纷,向人民法院提起民事诉讼的,应当认定为刑法第三百零七条之一第一款规定的'以捏造的事实提起民事诉讼':……(七)单方或者与他人恶意串通,捏造身份、合同、侵权、继承等民事法律关系的其他行为……"

诉讼的法律形式以达到侵犯相对人的合法权益的目的,使其正当权益受到损害。[①] 有学者认为"虚假诉讼属于恶意诉讼",二者是同一概念,只是不同的说法而已。笔者认为,虽然恶意诉讼和虚假诉讼在行为手段、行为目的、行为人主观方面存在着共同点,但二者还是存在一定的差异的。首先,从虚假诉讼的称谓就可以看出,它侧重于"虚假"二字,即行为双方以捏造的事实或编造的法律关系和证据起诉,通俗点讲就是无论采取的是何种手段,总是脱离不了"假"字。而恶意诉讼重在"恶意"二字,要求行为人的主观目的是比故意更为严重的恶意。其次,虚假诉讼行为人之间的全部或部分法律关系是不存在的,但民事恶意诉讼行为人之间一般确实存在某种法律关系,只是这种真实的法律关系被行为人基于不正当的目的而滥用。综上所述,恶意诉讼的范围要广于虚假诉讼,虚假诉讼比恶意诉讼更具特殊性,恶意诉讼包含虚假诉讼,二者侧重点不同,外延不同。吴某伟向周某兵之间的"套路贷",部分事实虚假,不存在相应的法律关系,恶意运用诉权实现虚假债权,更符合虚假诉讼的构成要件。

三、检察机关规制虚假诉讼的职能优势

2012年《民事诉讼法》的修订将虚假诉讼的应对作为重点:一方面,在基本原则中确立了诚实信用原则;另一方面,在制度设置中还增加第112条、第113条对诉讼及执行过程中的相关行为进行规制,设立了第三人撤销之诉。2015年《刑法修正案(九)》第35条增加了虚假诉讼罪的规定,由此明确了因虚假诉讼犯罪的刑法适用,解决了虚假诉讼行为罪名适用的争议,加大了对虚假诉讼的打击力度。针对虚假诉讼,可以采取的民事救济程序主要有第三人撤销之诉、案外人执行异议和执行异议之诉、再审和另行起诉,[②]涉及的主体有当事人、案外人、法院、检察机关,前三类主体对于发现和纠正虚假诉讼具有"先天不足",存在难以调和的冲突。在治理虚假诉讼中,人民检察院具有独特的优势,只有充分发挥检察机关的作用,才能实现防范和打击虚假诉讼的预期目标。

(一)当事人主义的诉讼特质与虚假诉讼特征的冲突

正常的诉讼是双方为各自利益而战进行对抗,进行证据调查和充分辩论,使

---

① 马源:《论恶意诉讼及其法律规制》,载《人民论坛》2015年第5期。

② 《最高人民法院关于适用〈中华人民共和国民事诉讼法〉的解释》第301条:第三人撤销之诉可以并入再审程序;但有证据证明原审当事人之间恶意串通损害第三人合法权益的,人民法院应当先行审理第三人撤销之诉,裁定中止再审诉讼。

审判者明了案件事实,进而适用法律进行裁判。而虚假诉讼的特征决定了当事人自己不会揭露虚假事实而是竭尽可能欺瞒并让法官确认虚假事实,虚假诉讼双方串通或单方利用处分权,提供伪造的证据,对诉讼请求予以证明。辩论主义的核心理念要求法官居中裁判,根据当事人提出的诉讼请求与诉讼资料进行审理,除特定情形外不能主动调查搜集证据。如周某兵向法院提供了形式真实的借条及银行的流水等证据,达到民间借贷案件的证明标准,法院无须再行调查。调解结案的虚假诉讼当事人大多数则通过"自认",使虚假案件事实快速得到司法确认。自认制度的规定对于保障当事人程序主体地位、提高诉讼效率、克服证据偏在的缺陷以及防治法官滥用审判权都起到了重要的作用。然而,我国的自认制度仅规定了当事人撤回自认的权利及其条件,而未赋予法官相应的职权,也为"一方愿打一方愿挨"的恶意串通虚假诉讼行为提供了制度漏洞。

(二)层次化的证明标准与案外人举证能力之间的冲突

第三人撤销之诉是民事诉讼法修改后新增的制度,在其诞生之日起就被赋予救济虚假诉讼受害人的功能。从"虚假诉讼"与"第三人撤销之诉"同时作为关键词检索出来的结果以及笔者在实务工作中的经验来看,实践中该制度并没有肩负起法律的期许,[①]根源在于证明难度较大,受侵害主体无力揭穿隐蔽性较高的虚假事实。《最高人民法院关于民事诉讼证据的若干规定》第 73 条第 1 款确立了我国民事诉讼"高度盖然性"的证明标准。[②]《最高人民法院关于适用〈中华人民共和国民事诉讼法〉的解释》(以下简称《民诉法解释》)第 109 条则专门针对某些案件规定了更严格的"排除合理怀疑"之证明标准,即"当事人对欺诈、胁迫、恶意串通事实的证明,以及对口头遗嘱或者赠与事实的证明,人民法院确信该待证事实存在的可能性能够排除合理怀疑的,应当认定该事实存在"。显然,《民诉

① 第三人撤销之诉是在比较以另行起诉与再审的方式救济第三人的优劣后作出的,再审的启动程序困难、另行起诉则面临管辖与生效裁判的问题,因此规定第三人撤销之诉,旨在对未能参加诉讼又无法通过执行异议对自己的权益救济时提供一种行之有效的救济途径。参见全国人大常委会法制工作委员会民法室:《2012 民事诉讼法修改决定条文释解》,中国法制出版社 2012 年版,第 324 页。

② 《最高人民法院关于民事诉讼证据的若干规定》第 73 条第 1 款:对负有举证证明责任的当事人提供的证据,人民法院经审查并结合相关事实,确信待证事实的存在具有高度可能性的,应当认定该事实存在。

法解释》试图在民事诉讼中确立层次化的不同证明标准。[①] “排除合理怀疑”证明标准是刑事诉讼中原则性的证明标准。可以说,在证明标准的设置上,法律的区别对待,体现了一种“天平倾向弱者”的程序理念。[②] 在刑事诉讼中承担指控犯罪事实责任的是检察机关,其享有一系列的国家资源,有权得到公安机关甚至一切可能出现在诉讼程序中的机关、单位的配合。然而,在一般的民事诉讼中,原、被告双方本就是举证、诉讼能力大致相当的平等民事主体,即使有所差别,也非刑事诉讼中那样“天然的不对等”,因而要求虚假诉讼适用刑事诉讼中的证明标准,将明显加重一方当事人的证明责任,并由此辐射出多方问题。首先,利益受侵害的案外人在失败的高风险下望而却步,不敢维权;其次,虚假诉讼实施者更加有恃无恐,为其行为提供制度上了“温床”;再次,法院在证据达到盖然性程度或者优势标准时,却因达不到“排除合理怀疑”标准迟迟不敢作出判决,无法及时止损;最后,在当下立案登记制“诉讼爆炸”的时代严重影响了诉讼效率。[③] 除了第三人撤销之诉,单方欺诈性虚假诉讼中的受害人申请再审面临同样的问题。如在吴某伟与周某兵的案件中,吴某伟要想揭露周某兵的“套路贷”行为,凭自己的一己之力是没有办法达成的,公安机关和检察机关的介入,收集大量证据后才最终还原案件事实。

(三)法院诉讼程序的适用与虚假诉讼惩防之间的冲突

民事诉讼法关于起诉受理制度的规定发挥着两个层次的功能,首先是对诉权行使的评价、判断功能,尔后是对公民诉权的保护功能。上述两个功能是表与里的关系,不可偏废。通过起诉受理制度第一个功能的运行,可发现滥用诉权的虚假诉讼行为,并将其予以排除。但是我们必须明确,起诉受理制度的两个功能的统一的关系,在运行该制度对虚假诉讼行为进行过滤的同时,也必须关注其公民诉权的保护功能。[④] 2015 年我国开始推行立案登记制,宗旨是进行立案条件“瘦身化”改革,强化公民诉权保护,建立与国外接轨的立案制度,即我国立案登记的审查范围由法定诉讼要件审查逐步过渡到仅限于对起诉状的必要记载事

---

① 刘学在、王静:《民事诉讼中“排除合理怀疑”证明标准评析》,载《法治研究》2016 年第 4 期。

② 陈瑞华:《刑事证据法学》,北京大学出版社 2012 年版,第 245 页。

③ 陈瑞华:《刑事证据法学》,北京大学出版社 2012 年版,第 245 页。

④ 蒙庆华:《论虚假诉讼规制的“第三条路径”》,载《法律实务研究》2007 年第 1 期。

项、可否有效送达诉状,以及是否缴纳诉讼费用的审查。[①] 立案登记制改革降低了起诉门槛,加大了诉权保护力度,推动了诉讼的便捷性,但也在一定程度上影响了民事诉讼的第一功能,导致大量的矛盾纠纷涌向法院,为当事人滥用诉权开启了便利之门,最典型的即虚假诉讼。办案数量和效率的压力导致法官很难积极进行证据的收集与事实的核查来识别和防范虚假诉讼问题。

与受理阶段类似的可以发挥对虚假诉讼进行筛选功能的还有审前准备程序,审前准备程序的基本功能是明确争点、固定证据和促进和解,通过以上步骤可以有效判断当事人是否存在滥用诉权的虚假诉讼行为,从而进一步判断案件有无进入庭审的必要。我国法律明确以召集"庭前会议"等方式进行庭前准备,但在实践中运用极少,法院更多采用的是用第一、第二次庭审代替审前准备程序的功能,最后一次庭审之前的开庭审理实际上均具有准备的性质。审前程序运用不善,导致其并没有如域外的期日型审前准备程序发挥出"虚假诉讼的防范和识别"的功能。此外,再审毕竟属于纠错的程序,在中国当前的社会语境下,法院对每个启动审判监督程序的案件都采用慎之又慎的态度,很难荫及所有虚假诉讼受害人。[②]

(四)检察机关职能定位与虚假诉讼监督的契合

有学者指出:"制度性的制约机制一般包括权利对权力的制约和权力对权利的制约两种方式。"[③]基于上文的分析,从虚假诉讼救济程序涉及的主体来看,虚假诉讼的当事人双方或一方提起或参与诉讼的目的就是利用司法权为自己谋得不正当利益,其自身不会提出异议或难以揭穿虚假事实;法院基于现行诉讼程序的运行和案件数量较多、内部绩效考核双重压力,无法对当事人的虚假诉讼行为进行全面审查和纠错;而对于案外第三人而言,基于信息不对称和调查取证的困难,也难以及时证明虚假诉讼行为,更无力对法院审判权以及当事人诉权的行使形成实质性的干预。因此,在"权力制约"和"权利制约"双重失灵的情况下,检察机关对虚假诉讼的监督显得尤为重要。

---

① 段文波:《起诉程序的理论基础与制度前景》,载《中外法学》2015 年第 4 期。

② 罗恬漩:《论虚假诉讼受害人的救济:兼探讨第三人撤销之诉适用》,载《交大法学》2017 年第 2 期。

③ 伯进、曹国华:《民事执行检察监督的法理基础与制度探索》,载《西南农业大学学报(社会科学版)》2010 年第 6 期。

民事诉讼的目的，第一是法律秩序维护，第二是权利保护，第三是纠纷解决。[①] 虚假诉讼首先扰乱了国家的法秩序，侵犯了司法权的实施，必须从公法的角度进行应对和制裁。首先，检察监督作为公权力的监督机关，对虚假诉讼进行监督具有天然的优势，其有权对诉讼实行全过程的监督，包括过程监督与结果监督、对审判机关的监督以及审判人员违法和执行活动违法的监督，全方位的监督能使法律秩序得到最大的维护。其次，虚假诉讼侵犯的法益具有公私混合的典型特点，在案件所涉及的是不特定的第三人或所侵犯的是国家利益或公共利益时，比如为逃避限购而发生的房屋买卖虚假诉讼，检察机关能够作为独立的主体提出抗诉或再审检察建议，通过国家利益、公益的维护间接对私益进行救济，使权利得到全面保护。最后，检察机关在三大监督中(民事监督、行政监督、刑事监督)运用相较于个人更为强有力的调查核实手段，更优秀的举证能力，使纠纷得到一次性解决，违法行为得到有效惩治，避免重复诉讼。在上述的"套路贷"案件中，检察机关不但对民事裁判提出了抗诉，而且对周某兵的行为进行了刑事责任追究，可谓是双重打击。

四、检察机关监督虚假诉讼的规范完善

检察机关在虚假诉讼监督方面具有得天独厚的主体优势，近年来，在全国检察机关的主动作为下，虚假诉讼监督工作取得了明显的成效。但检察机关办案时依然面临法律依据不足，法律概括性太强，缺乏可操作性的具体规定等问题，导致虚假诉讼案件"发现难""查证难""监督难"。制度性的欠缺应根据现实的需要和实践的探索进行完善，通过工作机制的建立，通过检察机关主导司法机关以及行政机关等协调配合，达到更好地打击虚假诉讼的效果。

(一)建立虚假诉讼线索归口处理机制

虚假诉讼的线索发现是制约检察监督的瓶颈，线索的发现等于成功的一半。检察机关在建立内部线索统一移送机制，派驻检察室深入基层发现线索，司法机关、行政机关协同发现虚假诉讼方面已经积累了一定的经验。近年来，各地检察机关又探索运用人工智能、大数据技术，研发办案辅助软件，对法院已经公布的生效裁判文书进行检索，从虚假诉讼文书存在规律性的特点出发发现监督线索。

---

① [日]兼子一、竹下守夫：《民事诉讼法》，白绿铉译，法律出版社 2015 年版，译者前言、第 1 页。

笔者认为,目前检察机关案源拓展的关键是构建检察机关统一受理虚假诉讼线索的机制,利用线索的归口处理,构建以检察机关为核心的虚假诉讼监督制度。首先,从理论上看检察机关具备主体资格。虚假诉讼作为侵犯司法秩序的行为应当由公权力介入进行处置,检察机关作为国家利益和社会公共利益的代表者,构建防治虚假诉讼的制度符合其法定角色定位,对解决虚假诉讼的实践问题、发展检察基础理论,探索中国特色社会主义检察道路都有积极的作用。其次,从司法实践来看确有必要。受理虚假诉讼线索的机关主要是人民法院、公安机关、检察机关,基于上文"检察机关规制虚假诉讼的比较优势"这部分的分析,法院对于疑似虚假诉讼但无法依职权调查或无精力进行审查的,可将线索移交检察机关处理。案外人可以选择按照异议程序、起诉等方式自行维权或通过检察监督救济时,直接选择检察监督,质效更高。再次,行政机关在监管中发现虚假诉讼的,移交法院自我纠错启动程序较为复杂、难度较大,利用两法(刑事司法与行政执法)衔接机制,通过网络平台多向检察机关移送"线索流",是有着良好基础的便捷方式。最后,公安机关面临虚假诉讼线索的处理则更为尴尬,如果虚假诉讼的线索是正在办理的案件,其无权介入审判程序直接对证据进行侦查;若虚假诉讼线索是已经生效的裁判,则公安机关立案侦查是否构成刑事犯罪,并没有推翻生效裁判的权力。在公安机关接到周某兵的报案后,运用当地线索共享联动机制,第一时间将案件线索移送检察机关,使该案在短时间内办理结束,防止了损失的扩大,也适时打击了犯罪行为。笔者认为,法律可以明确赋予检察机关主导虚假诉讼监督的职责,参照现行民事诉讼法明确检察机关提起公益诉讼的主体资格一样,提高检察机关打击虚假诉讼的地位,使得由检察机关统一接受虚假诉讼线索成为可能,并逐步将检察机关打造成为打击虚假诉讼的专门机关。

(二)强化虚假诉讼的调查核实措施

《民事诉讼法》第210条规定:人民检察院因履行法律监督职责提出检察建议或者抗诉的需要,可以向当事人或者案外人调查核实有关情况,对检察机关办案程序的规定只有原则性的规定,没像刑事诉讼法一样规定得那么详细,未涉及调查核实的手段、程序和保障措施等问题。最高人民检察院颁布的《人民检察院民事诉讼监督管理规则(试行)》(以下简称《监督规则》)第三节,对调查核查权的适用进行了细化,但该内部规定法律层级较低,对于一些问题还是缺乏具体的操作规范。针对缺乏刚性调查手段的现状,检察机关有积极说、消极说和限定说三种不同的意见,积极说倡导刚性调查措施尽早落地,消极说主张应慎用调查措施，限定说则强调规范化，[①]笔者更赞同积极说。首先，从惩治虚假诉讼的初衷出发，应充分保障检察机关的调查核实权，使权利能够被充分行使；其次，学界认为检察机关在行使监督权的过程中享有过大的证据调查权，补充性的检察监督权凌驾于对民事诉讼作出判定的法院审判权，极易对民事诉讼产生负面影响。[②]现实却是检察机关办案时面临法律依据不足的问题，法律概括性太强，缺乏可操作性的具体规定。如当事人不配合调查，没有相应的制裁措施。[③] 一些检察机关甚至到法院调卷都存在障碍。笔者认为，针对虚假诉讼这类特殊案件的调查核实，检察机关的调查核实权可以考虑建立以公安职权设计为基础、以法院职权设计为补充的二合一制度模式，即建立起询问（十二小时）、传唤、拘传、拘留（十五日）强制时间递增的刚性调查措施。但上述制度的设计应严格区分于“侦查权”，调查时也应当遵循“确有必要”原则，牢牢把握根本落脚点在于监督，不干扰审判权，不偏纵当事人一方，防止破坏法院与双方当事人之间形成稳定的三角平衡结构，防止权力扩张甚至滥用，介入公民的私权处分。

（三）统分虚假诉讼的刑民交叉程序

《刑法修正案（九）》增设虚假诉讼罪，最高人民法院下发的《指导意见》，以及最高人民法院、最高人民检察院联合下发的《虚假诉讼若干问题的解释》，进一步明确了惩治虚假诉讼犯罪的一些问题，但目前的法律规定仍缺少对民事诉讼中发现当事人有虚假诉讼行为需要追究刑事责任时，如何启动刑事诉讼程序的规定。对于刑、民交叉案件，我国传统的理念和处理方式是“先刑后民”，在程序上实行的是刑事附带民事诉讼。先刑后民的处理方式妨碍了对虚假诉讼受害人的民事权利的及时保护。[④] 实践中存在的做法是在民事检察监督程序中发现案件具有明显的虚假诉讼嫌疑的情况下，移送犯罪线索给公安机关，刑事程序和民事程序并进，既可在一定程度上解决对虚假诉讼行为打击的滞后性问题，又可公、检共享证据材料，缓解由于调查认定虚假诉讼行为给民事检察监督工作带来的

---

① 宋剑峰：《民事诉讼监督调查核实权的适用应予规范》，载《人民检察》2014 年第 12 期。

② 唐力、谷佳杰：《“检审一体化”：论民事检察监督的边界》，载《学海》2015 年第 4 期。

③ 《最高检举行检察机关加强虚假诉讼监督新闻发布会》，最高人民检察院网站，http://www.spp.gov.cn，访问日期：2019 年 5 月 22 日。

④ 洪冬英：《论虚假诉讼的厘定与规制——兼谈规制虚假诉讼的刑民事程序协调》，载《法学》2016 年第 11 期。

压力;在两者并不存在必要的互为前提的审理情形下,实行分开处理,既可以及时保障权益受损民事主体的合法权益,又能够适时追究犯罪嫌疑人的刑事责任,即刑、民证据统一调查模式和责任分开处理模式,简称"统分结合模式"。在吴某伟和周某兵的案件中,检察机关就是采用了这样的办案模式。

(四)延展虚假诉讼的检察监督范围

虚假诉讼检察监督除了民事诉讼领域的生效判决、裁定外,是否应包括调解书、仲裁裁决、公证债权文书等目前尚有争议。关于对调解书的监督,有学者认为《民事诉讼法》第208条对调解书监督的规定属于法律中的一般条款,这样的一般条款在适用时必然要作具体化的分析。① "法律的功能,在于构建社会生活和经济生活,并将社会生活和经济生活引入有序的轨道。"②虚假诉讼,如"套路贷"的虚假诉讼行为严重损害了国家的经济秩序,可界定为对国家利益的损害,符合检察机关的监督条件。关于仲裁和公证,虽然二者并不属于民事诉讼的范畴,但是虚假行为人的最终目的是利用仲裁裁决、公正债权文书的执行力为保障,实现非法目的。"执行是私权救济最后保证性环节,是法律获得生命必不可少的形式和途径。"③仲裁、公证文书具有形成实体法律关系的效力(形成力)、执行力,能够产生与虚假诉讼同样的预期后果,从打击虚假诉讼的实效出发应纳入被监督的范围,具体的检察监督方式可以以执行监督为入口,进而对执行依据提出检察建议。从《指导意见》第8条④以及《虚假诉讼若干问题的解释》第1条第3款⑤可见,关于虚假诉讼的打击已经扩张至司法确认、仲裁、公证程序,这些程序从立法体例上是非讼程序,从中我们可以得出立法者对打击虚假诉讼的范围

---

① 李浩:《虚假诉讼与对调解书的检察监督》,载《法学家》2014年第6期。

② [德]卡尔·拉伦茨:《德国民法通论(上册)》,王晓晔、邵建东等译,法律出版社2003年版,第8页。

③ 马登科:《民事强制执行中的人权保障》,中国检察出版社2011年版,第29页。

④ 《指导意见》第8条:"在执行公证债权文书和仲裁裁决书、调解书等法律文书过程中,对可能存在双方恶意串通、虚构事实的,要加大实质审查力度,注重审查相关法律文书是否损害国家利益、社会公共利益或者案外人的合法权益。如果存在上述情形,应当裁定不予执行。必要时,可向仲裁机构或者公证机关发出司法建议。"

⑤ 《虚假诉讼若干问题的解释》第1条第3款:"向人民法院申请执行基于捏造的事实作出的仲裁裁决、公证债权文书,或者在民事执行过程中以捏造的事实对执行标的提出异议、申请参与执行财产分配的,属于刑法第三零七条之一第一款规定的"'以捏造的事实提起民事诉讼'。"

是采取宽泛的态度的。

五、检察机关监督虚假诉讼的制度创设

检察机关对虚假诉讼的现有监督主要是事后救济，要委以检察机关主导虚假诉讼监督的重任，其对虚假诉讼的"事前"和"事中"规制同样需要有所作为。违法成本的低廉是近年来虚假诉讼蔓延的重要原因，无独立请求权的第三人的参诉条件较为严格，则是虚假诉讼得逞的重要因素。笔者建议可以参考域外法的经验，由检察机关链接案外人提出损害赔偿之诉以及诈害防止参加制度，提高不法分子的违法成本，及时有效地切断虚假诉讼程序，避免虚假诉讼结果的发生。

(一)建立受诈害第三人向检察机关申请监督制度

"诈害防止参加"是指对于已经确立了诉讼系属的诉讼，当事人以外的第三人主张一部分或全部的权利，该第三人可以参与到正在进行的诉讼中。这在日本《民事诉讼法》和我国台湾"民事诉讼法"中均有相关的规定。"诈害诉讼"一词从日本民事诉讼法理论研究中的"诉讼诈害防止参加"制度中引申而来，是指以损害他人合法权益为目的，利用虚假事实进行民事诉讼，借助法院裁判来损害案外人利益的诉讼行为。[①] 诈害诉讼的救济制度包括日本建立的诈害防止参加之诉以及起源于法国的第三人撤销之诉等。诈害防止参加制度不仅是第三人撤销之诉、案外人申请再审等制度溯及至诉讼未终结阶段的反映也是将实体法上的恶意串通行为无效制度或债权人的撤销权落实在诉讼过程中的体现。在我国未建立诈害防止参加制度，同时第三人撤销之诉原告适格有不同的把握尺度[②]以及前述证明标准过高的问题，运用并不广泛，效果也没有公权力的介入来得显著。实践中受诈害第三人寻求检察救济的做法不少，但法律并没有直接作出规定，具体操作为检察机关控告申诉部门在群众的"控告、举报"中发现虚假诉讼监督线索，内部移送虚假诉讼监督的职能部门——民事行政检察部门，根据《监督

---

① [日]高桥宏志:《民事诉讼法:制度与理论的深层分析》,林剑锋译,法律出版社2004年版,第585页。

② 罗恬漩:《论虚假诉讼受害人的救济:兼探讨第三人撤销之诉适用》,载《交大法学》2017年第2期。

规则》第23条将线索转化为依职权发现的案件来源才能符合具体办案规定。[①]笔者认为,在我国未构建诈害防止参加制度之前,应当允许受诈害第三人直接向检察机关提出监督申请。检察机关在受理受诈害第三人的监督申请时,可借鉴国外法院对诈害防止申请的审查,只要从客观上判断本诉当事人有恶意串通侵害案外人权利之意思即可准许其申请,无须判断该案外人是否会受本诉判决既判力或反射效力所及,[②]由检察机关进行收集证据后向法院提出检察建议,及时终止诉讼程序。

(二)建立检察机关提出与支持虚假诉讼损害赔偿制度

在英国实体法中,它准确界定了民事恶意诉讼的性质,即侵权行为的一种。如果发生民事恶意诉讼,权益受到损害的当事人有权提起损害赔偿之诉。这一点与德国、日本法律中的规定相类似。[③] 现行《民事诉讼法》对受损方损失的赔偿问题并未作出规定,只在第112条、第113条中规定了罚款、拘留的司法处罚措施。如果受害人请求行为人承担民事责任,仅能通过《侵权责任法》第6条规定的一般侵权来获取救济,对于受害人的举证责任的要求较高,责任方式亦较为单一,不能要求恶意的双方当事人承担连带侵权责任。近年来我国学者们也在探讨民事恶意诉讼及虚假诉讼的性质,一些学者认为我国应该学习普通法系将其认定为侵权行为,如梁慧星教授的《民法典草案建议稿侵权编》[④]以及杨立新的《侵权责任法专家建议稿》[⑤]。虚假诉讼不管从何种角度来说,行为实施主体都应该承担其行为带来的不利后果。我国法律中应增加虚假诉讼损害赔偿之诉,弥补受害人的损失,阻止行为人恶意欲念的产生,对于行为极其恶劣的,法律

---

① 《监督规则》第23条规定:"民事诉讼监督案件的来源包括:(一)当事人向人民检察院申请监督;(二)当事人以外的公民、法人和其他组织向人民检察院控告、举报;(三)人民检察院依职权发现。"

② 吕太郎:《民事诉讼之基本理论》,台湾元照出版公司2009年版,第355页。

③ 徐爱国:《英美法中"滥用法律诉讼"的侵权责任》,载《法学家》2000年第2期。

④ 梁慧星教授的建议稿第1582条对恶意起诉和告发作出规定:恶意对他人提起民事诉讼或进行违法犯罪告发,起诉或者告发的事实被证明不成立,并且给被起诉、被告发者财产造成损失的,应当承担赔偿责任。恶意起诉、告发行为对受害人的名誉、隐私或者其他人格尊严造成严重损害的,适用本法第1570条以及第1571条的规定。

⑤ 杨立新教授在其建议稿第73条中对恶意诉讼作出规定:故意以他人受到损害为目的,无事实根据以及正当理由而提起民事诉讼,导致对方在诉讼中遭受损失的,应当承担侵权责任。

还应该规定惩罚性赔偿。保护人民不受第三人的侵害是国家的责任。[①] 笔者认为，对于检察机关监督纠正的虚假诉讼案件，首先，于直接侵害两益的虚假诉讼，检察机关提出损害赔偿之诉义不容辞，可归于公益诉讼的范畴；其次，于侵害第三人权益的虚假诉讼，如果第三人提出损害赔偿之诉，检察机关应附支持起诉意见，宗旨是监督法院在损害赔偿之诉中履行好职责，以震慑虚假诉讼行为，维护司法权威；[②]最后，就行为人被追究刑事责任的虚假诉讼，可以根据被害人的选择确定是否就损害赔偿提出刑事附带民事诉讼。

结　语

关于虚假诉讼受害人的救济问题是当下民事司法研究的重要内容。虚假诉讼的救济方式形式比较丰富，但各救济途径均有严格的适用条件，甚至有可能互相推诿。虚假诉讼受害人的救济路径选择问题，各救济程序的效果评估是一个更重要的课题。检察机关通过公权监督来实现私权救济，在规制虚假诉讼方面绩效突出，应当有更大的作为。期冀通过检察机关作为专职主体，开展专门活动，依托民事虚假诉讼的识别措施及其法律规制的完善，相关配套制度的建立，惩戒虚假诉讼新命题的研究，使虚假诉讼得到专项治理、有效遏制，人民群众利益得到有效维护。

① 四川省都江堰市人民检察院民事虚假诉讼检察监督问题研究课题组：《完善检察机关民事调查核实机制探析》，载《检察调研与指导》2018 年第 3 期。

② 《民事诉讼法》第 15 条规定：机关、社会团体、企业事业单位对损害国家、集体或者个人民事权益的行为，可以支持受损害的单位或者个人向人民法院起诉。

涉未成年人家事审判检察监督初论*

吕晨光** 曾 征***

摘要:涉未成年人家事案件的涉案要素具有特殊性、案由具有多样性及案件信息具有隐蔽性,导致这类案件中未成年人的监护、抚养、探视等权益保护问题成为一大难题。检察机关可以未成年人最大利益保护为原则,开展针对性的涉未成年人家事审判检察监督。但现行的检察监督存在监督理念落后、监督对象模糊、监督方式匮乏等理论和实践难题。为此,应明确涉未成年人家事审判监督的基本理念,进而探索针对审判和执行两个方面的具体检察监督方式,包括编制监督范围清单,拓宽监督线索来源以及支持起诉等。

关键词:家事审判;未成年人权益保护;检察监督

家事纠纷具有的伦理性、隐蔽性和人身性等特征使其区别于一般的民事案件,这就需要探索针对家事案件的审判理论和裁判规则。2016 年最高人民法院决定开展家事审判方式和工作机制改革试点工作,在探索中前进的同时,发现家事审判中涉及未成年人权益保护的问题尤其复杂。对法院如此,对检察机关而言同样是一大棘手难题。一方面,传统检察业务对未成年人的关注多在于对涉罪未成年人的处理,比如犯罪记录封存、社区矫正、社会帮教等。而对民事案件中未成年人保护问题关注的较少,也就导致缺乏相应的制度规范和经验积累。另一方面,一般的检察监督(指刑事案件),检察机关可以精准地开展"对人"的处理措施,即有明确的监督对象,包括涉案未成年人及其监护人、社区矫正机关和

---

* 本文系四川省成都市都江堰人民检察院课题"涉未成年人家事审判案件的检察监督"的成果。

** 作者系四川省成都市都江堰人民检察院青少年犯罪刑事检察科检察官,法学学士。

*** 作者系西南财经大学法学院 2018 级民事诉讼法专业硕士研究生。

其他有关机关,而且检察官通常参与了案件之前的审查起诉和审判阶段,对案情比较熟悉,能够掌握和跟踪案件进展,并对存在的违法问题提出检察建议或者抗诉。相反,在涉未成年人家事审判案件中,检察监督呈现一种“对案”处理的特点,即检察机关首先接触到的是法院的民事审判案件,由于办案检察官没有亲身参与案件的审理,通常需要在大量案件中发现侵害未成年人权益问题的线索,再来提出针对性措施。显然,后一种检察监督的范围更广、难度更大,成为一个新的检察监督难题。

因此,针对涉及未成年人家事审判探索相应的检察理论和检察规则,是今后理论和实践需要解决的问题,包括以下方面:涉未成年人家事审判检察监督应当坚持什么样的办案理念;选择不同的办案理念会对实务有什么影响;相应的检察监督措施又该如何设置。本文将这些问题加以分析和探索,将从未成年人利益最大化的角度提出相应的对策建议,以期对理论和实践有所裨益。

一、涉未成年人家事审判检察监督的实践困境

(一)涉未成年人家事审判的特征

宁夏回族自治区法院作为家事审判改革试点法院,对涉未成年人家事审判进行了有益探索,于 2017 年 9 月公布了两级法院在家事审判改革中四起有关未成年人监护、抚养的典型案例,具有较强的指导意义。本文首先列举两个案例用以归纳涉未成年人家事审判的一般特点。

案例一:2013 年 12 月,赵某与邓某登记结婚,婚后产下一子是脑瘫儿,双方之间因孩子的病情争吵越来越多。赵某认为双方的感情已经彻底破裂,再无和好可能,提出离婚。在审理过程中,法官了解到,孩子虽然现已两岁,但不会说话、不会走路,自出生至今一直由邓某照顾。由于孩子患病,邓某因此患有抑郁症、脑垂体瘤等疾病,其同意离婚但坚决不抚养孩子。由于邓某要住院治疗,赵某不愿意接受孩子,邓某便将孩子送到了当地派出所。后经承办法官多次调解,最终双方协商达成了离婚的调解意见,孩子由赵某抚养,邓某每月支付抚养费 1200 元,自 2019 年 9 月份支付至赵某某独立生活为止,赵某某超过 1000 元以上的医疗费由双方共同负担。① 该案涉及未成人抚养纠纷,与夫妻双方离婚争

① 申东:《未成年权益保护须放家事审判首位》,载《法制日报》2017 年 9 月 20 日第 7 版。

夺孩子抚养权不同的是,本案由于未成人疾病导致父母双方都不愿意抚养小孩。未成年人依法享有被抚养和教育的权利,督促父母双方自觉承担起监护抚养的义务,为未成年人选择最有利于其成长的环境,是涉未成年人家事审判检察监督的重点。

案例二:银川市西夏区法院审理了刘某甲与刘某某的离婚案,案件的焦点是双方同居期间生下的孩子抚养费问题。双方同居期间,刘某甲于2016年3月生育一子。刘某甲起诉至法院要求刘某某支付抚养费,但刘某某否认与孩子存在亲子关系,申请亲子关系鉴定。法院对外委托某鉴定中心进行鉴定,结果认定刘某某是孩子的亲生父亲。法院审理后认为,非婚生子女享有与婚生子女同等的权利,任何人不得加以危害和歧视。不直接抚养非婚生子女的生父或生母,应当负担子女的生活费和教育费。鉴于孩子尚处于哺乳期,法院判决由其母亲刘某甲抚养,刘某某支付抚养费。判决刘某某从2016年3月起每月支付抚养费2000元至孩子独立生活止。[①] 该案涉及非婚生子女教育费以及抚养费问题,父母有抚养子女的义务,法律规定的抚养义务不仅是照顾和陪伴同样包括提供相应的物质条件。由于同居而引发非婚生子女教育抚养问题及非法代孕引发的抚养权争夺问题急需引发关注,将此类案件纳入涉未成年人家事审判检察监督的范围,有益于加强对未成年人权益的保护。

如上述案件,涉及未成年人的家事审判,一般具有以下三大特征:一是涉案要素的特殊性,包括主体的特殊性,未成年人不具有完全民事行为能力;利益的特殊性,儿童利益具有公益性质,关系到国家及社会的未来;存在形式的特殊性,儿童利益通常是依附在婚姻家庭中的一个子利益。[②] 二是案由的多样性,涉未成年人家事审判是一个内容宽泛的概念,包含监护、抚养、探视、涉及未成年人继承、解除收养关系及非婚生子女权益保护等一切有关未成年人权益的民事案件。包括审判阶段涉未成年人家事审判审理,以及执行阶段抚养费及探视权等争议。三是案件信息的隐蔽性,涉未成年人家事审判发生时间、地点比一般家事案件更加隐蔽,尤其在执行中,监护人是否尽职地履行义务,涉及很多只有当事人自己才能知晓的隐私问题,这对涉未成年人家事审判的检察监督提出了更高的要求。

---

① 申东:《未成年权益保护须放家事审判首位》,载《法制日报》2017年9月20日第7版。

② 陈爱武:《家事诉讼与儿童利益保护》,载《北方法学》2016年第6期。

(二)涉未成年人家事审判检察监督的现状考察

案例三:2018 年 6 月 29 日成都市都江堰检察院以涉嫌故意杀人罪批准逮捕犯罪嫌疑人朱某,办案检察官于 8 月 24 日告知林某林、向某辉有权向本院申请撤销监护权诉讼。林某林、向某辉二人向都江堰检察院申请支持起诉。检察院审查后依据《民法总则》第 36 条、《未成年人保护法》第 53 条、《反家庭暴力法》第 21 条的规定,于 8 月 29 日以支持起诉书的方式支持朱某林、向某辉向人民法院提起撤销监护权诉讼。2018 年 9 月 22 日,经人民法院开庭审理,判决撤销被申请人朱某的监护资格,指定朱某林为朱某某的监护人。

虽然本案检察机关利用支持起诉制度,主动开展检察监督活动,有效保护了未成年人权益。但是从全国范围来看,针对家事审判的检察监督以及在这过程中如何切实保护未成年人合法权益问题,各地方检察机关还在探索,完备的机制措施尚未形成,理论关照也比较匮乏。究其原因,在于以下三个方面:

第一,监督对象模糊。《民事诉讼法》第 14 条、第 208 条、第 235 条规定了检察机关对民事审判程序、执行程序及审判人员检察监督的原则和条件。以第 208 条为例,检察监督以抗诉的方式,针对已经发生法律效力的、判决、裁定和调解存在的违法问题,包括在形式上监督的是判决书、裁定书和调解书;在实体上,旨在修复原审当事人的被损害了的合法权益。然而,关于未成年人的监护、抚养等问题通常由婚姻、家庭纠纷牵连引发,仅从诉的角度看,未成年人权益其实并非原审案件的争议问题,导致检察机关难以依职权直接启动监督程序。

第二,监督方式匮乏。检察机关行使监督权的法定方式主要是抗诉、检察建议和支持起诉。但在涉及未成年人的家事审判案件中,如何获取线索以及如何进一步调查核实等问题都有待明确。《执行监督规定》出台后,检法两家对于在何种范围内以及如何开展执行检察监督已基本达成一致,但与审判监督程序相比,执行检察监督制度的程序设计仍不完善。① 例如,其中涉及未成年人权益的探视权和抚养费执行是一个长期而反复的过程,一旦离婚当事人一方不配合主动履行探望权或者是抚养费的执行,则另一方需向法院反复申请,从而使得亲子关系长期处于不稳定的状态。② 面对这样的状况,由于没有合适的监督方式,检

---

① 百晓锋:《中国民事执行年度观察报告(2016)》,载《当代法学》2017 年第 3 期。

② 陈娟、尚丽娟:《家事诉讼中构建特别程序的价值及其实现》,载《河北法学》2018 年第 10 期。

察机关无法及时有效的行使监督权。

第三,案件信息难以获取。最近人民日报官微转发一段视频引起大家的关注,视频中,一名身穿校服的小女孩多次被一对成年男女推搡、摔打、撕扯头发,这段视频录制了从2018年9月到10月这个小女孩遭遇家暴的画面,直到12月23日,当地妇联向人民法院申请女童人身安全保护令。家事纠纷发生的地点、时间、对象都极具隐蔽性,如果不是有人刻意拍下视频,司法机关、民政部门等机关和组织是很难知情的。案件信息不透明存在现实原因与制度原因,当前已有多地检察机关也在积极探索与其他部门建立案件信息互联互通机制,但并未发挥理想的效果。若不能有效解决该问题,保护未成年人权益将面临严峻的挑战。

(三)涉未成年人家事审判检察监督的困境分析

首先,"涉未成年人家事审判"概念的定义不明确。从国内法院受案范围来看,北京法院少年法庭审理的涉少民事案件以婚姻家庭、继承纠纷为主,近年来,抚养费、变更抚养关系、探望权纠纷已成为主要案件类型;广东江海法院从2018年开始成立少年家事审判团队,集中审理离婚、抚养、赡养、收养、探视、继承、人身安全保护令等家事案件。江苏阜宁县法院于2015年5月中旬,将"少年审判庭"更名为"少年及家事案件审判庭",进一步扩大案件受理范围,新纳入同居关系纠纷、抚养纠纷、赡养纠纷、收养关系纠纷、监护权纠纷、探望权纠纷等婚姻家庭纠纷案件和继承类纠纷等案件。通过以上各法院受案范围比较分析,我国涉未成年人家事审判受案范围并没有统一明确的标准,导致检察机关在监督过程中究竟应该对哪些案件进行监督尚不清晰。

其次,涉未成年人家事审判检察监督的理念不清晰。检察机关的主要职能是追诉犯罪,保护国家安全,重"刑事监督,轻民事监督"一直是困扰民事检察工作的负面倾向。[①] 对未成年人案件的检察监督也多集中在未成年人犯罪案件中。而对于涉未成年人家事审判案件的检察监督才开始起步,宏观层面的监督理念尚待理论探讨,尤其是检察机关应以何种身份介入家事审判案件,对可能存在的违法问题监督并矫正。

最后,涉未成年人家事审判救济机制不完备。我国涉及未成年人权益保护立法主要都落在实体法以及刑事司法层面,鲜有未成年人民事司法方面的内容。

① 庄永廉、郑新俭、汤维建等:《如何健全协调发展的多元化民事检察监督格局》,载《人民检察》2017年第5期。

未能充分利用司法机关和社会组织的力量,从立法上去联合法院、检察院、未成年人保护组织、民政部门等多方主体参与保护未成年人权益。从长远来看,纳入多方主体,建立完备的未成年人民事司法尤其是涉及未成年人的家事案件救济程序对儿童权利的维护和保障具有更为深远的意义。完备的未成年人家事案件救济程序设计可以有效避免未成年人合法权益受到来自外界的"二次伤害"。涉未成年人家事审判救济程序方面的法律尚未建成,检察机关在监督过程中,缺少行使职权的法律依据,从而阻碍工作进程,挫伤检察人员的积极性。

二、涉未成年人家事审判检察监督的理念界定

(一)涉未成年人家事审判检察监督的基本依据

1989年联合国《儿童权利公约》就有规定,国际儿童保护的根本准则,即"未成年人利益最大化原则"。未成年人利益最大化原则产生于国家亲权理念,它是指国家对儿童和其他法律上无行为能力人享有一般的监护权,当监护人无能力或者不当行使监护权时,国家应当为少年利益代行监护。[①] 这一理念最早运用于少年司法的未检工作中,当前也运用于涉未成年人家事审判检察监督当中。对未成年人的监护是家庭、社会、国家的共同责任。在未成年人利益最大化原则下,未成年人监护制度应当以家庭监护为根本,社会监护为补充,国家监护为兜底的原则。《民法总则》在监护一节中涉及的国家监护主体包含了人民法院、民政部门、居民委员会和村民委员会等;涉及国家监护的主要有临时监护、代为监护、申请撤销监护资格及恢复监护资格等内容,事实上,国家监护是一个体系化的概念,包含了监护监督、监护支持、监护干预、监护评估等环节,监护形式包含了临时监护、委托监护、转移监护、剥夺监护等。我国立法一直缺少对监护监督的规定,检察机关可以监督家庭监护、社会监护以及国家监护。[②] 在2013年河南省兰考县袁厉害事件中,公安部门、民政部门一面认定收养行为不合法,另一面又提供低保和救助,可见儿童福利机构的重要性以及需要对机关单位怠于履行监护职责处理必要的规制。因此,检察机关有必要切实行使监督权对有关单位、部门依法履行职责进行有效监督,防止此类事件再次发生。

---

① 姚建龙:《国家亲权理论与少年司法——以美国少年司法为中心的研究》,载《法学杂志》2008年第3期。

② 梁春城:《公法视角下未成年人国家监护制度研究》,载《理论月刊》2019年第3期。

《未成年人保护法》第53条明确规定,有关单位在法定情形下可申请撤销未成年人父母的监护权;《民事诉讼法》第15条规定了支持起诉制度,第208条至第213条规定检察机关可以通过抗诉或者检察建议的方式对民事审判和执行活动进行依法监督;最高人民法院、中央综治办、最高人民检察院等在《关于建立家事审判方式和工作机制改革联席会议制度的意见》中指出,最高人民检察院指导全国检察机关充分履行检察职能,依法惩处各类侵害家庭成员的犯罪,依法追究侵害人的法律责任。对监护人因监护侵害行为被提起公诉的案件,应当书面告知被监护人及其近亲属或者书面建议民政部门依法申请撤销监护人资格;最高人民检察院印发《关于建立未成年人检察工作评价机制的意见(试行)》的通知规定检察机关对涉及未成年人合法权益的民事、行政诉讼活动开展监督。《人民检察院民事诉讼监督规则(试行)》(以下简称《监督规则》)规定,检察机关对涉未成年人家事审判实施监督符合法律规定,对侵害未成年人权益的情形通过依法抗诉或者提出检察建议、支持、督促起诉等方法参与未成年保护,具有合法性和可操作性。

(二)涉未成年人家事审判检察监督的功能定位

我国《民事诉讼法》历经多次修改,检察监督的范围与方式发生改变,但立法初衷并未改变,即民事检察监督是对审判权和执行权的监督。依据《民事诉讼法》的相关规定可知,民事检察监督事由涉及实体、程序以及审判人员违法行为。监督范围从审判阶段延伸至执行阶段,监督方式包括了具有强制力的抗诉和刚性较弱的检察建议方式。也就是说,检察机关依法监督人民法院审理涉未成年人家事审判中是否有实体及程序违法情形,是具有实质意义的监督权。由于未成年人不具有诉讼行为能力,家事案件的当事人多为父母双方,在司法实践中监护人损害被监护人利益的案件时有发生,为保护少年的合法权益,有必要首先对案件当事人进行形式监督,比如通过查阅案件等方式,查明当事人是否存在违法行为,对民政部门、社会保护组织等则通过查访、询问、举报等方式,监督社会监护以及国家监护主体是否滥用职权、玩忽职守损害未成年人合法权益。

检察监督还具有救济当事人权利的功能,检察机关依职权对民事案件提出再审检察建议或者抗诉,通过法院再审程序为当事人提供再次救济途径。修改后的《民事诉讼法》规定,检察机关抗诉及检察建议的再审事由与当事人申请再审事由一致，这是否意味着民事检察监督核心功能要转变为权利救济？[①] 将这个命题放在民事诉讼这个大的框架下讨论，结论不是唯一的。但就少年家事检察监督这个特定语境下，检察监督的救济功能具有不可替代的作用，由于未成年人身份利益的特殊性，涉未成年人家事审判检察监督以保护未成年人权益为主要目的。但是，这种监督权主要发挥"补充保护"的作用，一方面，对未成年人权益的救济首先由人民法院通过司法审判进行保护，其次是法律赋予当事人的各种救济权，检察机关只有在法院职能缺失及当事人行使救济权未得到合法保护时，才依职权行使监督；另一方面，此类案件主要由当事人自觉履行义务，但如果存在可能违法或者履行义务不到位的情况，检察机关则有权依法以抗诉或者检察建议的方式行使法律监督权。

(三)涉未成年人家事审判检察监督的原则阐释

第一，谦抑性原则。民事案件以最大限度尊重当事人意愿为原则，遵循诉讼双方平等对抗，法院居中裁判的模式。诉讼当事人基于《民事诉讼法》第 200 条向检察院申诉的，检察机关审查符合法律规定的，可以向法院抗诉或提出检察建议。当然检察机关进行的民事案件检察监督应当与诉权救济、审判监督之间保持平衡，这三种措施的制度构建及适用应当是一种递进关系。一般而言，应当是先有诉权救济，后有审判监督，最后由检察监督作为最终保障。[②] 这一思想在《民事诉讼法》第 209 条中已有体现，该条规定了检察监督的前置程序以及当事人"一次申请原则"。正如上文提到的检察机关行使监督权是对未成年人的补充救济，对于未成年人的监护，应当坚持国家监护是在家庭监护以及社会监护缺位时的兜底措施。这不是怠于履行职责的表现，强调监督的谦抑性是为了更好地与人民法院、民政部门以及民间组织等配合，共同保护未成年人的合法利益。

第二，能动性原则。做好新时代检察工作，必须要有符合时代特点和能够满足人民群众需求的检察监督理念和方式。检察机关要坚守客观公正立场，持续更新检察监督理念；要创新检察监督方式，促进提升执法司法公信。[③] 检察机关

---

① 李旻：《民事诉讼检察监督功能的廓清与实现》，载《北京理工大学学报(社会科学版)》2017 年第 6 期。

② 汤维建：《民事检察法理研究》，中国检察出版社 2014 年版，第 202 页。

③ 最高人民检察院：《与时俱进更新监督理念优化监督方式》，载《检察日报》2019 年 7 月 23 日第 1 版。

是保障未成人合法权益强有力的一环,应该有效行使检察监督,避免未成年人遭受二次伤害。因此涉未成年人家事案件的检察监督不是完全被动的监督和一次监督,检察机关在必要时仍可以进行后续监督、跟踪监督或者是再次监督。在涉及未成年人监护权、抚养费案件中,检察机关发现因法院审判或者执行程序中实体或程序违法,损害了未成年人合法权益的,应当依法抗诉或者提出检察建议,纠正法院错误判决及违法的执行行为。检察机关参与的涉未成年人家事案件,可建立案件回访与反馈机制,了解案件后续发展,确保对未成年人合法利益的保护确实有效,方能体现新时代检察风貌。

三、涉未成年人家事审判检察监督的方法探索

(一)编制涉未成年人家事审判检察监督的范围清单

2009 年最高人民法院发布的《关于进一步规范试点未成年人案件综合审判庭受理民事案件范围的通知》中将以下四类案件作为未成年人民事案件的受理范围:侵权人或者直接被侵权人是未成年人的人格权纠纷案件、特殊类型侵权纠纷案件、婚姻家庭与继承纠纷案件和适用特殊程序案件。涉未成年人家事审判不是一个封闭的概念,检察机关依法监督民事审判与执行,凡涉及未成年人权益的案件都是检察监督的范围。但通过司法实践经验可知,家庭纠纷中最常见的即是涉及未成年人监护、抚养类的案件。试想当未成年人能够得到有效监护和抚养时,其所涉民事案件一般都能够在监护人的代理下完成,此时未成年人的权益保护与其他民事案件并无不同。① 因此检察机关监督涉未成年人家事审判既要全面监督也要突出重点,注意平衡监督的节制主义与能动主义。《监督规则》第 41 条清晰地划分了申请监督和职权监督之间的界限。根据该条的规定,人民检察院依职权监督的案件和情形仅包括三种:一是损害国家利益和社会公共利益的案件;二是审判、执行人员有贪污受贿、徇私舞弊、枉法裁判等行为的;三是依照有关规定需要人民检察院跟进监督的。因此在监督启动上以当事人申请监督为主,职权监督为补充。② 在介入监督的时间上以事后监督为主,事前监督为

---

① 何燕:《论少年家事法庭的建构——一种中国式路径的思考》,载《烟台大学学报(哲学社会科学版)》2014 年第 3 期。

② 汤维建:《尊重规律:民事诉讼法修改后民事检察监督制度的新发展》,载《人民检察》2014 年第 3 期。

补充。

所谓的监护,是指对非于亲权照护之下的未成年人以及丧失或部分丧失民事行为能力的成年人,为其人身以及财产权益而设置的民事法律制度。[①] 也就是说从宏观层面,只有在家庭监护缺位或失位,危及未成年人生命权、发展权,受教育权等权利时,检察机关才适宜介入监督。而从微观层面则从以下几个方面划定检察监督的界限。首先,检察机关在办理涉及未成年人性侵及虐待、遗弃等犯罪过程中,发现监护人损害被监护人权益的情形,检察机关应当行使法定职权保护未成年人合法权益。其次,是在有关单位、组织或者个人向检察机关举报有未成年人遭到家庭暴力、被遗弃虐待时,检察机关可以告知相关部门处理;情况危急的,检察机关可以在采取救济措施以后交由其他部门管理。最后,法院在审理家事纠纷案件中发现父母一方或双方存在侵害未成年人财产权益或者未尽到抚养义务等情形,检察机关应当尊重法院的审判权,对于监护人的选任、评估等不能行使其监督权。

(二)拓宽涉未成年人家事审判检察监督的线索来源

解决涉未成年人家事审判案件线索不易获取的问题,可以从以下几个方面入手。根据《监督规则》第 23 条的规定可知民事诉讼监督案件的来源包括当事人申请监督、案外人控告和举报以及检察院依职权发现。扩大监督案件来源可以从这三个方面逐一击破。其一,完善信访和申诉制度。控告申诉部门接到有关未成人权益受损信访信息,应当及时报告,通过完善检察院纵向及横向信息传递机制,加快信息传递效率。其二,落实检察机关的调查核实权和调阅案件权。当事人向检察院申诉后,法院应当积极配合,构建案件线索获取和移送机制。检察机关也可以向当事人或案外人核实有关情况。其三,赋予检察机关对于严重侵害未成年人权益的民事案件诉前监督、诉中监督的权力,规定检察机关有需要时可以出席参与案件审理,保障检察机关的案件知悉权,确保民事检察监督的针对性、及时性和有效性。[②]

拓宽案件线索可以有内部方式和外部方式两种。内部方式是指未检部门可以与民事行政检察部门联合起来,积极探索开展涉未成年人抚养权、监护权等民

① 杨立新:《民法总则的制定与我国监护制度的完善》,载《法学家》2016 年第 1 期。

② 路志强:《论民事检察监督的结构性问题和改革方向》,载《甘肃社会科学》2015 年第 1 期。

事生效裁判和执行活动的监督配合工作机制,最大限度地实现检察机关对未成年人全方位司法保护。外部方式是指建立检察院未检部门与法院少年审判庭或者家事审判庭的案件协调沟通机制,定期派人阅卷,及早发现其中涉及未成年人权益保护的问题。

(三)通过支持起诉加强涉未成年人家事审判检察监督

《意大利民法典》第 336 条规定,如果父或母严重违反法定职责,给未成年子女造成严重危害,法院可以根据无过错的一方父亲或母亲、其亲属或者检察机关的请求宣告撤销父或母的监护权。《法国民法典》第 378-1 条规定,检察机关或家庭成员或儿童的监护人可以向大审法院提起撤销父母监护权的诉讼。法院可以判决父或母丧失全部权利或者部分权利。《日本民法典》第 834 条和第 835 条规定,未成年子女的亲属或检察官可以请求撤销父或母的全部权利或者财产管理权,家庭法院有权根据法律规定宣告撤销父或母的全部监护权或者部分监护权。[①] 然而,我国《民法总则》第 36 条并未将检察机关纳入申请撤销监护权的主体范围,检察机关申请撤销监护权的直接法律依据尚不充分,但检察机关可以通过支持起诉制度协助有关单位、个人申请撤销监护权。

《民事诉讼法》第 15 条规定"支持起诉制度"在最高人民检察院印发《关于建立未成年人检察工作评价机制的意见(试行)》的通知中也有体现。检察机关对涉及未成年人合法权益的民事、行政诉讼活动以及公益诉讼活动展开监督,重点工作包括:建议、督促、支持有关个人或者单位向人民法院提起申请撤销监护人资格的诉讼;涉及未成年人权益的公益诉讼;涉及未成年人权益的家事审判活动监督等。借助支持起诉制度等价于对严重监护疏失家长监护权转移机制,法院根据有关机关、组织或者其他利害关系人的申请,决定将监护权临时转移给其他相关人员或专门的国家教养机构,必要时可以撤销父母的监护权。

家庭监护本应是助力未成年人成长的根本所在,但对于那些严重损害子女利益的父母,国家运用公权力干预有助于及时降低伤害程度。[②] 当未成年人身心、身体遭到来自监护人的严重侵害时,检察机关认为有必要时,可以建议、督促相关单位或者个人向法院申请撤销监护,单位或个人也可以通过申请检察机关

① 张加林:《父母监护权撤销制度研究》,载《学术论坛》2010 年第 5 期。

② 金眉:《未成年人父母的监护权资格撤销制度比较研究》,载《南京大学学报(哲学、人文科学、社会科学版)》2016 年第 6 期。

支持其起诉的方式撤销监护权。从案例三可知,检察机关通过支持起诉健全监护干预制度,消除未成年人触法涉罪的家庭教育诱因,实现国家监护的监督救济功能。实际上,撤销父母的监护人资格只是保护未成年人权益的开始,从《民法总则》第36条和第38条可知,撤销监护后应依照最有利于被监护人的原则依法指定监护,或者经申请符合条件恢复原监护人的资格。因此,检察机关对于经自己参与的撤销监护权的案件发展应当进行后续监督,确保未成年人合法权益能够有效实现。

刑事法律前沿

认罪认罚案件被告人上诉权研究*

王　彪**　庄依明***

摘要:认罪认罚案件的上诉率呈现出逐年上升趋势。被告人提出的上诉理由可以分为针对定罪问题的上诉与针对量刑问题的上诉,其中既有正当理由也有"无聊上诉"。为了减少"无聊上诉"等滥用上诉权现象,部分检察院通过抗诉的做法予以制约,法院对此态度不一,实践操作较为混乱。从域外的角度来看,美国的辩诉交易制度与我国的认罪认罚从宽制度在从宽标准、协商性程度等方面存在着明显的差异,我国不适宜采取美国这种对上诉权严格限制的模式,由于种种原因,德国的模式也同样不可取。我国可以探索建立上诉理由审查机制,但在对被告人上诉权进行适当限制的同时,应当辅以完善的自愿性审查机制、优化量刑建议质量、保障被追诉人获得有效法律帮助等配套措施。

关键词:认罪认罚从宽;速裁程序;上诉权;量刑建议

2018年《刑事诉讼法》增加了刑事案件速裁程序及认罪认罚从宽制度的相关内容,将前期试点工作的经验总结上升为法律规定。然而,此次修法虽然将相关内容加以制度化、规范化,为实践工作的具体开展提供了法律依据,但是试点改革过程中分歧较大的认罪认罚案件被告人上诉权问题,立法并未明确回应。2016年11月11日最高人民法院、最高人民检察院、公安部、国家安全部、司法

---

* 本文系西南政法大学法学院2019年度学生科研创新项目"认罪认罚从宽制度中的上诉权研究"(项目编号:FXY2019072)的阶段性成果。

** 作者系西南政法大学法学院副教授,硕士生导师,法学博士。

*** 作者系西南政法大学法学院2018级刑事诉讼法学专业硕士研究生。

部联合发布的《关于在部分地区开展刑事案件认罪认罚从宽制度试点工作的办法》(以下简称《试点办法》)第23条规定:"第二审人民法院对被告人不服适用速裁程序作出的第一审判决提起上诉的案件,可以不开庭审理。"这肯定了速裁程序中被告人享有的上诉权,又允许法院采取不开庭方式予以审理。然而,认罪认罚案件中的上诉权问题有其特殊性,在司法实践中出现的利用"上诉不加刑"原则滥用上诉权的现象也需要引起改革者的重视。因此,对于认罪认罚案件应否限制上诉权、如何限制上诉权等争议问题还有待进一步研究解决。本文将围绕实践中认罪认罚案件的上诉率、上诉理由、上诉原因及上诉后法院的处理结果,对限制被告人上诉权的必要性展开论证,同时借鉴域外做法提出我国应采取的限制模式。

一、认罪认罚案件被告人上诉概况

(一)认罪认罚案件的上诉率

根据2015年最高人民法院、最高人民检察院提交的《关于刑事案件速裁程序试点情况的中期报告》,在2014年8月至2015年8月的试点期间内,全国18个试点城市适用速裁程序审结刑事案件15606件,被告人上诉率为2.10%。2016年11月正式开展的认罪认罚从宽制度试点作为速裁程序试点的延续和深入,认罪认罚从宽制度既可以适用于速裁程序,也可以适用于简易程序和普通程序,并且2016年的《试点办法》将刑事速裁程序的案件适用范围扩展到可能判处三年有期徒刑以下刑罚的案件,所以相较于速裁程序试点期间,认罪认罚案件的被告人上诉率略有提升。根据《关于在部分地区开展刑事案件认罪认罚从宽制度试点工作的中期报告》,截至2017年11月底,被告人上诉率为3.6%。有学者在调研中也发现,相较于速裁程序试点的情况,认罪认罚案件中被追诉人的同期上诉率有所提高,比如截至2017年6月9日,上海市长宁区人民法院审理的认罪认罚从宽案件的上诉率达10.16%,比前期速裁程序试点的上诉率高出近5%。①

我们的初步实证研究也表明,在认罪认罚从宽制度实施以来,被告人的上诉率同样呈现出一种逐年升高的趋势。笔者在"无讼案例数据库"中对"认罪认罚"

① 程滢:《认罪认罚从宽中被追诉人反悔的应对机制构建》,载《江西警察学院学报》2018年第4期。

"具结书""刑事""上诉"等关键词进行检索，并按照年份梳理相应的裁判文书得出了以下数据：2017 年适用认罪认罚从宽制度的一审判决书共 5989 份，被告人一方提出上诉的二审裁决书共 100 份，2017 年认罪认罚案件的上诉率大致为 1.67%；相应的，2018 年的一审判决书共 15592 份，二审裁决书为 403 份，上诉率约为 2.59%；2019 年 1 月初至 2019 年 7 月中旬，一审判决书为 7830 份，二审裁决书共 225 份，上诉率约为 2.87%。

推进案件繁简分流、提高诉讼效率是认罪认罚从宽制度的设计初衷之一，并且认罪认罚案件本身在事实、证据方面的争议不大，被告人对案件处理结果也有一定的心理预期。按照这个逻辑绝大多数被告人本应选择服判息讼，但是近年来认罪认罚案件的上诉率逐年提高，上诉案件的数量也只增不减，这一异常现象需要引起立法者、改革者的重视。

（二）认罪认罚案件的上诉理由及原因分析

通过对认罪认罚案件的二审裁判文书进行归纳分析，笔者认为认罪认罚案件的上诉理由主要分为针对定罪问题的上诉理由和针对量刑问题的上诉理由两类。

1.针对定罪问题的上诉理由

具体而言，在实践中针对定罪问题的上诉理由主要包括以下几种：

一是对检察机关指控的犯罪事实有异议。有的被告人对犯罪的主观故意进行否认，比如在丁某某合同诈骗案中，丁某某签署了认罪认罚具结书，在一审审判期间亦认可检察机关对其犯合同诈骗罪的指控，却在一审判决后上诉称其不具有非法占有的目的，无合同诈骗罪的犯罪故意。[①] 有的被告人对客观行为加以否定，如在高某某走私、贩卖、运输、制造毒品案中，高某某上诉称在其住处缴获的毒品系用于自己吸食，并非用于贩卖。[②] 还有被告人的上诉理由是指控其构成犯罪的证据不足，在吴某制作、复制、出版、贩卖淫秽物品牟利案中，吴某上诉称，除自己在侦查阶段的供述以外，无其他证据证实自己复制、贩卖 60 部左右的淫秽视频。[③]

二是对检察机关指控的罪名有异议。被告人承认指控的犯罪事实同时也承

---

① 参见山东省日照市中级人民法院(2019)鲁 11 刑终 54 号刑事裁定书。

② 参见广东省广州市中级人民法院(2018)粤 01 刑终 0436 号刑事裁定书。

③ 参见广东省广州市中级人民法院(2018)粤 01 刑终 1971 号刑事裁定书。

认自己的行为构成犯罪,但是不认可检察机关指控的罪名。如在谢某某、孙某诈骗案中,谢某某虽然对犯罪事实没有异议,但是上诉称其行为不构成诈骗罪,应构成非法经营罪。① 在叶某某、黄某某走私、贩卖、运输、制造毒品一案中,叶某某上诉称毒品还未交付给交易对象,因此应认定为非法持有毒品罪而非贩卖毒品罪。②

三是认罪不具有自愿性。认罪认罚从宽制度以犯罪嫌疑人、被告人自愿认罪认罚为前提条件,非自愿认罪认罚极易造成冤假错案的发生,而《刑事诉讼法》第201条也将"被告人违背意愿认罪认罚"作为法院不采纳检察院指控的罪名和量刑建议的情形之一,因此"认罪不具有自愿性"的上诉理由应当加以重视。在实践中"认罪非自愿"的上诉理由分为两种情况。一种是上诉时提出了影响其认罪自愿性的事由,在曾某某走私、贩卖、运输、制造毒品案中,曾某某上诉称其是被律师误导而在庭审中认罪认罚的,并非出于自愿。③ 另一种是仅声称"非自愿",未说明影响其自愿性的具体事由,也未提供相关的线索、材料,如在冯某某盗窃案中,冯某某的上诉理由为认罪认罚具结书并非其真实意思表示。④

我们认为,被追诉人在签署认罪认罚具结书并获得从宽量刑之后,仍然针对定罪问题提起上诉,除了被追诉人自身滥用上诉权之外,还存在以下几项制度层面的原因:

其一,认罪认罚从宽制度中"认罪"的内涵不明晰。关于"认罪"的内涵,理论界主要有"认事说""认事＋认罪说""认事＋认罪＋认罪名说"三种不同的观点。⑤ 承认指控的犯罪事实、承认行为构成犯罪、认可指控的罪名是否都属于"认罪"的条件,立法并未明确。在实践中,不同地区出台的规范性文件对于认罪标准的设置以及不同办案单位对于认罪含义的理解也有所差别。这种认罪内涵不统一的情况进而影响到办案人员对被追诉人进行的告知、解释等工作,导致被追诉人对"认罪"只具有一种模糊认识,也无法确定自己对罪名提出异议是否属于对"认罪"的反悔。

---

① 参见广东省广州市中级人民法院(2017)粤01刑终1782号刑事裁定书。

② 参见广东省深圳市中级人民法院(2018)粤03刑终0584号刑事裁定书。

③ 参见广东省广州市中级人民法院(2018)粤01刑终0559号刑事裁定书。

④ 参见广东省广州市中级人民法院(2018)粤01刑终0009号刑事裁定书。

⑤ 孙长永:《认罪认罚从宽制度的基本内涵》,载《中国法学》2019年第3期。

其二,自愿性审查机制较为简单。按照《刑事诉讼法》第190条的规定,被告人认罪认罚的,开庭时审判长有审查认罪认罚自愿性的义务。但是自愿性审查的具体操作程序目前还处于空白状态。实践中的自愿性审查基本上只是一种形式审查,一般情况下,被告人提交认罪认罚具结书、法院告知认罪认罚的法律规定、被告人表示对指控的犯罪事实无异议等流程结束,认罪认罚的自愿性也就相当于进行了附带确认。有学者在试点地区调研中也发现,司法机关以"是否"或"有无异议"式问答作为自愿性检测的主要标准,但即使被告人对于是否自愿、是否明知等问题都作出完全肯定的回答,这样的审查也可能未触及实质上的自愿性。① 作为一种主观上的心理状态,认罪认罚的自愿性本身就难以判断,此时如果还没有可以依据的具体判断标准以及完备的审查程序,实践中的自愿性审查机制也只能流于形式,无法起到审查的实质作用。

2.针对量刑问题的上诉理由

针对量刑问题的上诉理由主要包括以下几种:

一是仅提出"量刑过重"。以笼统的"量刑过重"为由提起上诉,而不具体指出为什么量刑过重,这种情况在实践中占绝大多数。

二是在提出"量刑过重"的同时,在上诉状中对一审判决已经考虑过的量刑情节进行重申。比如在王某走私、贩卖、运输、制造毒品、容留他人吸毒案中,王某上诉称"其系初犯,认罪态度好,主观恶性相对较小,原审判决量刑过重",但是一审法院已经基于前述情节对其从宽处罚了。②

三是一审判决后出现新事实、新证据。例如在陈某某重婚案中,陈某某于一审判决后取得了受害人的谅解,同时受害人与该案另一原审被告人已办理离婚手续,并有谅解书、离婚证、离婚协议等证据加以证明。③

四是一审法院超出量刑建议范围直接对被告人判处了更重的刑罚。根据《刑事诉讼法》第201条的规定,如果法院认为量刑建议明显不当,检察院可以进行调整,检察院不予调整或者调整后仍然明显不当的,法院应当依法作出判决。实践中存在法院未要求检察院调整量刑建议而径行作出判决的情况,被告人最终以此为由提出了上诉。如在苗某某盗窃案中,苗某某上诉称公诉机关建议判

① 闫召华:《论认罪认罚自愿性及其保障》,载《人大法律评论》2018年第1期。

② 参见山东省青岛市中级人民法院(2018)鲁02刑终33号刑事裁定书。

③ 参见重庆市第二中级人民法院(2018)渝02刑终272号刑事判决书。

处两年以下有期徒刑,一审法院未予采纳并判处其有期徒刑两年两个月。①

通过查阅裁判文书,我们发现针对量刑问题提起上诉的案件远多于针对定罪问题提起上诉的案件。也就是说,相当一部分被告人在同意检察机关提出的量刑建议,对自己将要判处的刑罚有一定心理预期的情况下,仍然会对判决结果中的量刑部分不满。之所以会出现这种反常现象,与制度层面存在的缺陷不无关系,具体原因包括以下两项:

一是量刑规范化不足。有学者在中国裁判文书网上选取案情和刑罚等其中一个变量相似的判决书对比发现,实践中存在相似案情的被告人获刑不一,或者被告人所犯罪行情节轻重不同,但刑罚相似的情况。② 量刑轻重没有标准、规律可循影响法律适用的平等性、一致性,这种同案不同判的现象容易让被告人对量刑结果产生不满情绪。有试点单位采取了认罪认罚的诉讼阶段决定量刑从宽比例的"三二一方案":在侦查阶段认罪认罚的,最高可获得 30%的从宽比例;在审查起诉阶段认罪认罚的,最高是 20%;在审判阶段认罪认罚的,最高是 10%。③这种量刑方案看似解决了量刑从宽幅度不统一的问题,但实际上仍然存在形式化、简单化的缺陷,可能导致案件的某些具体量刑情节被忽略,没有得到单独评价。

二是量刑建议仅是"相对确定"。《试点办法》第 11 条规定:"检察院可以提出相对明确的量刑幅度,也可以根据案件具体情况,提出确定刑期的量刑建议。"实践中所提的量刑建议一般具有一定的幅度,提出"确定刑"的情况较少,并且往往忽略是否适用缓刑的问题。这种量刑建议的不明确性使得被追诉人无法全面认识到认罪认罚的法律后果。所以即使宣告刑仍然在检察机关的量刑建议幅度以内,法院最终判处的刑罚也可能不完全符合被告人的预期。④

在前述四种针对量刑问题的上诉理由当中,后两种属于正当理由,不应当加以限制,前两种则存在滥用上诉权的可能,并且实践中以前两种理由上诉的居

---

① 参见山东省青岛市中级人民法院(2018)鲁 02 刑终 334 号刑事判决书。

② 洪浩、寿媛君:《我国刑事速裁程序迈向理性的崭新课题》,载《法学论坛》2017 年第 2 期。

③ 赵恒:《论量刑从宽——围绕认罪认罚从宽制度的分析》,载《中国刑事法杂志》2018 年第 4 期。

④ 王彪:《刑事诉讼中认罪认罚从宽制度争议问题研究》,载《刑事法评论》2017 年第 1 期。

多。单纯提出"量刑过重"或者重复一审已经考虑过的量刑情节，这两种做法均未指出一审判决中的错误，实际很难帮助其通过二审获得更轻处罚，此时二审进行全面审查反而会造成司法资源的浪费，对于救济、纠错功能的发挥没有多少实际意义。但由于我国实行无因上诉制度，不要求被告人对上诉陈述具体理由，所以即使是"无聊上诉"也可以启动二审程序。而为了发挥二审纠错、救济功能的同时也符合认罪认罚从宽制度提高诉讼效率的初衷，探究被告人"无聊上诉"的真正动因就显得至关重要。关于这个问题，有相当一部分学者在调研中发现被告人上诉的目的是留在看守所服刑。如董坤教授指出，在以量刑过重为由而提起上诉的案件中，很多被告人上诉是为了利用二审的审限以及上诉不加刑原则拉长诉讼周期、延长羁押期限，使自身的羁押期限在折抵刑期后余刑符合留在看守所服刑的条件。① 根据《刑事诉讼法》第 264 条第 2 款的规定，对被判处有期徒刑的罪犯，在被交付执行刑罚前，剩余刑期在 3 个月以下的，由看守所代为执行。以"量刑过重"为由提起上诉的认罪认罚案件中，多数属于轻刑案件，通过上诉可以达到交付执行时剩余刑期在 3 个月内的目的，所以被告人通常抱有侥幸心理，有充足的动力为留所服刑而上诉。

(三)认罪认罚案件上诉后的处理结果

实践中认罪认罚案件的上诉可以分为三种情况：一是仅被告人一方提出上诉；二是被告人提出上诉后，检察院以被告人不再具备认罪认罚从宽条件为由提起抗诉；三是被告人上诉后，在二审审理过程中申请撤回上诉。本文按照上述三种情况对法院的处理结果分别进行归纳。

1.仅被告人方提出上诉

在仅有被告人一方提出上诉的案件当中，存在维持原判、改判和发回重审三种处理结果。

被告人上诉如果是对指控的犯罪事实有异议的，二审法院再次确认了一审法院认定的事实，同时认为被告人的认罪态度反复，并未真正认罪悔罪，但受上诉不加刑原则的限制，仍然裁定维持原判。对罪名有异议的，二审法院结合事实及相关法律规定分析后，没有采纳该上诉理由，裁定维持原判。以"认罪非自愿"为由上诉的，因为被告人未提供相关的线索、材料，一审过程中也明确表示其自

① 董坤：《认罪认罚从宽案件中留所上诉问题研究》，载《内蒙古社会科学（汉文版）》2019 年第 3 期。

愿认罪认罚,二审法院认为这一上诉理由不成立,同样裁定维持原判。以笼统的“量刑过重”为由上诉或者重复一审法院在量刑时已考虑过的量刑情节的,二审法院也均作了“驳回上诉,维持原判”的裁定。

对于一审判决后出现新事实、新证据的,二审法院对新事实、新证据进行了确认,在考虑了新的量刑情节后对被告人判处了更轻的刑罚。一审法院超出量刑建议范围直接对被告人判处更重刑罚的,有的二审法院认为一审判处的刑罚不当,对量刑部分进行了改判,如上文提到的苗某某盗窃案。也有二审法院认为一审法院未建议检察机关调整量刑建议就直接作出判决属于程序违法,最终裁定“撤销原判,发回重审”,如陈某某交通肇事案①和王某某强制猥亵案②。

2.被告人上诉,检察院抗诉

从笔者查阅的裁判文书来看,检察机关通过抗诉制约被告人上诉权的情况基本都发生在被告人以“量刑过重”为由提起上诉的案件中,检察机关的抗诉意见也基本是被告人以“量刑过重”为由上诉说明其不认罚,因此不再适用认罪认罚从宽处理的规定,建议二审改判。而针对同样的上诉理由与抗诉意见,不同法院的处理结果却大相径庭。一种处理结果是法院采纳检察院的抗诉意见,对被告人改判更重的刑罚。比如在张某某走私、贩卖、运输、制造毒品案中,二审法院认为被告人以“量刑过重”为由提起上诉是对认罪认罚的反悔,抗诉理由成立,最终对被告人加刑4个月,罚金加处2000元。③ 另一种处理结果是法院认为上诉理由和抗诉理由均不成立,裁定维持原判。比如在程某、唐某开设赌场案中,深圳市中级人民法院认为被告人的上诉权不能因为签署过认罪认罚具结书就予以剥夺或限制,因此抗诉理由不成立,最终驳回上诉、抗诉,维持原判。④

关于检察院通过抗诉剥夺被告人“量刑优惠”的方式是否合理的问题,有学者持肯定意见,理由是在这类抗诉中,检察机关对抗的实际上是不诚信的被告人,因此此类案件的抗诉可以看作是一种针对被告人的特殊上诉。为了加强这一做法的正当性,该学者还建议将此类以被告人上诉为前提的抗诉设置为一项

① 参见湖南省长沙市中级人民法院(2018)湘01刑终259号刑事裁定书。

② 参见天津市第一中级人民法院(2018)津01刑终900号刑事裁定书。

③ 参见重庆市第一中级人民法院(2017)渝01刑终738号刑事判决书。

④ 参见广东省深圳市中级人民法院(2018)粤03刑终43号刑事裁定书。

特别程序。[①] 也有学者持保留态度，认为控诉方应当禁止反悔，理由有二：一是这种抗诉方式影响被告人认罪认罚的自愿性；二是被追诉人只对量刑问题上诉而不否认事实与证据，这几乎不会影响到检察机关的工作。笔者认为，目前而言，这种以抗诉限制上诉权滥用的方式并不具有合法性，因为根据《刑事诉讼法》的规定，检察院提起抗诉的理由应当是“一审法院的判决、裁定确有错误”，被告人对一审的量刑产生异议不代表一审适用认罪认罚从宽制度的基础因此而丧失，不应视作此处的“确有错误”。并且被告人上诉的真实目的检察机关难以作出正确的判断，“抗诉加刑”可以预防上诉权的滥用，但同时又使真正需要得到救济的被告人对行使上诉权产生顾虑，不敢维护自身合法权益。

3.被告人上诉后申请撤回上诉

被告人撤回上诉的情况同样只出现在被告人以“量刑过重”为由上诉的案件中。而这种情况还可以再细分为以下三种：

一是被告人提出上诉后，检察院并未进行抗诉，在二审审理期间被告人申请撤回上诉。对于这类情况，二审法院均准许被告人撤回。

二是被告人提出上诉，检察院提出抗诉，被告人在二审审理期间申请撤回上诉。针对这种情况，二审法院的做法不一。一种做法是准许被告人撤回上诉并驳回抗诉，维持原判。比如在南某盗窃案中，虽然南某提出了上诉，但是其在二审期间认罪认罚并自愿撤回上诉，二审法院认为不能因被告人上诉而推定其不认罪认罚，最终未采纳检察院要求加重刑罚的抗诉意见，裁定准许被告人撤回上诉。[②] 另一种做法是不准许被告人撤回上诉，并且采纳检察机关的抗诉意见，对被告人判处了更重的刑罚。比如在程某某盗窃案中，检察机关抗诉称程某某以“量刑过重”为由上诉说明其不认罚，此时原判量刑不当，二审法院采纳了这一抗诉意见并以“量刑不当”为由不准许程某某撤回上诉，最终对其加刑一个月。[③]

三是被告人上诉，检察院抗诉，二审审理期间被告人、检察院双双撤回上诉与抗诉。比如在栾某非法持有毒品案中，检察机关原本以被告人对认罪认罚具结书的内容反悔为由提出抗诉，但是在栾某撤回上诉后，检察院也撤回抗诉，二

---

① 王洋：《认罪认罚从宽案件上诉问题研究》，载《中国政法大学学报》2019年第2期。

② 参见湖北省武汉市中级人民法院(2018)鄂01刑终618号刑事裁定书。

③ 参见重庆市第一中级人民法院(2017)渝01刑终685号刑事判决书。

审法院均准许撤回。① 由此可见,实践中检察院的抗诉可能已经演变成一种要求被告人不准上诉或者撤回上诉的威胁手段。

二、域外处理模式及对我国的启示

认罪认罚案件的上诉率虽然总体较低但是近年来出现了上升趋势。实践中的上诉虽然存在正当事由但更多的是“无聊上诉”,浪费了大量的司法资源,与认罪认罚从宽制度提高诉讼效率的价值取向相悖,因此有加以限制的必要。为减少“无聊上诉”,法院、检察院虽然采取了某些措施变相对上诉权进行限制,但是各地的做法不一,十分混乱,并且通过“抗诉加刑”对被告人认罪认罚反悔进行“报复”的做法,其合法性、正当性存疑,此时如果不加以制度上的规制、引导,不仅无法遏制上诉权的滥用,法院、检察院的裁判权、抗诉权也会逐渐异化。针对实践中存在的上诉权滥用问题,最高人民法院刑一庭课题组认为适用速裁程序审理的案件可以实行一审终审,并指出意大利的辩诉交易制度及我国台湾地区的认罪协商制度,都规定除被迫协商等法定情形外,原则上不允许上诉;德国、法国的处罚令程序,也是一审终审。② 然而,虽然我国的认罪认罚从宽制度与英美法系的辩诉交易制度、大陆法系的认罪协商程序具有理念上的契合性,但是同时又在从宽标准、协商性程度等方面存在着明显的差异,因此不能简单地照搬域外对上诉权进行限制的经验做法,还需要进行深入的对比分析。

(一)美国辩诉交易制度中的上诉权限制模式

关于上诉权的限制模式,李本森教授指出美国的司法实践中采取的是一种被告人主动放弃上诉权的方式,检控方在认罪答辩协议中会明确要求被告人放弃上诉权,并把该条作为接受认罪答辩的一个条件。③

不过这种限制也并不绝对。美国的辩诉交易制度比较重视被告人有罪答辩的自愿性和明知性。根据美国《联邦刑事诉讼规则》第 11 条的规定,法官在接受有罪答辩前,要在公开法庭上亲自询问被告人,确保答辩不是出于强迫、威胁,同

① 参见山东省青岛市中级人民法院(2018)鲁 02 刑终 79 号刑事裁定书。

② 最高人民法院刑一庭课题组:《关于刑事案件速裁程序试点若干问题的思考》,载《法律适用》2016 年第 4 期。

③ 李本森:《我国刑事案件速裁程序研究——与美、德刑事案件快速审理程序之比较》,载《环球法律评论》2015 年第 2 期。

时没有脱离答辩协议中的许诺,并且法官要明确告知被告人享有的权利及有罪答辩将不会获得进一步审判的后果。如果法官违反了上述告知义务,被告人可以通过上诉申请撤销有罪答辩。所以在被告人非自愿认罪的情况下上诉权不会受到限制。实践中还存在限制上诉权的其他例外,如无效辩护、量刑严重偏离法律规定等,但由于这种上诉权要受到严格的司法审查,因此胜诉的概率非常小。[①] 孙长永教授也指出在美国绝大多数州,作出有罪答辩的被告人事实上几乎失去了上诉权。[②]

所以总体而言,美国辩诉交易制度中对被告人上诉权的限制较为严格,而我国的认罪认罚从宽制度不适合采取这种模式,主要理由如下:

第一,被追诉人认罪认罚的自愿性、真实性保障不足。在认罪认罚从宽制度中,虽然侦查人员、检察人员履行权利告知义务,法官进行自愿性审查能够发挥一定的自愿性保障作用,但是更为重要的是律师帮助的有效性。律师的有效参与有助于被追诉人对认罪认罚的程序和实体后果进行准确判断并作出理性选择。但是当前值班律师的定位存在争议,其所能行使的权利与辩护律师存在较大的差距,再加上经费保障不足,因此值班律师提供的帮助只是一种初步的、有限度的法律帮助。关于认罪认罚的真实性保障,目前只有"审判长审查认罪认罚具结书的真实性、合法性"这一条规定,并无其他具体内容,导致实践中对于真实性的审查趋于形式化。

第二,认罪认罚从宽制度的协商性较弱。美国的辩诉交易具有合同效力,对控辩双方的约束力较强。我国认罪认罚从宽制度虽然也具有控辩协商性,但是相对较弱。具体而言,一方面,认罪认罚从宽制度下所协商的内容有限且不够明确,美国的辩诉交易包括对罪名、罪数、量刑等方面的交易,我国则不存在定罪协商,仅有量刑协商。另一方面,控方在认罪认罚从宽制度中处于强势地位,检察机关会听取辩方对从宽处罚的意见,但最终决定权仍然在检察机关。因此有学者指出,我国的认罪认罚制度则并不完全具备(辩诉交易)这种预期利益的明确性,在职权主义的影响下,有时从轻或从宽处理成了国家对被告人的一种"恩

---

① 李本森:《我国刑事案件速裁程序研究——与美、德刑事案件快速审理程序之比较》,载《环球法律评论》2015 年第 2 期。

② 孙长永:《比较法视野下认罪认罚案件被告人的上诉权》,载《比较法研究》2019 年第 3 期。

惠”,被告人并没有讨价还价的余地,难以称之为“协商”或是“交易”。①

第三,美国法院对辩诉交易的内容和案件基本事实一般仅作形式审查,②法官在审查有罪答辩有无事实基础时拥有较大的裁量权,③定罪的事实证据标准也被大幅度降低。④ 而我国认罪认罚从宽制度的基本价值理念是在公正前提下追求效率,依旧遵循证据裁判原则,仍然坚持“案件事实清楚,证据确实充分”的法定证明标准。在认罪认罚从宽制度下,纠正和防范冤假错案的要求也不应被忽视。因此,根据这样的现实要求,认罪认罚案件的上诉权不应受到过多的限制。

(二)德国认罪协商制度中的上诉权限制模式

自20世纪70年代中期,德国司法实践中开始出现以被告人认罪供述换取从轻处罚的协商做法。但是这种认罪协商在当时没有法律支撑,并且与发现实质真实的诉讼价值目标相背离,因此协商大都是秘密进行的,在相关记录中也不会体现。被告人放弃上诉权的做法也是在这种非正式协商实践中产生的,控辩双方放弃上诉通常是协议的一部分,上级法院的监督干预较为少见。⑤

到1987年,德国联邦宪法法院在某一判决中认可了这种非正式协商的合法性。为进一步规范实践做法,德国联邦最高法院在1997年的判决中确立了认罪协商应当遵循的规则,其中要求“被告人的上诉权不得协商放弃”⑥。2004年联邦最高法院的判决再次肯定了1997年判决确立的规则,但是在上诉权的协商问题上作了让步:如果法院告知被告人放弃上诉权的意思表示不具有法律拘束力,被告人依然坚持要求放弃上诉权,那么放弃上诉权的协商结果有效,被告人不得上诉。⑦ 这实际上赋予了被告人对是否放弃上诉的自由选择权,只是要求法院

---

① 樊崇义、李思远:《认罪认罚从宽程序中的三个问题》,载《人民检察》2016年第8期。

② 朱孝清:《认罪认罚从宽制度中的几个理论问题》,载《法学杂志》2017年第9期。

③ 史立梅:《美国有罪答辩的事实基础制度对我国的启示》,载《国家检察官学院学报》2017年第1期。

④ 孙长永:《认罪认罚案件的证明标准》,载《法学研究》2018年第1期。

⑤ 印波:《以宪法之名回归法律文本:德国量刑协商及近期的联邦宪法判例始末》,载《法律科学》2017年第5期。

⑥ BGH,Case No.4 StR 240/97 (Aug. 28,1997).

⑦ BGHSt 50,40(Mar.,3 2005).转引自李昌盛:《德国刑事协商制度研究》,载《现代法学》2011年第6期。

履行"加重告知义务"。2009 年,德国联邦议会通过《认罪协商法》,并对《刑事诉讼法》进行了修订,认罪协商制度得到立法上的确认。然而在上诉权能否自行放弃的问题上,立法者持绝对禁止的态度,《刑事诉讼法》第 302 条第 1 款规定"如果以协商的形式达成判决,则不能放弃提起法律救济程序"[①]。对此,有学者指出这一绝对性禁止规定完全排除了被告人自愿放弃该项权利的可能性,没有尊重被告人诉讼权利的处分自由,招致人们对此规定的质疑。[②] 实践中这一规定也没有得到完全遵守,仍然存在对放弃上诉权进行协商的现象。德国的认罪协商制度与美国的辩诉交易制度及我国的认罪认罚从宽制度有一点很大的不同,即认罪协商制度中的协商主体是法官和被告人及其辩护人。而被告人放弃上诉权可以避免上诉可能产生的改判或发回重审,从而提高法官自身的职业声誉,[③] 因此法官有充足的动力与辩方就上诉权问题进行协商,这也是实践操作违背法律规定的原因之一。

德国认罪协商制度在限制上诉权的问题上表现得非常谨慎,更倾向于对被告人的救济权利给予最高程度的保障,但这一做法无法解决我国司法实践中出现的"无聊上诉"等滥上诉问题。而实践中出现的审辩双方就放弃上诉权进行协商的做法也不适用于我国,这与法官客观中立的角色定位不符,如果是控辩双方就上诉权进行协商,辩方的弱势地位也很难确保被告人对上诉权的放弃出于自愿。此外,这种通过协商直接放弃救济权利的做法也很难获得我国民众的观念认同,推广之后带来的社会风险和错案风险可能远远超过其节约司法资源的功能效果。

(三)我国认罪认罚从宽制度应采取的限制上诉权模式

我国台湾地区的认罪协商程序对上诉权采取的是一种"原则上禁止,例外情形下可上诉"的限制模式,并且对例外情形进行了明确列举。根据台湾地区"刑事诉讼法"第 455 条之 10,依协商程序作出的判决不得上诉,但有第 455 条之 4 第 1 项第 1 款、第 2 款、第 4 款、第 6 款、第 7 款所规定的情形之一,或协商判决

① 岳礼玲、林静:《世界各国刑事诉讼法》[欧洲卷(上)],中国检察出版社 2016 年版,第 240～329 页。

② 黄河:《德国刑事诉讼中协商制度浅析》,载《环球法律评论》2010 年第 1 期。

③ 李昌盛:《德国刑事协商制度研究》,载《现代法学》2011 年第 6 期。

违反同条第2项之规定的,不在此限。[①] 理论界也存在类似的意见,主张对适用速裁程序审理的认罪认罚案件,采取“原则上一审终审,例外情形下可上诉”的限制模式。叶青教授持此观点,认为一刀切地剥夺或者赋予上诉权的做法均不可取,并提出了允许上诉的4种具体情形:一是确有证明其无罪或罪轻的新证据;二是判决认定的事实超出或变更了控辩双方具结的内容;三是判决适用的法律确有错误;四是判处刑罚超过了量刑建议的刑罚上限。[②] 孙长永教授提出的“只允许被告人在限定的理由范围内提出上诉”[③],董坤教授建议推行的“部分案件有因上诉制度”[④]与前述观点的逻辑基本一致,只是在例外情形或者上诉理由的设置上略有差异。

我们认为,适用简易程序、普通程序审理的认罪认罚案件,被告人可能判处的刑罚相对较重,且案情较为复杂,争议点较多,应更侧重于查明案件事实真相,防止冤假错案的发生,因此当前还不适宜对这类案件的上诉理由进行限制。而对于适用速裁程序审理的认罪认罚案件,则可以探索建立前述这种上诉理由审查机制。具体而言,在这类案件中被告人上诉应说明理由,由二审法院对上诉理由进行书面审查,其中可以上诉的理由包括认罪认罚非自愿、一审法院认定的事实与具结书依据的事实有出入、出现证明被告人无罪或罪轻的新证据、判处的刑罚超出量刑建议的最高限度等。如果上诉理由是认罪认罚非自愿,还应提供相关的线索或材料。二审法院对于上诉理由在此之外的案件,应当裁定不予受理,不再进入二审程序。不过,对上诉权进行限制的同时应辅以相关配套措施,在保障被告人诉讼权利的前提下综合多项举措降低实践中的上诉率,提高诉讼效率。

三、认罪认罚案件限制上诉权的配套措施

(一)完善自愿性审查机制

在实践中,绝大多数认罪认罚案件适用简易程序、速裁程序审理。其中适用

---

① 卞建林、谢澍:《认罪认罚从宽与台湾地区刑事协商之比较研究》,载《法学杂志》2018年第5期。

② 叶青:《认罪认罚从宽制度的若干程序展开》,载《法治研究》2018年第1期。

③ 孙长永:《比较法视野下认罪认罚案件被告人的上诉权》,载《比较法研究》2019年第3期。

④ 董坤:《认罪认罚从宽案件中留所上诉问题研究》,载《内蒙古社会科学(汉文版)》2019年第3期。

简易程序审理的案件，法庭调查、法庭辩论等环节可以简化，适用速裁程序审理的案件，一般不进行法庭调查、法庭辩论，并且目前有不少适用速裁程序审理的认罪认罚案件，其庭审过程持续不到十分钟。围绕案件事实、证据进行的法庭调查、法庭辩论环节被简化或省略，为保证案件得到公正审判，认罪认罚的自愿性应当成为法庭审查的重点之一。加强一审法院对自愿性的审查，可以避免启动二审程序对自愿性进行重复审查，因此构建完备的自愿性审查机制至关重要。对于当前的认罪认罚自愿性审查机制，笔者认为可以从以下三个方面加以改进：

一是区分认罪的自愿性与认罚的自愿性，对两者分别进行审查。有学者指出，实践中存在以认罪“自愿性”推断认罚“自愿性”，或者笼统将认罪和认罚同时进行“无异议”检验的做法。① 但被告人完全有可能自愿认罪，却在认罚过程中受到强迫或者没有完全明知认罚的法律后果。认罪的自愿性与认罚的自愿性在审查内容上也不同，只有将二者区分开来进行更有针对性的审查，才能更有效地发现自愿性存在的问题。

二是结合认罪认罚的真实性、合法性对认罪认罚的自愿性进行综合判断。认罪认罚的自愿性是其真实性的保障，而真实性又是其合法性的基础，三者紧密相连。② 被告人所承认的罪行、罪名应当符合案件事实，若缺乏一定的事实基础，则存在认罪认罚非自愿的可能。而整个认罪认罚过程中如果存在违反法律规定的做法，被告人认罪认罚的自愿性也是存疑的。

三是认罪认罚过程全程录音录像。对认罪认罚过程进行录音录像，一方面可以防止出现办案人员强迫被告人认罪认罚的情况，另一方面检察机关有证据证明被告人认罪认罚的自愿性，法院也可以根据录音录像审查办案人员是否进行了权利告知、具结书签署时是否有辩护人或者值班律师在场等影响自愿性的内容。

(二)优化量刑建议的质量

第一，制定统一的量刑建议指导意见，促进量刑建议精准化。“幅度刑”量刑建议无法让被追诉人产生明确的量刑预期，影响被追诉人认罪认罚的自愿性，也

---

① 卢君、谭中平：《论审判环节被告人认罪认罚“自愿性”审查机制的构建》，载《法律适用》2017 年第 5 期。

② 孙长永：《比较法视野下认罪认罚案件被告人的上诉权》，载《比较法研究》2019 年第 3 期。

是被追诉人以"量刑过重"为由上诉的原因之一,因此实践中应逐步提高"确定刑"量刑建议的适用比例。而量刑建议的精确性、可预见性应当以适当性为前提,除了加强检察人员的量刑能力培训之外,还应出台统一的量刑建议指导意见。在法院层面,量刑规范化改革于2009年开始在部分法院试点,2014年1月1日正式在全国法院全面施行,现行有效的相关规范性文件是2017年最高人民法院印发的《关于常见犯罪的量刑指导意见》(以下简称《指导意见》)。而在检察院层面,只有最高人民检察院公诉厅于2010年发布的《人民检察院开展量刑建议工作的指导意见(试行)》,并且规定得非常粗疏。虽然检察人员可以参考《指导意见》提出量刑建议,但是检察院的量刑建议工作不同于法院的量刑工作,因此仍然需要结合当前认罪认罚从宽制度的案件特点专门制定检察系统适用的量刑建议指导意见,并要求地方检察院结合当地实际制定实施细则。实践中已经有部分检察院进行了精准化量刑建议的尝试,如山东省淄博市检察院通过对近年来相关案件的判决情况进行统计分析,与法院、公安、司法局统筹协调制定了规范化量刑细则,同时还制定了交通肇事、故意伤害、盗窃等12种罪名的"量刑菜单",明确了各量刑情节的调节幅度。① 不过,虽然这种做法算是一种有益尝试,但是为了避免恣意从宽,需要最高人民检察院进行统一规范,尤其是对量刑从宽最高比例的限定。

第二,强化量刑建议理由说明机制,并原则上禁止检察机关对量刑建议任意反悔。检察机关对于"量刑折扣"所依据的法律规定、量刑情节、量刑证据进行详细说明并形成书面记录,一方面可以倒逼检察机关重视量刑建议的合法性、适当性,优化量刑建议的质量。另一方面有助于被追诉人对量刑建议进行全面、准确的理解,增加辩方对于量刑建议的可接受度,同时也能提高法院对量刑建议的采纳率,从而减少不必要的上诉。目前,实践中还存在着检察机关在审判阶段变更量刑建议的情况,加重了量刑结果的不确定性。例如,在周某聚众斗殴案中,周某以"原审量刑过重"为由提出上诉,其辩护人指出检察机关侵犯周某的信赖利益。二审法院经审查后发现,原审检察机关因工作疏忽使得周某签署的《认罪认罚具结书》中的量刑建议与提交给原审法院的量刑建议存在较大差异,但二审法院认为这一失误并未影响案件实体裁判且原审量刑并不过重,最终作出"驳回上

① 匡雪、王文斌:《量刑建议采纳率100% 山东淄博:找准突破口落实认罪认罚从宽制度》,载《检察日报》2019年5月22日第1版。

诉，维持原判”的裁定。[①] 我们认为，为保证认罪认罚从宽制度的正常运行，原则上应禁止检察机关在被追诉人签署认罪认罚具结书后变更量刑建议，如有特殊原因，应向被追诉人进行解释说明并再次征得被追诉人的同意。而法院面对量刑建议变更的情况，应再次审查被追诉人认罪认罚的自愿性、真实性，确定是否转为其他程序重新审理，而不是直接进行裁判。

（三）保障被追诉人获得有效法律帮助

明确值班律师的辩护人定位，并提高值班律师的补贴标准。关于值班律师是否具备辩护人的身份，是否享有与辩护律师同等的阅卷权、会见权等诉讼权利，2018 年《刑事诉讼法》中并未明确。但从相关规定的表述上来看，值班律师主要为犯罪嫌疑人、被告人“提供法律咨询、程序选择建议等法律帮助”，而非“提供辩护”，与辩护律师的职责有所区别。此外，最高人民法院、最高人民检察院、公安部、国家安全部、司法部于 2017 年 8 月 28 日联合发布的《关于开展法律援助值班律师工作的意见》第 2 条规定：“法律援助值班律师不提供出庭辩护服务。”这说明至少从规范层面上来讲，值班律师还不具备完整的辩护人身份。但是这样的定位使得值班律师的诉讼权利“残缺不全”，阻碍其职能发挥。了解案件事实和相关证据是提供合理有效的法律帮助的前提，然而行使阅卷权作为值班律师了解案情的基本方式之一，在实践中却难以得到保障并且值班律师自身的阅卷积极性也不高。有实务工作者就指出“除了告知认罪认罚从宽、速裁等新的制度和程序外，值班律师只是根据犯罪嫌疑人、被告人的主观陈述来解答其法律咨询，一般不进行阅卷、取证等工作”[②]。会见权的行使也遭遇诸多现实困难，比如实践中普遍采用视频会见的方式，难以保障会见交流的充分性。[③] 还有某些地区，值班律师同犯罪嫌疑人间的会见是在侦查人员在场的情况下进行的。[④]

因此，只有明确值班律师的辩护人地位，赋予值班律师和辩护律师同等的诉

---

① 参见广东省广州市中级人民法院（2018）粤 01 刑终 564 号刑事裁定书。

② 李立家：《我国法律援助值班律师制度的设想与实践——以从刑事案件速裁程序到认罪认罚从宽制度的变化为视角》，载《中国司法》2017 年第 6 期。

③ 韩旭：《认罪认罚从宽制度中的值班律师——现状考察、制度局限以及法律帮助全覆盖》，载《政法学刊》2018 年第 2 期。

④ 陈凯、董红民、唐晔旎：《完善认罪认罚案件法律援助制度的研究——基于杭州市的实证分析》，载《杭州学刊》2018 年第 2 期。

讼权利,才能保证值班律师法律帮助的有效性。此外,值班律师的报酬偏低也影响其工作的积极性。有学者指出目前值班律师的工作经费标准为 40 元/次、300 元/日,法律援助的经费标准超过 1000 元/次。[①] 值班律师的补贴远低于法律援助辩护律师,并且值班律师的工作量还在逐渐增多。笔者认为,如果现阶段将值班律师定位为辩护人还有所困难的话,可以先从以下两个方面加以弥补:一是提高值班律师的补贴标准,二是可以根据犯罪嫌疑人、被告人的选择,允许值班律师转为辩护人提供辩护。

提高律师在量刑建议提出过程中的参与度,促进量刑建议协商化。有学者从域外经验的角度出发,对控辩协商不平等所带来的风险进行了分析,指出由于美国检察官具有几乎不受限制的起诉裁量权,所以辩诉交易实践中产生了"报复性起诉",这一现象值得我国警惕。[②] 控方的自由裁量权过大,容易出现权力滥用的问题,侵犯被追诉人的诉讼权利及合法权益。在我国的认罪认罚从宽制度中,虽然检察院提出的量刑建议要受到案件事实及法律规定的约束,但是整个量刑建议的提出过程缺乏协商性,检察机关具有绝对的主导优势,被追诉人处于被动境地。虽然《刑事诉讼法》第 173 条规定检察院应当听取辩方对从宽处罚的意见,但是辩方意见对最终的量刑建议难以起到实质性的作用,决定权仍然在检察机关,协商性仅仅体现在量刑建议需被追诉人同意上。此外,控辩双方本身信息不对称,辩方在证据收集方面处于先天劣势,因此没有"谈判筹码"与控方进行平等协商。在这样的处境下,辩方的意见得不到充分的表达和认可,被追诉人认罪认罚的自愿性、真实性更难得到保障,被追诉人对量刑结果不满进而提起上诉的可能性就更高。

保障被追诉人获得有效的法律帮助,不仅要加强律师自身的业务能力,更重要的是要为律师发挥帮助作用提供足够的空间。因此要逐步提高律师在量刑建议提出过程中的话语权,保证量刑协商是一种双方的交流模式,控方要对辩方的意见进行回应与解释,而不是简单的单向意见传达。有学者提出应当改"具结

---

① 周新:《认罪认罚从宽制度试点的实践性反思》,载《当代法学》2018 年第 2 期。

② 赵旭光:《"认罪认罚从宽"应警惕报复性起诉——美国辩诉交易中的报复性起诉对我国的借鉴》,载《法律科学》2018 年第 2 期。

书"为"协商协议"。[①] 我们认为，这一形式上的改变也能对量刑建议提出过程的协商化起到促进作用。

① 卞建林、谢澍:《认罪认罚从宽与台湾地区刑事协商之比较研究》,载《法学杂志》2018年第5期。

刑事异地管辖制度的再认识*

陈义龙**

摘要:近期,刑事主体申请法院法官集体回避和异地管辖再次成为学术热点和司法难点。回避和异地管辖制度作为保障刑事主体接受公正审判的重要举措,理论上有不同的认知,实践中也存在着许多误区。因此,首先,有必要通过发掘异地管辖与回避制度的契合点,构建刑事异地管辖的基本框架;其次,通过贯彻"异地法官本地审判"模式以及加强异地管辖与最高人民法院巡回法庭的衔接,完善刑事异地管辖的层级结构;最后,通过完善正当程序理论与相关制度,包括明确有效与无效辩护理论、确立诉权影响裁判权的对抗模式、建构"平级上诉"制度以及管辖异议制度,以期建立刑事异地管辖制度。

关键词:异地管辖;回避制度;辩护;巡回法庭;管辖异议

一、引言:王成忠案引发的异地管辖反思

近来的王成忠民事枉法裁判抗诉、上诉案引起法学界关于回避和异地管辖的普遍关注。在庭审中,作为被告人的王成忠及其辩护人以王成忠系辽源市中级人民法院法官为由提出管辖异议的申请,并要求辽源市中院全体合议庭成员的回避,该案最终则通过吉林省高院指定通化市中院审判结案,由此启动异地管辖程序,避免不公正审理。然而,该案的刑事诉讼程序中却存在诸多理论上的争议。例如,回避对象是否包括整个法院的法官;回避的驳回是不是对被告人及其辩护人辩护权的剥夺;回避的后果是不是异地管辖。为何会产生诸如此类的疑

* 本文是云南民族大学 2019 年学生学术科技创新活动项目"刑事案件异地管辖的异化与规制研究"的阶段性成果。

** 作者系云南民族大学法学院 2018 级法律硕士研究生。

问,重要原因在于我国现行立法缺乏明确的规定,实践亦无统一的裁判规则,而"法律空缺"恰恰是疑难案件的形成途径之一,①正因为如此,涉及异地管辖的案件变相成为刑事诉讼有关审判方面的疑难案型。

另外,相比之下,关于打击贪污腐败犯罪等职务犯罪的分析似乎是琳琅满目的,而对于职务犯罪者异地管辖申请权的人权保障却鲜有学者提及;异地管辖的可行性理论至今未见有深度的讨论。故而,本文主要以刑事异地管辖的建构原理为主线,结合我国回避制度的重构趋势,并联系刑事程序性辩护理论以及最高人民法院巡回法庭的实践,阐述我国构建刑事异地管辖制度的基本框架及相关可行途径。

二、刑事异地管辖的基本认知

刑事诉讼法作为普通法律,一般强调社会秩序和多数人的利益,这并不意味着其不保护少数人的权益。反之,刑事诉讼法应当更大限度地保障犯罪嫌疑人、被告人的权利,异地管辖权自当囊括其中。异地管辖在我国法律体系中的空缺,又或者说成法律漏洞,是学术界不能达成统一认识的表现,由此存在不同的学术观点。有学者认为"'异地管辖'模式是刑事诉讼'指定管辖'制度和'管辖权转移'制度相结合的产物"。该观点总结出异地管辖与指定管辖和管辖权转移制度存在"交叉地带",指定管辖和管辖权转移在特定情况下都可以触发异地管辖模式的适用,如上级人民法院指定下级人民法院移送管辖。同时,支持该观点的学者认为刑事案件的异地管辖涵摄"异地侦查、起诉或审判"。② 也有学者有限的承认异地管辖理论,坚持此观点的学者将适用异地管辖的范围限定在"高官职务犯罪案件"或者"省部级官员腐败案件"。③ 更有学者提出,"高级官员贪污腐败

① "法律空缺"何以作为疑难案件的类型,请参见孙海波:《不存在疑难案件?》,载《法制与社会发展》2017 年第 4 期;《疑难案件裁判的中国特点:经验与实证》,载《东方法学》2017 年第 4 期。

② 胡伟超、曾友祥:《我国刑事案件"异地管辖"模式探析》,载《政法学刊》2015 年第 6 期。

③ 李玉萍:《异地审判与我国刑事管辖制度的改革和完善》,载《中国刑事法杂志》2009 年第 2 期;宋伟:《观察人士认为——惩处高官腐败机制已经形成》,载《山东人大工作》2008 年第 3 期。

案件的异地审判,表面上是法院管辖权的问题,实际上是回避问题”。[①] 故而,针对刑事异地管辖制度,学界仍没有全面探知其实质内涵,亦没有主流观点统摄。

笔者认为以上三种观点均具有一定的合理性,合理之处在于上述观点的学者均认为刑事异地管辖制度之存在是为了案件的公正审理;“高官职务犯罪”适用于刑事异地管辖。另外,笔者认为应当全面认知刑事异地管辖的内涵,以纠正数年来的司法实践并引领刑事异地管辖的立法。

首先,中国模式下的刑事异地管辖应当做缩小解释,即称之为异地审判。[②] 宽泛点来说,异地管辖包括异地侦查和异地审判,由此异地审判是包含于异地管辖的。同时需要考虑的是,当前中国刑事诉讼的改革“以审判为中心”,一系列改革行为都为公正裁判服务。随着庭审实质化的推进,庭审的质量关乎着案件的最终结果,而庭审中可以排除侦查机关通过非法行为取得的证据;审查起诉机关的起诉条件;决定被告人的罪名等。因此,审判阶段的公正是刑事诉讼公正价值实现的基本条件。换个角度分析,异地侦查会增加司法资源的消耗,而现行相关立法在很大程度上可以杜绝异地审理案件中侦查阶段的非法行为,减少不必要的司法成本。如最新出台的《监察法》第 41 条在规定监察机关对职务犯罪采取调查措施时,采用录音录像强制适用制度,即在进行讯问、搜查、查封、扣押等调查措施时,应当全程录音录像。由此观之,刑事异地管辖的实质在于严格规范落实审判阶段的公正性,异地管辖的核心要义是异地审判。

其次,理应扩大异地管辖的适用对象,上述学者的观点均有一个缺陷,即将异地审判的适用对象局限于“高官职务犯罪”,该观点源于司法实践的误导;党的十八大以来,90%的省部级高官犯罪都适用指定管辖——在官员曾任职以外的地区提起公诉、审判。[③] 异地管辖的目的是防止不公正的审判,究其本质,是当事人行使诉权,以期获得公正审理的程序性救济权利。在司法实践中,恐怖主义犯罪、黑社会性质犯罪等可能与当地政府存在“关联利益”的相关犯罪以及法官集体回避等可能影响法院法官公正裁判的案件,均符合异地管辖的目的,理应作

① 赵晓耕:《落马高官异地审判的历史借鉴》,载《人民论坛》2013 年第 4 期。

② 理论上,公诉案件和自诉案件均可提起异地审理,司法实践中往往是公诉案件居多,本文仅针对公诉案件的异地审判。

③ 郭烁:《评王成忠案指定管辖:诉讼法理是法律解释之根本》,载“法学学术前沿”微信公众号,https://mp.weixin.qq.com/s? __biz=MjM5NjMyNDM5Nw==&mid=2653168535&idx=1&sn=5170884187f3fdd8a676a49d33be434c,访问日期:2019 年 7 月 20 日。

为正当的申请异地审理的事由。

最后，笔者认为“异地法官本地审判”的实践是解决我国异地管辖制度无法得到切实立法下的重要变相形式，应当得到充分肯定。考虑到我国传统司法在牵涉到职务犯罪等重大案件时，法院易受行政权的指导，将本应异地管辖的刑事案件本地化处理，要么是为了报答提携之恩，要么是为了表明自身清白，结果大都从轻处罚或从重处罚。这些处理方式显然是对当事人的不公，是程序正义与人权保障的丢失。另外，受媒体影响，即使是应当本地审理的普通刑事案，为防止案件“处理不当”，使知晓案件的民众情绪化，时而牺牲程序正义和诉讼效率，将本可管辖的案件异地化处理。故而，异地法官破除行政权力、舆论影响对公正审理案件极为必要。笔者看来，妥协式立法或司法实践也是促进司法进步的一种有效方式。

目前，我国立法中规定的可以产生异地管辖结果的无非是两种原因：一是回避，二是指定管辖。不幸的是，截至现在笔者尚未发现有法院认为“整体回避”是我国回避制度的适用理由；欣喜的是，“也存在极少数案件由于案情或者案件当事人的特殊情况，不宜由当地或者受理案件的法院管辖的情况下”①，上级法院将案件指定其他法院管辖。然而，指定管辖中并没有赋予当事人的申请权，只能依法院职权决定。从另一层面来看，立法者考虑到了可能会妨碍案件公正审判的情形，亦做了相关立法。但是，立法中相对剥夺了当事人的主动权，反之更多地赋予了裁判者打击犯罪的权力，并没有实现公正审判与打击犯罪的统一。正因为如此，立法者应当反思并重构异地管辖制度，深刻了解异地管辖的实质内涵；坚持管辖原则的同时，进一步明确异地管辖在我国审判制度中的独立公正价值。

二、刑事异地管辖制度构建之难

我国关于刑事异地管辖制度的建构仍处于立法规定空白、司法解释粗放的

① 李寿伟主编：《中华人民共和国刑事诉讼法解读》，中国法制出版社 2018 年版，第 56 页。

状态,由此引发的“异化”接踵而至,[①]大部分被告人的异地管辖申请权这一基本权利无法得到保障。被告人异地管辖权被剥夺的那一刻,意味着被告人的辩护权无法有效得到行使;意味着被告人的基本诉权被裁判权任意剥夺。因此,本部分从异地管辖理论、程序性辩护理念缺失及缺少对构建该制度功效的认知角度,阐释刑事异地管辖制度至今仍未纳入立法的重要原因。

(一)异地管辖理论缺失与管辖概念呈现混淆

时至今日,学术界和实务界对于刑事异地管辖制度的实质性研究仍旧滞后,甚至出现误区,导致该误区出现的重要原因在于,有些学者对我国现行刑事诉讼法涉及的管辖制度、回避制度与异地管辖的关系以及与管辖权异议与异地管辖的关系存在理论上的曲解。

当前,异地管辖在我国刑事立法中尚且没有详尽明确的规定,公安司法机关无法可依,但是实践中需要异地管辖的案件又不断涌现。故而,公安司法机关各自制定部门法律文件来规范这种行为,可各种文件之间的具体规定并不一致;亦存在法官盲目地类推适用民事诉讼中的管辖权异议制度。此处需要指出的是,管辖权异议与异地管辖有着多方面的差别,如刑事异地管辖不适用下移,而针对群体纠纷案件引起的当事人众多且不方便诉讼的案件及其他相关案件,民事诉讼法中规定了“下放性转移”,因为民事诉讼更注重的是合理便民地解决民事纠纷,而民事纠纷一般不像刑事案件那样极易引起舆论和百姓的关注。

从本质上来看,异地管辖是刑事主体实现程序正义的结果,移送管辖、指定管辖以及回避制度是实现程序正义的原因。这就提醒我们既不能将异地管辖仅仅理解为是移送管辖和指定管辖的简单结合,也不能狭隘地理解异地管辖与回避制度的同一性。比如,当因“法院不宜行使管辖权”而形成的指定管辖和移送管辖时,实际上如若申请理由得到法院批准,方能启动异地管辖程序。由此,不宜行使管辖权仅仅是使得案件异地管辖的部分事由而已,而异地管辖的申请事由则更为广泛,体现为违反级别管辖、指定管辖、法官集体回避以及黑社会犯罪等均可提起异地管辖申请。

---

① 刑事异地审判制度异化具体表现为启动主体无序、异议申请困难、司法裁决失衡等;产生缘由为立法规定空白、司法解释模糊,程序理念匮乏、法律适用随意;地域差异明显、量刑程度不一等。参见余为青、陈义龙:《刑事异地管辖的乱象与规制》,载《安庆师范大学学报(社会科学版)》2018年第5期。

(二)忽视平等价值与程序理念浅淡

当事人及其辩护人的辩护权一直未能得到充分的保障,原因在于司法中对于程序理念的严重缺失,而与异地管辖密切相关的则是辩护制度。我国现行诉讼程序仍然是裁判权控制诉权模式,也缺乏有效的辩护理论的支撑。这样一来,当刑事主体提出管辖异议时,法官一句“法律没有规定”则可将其申请“打发”。在异地审理案件中,程序正义的忽略会更为严重,特别是牵涉高官犯罪的案件。

在实践中高官犯罪充满着隐蔽性、权力性,过去由检察机关专门侦查攻破是保证办案力度所需,但受理法院亦因其而变则充斥着特权意味,此处的“变”可不是异地审理。有史以来,平等与特权的斗争在掌权者看来都是“刑不上大夫”,于百姓眼中则理应“与庶民同罪”。正因为如此,审判特权始终存在,集中表现为职务犯罪等重大刑事案件异地审结,当地审判的平等理念只能沦为非职务犯罪等普通刑事者的“公平”。由此也指明异地管辖应当平等适用于所有符合条件的案件之中,即司法机关和学术界不能错误地将异地管辖的范围缩小化。

(三)坚持侦查中心主义与缺乏异地管辖功能认知

如今,学术界对“审判中心主义”的功能的正确认知逐渐改善,法治政策也有所支撑。不可否认的是,传统的“侦查中心主义”理论盛行于我国的刑事程序中已有数年,这是司法界和学术界一直无法正确审视异地管辖功能的重要缘由。

实际上,“侦查中心主义”所关注的重点应集中于侦查管辖阶段,①而不是与审判阶段“审判中心主义”对立。侦查中心主义者大都忽视了异地管辖有着自己独立的功效,如以下几个方面。

其一,实现公平正义,缓解社会舆论压力。毋庸讳言,面对高官贪污腐败等影响公共利益的案件,百姓对政府权力行使的不信任普遍存在,媒体往往也会进行大肆渲染,最终很可能会影响法院公正裁判的结果,这对保护被告人受到中立审判的权利是极为不公平的。通过异地管辖,有延期审理之功效,从而减少法官压力,淡化偏见。

其二,落实程序司法,增加实体公正效益。就高官职务犯罪而言,异地管辖制度使得法院、法官相对远离被告人原有所在地的管辖,减少了权力压制,有利于程序公正价值的实现。当事人获得公正审判的同时,只注重“安定民心”的不

① 孙红卫、楼柏坤:《“侦查管辖中心论”的科学性和合理性》,载《西南政法大学学报》2009年第2期。

公正的实体结果也会得到匡正。否则,人们看到的只能是形式上打击犯罪的判决,却看不到正当程序上的实质正义。

其三,修缮司法体制,实现独立公正司法。当一些职务犯罪案件、法官须集体回避的案件摆在法官面前时,审判则处于裁定"畸轻"或"偏重"的两难境况,该境况如现实生活中的"闯黄灯"现象,不闯,有"鸣笛示警"者;闯,出现事故责任在己。基于此,静候上级法院指导或行政干预似乎是最佳选择,为的就是"自保"。客观地讲,依据异地管辖的处理方式是司法摆脱行政干预、法院整体独立以及法官个人独立的不二之选。

四、刑事异地管辖制度的框架构建

根据笔者的考察研究,当下是我国构建刑事异地管辖制度的良机。本部分在借鉴国外立法的同时,着重结合中国当前的立法原理,试论构建刑事异地管辖制度的可行性途径。

(一)基于回避制度的建构模式

笔者认为应该发掘异地管辖与回避制度的融洽性,实践中因回避提出的异地管辖也是居多,但是当事人的权利往往得不到保障。王成忠案则以"合议庭集体回避"为由提出申请,实际上法院并没有采纳该事由,而是依指定管辖处理的。有学者认为"回避与变更管辖(异地审判)在精神层面上被普遍地视为两个没有任何联系的融合点"①。提出此观点的具体原因是出于两个方面考虑的。

其一,我国当前的回避制度事由有意采用粗放型立法的方式,②某些法律条文在表述上大而化之,如回避制度法定事由中的兜底性条款采用"有利害关系""可能影响公正审理"的模糊性表述。法官由此拥有回避事由方面的"自由裁量权"或独立审查权,导致司法实践普遍地认为回避制度规避的对象针对的是法官个人,审判委员会或法院集体不能作为回避事由的误区产生。其二,在辩护权的程序性救济机制和异地管辖制度尚未建立的情况下,将异地管辖的请求权纳入回避的范围内是最有利于实务的做法,虽属无奈,但能达到保障嫌疑人、被告人

① 陈瑞华:《无偏私的裁判者——回避与变更管辖制度的反思性考察》,载《北大法律评论》2004 年第 1 辑。

② 学者通常将某些模糊性法律条款或无法有效实施的法律条文称之为"立法粗放"或"立法质量欠缺"。参见宋方青:《立法质量的判断标准》,载《法制与社会发展》2013 年第5 期。

基本权利的效果。因为在刑事诉讼中明确规定，违反回避制度的，被告人通过上诉，二审法院可以以一审法院违反回避制度，从而作出撤销原判、发回重审的裁定。应用于异地审判，二审法院应当指定其他平级法院一审、再审或提审。否则，“人们习惯于为解决问题而扩大权利保障的外延和范围，甚至继续设定新的诉讼权利条款”①，却始终无法取得权利救济方面的任何实质性进展。

通过司法实践，我们可以认知异地管辖与回避制度的立法结合是法院实现程序公正与保障人权的又一个触发点。十多年来，被告人即为裁判者的司法实践接踵而至，由此引发的上诉甚至冤假错案亦“连绵不绝”。比如，与王成忠案申请异地管辖理由相似的杨清秀、吕西娟案，该案中被告人杨多次申请西安中院集体回避，请求异地审理，结果自然是数次被驳回。申请异地审理的主要原因在于，陕西中院院长朱庆林也是案件的受害人，被告人杨则曾于该中院任职。被告人杨随后上诉至陕西省高院，高院认为“我国刑事诉讼法律所规定的回避是指个人回避，并没有规定审判组织或审判机关回避”②，关于该驳回理由实际上是没有问题的，法律原本就没有明文规定这方面的内容。但是，被告人杨曾在该中院任职，审判法官是否会基于此公正审判是值得怀疑的，后来的报道则可以影射不公正的因素。如杨清秀曾经的中院同事提及其时，“众法官无不摇头”；中院院长称，“我以生命为代价，为法院清除了一个害人虫”。③ 当时，学术界的陈瑞华教授、陈兴良教授等均提出回避制度需要改革。时至今日，王成忠民事、行政枉法裁判案又出现在司法界的眼前。从基本法理的角度，在未来的立法或司法解释中，应当认知审判程序公正的基本点之一是将异地管辖与回避制度理论相融合，即由于法官集体回避、高官职务犯罪等而引发的回避所导致的程序性后果是异地管辖。

笔者基于回避制度的建构模式，将异地管辖的基本框架勾勒如下：

1.异地管辖的申请主体及事由

刑事诉讼基本构造决定了异地管辖的行使主体，亦即当事人、法院以及检察

① 陈瑞华:《刑事辩护的理念》，北京大学出版社 2017 年版，第 260 页。

② 陈瑞华等:《任何人不得做自己案件的法官》，载《南方周末》2003 年 9 月 18 日第 8 版。

③ 任静、法言:《痞子法官现形记——记全国首例法院院长险被杀害案内幕》，载《党风与廉政》2001 年第 9 期。

院。首先,刑事诉讼最大程度保障的是被害人与被告人的权利。赋予其提出异地管辖申请权是建构在诉权的享有这一基本法理之上的,至于辩护人与诉讼代理人作为刑事主体权利扩张的"代言人",经过与被害人、被告人的协商同意自然可成为行使该项权利的主体。其次,法院作为审判管辖权主体,依职权审查是否存在异地管辖之可能,以便诉讼程序公正不偏倚地进行,是诉讼原理应有之义。最后,检察院是否拥有异地管辖的申请权,据笔者查阅,实行异地管辖的大多数国家或地区几乎均无规定。本文认为,我国《宪法》与《刑事诉讼法》既然规定了检察院的检察监督权力,不妨将检察院的法律监督部门纳入异地管辖权行使的检察范围,其功能在于自身监督与防止法院不公正审判(如法院须"集体回避")。

"因法律上或事实上的障碍不能行使审判管辖权,或者该法院审理案件时存在危害公共安全之虞的"是德国关于异地管辖的申请理由,[①]鉴于我国司法实践,相对应的则是高官刑事犯罪、法院整体回避以及恐怖主义犯罪等案件。在日本,"控诉审"中"续审"事由同样利于我国建构异地管辖。日本刑事诉讼法规定:"不能参与判决的法官参与了判决"或"被认为是不法管辖或无权管辖",法院必须撤销原判决,"控诉审"法院认为需要并可以自己审判的,可以撤销原判自行判决。[②] 同时,其规定了针对法官的"责令回避制度"。当然,日本"控诉审"的借鉴意义更多在于异地管辖的程序性救济构建。

2.异地管辖的提出方式及期间

"书面方式为主,口头主义为辅"已经成为各种程序权利提起的基本模式,异地管辖自然适用,这是从当事人的视角分析的;在例外的情况下,法院、检察院作为相互监督与自我审查的申请主体,检察院更多的适用检察建议,法院则是书面审查。另外,既然本部分主要是基于"法院整体回避"而申请异地审理的,那么,申请的期间应界定为审判阶段,包括一审、二审乃至审判监督程序。

3.异地管辖的审查主体及救济

依据程序审查的基本法理,当事人申请的异地管辖,应当由案件受理法院自我审查,如若当事人不服,可以由受理法院的上一级法院复核;检察院作为监督部门,经检察长同意,可以对法院应当集体回避的情形提出检察建议。

① 邵建东:《德国司法制度》,厦门大学出版社 2010 年版,第 227 页。

② [日]田口守一:《刑事诉讼法》,张凌、于秀峰译,中国政法大学出版社 2010 年版,第 356～358 页。

（二）"异地法官本地审判"妥协模式

前文已指出，与其空想权利保障的外延，不如尽快落实具有实际意义的刑事司法制度。在司法实践中，上级法院选派法官到下级法院所在地审理案件已取得很好的诉讼效果，最高人民法院本部指派法官任职于巡回法庭的原理也在于此。笔者认为，"异地法官本地审"是符合我国异地审判的妥协式模式。首先，适用该模式，可以到达防止审理不公正的异地审理之目的，上级派遣的异地法官可以保证公正审判；其次，许多法院采取了异地法官审理异地案件的新型模式，如视频作证。如此一来，该模式在保证公正审判的同时，还能保证司法资源消耗的可控性，从而保障人权。当然，该模式不是凭空而生的，其与中国古代以及法国刑事诉讼关于"本义上的重罪法庭"的设置有异曲同工之妙。

在中国古代，高官犯罪的最终裁判权由皇帝牢牢把控，犯罪的高官大部分会被押至京城受审，由此构成我国异地审理的初级形态。在法国，"本义上的重罪法庭"审判长，"或是上诉法院第一院长，或者是上诉法院的某一法庭庭长，甚至是上诉法院的普通审判官"，审判长的任期为"一个庭期"，陪审官的任期为"一个审季"。[①] 结合我国实践，则不启用原本"具有管辖权"而违反程序本地审判的法院的法官，该类案件的审理应由上级法院院长亲自参与或上级法院院长指定非刑事主体所在地的法官主管案件审理。

（三）异地管辖与最高人民法院巡回法庭的衔接模式

当前，最高人民法院巡回法庭审理的案件仍然局限于跨行政区域的重大行政和民商事案件，笔者以为，应当适时将高官职务犯罪、重大黑社会犯罪等案件纳入巡回法庭的审理范围。学界普遍认为，最高人民法院巡回法庭作为一项司法改革举措的"顶层设计"，主要价值之一在于"加强对地方法院的监督指导，从体制上排除地方因素对公正审判的干扰"[②]，亦即"能够有效排除地方法院审理案件时可能受到的法外因素干扰"[③]。这与异地审判无论是在制度设计上，还是在排除地方法院的不公正审判的目的方面都不谋而合。例如，巡回法庭的成员

① ［法］贝尔纳·布洛克：《法国刑事诉讼法》，罗结珍译，中国政法大学出版社2009年版，第271～272页。

② 胡云腾：《最高人民法院巡回法庭设置与运行介述》，载《金陵法律评论》2015年第2期。

③ 胡云腾：《全面设立巡回法庭的重大意义》，载《法治现代化研究》2017年第1期。

由最高人民法院选派或聘请,选派的主要是本部定期任职于巡回法庭的法官;巡回法庭采取财政与行政相分离的模式,避免地方政府对审判的影响。

至于巡回法庭刑事庭的设置,笔者认为可在巡回法庭“随机组成合议庭、随机确定审判长和承办人”的基础上,引入陪审团机制。尤其是在贪污腐败类案件的审理上,倘若使得人民群众亲自参与案件事实的认定,不但可以防止诉讼与百姓舆论之间脱节,从而提高司法公信力,而且可以保证公正司法。①

异地审判与巡回法庭的结合,意味着巡回法庭会直接受理某些刑事案件,学者此时可能会产生忧虑——此类案件无上诉机制方面的程序性救济。本文下一部分就该疑问试着进行了探讨。

五、刑事异地管辖的程序救济

刑事异地管辖在我国为何难以构建,对应上文笔者所述,正当合理的程序理念的缺失是主要缘由,笔者遂提出以下三点建议。

(一)完善刑事辩护理论

1.确立诉权影响裁判权的相对控制理论

诉权与裁判权的角逐影响着一个国家刑事诉讼的公正审判。通常,当事人主义模式下,诉权对裁判权发挥着积极的制约作用,当事人及其辩护人充分的辩护行为,使得法官消极地行使审判权;在职权主义模式下,裁判权则牢牢地控制着诉权,法官通过控制诉讼程序,指导着双方当事人及其辩护人的诉讼活动。所以,我国司法实践处理异地审判缺乏明确的法定事由时,裁判者总是对异地审判的申请不予置理,法院在是否准许异地审判问题上处于任意裁决者的地位。这是因为我国在大陆法系的影响下,保留着传统意义上的辩护模式,即裁判权控制诉权。

实际上,确立诉权影响裁判权的辩护制度是权力制约的不二选择。我们知道,“一个法律制度之所以成功,只是因为它成功地在专断权力之一端与受限权

---

① 在法国,重罪法庭由3名职业法官和9名代表公众舆论的公民组成。但是,出于案件的保密性、人民陪审员的安全性考虑等,军人犯罪、危害国家基本利益之重罪、运输毒品犯罪、恐怖主义犯罪等,没有陪审团。关于法国重罪法庭参见[法]贝尔纳·布洛克:《法国刑事诉讼法》,罗结珍译,中国政法大学出版社2009年版,第270~285页。

力之另一端达到了平衡并维持了这种平衡"①,确保被追诉者享有诉讼平等对抗的权利,方能促进我国司法的发展。具体到异地审判,立法理应赋予被告人及其辩护人异地审理申请权(辩护权);同时加以程序性裁判救济,即针对诉权的驳回,建立"审级程序的上诉和审查机制"——下级法院利用裁判权剥夺诉权的行为,行事主体可通过"上诉行为将直接引起法院对已经裁判的程序性问题及程序性裁判行为本身进行再次审判"②,以防止不公正的审判。

2.引入有效辩护理论

违背异地管辖制度,应当导致撤销原判、指定再审或提审等程序性后果,该后果属于法院对违反异地管辖所做的程序性制裁。从有效辩护的角度,异地管辖的申请权被剥夺,理应作为法院以积极作为的方式使得被告人及其辩护人的辩护权归于无效辩护。当然,这需要我国引入有效辩护的理念。同时,某些法院通过积极的作为或消极的不作为,剥夺被告人的异地管辖申请权,是构成无效辩护的一种,是影响公正审判的程序错误。

在中国当下,要引入西方建立在程序正义基础上的有效辩护及无效辩护制度,着实有些"强人所难"。值得庆幸的是,由于异地管辖等事由引发的有效辩护,早已被学界关注。陈瑞华教授即指出,"要有效地保障被告人和辩护律师的辩护权,就要将那些原本由法院自行决定的事项转化为法定的诉讼权利。例如,在变更管辖的问题上,法律不应只是通过指定管辖制度来解决管辖权异议,而应当赋予被告人提出管辖异议之诉的权利,并赋予该项权利特定的程序性后果"③。所以,有效辩护理论的引入,对我国异地管辖的申请有着强有力的支撑。

(二)建构平级上诉制度

关于"平级上诉"制度的提出,笔者曾粗浅地以为:鉴于"平级上诉"的司法权威性不够、最高人民法院履行的职能应当集中于同一法律适用等,"平级上诉"制度的构建不具有现实性。时过境迁,本文试对"平级上诉"制度构建的可能性及合理性作出分析。

生活中,百姓对法院公正审判的认知,很大程度上来源于法院的层级,这是

---

① [美]E.博登海默:《博登海默法理学》,潘汉典译,法律出版社 2015 年版,第 172～173 页。

② 赵永红:《刑事裁判性程序研究》,中国人民公安大学出版社 2005 年版,第 243 页。

③ 陈瑞华:《刑事辩护的理念》,北京大学出版社 2017 年版,第 375 页。

为何世界各国倾向于建立“两审终审制”以及“级别管辖”来规制人们无限制的上诉的初衷之一。然而,无可置疑的是,“当品质非常的人们被置于纯粹的司法位置,他们的影响向来一般地有利于法律的生长”①。换句话说,等级越高的法院,法官的素质或者说审判能力越有利于公正合理的定罪量刑。如于欢案、许霆案,倘若没有二审法院的正确处理,被告人可能会被迫接受其本不应承担的责任。不过,也有学者提出“二审法官的构成与一审法官没有本质区别,希望通过二审法官拥有较高的知识水平和办案能力,来纠正一审法官的观点已经没有了现实依据”②。然则,法官的遴选机制和等级结构恰恰是对该观点的十足否定——《中华人民共和国法官等级暂行规定》第5条将法官级别划分为12个等级,第9条指出法官晋升以业务水平、德才表现等为考量标准。由此可见,巡回法庭审理的一审案件由最高人民法院本部复核是存在合理性的,因为即使是同一级别的法院,最高人民法院的法官办案能力也能得到百姓及专业人员的信服;最高人民法院本部审理巡回法庭上诉案件的权威性亦毋庸置疑。

上诉机制的组成,笔者主张在最高人民法院内部定期组建特别刑事庭,庭长由最高人民法院院长或指定其他法官担任,专门审查巡回法庭一审案件的上诉,如此加强上诉审的权威性。不可忽视的是,巡回法庭受理的一审刑事案件在本文的建议中,引入了陪审团制度,其判决在很大程度上“表达了最后的真相”,是否可结合我国现行刑事诉讼立法,将巡回法庭受理的刑事案件归为一审终审制的范畴是值得探讨的。

(三)建构刑事管辖异议制度

刑事异地管辖制度的构建是基于管辖异议这一基本概念之上的,而目前三大诉讼法中唯有刑事诉讼法没有采纳管辖异议制度。与此同时,在实践中当事人及其辩护人之所以通过提出“法院整体回避”以便求取利己的管辖法院以及异地管辖司法实践不一,关键在于我国刑事诉讼未建立管辖异议制度。故而,管辖异议制度与异地管辖制度的建立在刑事诉讼立法中是不可或缺的法律配套制度。

---

① [美]E.博登海默:《法理学——法律哲学与法律方法》,邓正来译,中国政法大学出版社1999年版,第174页。

② 张燕龙、林辛建:《警惕刑事二审功能的异化》,载《重庆理工大学学报(社会科学版)》2015年第7期。

刑事诉讼中何以界定管辖异议？如何新建这一制度而又衔接现行刑事诉讼法？显而易见，将管辖异议制度纳入庭前会议制度之中恰如其分。我国现行《刑事诉讼法》第182条第2款、最高人民法院《关于适用〈中华人民共和国刑事诉讼法〉的解释》第183条与第184条以及相关规范性文件中明确规定庭前会议制度及其适用范围，其中则包含了对案件管辖是否存在异议的程序性审查，实则为管辖异议之审查。在司法实践中，庭前会议解决的主要问题亦集中于非法证据排除、回避、管辖权争议等。①

结合异地管辖制度建构的目的，笔者将刑事管辖异议界定为：刑事诉讼当事人、辩护人及其诉讼代理人为求取公正审判，提高诉讼效率，在相关法院的管辖权存在无权管辖的疑问时，提出利于自己的法院管辖的权利制度。

结　语

刑事异地管辖制度的构建应循序渐进，妥协式的方法可以大胆尝试。笔者曾经就异地审判制度提出主体、申请理由、提出方式以及审查等提出些许构想，但在以前的论述中仍有诸多不足之处。其中，有关回避制度与审判制度的契合之处则没有涉及。当然，本文主要试从理论上对刑事异地审判进行原则性的分析，更为详尽的学术建议仍有待进一步考究。对学术界及当事人而言，须牢记的是，权利的正当行使，终究会换来法律的保障。正如林来梵先生所言，“你愿意为权利奉献多少，权利就回报你多少”②。时下，刑事诉讼法修正案刚通过不久，短时间内有关异地审判制度的立法暂时无法实现，亟须更多法学界的人士涌入该制度的具体构思与刑事主体就该权利的积极行使。对司法裁判者而言，须谨记的是，法院判决的公正性，首先并不是来源于具体详尽的法律规则，而是建立在审理法院作为权威机构的合法性基础之上的。即使立法尚未详尽规定异地审判制度，司法审判之人亦应根据诉讼法理保障当事人正当审判之权利。

---

① 卞建林、杨宇冠主编：《刑事诉讼庭前会议制度研究》，中国政法大学出版社2017年版，第14～16页。

② 林来梵：《宪法学讲义》，清华大学出版社2018年版，第373页。

诱惑侦查下贩卖毒品罪既遂标准二阶论*

秦宗川** 陈小艺***

摘要:诱惑侦查中毒贩在很大程度上也属于教唆犯罪的被害人,对其打击的同时也需要注重对其相关权益的保障。诱惑侦查下的贩毒案件,应坚持既遂标准二阶论。第一阶标准为诱惑侦查程序合法标准,对诱惑侦查进行严格的程序限定。若诱惑侦查程序不合法,该贩毒行为不能认定为犯罪,更不存在既遂问题;在诱惑侦查程序合法基础上确立第二阶标准,以更严格的交付行为完成作为贩卖毒品罪的既遂标准。通过程序和实体上犯罪既遂二阶标准的构建,对贩毒诱惑侦查行为予以严格规范和限制,实现有效打击犯罪和充分保障人权的兼顾与统一。

关键词:诱惑侦查;贩卖毒品;程序合法;既遂标准优化

毒品犯罪一直是各国重拳打击的对象。一是因为毒品本身会严重危害公民的身体健康,二是因为频繁的毒品交易行为会在某一地区形成黑色市场和黑色产业链,严重破坏正常的市场秩序。因毒品交易在黑色市场上进行,具有隐蔽性,故给公安机关侦破此类案件加大了难度。为解决该问题,许多国家的侦查机

---

* 本文系2016年重庆市教委人文社科研究一般项目“刑事被害人权益司法保障的实证研究”(项目编号:16SKGH015)、西南政法大学国家毒品问题治理研究中心(毒品犯罪与对策研究中心)研究项目“毒品犯罪民事责任的强化研究”[项目编号:DR(2018)J005]的阶段性研究成果。

** 作者系西南政法大学国家毒品问题治理研究中心研究员,法学院讲师,硕士生导师,法学博士。

*** 作者系西南政法大学国家毒品问题治理研究中心研究员助理,行政法学院2016级本科生。

关开始使用诱惑侦查手段。我国在改革开放以后，为了控制毒品犯罪率逐年加速增长的局面，公安机关也开始采取诱惑侦查手段，效果立竿见影。但是，诱惑侦查属引诱、教唆他人犯罪的行为，就一定层面而言诱惑侦查行为本身就是犯罪行为，因而毒品犯罪行为人在此过程中既是犯罪人亦是被害人。对贩毒行为的诱惑侦查，在实现对毒品犯罪有效打击的同时亦对被害人相应权益造成了损害，同时对司法公信力、社会良好秩序等方面均造成了一定的损害，存在较大的法治风险。因此，贩毒行为的诱惑侦查具有必要性和价值，但必须受到规范和限制。目前我国《刑事诉讼法》未对诱惑侦查的合法程序作出统一而明确的规范，致使包括贩毒行为在内的诱惑侦查在程序上存在诸多不规范、恣意性问题。我国《刑法》也没有对诱惑侦查中毒品犯罪既未遂标准作出明确的规定，使诱惑侦查下贩卖毒品罪的既遂标准在司法实践中较为混乱不定，最终难以实现对此类案件的区别对待而切实保障刑事当事人的合法权益。对贩毒行为诱惑侦查活动的规范和限制，若仅作诱惑侦查程序的规范与限制，则难以实现对犯罪行为人刑事责任的区别化认定，最终亦无法实现对诱惑侦查法治风险的有效控制；若仅对作为实体问题的既遂标准进行区分和限制，则无法保证诱惑侦查程序的正当与规范性。所以，应构建程序合法和从严既遂的二阶标准，以实现对贩卖毒品罪诱惑侦查的有效规范和限制。

一、诱惑侦查的概念解析

诱惑侦查是国家侦查机关的工作人员以侦查犯罪、获取犯罪证据为目的、用诱饵对与某一确定的犯罪相关的对象进行引诱从而使该对象因引诱而实施被诱惑的行为的侦查手段。诱惑侦查有机会提供型诱惑侦查和犯意诱发型诱惑侦查之分。① 机会提供型诱惑侦查又分为机会迎合式和机会偶合式的诱惑侦查：前者指设诱人在实施诱惑侦查之前利用受诱人的明显犯罪意图且积极寻找犯罪机遇的心理而为其提供有利可图的假象，使其误以为真而实施犯罪，如已持有相当数量毒品的甲在某娱乐场所中向他人打听欲购买毒品者；后者则指设诱人对设诱前有过类似犯罪或已有潜在犯罪意图的人实施诱惑侦查，受诱人最终实施犯罪，如警方对常年毒贩乙实施诱惑侦查，正中乙欲再次贩毒的心意。而犯意诱发型的诱惑侦查又分为犯意型设陷和数量型设陷：前者指设诱人对本无犯意的但

① 金星：《诱惑侦查论》，法律出版社 2009 年版，第 71 页。

落入陷阱的受诱人进行过限的犯意诱惑型设陷，如警察便衣对从未接触过毒品及相关方面的出租车司机百般劝说，最终司机难以拒绝只好答应帮其运输毒品；后者指设诱人针对已经落入诱惑陷阱的受诱人继续加大诱惑进而使其犯罪结果更重，如警方安排的线人在与毒贩交易毒品过程中，提出若提高交易数量就支付高价的要求，毒贩禁不住高额金钱的诱惑而同意提高交易数量。这种分类与我国司法实践相契合，下文的阐述和论证也将以前述机会提供型和犯意诱惑型的诱惑侦查为基准展开。

二、贩卖毒品罪诱惑侦查的价值考量

对贩卖毒品犯罪实施诱惑侦查，具有现实必要性和积极价值，但亦存在消极隐患，对其需要一定的规范与限制。

(一)积极价值

1.符合有效治毒的现实需要

贩卖毒品罪的社会危害大，具有明确的犯罪客体，但是在现实中难以找到具体的犯罪对象，即受侵犯的法益通常不具备直接具体的现实载体，因此贩卖毒品的案件隐蔽性高、事后侦破难度大。贩毒交易场所变化不定、交易手段迅速，尤其在大数据时代，交易可以通过快递和微信转账等不需要碰面的方式完成，因而侦查机关当场抓获和取证的可能性大大降低。因此为有效及时阻止危害扩大，侦查机关适时实施诱惑侦查措施有较强的现实必要性。

2.有力击溃贩毒市场和链条

在许多贩毒案件中，犯罪分子之间往往形成结构稳定的团伙，并且通过不断发展“下线”来扩大犯罪链条，促成更大的贩毒市场。在司法实践中，众多跨省，甚至跨国的贩毒案件的发生即印证了该点。但是，此类“上下线”的联系案发后极易中断，这使得侦查机关事后难以通过“下线”追踪“上线”。此种情形，侦查机关通过采取诱惑侦查手段，事先打入贩毒团伙内部，搜集足够的证据，最终一举攻破贩毒团体，能为维护正常健康的社会经济秩序提供更有力的保障。

3.有效弥补传统侦查手段的被动缺陷

传统的侦查手段是从案件结果追溯至源头和犯罪嫌疑人的，侦查机关相对被动。但贩毒案件灵活性极高，传统的侦查手段应对起来捉襟见肘。诱惑侦查手段可以化被动为主动，侦查机关能够从案件源头切入，尽早发现犯罪并从根源控制危害的进一步扩散。

4.提高侦查效率

因贩卖毒品案件隐蔽性强、不易发现、难取证等特点,侦查机关即使投入大量的资源进行侦查,仍需承担无法形成完整有效证据链的风险。诱惑侦查提高侦查机关发现犯罪并当场取证的可能性,有利于节约司法成本,提高侦查效率。

(二)消极价值

1.损害国家司法机关公信力

诱惑侦查行为与引诱他人犯罪的犯罪教唆行为间的界限模糊,侦查机关在实施诱惑侦查时若未严格控制侦查行为的限度,就会演变成以"一种犯罪行为"去发现、打击"另一种犯罪行为",侦查机关便沦为"合法化的犯罪者",这与民众预期的国家公权力机关的正当形象严重不符,易引起民众对司法办案、司法权威的不信任。

2.有违罪责刑相适应原则

一方面,诱惑侦查的实施推进了侦查对象的故意犯罪既遂。因为侦查机关在掌握部分贩毒案件的线索时,贩毒行为人仅处于犯罪预备和实行未完成阶段。此时侦查机关若直接阻断犯罪、抓捕犯罪行为人,则行为人只需承担预备或预备未遂的刑事责任,而若采取诱惑侦查引诱行为人完成贩毒行为后再抓捕,则行为人需承担犯罪既遂的刑事责任。另一方面,在司法实践中,存在较多犯意引诱和数量引诱下的贩毒行为,实属侦查机关主动诱发的犯罪。无犯意诱惑便无贩卖毒品罪的成立,无数量引诱则无更严重的贩卖毒品罪。无论何种情形,诱惑侦查中贩毒行为人的主观恶性与人身危险性均有所降低,如不作区别对待、仍作常态化认定与处罚,则有违罪责刑相适应原则。

3.易滋生司法腐败

为响应严厉打击毒品犯罪的号召,公安机关内部通常会有破获毒品案件的数量要求。而诱惑侦查能够有效提高案件的侦破率,所以容易沦为某些侦查人员完成要求的手段。此外,由于毒品交易市场中大量金钱交易屡见不鲜,侦查人员自身作为设诱人开展诱惑侦查时,必定长时间暴露于存在毒品和大量金钱的环境中,稍不注意就易受其诱惑,跌入犯罪深渊。

(三)应然价值取向

1.解决冲突应当适用比例原则

从价值角度分析,贩卖毒品罪诱惑侦查的积极、消极冲突本质上是法的秩序和自由的价值冲突,这其中的争议就是关于秩序和自由如何权衡的问题。首先,秩序和社会生活的安定密切相关,人民对稳定和秩序的追求与向往使秩序这一价值在法的价值系统中处于优先地位;其次,自由与人权紧密联系,若在秩序与自由中舍弃自由,则违背我国宪法对人权的规定。所以,无论是秩序还是自由,都不可以排除,并且也难以在二者之间确定哪一个价值处于优先地位,哪一个价值可以被抛弃。在这一价值冲突中,只能适用比例原则,对二者同等对待,同时兼顾。

2.解决冲突应当严格以公民忍受义务为限

在具体实践中如何兼顾秩序和自由,即如何将积极价值发挥最大的同时将消极价值降至最低甚至为零,迫在眉睫。若能保证贩卖毒品罪诱惑侦查不突破公民愿意通过牺牲一部分自由换取正常社会秩序所对应的忍受义务限度,便能在刑法适用的地域范围内做到最大限度的兼顾。

三、贩卖毒品罪诱惑侦查立法限制的不足

我国既有的法律规范对包括贩卖毒品罪诱惑侦查的规范与限制不足,在诉讼程序与犯罪实体认定上都有体现。

(一)缺乏诱惑侦查具体程序的统一规范

1.对实施主体和引诱对象限定不严

《刑事诉讼法》规定"侦查人员"可以采取技术侦查措施,"根据侦查犯罪的需要"批准适用对象,但是该规定只起宣示作用,缺乏实质性指向。"侦查人员"的范围不明确,如目前我国公安机关、检察院、缉毒部门等内部都有"侦查人员","侦查犯罪的需要"的具体评判标准以及由谁进行评判批准也缺乏配套规定。《全国法院审理毒品犯罪案件工作座谈会纪要(南宁会议纪要)》(以下简称《南宁纪要》)和《全国部分法院审理毒品犯罪案件工作座谈会纪要(大连会议纪要)》(以下简称《大连纪要》)均允许特情人员介入毒品案件,但未详细规定特情人员的外延和具体引诱对象。在我国目前的司法实践中,特情人员包括"警察、其他司法人员及其代理人"①,但是没有相关法律就"其他司法人员"和"代理人"的主体适格要件作具体规定。同时对引诱对象的选择缺乏统一的标准,诱惑侦查在实践中容易被非法、恣意适用。例如,侦查人员在没有足够证据的情况下对一个没有贩卖毒品前科的出租车司机实施引诱,促使其实施贩卖毒品行为,此时这一

① 李勇:《结果无价值论的实践性展开》,中国民主法制出版社 2013 年版,第 71 页。

引诱对象的选择就有不正当性。

2.对引诱的合法方式和合理限度规定不明

《刑事诉讼法》第151条规定了侦查机关可以采取技术侦查措施,在一定程度上承认了诱惑侦查的合法性,但是缺少对具体引诱方式的规定,如侦查机关能否以卖者身份进行诱惑侦查等。在限度条件上,《刑事诉讼法》只规定"严禁刑讯逼供和以威胁、引诱、欺骗以及其他非法方法收集证据",其中的"引诱"是否排除诱惑侦查中的"犯意引诱""欺骗"是否作为诱惑侦查的限度条件都未能在条文中予以明确。① 从《南宁纪要》和《大连纪要》的规定来看,"犯意引诱"、"数量引诱"和"双套引诱"均被认可,即对诱惑侦查不作限度要求。但这种做法有变相承认公安机关"以罪揭罪"的正当性和合法性嫌疑,易加剧诱惑侦查滥用风险,减损司法威信。例如,由侦查人员A向引诱对象出售毒品,然后由另一侦查人员B向该引诱对象购买该毒品,此类"双套引诱"导致行为人具体控制、加工、转移、吸食毒品等风险未完全在侦查机关的掌控之下,或者侦查人员反复游说本无犯意的行为人实施贩卖毒品行为,类似的引诱行为就明显超出了合理的限度。

3.对证明诱惑侦查合法的证据未作要求

《南宁纪要》只针对依据特情引诱所获证据的证据资格作要求,但是未提及证明特情引诱本身合法的证据,即使在无法证明特情引诱是否合法的情况下,也按照贩卖毒品案件处理,但在量刑时予以考虑。《大连纪要》也没有对证据方面作进一步的规定。缺乏证明诱惑侦查本身合法的证据,难以保证诱惑侦查严格遵守程序要求,也难以保证最终对被告人追究刑事责任的司法公正性。在实践中,因缺乏该方面证据,本应依照疑罪有利于被告人原则,认定诱惑侦查不合法,而不是置之不顾,仍然成立犯罪。例如,针对存在诱惑侦查的贩卖毒品案件,检察院的起诉书中没有对诱惑侦查措施进行说明,而只是以"购毒人员刘某某打电话联系被告人阳某某"②,在移交的证据中也没有证明诱惑侦查合法的证据,这反映了司法机关不重视诱惑侦查对贩毒案件的实质性影响。而且一旦被告人对诱惑侦查不合法提出异议,则案件就会陷入两难的境地,若退回补充侦查会加大

① 石春燕:《毒品案件中诱惑侦查的合法性审查》,载《人民司法(案例)》2017年第17期。

② 《深圳罗湖区人民检察院起诉书([2017]2790号)》,http://www.ajxxgk.jcy.gov.cn/index.php? m=search&c=index&a=adsearch&type=3,访问日期:2019年6月10日。

侦查成本甚至变得不可能,若按照《南宁纪要》或《大连纪要》的规定处理则判决结果难以让人信服。

(二)既遂标准没有与一般贩毒案件区分

根据《南宁纪要》的规定,"犯意引诱"和"数量引诱"均被司法机关认可,但没有对既遂标准另作规定,只是规定"应当从轻处罚"、"不应判处死刑立即执行"和"在量刑时,应当加以考虑"。《大连纪要》亦延续《南宁纪要》的规定。在我国司法实践中,贩卖毒品包括明知是毒品仍非法销售和以贩卖为目的非法收买毒品两种行为,实质上最高人民法院的司法解释基于我国基本国情和形式政策的考量,对贩卖毒品罪进行了扩大解释,降低了犯罪既遂标准。但是在诱惑侦查案件中,若不考虑既遂后法益实质侵害扩散性减缓而对既遂标准作出一定的改变,难免出现罪责刑不相适应的情形,而且易在司法实践中造成一种误导——忽视诱惑侦查对行为人犯罪既遂形态产生的加工、推进作用。

四、诱惑侦查下贩卖毒品罪既遂标准的优化

基于以上分析,应当从程序和实体两个方面入手对贩卖毒品罪的诱惑侦查行为进行限制。程序上明确诱惑侦查的合法标准,实体上提高诱惑侦查下贩卖毒品罪的既遂标准并且在判处刑罚时体现个案正义。

(一)第一阶标准——诱惑侦查程序合法标准

1.准确把握机会提供型诱惑侦查和犯意诱发型诱惑侦查的本质区别

要解决二者本质区别的问题,首先从犯罪心理学的角度切入,对故意犯罪心理的整个形成阶段有明确的把握。行为人实施贩卖毒品罪的故意心理形成一般需依次经过需要、犯意形成、犯罪动机形成、犯罪决意四个阶段。在需要阶段,行为人的需要要么是超越和违反社会共同需要结构的特殊需要,如吸毒的需要,要么是客观的需要加之不良的心理因素,如牟利的需要加之通过所谓快捷的不正当手段进行牟利的不良因素。[①] 当这些需要受到某些外来因素的刺激后,便转化成最初的犯意,这是狭义上的犯意,仅是一种模糊的犯罪意识。内在的需要在外在的诱因或刺激(如贩卖毒品在短时间内收获的巨大利益的引诱)的作用下会促使行为人进入下一个心理阶段——犯罪动机的抉择,在该阶段,行为人在内心会综合各方面因素对犯罪主导动机和反犯罪动机进行衡量。当吸毒或者牟利的

① 梅传强:《犯罪心理学》,法律出版社 2010 年版,第 72 页。

需要过于强烈或行为人认为实施贩卖毒品的收获的利益更大时便会倾向于选择犯罪主导动机，而一旦行为人作出该选择则必定会有外化的犯罪活动与之相照应。犯罪动机的下一个阶段是犯罪决意，犯罪决意包括预谋犯罪决意、机会犯罪决意和冲动犯罪决意。[①] 预谋决意指行为人自主实施犯罪行为无须外来刺激、强化等因素，机会犯罪决意和冲动犯罪决意则要求一定的外因诱惑或外来刺激。

依据诱惑侦查的两种类别的概念内涵和特征来看，在机会提供型诱惑侦查中，在侦查机关实施诱惑侦查之前行为人自身需要已存在，行为人系主动完成了犯罪决意的形成；而在犯意诱发型诱惑侦查中，行为人的犯罪动机的形成和进一步转化成犯罪决意完全是在侦查机关诱导因素的介入和作用下完成的。所以，两种诱惑侦查的本质区别在于当侦查机关的诱惑因素介入时行为人的需要和狭义的犯意、犯罪动机是否已经具备，机会提供型诱惑侦查中已经具备，犯意诱发型诱惑侦查中未具备。

2.借助以上区别和现有立法限制不足确立诱惑侦查程序合法标准

(1)贩卖毒品罪诱惑侦查只能由直接介入相关案件侦查工作的公安机关侦查人员实施，存在“代理人”的案件，“代理人”必须对案件侦破起实质性作用且时刻处于侦查人员的监督之下。在资格审查方面，必须经公安机关负责人书面批准；在人员设置方面，一般由两人或两人以上实施诱惑侦查，其中一人主要负责监督和搜集证据(主要指用于起诉时证明诱惑侦查合法的证据)，特殊案件只能由一人实施诱惑侦查的，需要报县级以上公安局局长书面批准，并且侦查人员还应配备相应的记录侦查过程的仪器以起间接监督作用；在“代理人”方面，“实质性”要求公安机关实现应当有足够的理由相信该“代理人”能够推进案件侦破进程，比如曾经和行为人进行毒品交易或者与行为人之间有“上下线”关系等，并且“代理人”引诱不适用于只以毒品终端销售者为侦查对象的贩毒案件。

(2)侦查机关必须事先掌握充足的证据或可靠的线索证明引诱对象具有严重的犯罪倾向。针对掌握了充足证据的贩毒案件，引诱对象必须是具有超限需要或相关犯罪动机的人，即有证据证明该引诱对象先前有实施过贩毒行为但未被公安机关察觉，且有极大的可能正在或将要继续实施贩毒行为。而针对某些仅有可靠线索的贩毒案件，侦查对象可以是不特定的多数群体，但是经筛选后确定的引诱对象也必须符合前述要求。在司法实践中，侦查机关可以利用贩毒人

---

① 梅传强：《犯罪心理学》，法律出版社2010年版，第99页。

员普遍具有的趋利、贪婪心理以及以贩养吸、制毒贩毒等特点,借助行为人此前是否有吸毒、制毒、运毒、贩毒等相关的犯罪活动来判断确定的引诱对象是否符合要求。

(3)侦查机关只能充当"购买者身份"和处于"被动购买"地位,且诱惑侦查需以公众应当承担的忍受义务为限。只允许侦查人员以"购买者身份"进行引诱,一是为了保证诱惑侦查行为不违法,因为出售毒品往往具有一定的主动性,其行为本身就具有刑法的可谴责性;二是为确保侦查人员在与行为人进行毒品交易过程中始终处于被动地位以不超越必要的限度。既然贩卖毒品本质上是毒品交易,则可以借助民法合同成立要件对侦查人员具体实施行为进行限定。侦查人员具体实施的首先行为必须限定在要约邀请阶段,即仅表达购买毒品之意愿,关于价格和数量方面只能被动提出,并且提出的价格数额不得与一般价格差距过大,数量也不能过分超过行为人的预计范围。在引诱程度上,必须在公众的忍受义务范围内,欺骗程度不得超过公众的一般期待性。引诱是否符合合理限度,还应当依据具体案件对行为人可能造成的法益侵害结果和因引诱受到的权利侵害程度进行衡量,但必须在一般公众的可接受限度内。并且,"双套引诱"必须禁止。

(4)侦查机关应当对诱惑侦查的合法性承担举证责任,并以该证据作为起诉的必备条件。侦查机关应当建立并完善自我监督管理制度,在实施诱惑侦查时就应当配置监督人员或者技术装置搜集证明诱惑侦查合法的证据,并且将搜集到的该方面的证据附于案件卷宗,检察机关应当把侦查机关能否证明诱惑侦查合法作为决定是否符合起诉的条件之一。在案件进入审判程序后,法院在认为必要的时候可以对该证据主动启动合法性审查。

3.诱惑侦查程序合法标准的立法形式

我国《刑事诉讼法》应当增加针对技术侦查行为更为具体而明确的规范,以实现对包括贩卖毒品罪诱惑侦查行为在内的所有技术侦查行为的规范与限制。有关技术侦查的主体、对象、方式、限度和证明责任方面的原则性规定应在《刑事诉讼法》中明确,诸如明确规定"技术侦查只能由直接介入相关案件侦查工作的公安机关侦查人员实施,存在'代理人'的案件,'代理人'必须对案件侦破起实质性作用且时刻处于侦查人员的监督之下"。涉及贩卖毒品罪诱惑侦查等具体技术侦查的主体、对象、方式和限度、证明责任、非法证据排除等内容应通过增加条款或补充阐述的方式在刑事诉讼法中予以明确。同时明确,如若贩卖毒品罪诱惑侦查行为在主体、对象、方式和限度等方面有明显违法，应当予以非法证据排除，不得作为定罪的依据。而针对具体的主体资格审批、人员设置或对象判断标准等细致性内容则应由公安部另行出台相关规定。

（二）第二阶标准——贩卖毒品罪既遂标准优化

1.关于我国现有贩卖毒品罪既遂标准学说

关于该罪的既遂标准，刑法学界相关学说主要有故意说、交易条件说和交付行为说。[①] 其中，故意说认为行为人只需具备贩卖毒品的故意去购买毒品即可构成既遂，这有违刑法的主客观相一致原则。仅依购买毒品的行为无法证明行为人具备贩卖毒品的犯罪动机，有主观归罪的嫌疑，故不具备可取性。交易条件说认为行为人无须全部完成毒品交付行为，只需具备相应的交易毒品条件、进入相关的交易环境即可构成既遂。交付行为说则认为行为人需全部完成交付毒品时才既遂。交易条件说和交付行为说是实务界和理论界之间产生较大争议的两个观点，在司法实践中普遍适用交易条件说，这与学界通说——交付行为说相抵触。基于贩卖毒品罪的隐蔽性强、取证困难、危险扩散迅速且难控制等特点，[②] 以及刑法条文结构的合理性和保证较高的立法效率考虑，针对一般贩卖毒品罪，司法实践中较为普遍的做法——以交易条件说作为贩卖毒品罪的既遂标准，这符合我国当前治毒的现实需求。但是，该既遂标准本身是否完全合理并非不证自明。

2.现行诱惑侦查下贩卖毒品罪既遂标准之缺陷

（1）导致公众承担过度的忍受义务。依照我国有关司法解释和规定，诱惑侦查下贩卖毒品罪采取与一般贩卖毒品罪相同的既遂标准，即交易条件说。对一般贩卖毒品罪采交易条件说，是个体的权利和自由向整个社会的秩序做部分妥协与让步的结果，公众的忍受义务尚处在合理限度内。但是，侦查机关实施诱惑侦查措施，本身就要求公众作出让步，在这种情况下仍按照一般的既遂标准处理，则会使公众的忍受义务超过必要的限度。

（2）不当限制犯罪中止的成立。诱惑侦查手段与传统侦查手段不同，它是从源头追溯至结果的，往往在犯罪预备阶段或之前，侦查机关就掌握了行为人某些犯罪情况，但侦查机关一般不会在早期直接介入，而是待行为人将犯罪进程推进

① 温登平：《论贩卖毒品犯罪的既遂与未遂》，载《山东警察学院学报》2018 年第 3 期。

② 龙宗旨：《诱惑侦查合法性问题探析》，载《人民司法》2000 年第 5 期。

至着手以后再介入。如果采交易条件说,一旦行为人与侦查人员之间达成合意、具备了交易条件,那么行为人就丧失了犯罪中止的可能,此时只要侦查机关介入行为人就极有可能构成贩卖毒品罪的既遂。但如果是没有采取诱惑侦查措施的一般贩毒案件,即使行为人和交易对象达成了合意、具备了一定的交易条件,行为人仍有反悔的选择余地,即行为人依旧有犯罪中止的可能,只有当行为人在现实中与交易相对人接头后其中止可能性才完全丧失。即在采交易条件说情况下,诱惑侦查直接推进犯罪形态达到既遂而难有犯罪中止成立空间的风险显露无遗。

(3)不利于罪责刑相适应原则的实现。贩卖毒品罪的社会危害性随着手开始发展到既遂逐渐扩大并现实化,对此类犯罪一律采取统一标准则可能出现以下情况:非诱惑侦查下的贩毒案件,社会危害性难以得到控制,但因贩毒隐蔽性强等特点而现实的既遂标准较高;诱惑侦查下的贩毒案件,社会危害性受到侦查机关的控制,但因在侦查机关掌控下而现实的既遂标准相较前者而言更低。既遂、未遂的认定又直接影响行为人需承担的刑事责任的大小。如,在非诱惑侦查下,甲、乙二人约定在某酒店大堂交易毒品,购买人乙在大堂内等候甲,当甲进入酒店大堂时不能认定为既遂,缺乏证据的情形下甚至难以成立着手,只有当甲、乙二人接头后才能认定为既遂。但在诱惑侦查下,"代理人"乙在大堂内等候甲,一旦甲进入酒店大堂,就有可能被认定为进入了交易环境进而认定为既遂。在诱惑侦查手段介入的情况下,即使采同一既遂标准,在现实中也难免出现既遂标准被降低的情形,进而极易加重行为人的刑事责任,从而不利于罪责刑相适应原则的实现。

3.诱惑侦查下贩卖毒品罪既遂标准的优化

(1)诱惑侦查下贩卖毒品罪既遂标准的价值导向。首先,应坚持以追求法价值平衡作为诱惑侦查下贩卖毒品罪既遂标准的价值导向。法律赋予侦查机关实施诱惑侦查措施的权力,就是在秩序与自由的天平上拿掉了一部分属于自由一边的砝码,此时天平必然朝"秩序"倾斜,为了让其恢复平衡的状态,就应当向"自由"一边增补砝码。

其次,在该价值导向的指导下进一步优化、严格既遂标准,以达到调平天平的目的。因为诱惑侦查会对既遂标准产生推进作用,既遂标准又会直接影响对行为人的量刑,量刑轻重又能体现对诱惑侦查风险的控制,所以优化、严格"既遂标准"尤为重要。其直接有效的方式就是提高行为人承担更重的刑事责任的门槛,故提高既遂标准也就不言而喻。

(2)诱惑侦查下贩卖毒品罪既遂的具体标准。首先,不能将诱惑侦查下贩卖毒品罪一律认定为未遂。对如何提高诱惑侦查下贩卖毒品罪既遂标准这一问题,有学者提出将诱惑侦查下贩卖毒品罪一律认定为未遂。其主要理由是诱惑侦查下的贩毒的法益侵害性得到了控制,无法对公众身心健康造成实际的侵害,因此原则上应当将其定为未遂。换言之,诱惑侦查下的贩卖毒品罪没有成立既遂的可能。但是贩卖毒品罪侵害的法益具有复杂性,其不但侵害公众的身心健康,而且严重干扰国家对社会的正常管理秩序。如果认为这种情形下行为导致的法益的实质侵害不存在,那么直接认定为"无罪"更恰当,因为处罚一个只是形式上违反刑法规定但实际上不会造成社会危害的行为与刑法的立法初衷相悖。而且,这种观点把立法和实践混为一谈,在立法上提高既遂标准不必然完成否定成立犯罪既遂的可能。

其次,不能将诱惑侦查下贩卖毒品罪一律认定为既遂。针对贩卖毒品罪,其着手和既遂之间仍存在着相当的时间间隔,即使介入诱惑侦查手段,在实践中仍存在成立犯罪未遂的极大空间。如前所述的例子,甲和"代理人"乙约定在某酒店大堂内交易毒品,只要甲在实施验货行为之前,无论其有向乙走近或者是与乙有眼神上交流的行为而由于意志以外的因素被迫停止下来,均可能成立未遂。

再次,交付行为完成作为既遂标准更合理。针对诱惑侦查下贩卖毒品罪,以毒品交付行为完成作为既遂标准更为可取。一方面,符合贩卖毒品罪"得逞"的实质意涵。刑法理论的基本认识是,犯罪行为在犯罪构成要件意义上"得逞"才是既遂。而就贩卖毒品罪而言,贩卖毒品的实质危害在于将毒品通过交易而转移、使毒品流入社会,因而其犯罪构成要件意义上的"得逞"一定需要有现实的交易,包括以钱易毒、以毒易毒等。没有此种具体交易便没有实质上的"得逞",进而便没有既遂。另一方面,以毒品交付行为完成作为诱惑侦查下贩卖毒品罪的既遂标准,使其既遂标准严格或高于普通贩卖毒品罪的既遂标准,从而更能实现对诱惑侦查行为的从严限制以及有效实现对诱惑侦查下贩卖毒品罪认定与处罚上的罪刑均衡。可见,将毒品交付行为的完成作为诱惑侦查下贩卖毒品罪的既遂标准具有法理和实践依据。

最后,既遂标准在实践中的具体运用。诱惑侦查下贩卖毒品罪的既遂标准需要从严把握,除将毒品交易行为的完成作为既遂标准这一统一标准外,一些具体情形还需进一步明确其既未遂标准。

第一,针对多次贩毒分子,侦查机关往往掌握了一定的证据,若行为人在进入交易环境时被抓获,则司法机关应当将最后一次贩卖毒品罪认定为未遂,有证据证明的先前的贩卖毒品罪认定为既遂;若行为人在毒品交付行为完成后被抓获,则司法机关应当将最后一次贩毒行为与先前有证据证明的贩毒行为合并认定为贩卖毒品罪既遂,次数和数量等作为量刑加重情节。

第二,针对吸毒分子或持有毒品者,侦查机关不具有相当的证据证明其具有贩毒经历的,若行为人在进入交易环境时被抓获,则司法机关应当认定为贩卖毒品罪未遂;若行为人在毒品交付行为完成后被抓获,则司法机关应当认定为贩卖毒品罪既遂。

第三,针对采用邮寄等特殊方式交付毒品的贩毒分子,更应当严格以能使毒品交付实现的行为完成作为既遂标准。若行为人仅在进入邮局或与工作人员商议时被抓获,则应当认定为贩卖毒品罪预备;若行为人在签发快递单完成时被抓获,则应当认定为贩卖毒品罪未遂;仅有当收件人签收完成时,才能将其认定为贩卖毒品罪既遂。

第四,若行为人在前述情形中有符合犯罪中止要件,即在毒品实际交付或使毒品得以实现交付的行为完成之前,自动停止了犯罪并有效防止了贩毒结果的发生,则司法机关应当认定为贩卖毒品罪中止,并同时适用总则中关于犯罪中止的规定。

第五,即使行为人的行为符合既遂标准,也应当限制死刑的适用。换言之,适用死刑时应当同时考虑危害结果和人身危险性。如果适用死刑的危害结果主要是由诱惑侦查下的贩毒所致,则不应当适用死刑;反之,也必须在把人身危险性作为重要的评价指标的前提下,慎重适用死刑。

结　语

对贩毒行为诱惑侦查进行程序和实体上的严格限定能有效防止其被滥用进而沦为恣意侵犯人权的工具。兼具犯罪和被害人两种身份的贩毒行为人的人权应当得到较一般犯罪人更多的法律保障。首先应当确保诱惑侦查符合程序合法标准,否则,后续的实体保障都失去应有的意义,因为在恣意过度违法的诱惑侦查中,侦查对象的人权就已经遭受了严重的侵害。因此,应当通过明确而细化的程序标准严格规范和限制侦查机关的诱惑侦查行为,如若诱惑侦查程序违法,须予以非法证据排除。此时,贩卖毒品罪在程序上根本难以成立,更遑论既遂。此为第一阶标准。在符合第一阶标准后,才能进入第二阶标准的适用——更严格的犯罪既遂标准。通过如此双阶段既遂标准的构建与实施,以达到严格规范和限制贩卖毒品罪诱惑侦查行为的目的,确保秩序价值和自由价值的平衡,实现有效打击犯罪和充分人权保障的兼顾与统一。

共同犯罪故意认定的实践困境与解决路径

——“以审判为中心”刑事诉讼制度改革背景下的一体化思考

王有龙[*] 刘 璐[**]

摘要:当前共同犯罪故意证明的实践困境主要表现有类案异判、模糊说理等。而共同故意认定的“困境”不仅在于认定过程本身的复杂性,也在于控方证据难以支持裁判观点。从立法规定到司法操作,从证据收集到证据认定,在实体、程序的各方面作出应对与调整,方是解决上述“困境”的良策。在新的刑事司法理念指导下明确共同犯罪故意认定标准、综合考量认定方法以及整合完善证据收集要素、侦查理念和手段等,配合当下“以审判为中心”的刑事诉讼制度改革,合力并举方能破解当前共犯故意认定的实践困境。

关键词:共同犯罪;主观故意;刑事一体化

我国刑法理论中对于共同犯罪的通说为“主客观相统一”原则,将共同犯意作为共同犯罪成立要件之一,要求共犯之间存在主观犯意的合意,共同犯意的目的指向一致。以主客观相统一作为共同犯罪评判及成立的出发点,认定“共同犯意”是司法实践需首要解决的问题。然而,作为犯罪主观方面,其自身属性决定了其证明的特殊性;司法实践犯罪手段和类型的变化又给认定过程增加了各种复杂因素,如此种种造成司法实践中共同犯意的认定困境。

* 作者系重庆市第一中级人民法院刑二庭法官助理,法学硕士。

** 作者系重庆市第一中级人民法院研究室法官助理,法学博士。

一、缘起:共同犯罪故意证明的实践困境

(一)类案异判

作为犯罪主观构成要件,"共同故意"具有模糊性和难以还原性,证明难度大于其他要素。司法实践中需严格按照证明责任的标准和遵循严密的逻辑评判相关证据的证明力,因此作为主观要件的共同犯罪故意认定存在困境,并在司法实践判例中形成不同的表征。举例如下:

案例一:张某以信用卡代办费名义诈骗十余万元。后异地的夏某持五张银行卡以 ATM 机取款和 POS 机套现方式转移上述被骗资金。夏某辩称未向被害人打电话实施诈骗,不知所取款项系诈骗所得。①

案例二:黎某与他人共同盗刷被害人银行卡,其以詹某、陈某的身份信息去办理 POS 机,三人共同使用捆绑在 POS 机上的银行卡取现。审理中詹某、陈某提出,不知黎某实施盗刷伪卡行为,称上家表示系帮官员洗黑钱。二人称怀疑过上家存在诈骗行为,但并不确知。②

共同犯罪参与人以"不知行为违法""不清楚行为性质""认为行为系 A 而非 B""并未与其他参与人有过意思联络"等为由提出抗辩,如在案例一等利用信息网络技术的电信诈骗犯罪中,取款、转移赃款等行为常由犯罪行为实施地以外的多地域专门取款人完成,审理中,专门取款人对于接受上家指令提取诈骗赃款予以否认,亦无直接证据证明其具备确定的诈骗共同故意。在案例二中,詹某、陈某办理信用卡并取现的行为若认定其构成信用卡诈骗罪的共犯,需分析其是否对同案人的行为有主观认识以及该认识能否达到"明知"的标准,詹某、陈某称怀疑上家存在诈骗行为,该概括认识能否认定为共同犯意,根据现有立法无法得到确定的答案,司法实践亦存在争议。

随着网络的不断发达,以电信诈骗为代表的新型共同犯罪泛滥猖獗,"徐玉玉案"将此类案件推向风口浪尖,其司法裁判更易引发公众关注和质疑。然而,共同故意认定的司法现状难以满足打击犯罪的价值需求:一方面,法官必须坚守"主客观相统一"原则,保障被告人权利,探寻客观行为反映出的主观意识;另一

---

① 参见(2018)渝 03 刑终 44 号刑事裁定书,http://www.court.gov.cn/zgcpwsw/zj/xs/201406/t20140608_1387357.htm,访问日期:2018 年 7 月 10 日。

② 参见(2018)XX01 刑终 75 号刑事裁定书。

方面,要切断犯罪利益链条,保护社会公众合法权益,增强法律威慑性和震慑力,必须实现对共同犯罪尤其是以电信诈骗为代表的新型网络型共同犯罪的从严打击。两种价值取向冲突、衍化与叠加,使现实情况异常复杂。裁判规则却呈现无序状态,难以满足司法实践的现实需求,这从法官对帮助犯的裁判中可见一斑。在案情基本相同、帮助取款行为几无差异的 62 个案件中,不同裁判者却判定帮助取款者构成不同犯罪①(详见图 1),而因何判定帮助取款者构成不同犯罪,判决理由却未予明确说明。

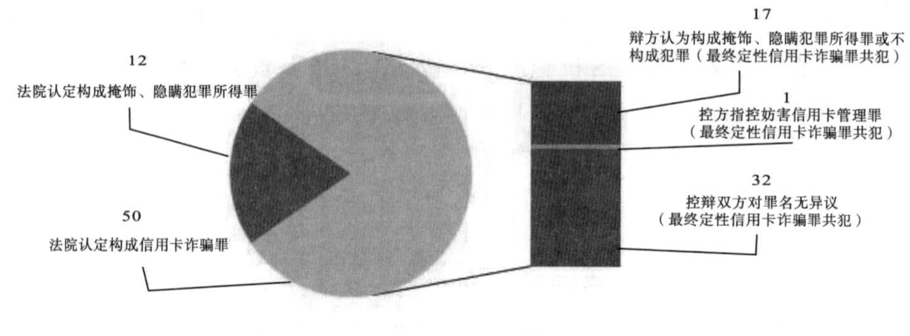

图 1

(二)模糊说理

除类案异判外,模糊说理作为共犯故意认定困境的另一种表征也在司法实践中广泛存在。经查询,2017 年 Y 中院共 43 件诈骗案件②,其中 7 件被告人辩称主观"无共同故意"或指控事实中"认定共同故意的时间起点有误",说明是否存在共同故意作为被告人抗辩的重要理由而存在。从裁判结果看,7 件案件均认定成立共同犯罪,而通过证据和裁判理由的梳理,对于是否存在共同故意以及认定共同犯罪的时间起点,裁判理由多数较为简单,作者选取其中两件梳理(详见表 1)。

① 张建、俞小海:《电信诈骗犯罪中帮助取款人的刑事责任分析》,载《法学》2016 年第 6 期。

② 该数据通过 Y 中院审判管理系统查询获得,包括 2017 年 1 月 1 日至 12 月 31 日 Y 中院刑二庭受理并结案的诈骗类犯罪案件。

表1　案例判决理由梳理

案由	判决认定基本事实及辩解意见	证据	裁判理由	说理存在的问题
张某甲、刘某等人犯诈骗罪一案	刘某于2014年7月应聘到张某甲、张某乙、王某设立的公司担任业务员，负责为公司贵金属网上交易虚拟平台招揽代理商及其客户的日常维护工作。在明知公司无开展贵金属现货交易资质，以及张某甲、张某乙、王某具有调整公司交易软件K线图数据等后台数据权限的情况下，依然为获取高额手续费提成等非法利益，而继续从事招揽代理商和客户维护等相关工作，且对之前已经招揽到的代理商及客户也未告知诈骗实情，造成相关被害人投资资金的被骗与损失的扩大。 刘某提出：其于2015年1月开始才知晓仟禧源公司可以修改交易曲线，对2015年1月之前的诈骗行为无主观故意，不应承担责任。	一、同案犯张某甲、张某乙、王某的供述：三人2014年7月16日至2015年5月7日期间的具有修改交易数据的最高权限； 二、刘某的供述：2015年1月开始知晓公司可以通过修改平台交易行情曲线。	张某甲、张某乙、王某供述三人均具有修改交易数据的最高权限，2014年7月16日至2015年5月7日期间三人对交易数据实时进行人为修改，与刘某的供述相印证。该事实说明，无论刘某是否明知公司具有修改平台交易数据权限的具体时间点，其在任职期间，主观上都已经知道公司具有诈骗行为。刘某犯罪金额的认定时间应从入职时间开始起算。	一、该判决并未说明刘某与张某甲等三人的供述如何印证； 二、关于其在任职期间有何证据证实其明知公司具有诈骗行为也未进行裁判文书说明。

续表

案由	判决认定基本事实及辩解意见	证据	裁判理由	说理存在的问题
刘某、张某诈骗一案	刘某与张某共谋，通过在QQ动态上发布“新店开业转发免费送手机”为幌子，骗取被害人相信可以免费获得苹果手机，再以需要邮费、激活费、核实金、保证金等方式为由，让被害人将钱转至事先准备好的微信二维码账户上，后将被害人拉至QQ黑名单，且不发货。被告人刘大剑提供笔记本电脑、无线上网卡等作案工具。 张某提出：2016年5月16日之前没有诈骗行为，无诈骗的故意。	一、张某的供述； 二、同案犯刘某的供述。	刘某及张某的供述能够证实在2016年4月底，刘某已经将涉案的笔记本电脑等交给张某保管使用，而从该笔记本电脑上调取的与本案全部被害人QQ聊天记录显示时间均是在张某保管使用该笔记本电脑期间，且张某在庭审中对指控的犯罪事实无异议，能够认定张某参与了指控的2016年5月16日之前的诈骗行为。	一、刘某将张某的笔记本电脑交由张某保管无法推导出张某在保管作案工具期间实施了诈骗行为。 二、张某与刘某共谋的具体情况未予说明，即无法看出在不能证明张某2016年5月16日前有诈骗客观行为的情况下，是否可以共犯“部分实行，全部责任”的理论认定犯罪。

从上述案例可见，重要抗辩事由在裁判文书说理中出现模糊化倾向，许多关键逻辑点缺少证据的关联性分析被一带而过，仅仅是因法官缺乏说理意识或怠于说理吗？司法实践中涉及共同犯意的案件，关于证据分析和对主观犯意的证明通常存在简化处理的倾向，而在案证据证明共同犯罪故意困难，或者共同犯罪故意证明的标准和程度难以明确，是造成上述困境的主要原因所在。

而在“推进以审判为中心的诉讼制度改革”[①]、“树立庭审中心理念”[②]已成为刑事司法程序发展基本方向的当下，实行审判中心主义的核心要求是庭审实质化，而庭审实质化的关键是让侦查机关取得的各类证据都经过充分“曝光”，在各方举证、质证、充分发表意见的基础上对定案证据进行分析采纳，裁判文书也应对证据采信的标准和证据所证明的内容进行详细的分析，模糊说理这一处理方式已然不符合当前刑事司法政策的基本要求。

二、透视：共同犯罪故意证明障碍的原因剖析

共同故意认定的“困境”不仅在于认定过程本身的复杂，也在于控方证据难以支持裁判观点。在刑事一体化视野中寻找造成上述困境的具体原因，可在实体、程序、证据、共犯的联系中找到答案。刑事一体化基本内涵是刑法内部结构合理（横向协调）与刑法运行前后制约（纵向协调）才能发挥最佳刑法功能。[③] 就共犯故意的认定而言，共同犯罪及主观构成要件的规定与程序法中证据规则协调配合，共同犯罪故意本身具备的特性与证明方法及标准相互呼应，社会保护机能与保障人权的机能有机结合，方能达到最佳效果。与之相应，造成共犯故意认定困境的原因大致如下：一者，故意作为犯罪的主观方面，其证明本就有其特殊性，共同故意更需在单人故意之外叠加犯意联络要素，故要求更高，而立法对认识程度和范围的具体标准缺乏规范性准则，不能响应共同故意认定的客观需求；二者，侦查机关收集的证据，其收集方向、方法和思路都与审判机关认定证据的基本要求存在出入；三者，证据收集的困难程度与现有的证据收集手段不相匹配，如此种种共同导致了“困境”的形成。

（一）共同故意的自身特性使其证明具有复杂性

共同故意属于犯罪主观要件，系行为人的思维活动，存在于行为人的内心难被外界查知。在部分共同犯罪中，共犯之间的意思联络通常较为隐秘，数个行为人的主观故意叠加、催化，则更显复杂。通过行为人的客观行为判断其主观心态，其认定过程应是一系列客观证据经完整严密的逻辑推理形成结论，本就存在

---

① 参见十八届四中全会通过的《中共中央关于全面推进依法治国若干重大问题的决定》。

② 第六次全国刑事审判工作会议提出的“审判案件应以庭审为中心”。

③ 储槐植：《刑事一体化与关系刑法论》，北京大学出版社 1997 年版，第 294 页。

一定的盖然性。在被告人拒绝供述或虚假供述的情况下,客观行为和客观环境有时具有指向的不确定性,甚至部分案件中行为人本身对自己的行为存在认识模糊,这必然使裁判者在认定案件事实时存在不确定感,增加认定难度。共同故意自身所具有的这种特殊属性尤其需要立法给予关照,确立详尽、细致、可操作的认定规则为裁判者的具体审判指引方向,而事实却并非如此。

(二)立法中"共同故意"认定标准不明

共同故意作为共同犯罪成立的主观要件,是为我国刑事立法所确立的,但我国刑法和司法解释关于共同故意的认定标准,除了《刑法》第 25 条规定之外,对形式、内容和具体标准均缺乏可操作的总领性规范,对于共同故意具体罪名的法律规定又存在诸多矛盾之处。

例如《刑法分则》第 157 条对走私共犯的规定,要求与"走私罪犯通谋";第 349 条第 3 款也要求"事先通谋";第 350 条第 2 款则规定了"明知"作为成立制造毒品罪共犯的标准;第 382 条第 3 款以"伙同贪污"成立贪污罪共犯;第 198 条则规定"故意提供虚假的证明文件"即以保险诈骗罪的共犯论处,不要求"共同故意"。同样是共犯,成立的标准却前后不一,总则中关于"共同故意"的规定在分则中体现出了几种完全不同的解释。而最高人民法院《关于办理生产、销售伪劣商品刑事案件具体应用法律若干问题的解释》第 9 条、《关于办理生产、销售假药、劣药刑事案件具体应用法律若干问题的解释》第 5 条、《关于办理侵犯知识产权刑事案件适用法律若干问题的意见》第 15 条等司法解释则规定了无须共同故意的意思联络即可成立共犯,这与《刑法总则》第 25 条完全相悖。规则制定者对于相应条文的内容设定有其初衷,但整体而言,关于共同故意的规定显得缺乏系统性和逻辑性,这必然给司法实践造成相当的困扰。

(三)共同故意中认识程度的标准模糊

抛开刑事立法中关于共同故意认定标准的缺失,共同犯罪故意中的认识因素包含共同犯罪人对本人行为的社会危害性以及对自己和他人共同实施犯罪的双重认识,其中"对自己和他人共同实施犯罪的认识"这一内容所包含的认识程度和范围的具体标准一直未能达成共识。正如有学者提出:"共犯的主观要件是指共犯对于自己帮助或是鼓励行为的主观要件,还是指共犯意识到正犯的罪过心理,还是指共犯自己具备成立实体犯罪所需要的罪过,还是以上所有这些主观要件的总和,这些问题一直困扰着我们。"①在实践中,对共同实施的犯罪行为的行为性质和危害结果的认识程度应达到何种标准才能构成共同犯罪值得商榷。如案例二,詹某、陈某二人实施了共同犯罪的客观行为,如提供身份证件、办理银行卡等,但二人辩称对实施的行为系信用卡诈骗行为不甚明确,同案犯黎某称要求二人提供银行卡、身份证系为了洗钱,此时二人知晓和同案犯黎某共同实施的行为具有社会危害性,但对于具体实施的客观行为的性质以及危害后果难以明确。按照完全犯罪共同说,因詹某、陈某与黎某之间对于犯罪构成要件的认识不一致,无法构成共同犯罪,但该种认定方式显然有处罚范围过窄、放纵犯罪之嫌。而按照部分犯罪共同说,詹某、陈某与黎某仅可在重合的犯罪构成要件之内构成共同犯罪,但若实践中如此操作,一则何为"重合的犯罪构成要件"不好评判,二则无法完整评价詹某、陈某的犯罪行为。具体分析如下:如将二人的行为评价为洗钱罪,虽然符合二人的主观心态,但是并不符合洗钱的客观行为要件;如将二人的行为评价为掩饰、隐瞒犯罪所得,那么二人事前即参与犯罪,向黎某提供身份证、银行卡的客观行为无法予以评价;如二人的行为评价为与黎某构成共同犯罪,即信用卡诈骗罪,那么从主观故意角度上来讲,无论是二人的虚假供述还是真实意思表示,二人的主观故意无法完全证明,即对行为性质和危害后果缺乏具体的、清晰的认识。以此为例,说明司法实践中部分案件共同犯罪故意的认定困难加剧的表征。

(四)意思联络的升级和异化

意思联络,即以明示或默示的方式表明愿意共同实施某种犯罪行为,这是成立共同犯罪的前提。随着信息网络技术的发展,借助于新型通信工具和现代网银技术,利用信息网络进行的共同犯罪通常表现出跨区域作案、手法多样、手段隐蔽等特点,犯罪参与人之间的意思联络也逐渐以更隐蔽的方式进行,以微信、QQ 等为载体,辅之以行业"暗语""黑话",证据极易损毁、灭失,证据链容易断裂,涉案人员到案后主观犯意的证明也极为困难。如"盗刷型"信用卡诈骗共同犯罪案件、电信诈骗共同犯罪等类型案件中,犯罪参与人之间常以企业式管理方式运作,分工细致、层级分明,上下级之间可能相互不知道彼此之间的"工序"和具体身份情况,致使难以查明犯罪参与人之间是否有常规意义下的意思联络,造成共同犯意认定障碍。同时,网络共同犯罪案件愈发表现出意思联络异化的现

---

① See Wayne R.LaFave,*Substantive Criminal Law*,West,2nd ed.2003,£13.2.

象,由于网络具有很强的隐匿性特征,犯意的发起者和接受者之间往往呈现一方发出、多方接受的单向性特征,沟通意思的不完整性、模糊性和概括性使网络犯罪的共同故意认定愈发艰难。如在案例二中,犯罪分子在A地盗取银行卡信息、在B地制作伪卡、在C地通过POS机刷卡、在D地等数地取款,各共同犯罪人层层分工,甚至不互通身份信息,一旦某一层级的涉案人员未到案,其下一层级人员即提出"上家或主犯告知其实施的系合法行为""不明知赃款来源"等辩解。

(五)"如实供述"激励受限

在司法实践中,虽大部分被告人都作出有罪供述,但在部分案件中,需证明被告人具有共同犯罪故意,因缺乏微信、QQ聊天记录、短信等客观性较强的证据,被告人常以无主观故意、无意思联络为由提出抗辩,该类案件从举证的角度来看,如无被告人的供述,通过间接证据证明"共同犯罪故意"存在难度——这样形成的局面是,如实供述,受到刑罚处罚;不如实供述,反倒有可能逃脱处罚,以致"坦白从宽,牢里搬砖;抗拒从严,回家过年"的戏谑言论。作为趋利避害的自然本能,行为人较难主动交代自己的主观心理状态。

而根据《刑法修正案(八)》的规定,"如实供述"属于坦白,系法定从轻情节,从轻的幅度一般在基准刑的20%以下。实践中从轻幅度由个案情况和法官的自由裁量权决定,以作者所在C市Y中院的二审案件为例,随机选取的20件具有坦白情节的案件,考察其一审量刑规范表,具有坦白情节的被告人中有65%从轻幅度为10%,而达到20%从轻幅度的占比20%,虽样本数量较小,但是仍可窥见一斑,即"如实供述"对被告人的激励程度受限,司法实践中应综合考量被告人的认罪态度及坦白的质量,在法定从轻幅度之内有效利用坦白情节对量刑的调节作用,形成对被告人的有效激励,在确保被告人权利得到保障的前提下,使被告人作出认罪供述。但需注意的是,此处本意为强化认罪激励程度,前提仍是要高度重视被告人的无罪辩解,即使被告人作出有罪供述,也应结合其他证据作出公正裁判。

(六)"以审判为中心"的侦查观念欠缺导致证据收集不足

在刑事司法实践中,有相当一部分案件并没有被告人的主动供述,而该类案件的犯罪认定,除了改进讯问技巧,通过完善侦查手段等方式尽可能多的获取其他客观证据是必然选择。而且侦查活动应以审判为中心,为审判服务,然而,部分侦查人员仍有"口供为王"的传统意识,受"侦查中心主义"的影响,缺乏严密扎实的证据链观念和严格规范的程序合法意识，证据收集过程失之严谨，忽视客观证据的收集固定，造成证据不足、无法形成证据链的状况，也是造成共同故意认定困难的重要原因。

三、求解与缓和：破解共同故意认定困难的现实路径

（一）共同故意认定标准的明确

以团伙型的电信诈骗案件为例，共同故意大致有以下三种表现形式：一是与其他共犯之间有沟通联络，对自身行为性质有明确认识；二是接受特定上线指令，对自身行为性质有大致认识；三是虽然接受上线指令，知道自身行为违法，但是对具体犯罪并不清楚。在上述三种表现形式中，第一种情形是我国刑法视域下典型的共同故意，第二种和第三种表现形式是否能够认定则存在争议。作者认为，实践中共同犯罪故意的认定标准，应以既不违背共犯的一般原理，同时也能合理限定共犯的处罚范围，有助于司法实践的具体操作，避免犯罪分子大面积脱罪情形出现为原则确立。基于犯罪构成理论，犯罪中的所有因素行为人均应该有认识，否则阻却犯罪故意的成立，但个案中行为人对上述因素的认识程度、司法者对于行为人是否具有认识的证明方法又不是等量齐观的。[1] 具体到共同犯罪故意的认定标准而言，论述如下：

1.认识因素

共同故意认识因素要求各共同犯罪人都明知自己与他人的共同犯罪行为会发生危害社会的结果，而这种对于危害结果的认识程度，是否应理解为行为人对其与其他共同犯罪人共同实施具体犯罪的认识？作者认为仅需存在概括认识即可。以案例二为例，如仅凭行为人有遮蔽面目、隐匿行踪等行为表现，不能得出行为人有对某一具体犯罪认识的结论，但如果同时有其他证据能够证明行为人对电信诈骗、信用卡盗刷有一定的了解，结合其“曾怀疑参与实施的系诈骗行为”这一供述，可证实其对所取款项来自电信诈骗、信用卡诈骗犯罪有概括的主观认识，则可以认定其有相应罪名的“共同故意”。这其实是对传统刑法理论中的“共同故意”应做相应的扩大解释，将各个主体通过单向的信息辐射，形成相同或概括的犯罪故意，也认定构成共同犯罪故意。[2] 因此，上述三种表现形式之二，如

---

① 王静：《犯罪故意中的明知研究》，吉林大学2017年度博士学位论文。

② 高德胜：《论信息共同犯罪的基本构成》，载《学术交流》2005年第12期。

有证据证明帮助取款人有充分条件了解其所取款项为某一类犯罪行为所得，使法官内心得到确信，可认定其成立“共同故意”，即共犯之间形成不确定的、概括的共犯故意，也可认定为共同犯罪。但上述概括认识的认定标准不宜过宽，仍应将认识程度限定在一定的合理范围之内，上述三种表现形式之三，因行为人对行为性质的认识完全不清楚，如按共同犯罪处理则显得过于宽泛。

2.意思联络

传统观点认为，数个行为人相互之间要有联络与沟通，主观意识指导下的行为相互配合共同实施犯罪。① 即意思联络具有双向性，犯罪参与人之间必须存在相互的沟通，才能实现共同故意。而随着传播和沟通方式的丰富，个别行为人之间可能通过各种表达形式使自己的意思获得对方的理解，意思联络信息双向对流的传统特征逐渐弱化、异化，该特征在网络共同犯罪中表现得尤为明显。在虚拟网络世界，信息交流存在单向与双向并存、开放与隐匿共生的特点，②达成共同故意仅需组织者发布指令，而组织者与具体环节的实施者也可能是素未谋面的陌生人。在上述背景下，关于意思联络的认定，宜以行为人主观上具有“针对共同性的未必故意”便已足够，亦即仅需认识到其很可能处于参与犯罪行为的共识之中就可认定为具备意思联络。对于部分特殊类型案件，尤其是网络犯罪、电信诈骗犯罪、大规模化团伙犯罪的处理，意思联络认定范围和标准的适当扩大既体现了我国刑法视域下对意思联络的坚持，也将“针对共同性的未必故意”涵盖在共犯意思联络的范畴之内，能够防止当前社会背景下部分具备特殊性的个案出现有罪不罚、罚不当罪的情形。

(二)共同故意认定方法的综合考虑

1.直接证据的运用

被告人供述作为直接证据具备天然的优势和劣势，其优势在于直截了当，可简洁、明了地知悉行为人的主观心态，而劣势在于具备不稳定性，即实践中通常出现的犯罪嫌疑人“翻供”的情形，虽然被告人供述在目前的证据体系中仍然为重要的一环，但是若过于倚重口供，可能会因“口供中心主义”导致冤假错案。因此在共犯故意的证明过程中，被告人供述作为直接证据应谨慎判断，运用口供补强规则弥补上述直接证据的定案缺陷是司法实践中常用的方法。所谓“补强”，

① 赵秉志主编:《当代刑法学》，中国政法大学出版社 2009 年版，第 216 页。

② 于志刚:《论共同犯罪的网络异化》，载《人民论坛》2010 年第 29 期。

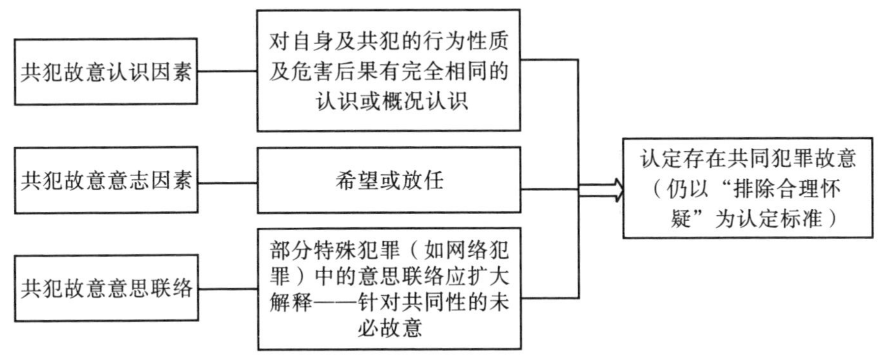

图 2　共同故意认定要素图解

意指其他证据的支持或印证，[①]主要指下文所提到的间接证据。

当被告人关于主观故意的供述从侦查阶段到审判阶段保持一致稳定，即坚称其不具备共犯故意，此时司法人员对案件的审查要极为审慎。一般而言，此种情形下主要包括两种表现形式，表现形式之一为该被告人认罪态度极差，坚持辩称其没有共犯故意，此时应综合全案证据，注重被告人无罪的辩解，作出正确认定。表现形式之二为该被告人供述极不稳定，辩解缺乏逻辑性，则虚假供述或无理辩解的可能性较大，因为稳定性较差的供述弱化了供述的合理性，司法人员应着重审查分析供述的矛盾点，强化内心确信。

2.间接证据的运用

间接证据包括所有能够反映行为人主观状态的客观行为证据。主观见之于客观，犯罪心理学中提出，借助收集到的证据即行为痕迹，揭示犯罪人的犯罪心理。间接证据对于共犯故意的证明作用有二：一是印证和补正；二是独立定罪。当间接证据形成一个完整的证据链条，就可以对主观方面作出认定。[②] 运用间接证据认定案件事实一般分两步：一是认定单个间接证据的真实性，二是要运用逻辑推理分析各间接证据与待证事实的关联度。当间接证据所具有的可能性有机结合起来达到一定程度后，法官内心便形成确信。此处便涉及刑事推论，需与刑事推定相区分，是指通过众多间接证据进行逻辑推理而获得事实结论的一种事实认定方法，其遵循从证据到事实的认识规律，即根据经验法则与逻辑法则，

① 陈光中主编：《证据法学》，法律出版社 2011 年版，第 270～271 页。

② 阮堂辉：《间接证据理论的思辨与实证》，人民出版社 2009 年版，第 199 页。

运用归纳法,从已知的证据事实推理得出待证事实。例如在彭某诈骗案中,根据间接证据可推论其存在电信诈骗的共同故意(如图2)。而在部分案件中,裁判者须运用推定。推定的前提事实称为基础事实,依据基础事实直接确认的事实为推定事实,“从违禁或违法行为来推定犯罪意图的存在”是典型的推定。① 作为一种克服事实认定困难的方法,可在法律规定范围内审慎使用。

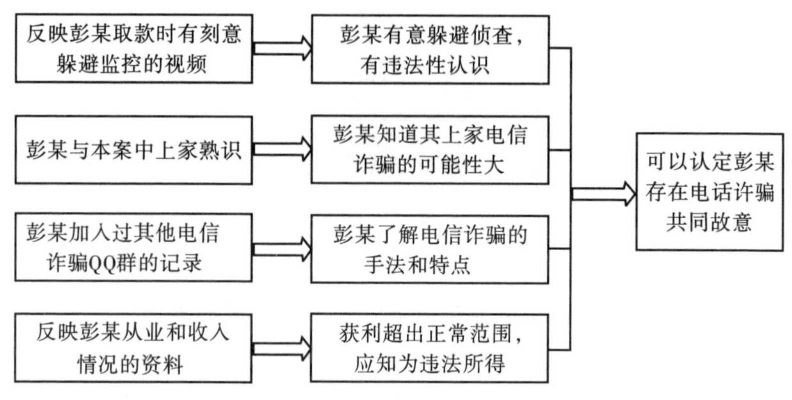

图3　彭某诈骗案的间接证据推论

(三)证据收集要素、理念和手段的整合完善

1.整合分析证据收集的具体要素

(1)认知能力。认知能力应结合行为人自身情况,即生活经历、成长环境、年龄、学历,并运用生活经验法则,对比一般人的认知能力和认知水平进行认定。如在毒品共同犯罪中,行为人有吸毒史,则其对毒品的认知水平高于常人,若其已看到所运输物品的性状,仍辩称不知是毒品,则其辩解的合理性则大打折扣;同理,行为人加入过某一具体犯罪相关的群体(如QQ群)或浏览过相关信息,则对相应行为具有更高的认识水平,辩称不知相关行为的违法性则可信度较低。

(2)前科情况。本项主要指与本罪相似的前科,如信用卡诈骗的被告人有诈骗罪等类型相似的前科或具备与本罪一致的前科,则可判定其对于同类型犯罪具备更高的认知能力,其若提出对犯罪行为性质、犯罪对象的认知不明确等辩解,相同或类似前科可弱化其辩解的合理性,强化司法人员的内心确信。

(3)客观行为。客观行为作为主观心态的具体反映和表现形式,在司法实践

① 孙道萃、黄帅燕:《刑事主观事实的证明问题初探》,载《证据科学》2011年第5期。

中对于共犯故意的认定尤为重要。在实际案例和司法实践中的具体情况，有如下几个方面：一是是否有逃避侦查的行为。如被告人客观上存在遮掩、隐藏等行为，则可知行为人具有逃避侦查的意图，结合常识、常情、常理，即可弱化行为人不知违法辩解的真实性。二是是否有毁灭证据的行为，如有则与一同理。三是是否有大额分赃且无法说明合理来源。如在“盗刷他人信用卡”类型的信用卡诈骗案件中，行为人常辩称主犯告知其实施的系“信用卡套现”行为，但事后动辄得到刷卡金额高达20%、30%的分赃，显然远远超过套现业务的“点子费”。

2.确立“以审判为中心”的侦查理念

“以审判为中心”刑事诉讼制度改革的指导意义不仅在于审判，更包括侦查和审查起诉。必须改变以口供为破案关键的消极思维，对标刑事诉讼证明标准，全面系统地收集证据，严格遵守程序规范，重视实物证据、情态证据的固定收集，重视调查取证的方式方法。明确其服务审判的角色定位，提高进入庭审证据的数量和质量，为正确认定事实打下牢固基础。

3.强化侦查机关取证能力

侦查机关应强化客观性证据意识，培训提高侦查人员现场调查、推理取证等基础侦查水平和能力，结合上述证据收集具体要素全面收集证据；构建常见罪名证据种类清单，及时调取通话记录、监控录像、聊天记录、银行明细等客观性证据；严格落实讯问过程同步录音录像制度，为合法性证明排除障碍，为事实认定夯实基础。尤其是针对重大、疑难、复杂案件或者新类型犯罪案件，定性存在分歧及争议时，公诉部门可提前介入侦查，对证据的收集和固定提出实质性的补证意见，为侦查机关对犯罪嫌疑人的讯问、关键证人的询问提供指导，从而明晰取证方向，积极引导侦查和收集有可能流失的关键证据，提高侦查机关收集、固定和运用证据的能力。

4.完善供述激励机制

激励型取供机制能有效获得供述从而降低犯罪故意的证明难度。西方国家多规定了协商型取供制度，[①]我国的认罪认罚从宽制度也正落地实施。但该制度目前未规定全面、具体、细致的实体从宽规则，使实践效果大打折扣。有效落实对被追诉人的实体权利供给，应是完善该制度的下一步目标，侧面形成对被追诉人如实供述的进一步激励，也可缓解共同故意认定的困局。

---

① 李昌盛：《德国刑事协商制度研究》，载《现代法学》2011年第6期。

宪法与行政法论坛

论行政行为对司法裁判的拘束力*

——基于应然与实然的双重视角

马生安**

摘要:在理论上,行政行为对司法裁判的拘束力有形式拘束力与实质拘束力之分。行政行为对司法裁判的形式拘束力具有行政程序性、形式性和相对性,而行政行为对司法裁判的实质拘束力则具有司法程序性、实质性和绝对性。在实践上,长期以来普遍存在的以行政行为的"形式拘束力"等同于"实质拘束力"的问题,已经成为影响案件质量及危害司法公正的"隐形杀手"。行政行为对司法裁判拘束力问题的本质是行政权与司法权的性质及二者的关系问题。从理论上正本清源,消除模糊乃至错误的认识;从实践上发展和完善相关的法律制度,乃是司法公正的根本要求。

关键词:拘束力;形式拘束力;实质拘束力;形式效力;实质效力;行政行为效力

行政行为对司法裁判的拘束力,是指行政行为对司法裁判所具有的约束、制约或限制的法律效力。行政行为对司法裁判是否具有拘束力、具有怎样的拘束力,首先要确立一个行政行为对司法裁判拘束力存在与否的判断标准。关于行政行为对司法裁判拘束力的有无及其内容问题,很多争议都是因为判断标准的不同而引起的。笔者认为,当一个行政行为的合法性问题构成司法裁判的先决

---

* 本文系2019年原国家社科基金后期资助项目"行政行为效力理论之反思、批判与重构"(项目编号:19FFXB007)的阶段性成果。

** 作者系江苏省高级人民法院行政庭审判员,二级高级法官,法学博士。

问题时，则该行政行为对司法裁判具有拘束力。在行政行为的合法性问题构成司法裁判的基础与前提时，如果这一问题不能解决，那么司法裁判无法作出，这就是行政行为对司法裁判拘束力的具体体现之一。可否以法院对行政行为司法审查权的有无为标准？即凡是法院无权对行政行为的合法性予以审查、必须以其直接作为裁判依据的，则行政行为对司法裁判有拘束力；凡是法院有权对行政行为的合法性予以审查，以审查结果作为司法裁判依据的，则行政行为对司法裁判没有拘束力。笔者认为，这一标准并不可取。果真如此，基于司法最终的原则及证据必须查证属实才能作为定案证据的要求，几乎所有的行政行为对司法裁判都没有拘束力，行政行为对司法裁判的拘束力问题也就成了一个无须讨论的伪命题。行政行为对司法裁判的拘束力是一个关涉司法公正的重大理论与实践问题，已引起我国部分学者强烈的兴趣和关注。应该说，我国的一些学者对此虽有一定的研究，但却并未从理论上给予科学、明确的回答。行政行为对司法裁判的拘束力问题在司法实践中较为常见，涉及的案件面广量大。[①] 长期以来，由于理论上的模糊乃至错误，以及政治体制、司法体制及诉讼制度等多方面的原因，导致在司法实践中普遍存在着以行政行为的“形式拘束力”等同于“实质拘束力”的问题，已经成为影响案件质量及危害司法公正的“隐形杀手”，严重地制约了司法公正的实现。从理论上科学、全面、准确地回答行政行为对司法裁判的拘束力问题，以有效指导现行法律制度的完善及司法实践，努力实现司法的公正与效率，正是笔者写作本文的初衷。

一、行政行为的形式拘束力与实质拘束力

(一)行政行为的形式效力与实质效力

行政行为(无效的行政行为除外)一经成立，即依法产生形式效力。形式效力是指行政行为基于其形式合法性而依法产生的法律效力，具体表现为形式存续力、形式拘束力与形式强制力，其具有法定性、行政程序性、形式性、相对性之特征。所谓行政行为的形式合法性，是指行政行为在外在形式或外观上的合法性。行政行为一经成立，非因重大明显违法而无效的，就属于形式合法性的行政行为。行政行为的实质效力，是指经过司法程序的审查，行政行为基于其实质合

① 在广义的行政行为概念之下，笼统地讨论行政行为的拘束力实际上非常困难。为了讨论问题的方便，本文将行政行为拘束力问题的研究，严格限定在行政决定拘束力的范围内。

法性依法产生的法律效力,具体表现为实质存续力、实质拘束力与实质强制力,其具有法定性、司法程序性、实质性、绝对性之特征。所谓行政行为的实质合法性,是指行政行为经过司法程序的审查、确认而具有的合法性。行政行为的形式合法性向实质合法性转化的途径,就是司法机关对其实质合法性的审查和确认。行政行为一经成立(无效的行政行为除外)就会产生形式效力,但只有经过司法程序的审查和确认,具有实质合法性的行政行为才能依法产生实质效力;经过司法机关的审查确认,是行政行为产生实质效力的必经程序。否则,行政行为将永远处于形式效力阶段。形式效力与实质效力是反映和揭示行政行为效力内容之共性或普遍性的一对重要范畴,其分别反映和揭示的是行政行为的两种不同性质及形态的效力,笔者称之为行政行为效力之"两质态论"[①]。

(二)行政行为的形式拘束力与实质拘束力

行政行为的效力是指行政行为依法产生的法律上的约束力,包括存续力、拘束力与强制力。[②] 其中,存续力是指非经法定的程序,不得对行政行为予以撤销、变更和废止的法律效力,是保障行政行为得以持续存在的法律效力;拘束力,是行政行为成立以后,据其内容依法产生的,保障行政相对人及其利害关系人、行政主体、相关国家机关及法院等主体,依法自愿行政行为义务的法律效力;强制力是行政行为依法产生的,在行政主体或行政相对人等违反或拒不履行行政行为存续力或拘束力之法定义务时,由相应的有权机关采取法定的措施,以保障存续力或拘束力义务得以实现的法律效力。行政行为拘束力的目的与功能,就在于约束、保障行政相对人、利害关系人、国家行政机关及司法机关等自愿履行行政行为之法律义务。就行政行为义务实现的模式而言,拘束力体现了行政行为义务实现的非强制模式,强制力则体现了行政行为义务实现的强制模式。行政行为基于形式合法性而依法产生的拘束力,即为行政行为的形式拘束力,其具有法定性、行政程序性、形式性、相对性之特征。行政行为基于实质合法性而依法产生的拘束力,即为行政行为的实质拘束力,其具有法定性、司法程序性、实质

---

① 马生安:《行政行为效力体系重构的"两质态论"与"三效力说"》,载《重庆大学学报(社会科学版)》2015 年第 3 期。

② 在行政行为效力内容的具体构成上,笔者曾经提出过存续力、拘束力与实现力之"三效力说"。在此,笔者以"强制力"代替"实现力",将其修正分为存续力、拘束力与强制力之"三效力说"。这样的修正,行政行为效力内容的具体构成将更加科学、合理。

性、绝对性之特征。

(三)行政行为形式拘束力与实质拘束力理论的意义

行政行为的形式拘束力与实质拘束力,是依据行政行为的形式合法性与实质合法性的不同,对行政行为拘束力的分类。在理论上,这一分类对于深化行政行为拘束力及相关问题的研究,具有非常重要的意义。在实践上,形式拘束力与实质拘束力理论对于立法、执法与司法实践也具有重要的指导意义。例如,在立法上,形式拘束力与实质拘束力理论可以有效指导行政行为对相对人、行政机关与司法机关拘束力及相关制度的建构。在执法上,根据形式拘束力与实质拘束力理论,具有形式拘束力的行政行为一般不得作为实施行政强制执行的依据,只有实质拘束力的行政行为才能作为实施行政强制执行的依据;在司法上,形式拘束力的行政行为一般不得直接作为司法裁判的依据;只有经过司法程序的审查和确认,具有实质拘束力的行政行为才能作为司法裁判的依据。

二、行政行为对司法裁判的拘束力之应然性分析

(一)行政行为对民事裁判的拘束力

在法国,构成民事裁判先决问题的行政行为合法性问题,普通法院必须停止民事诉讼的进行,由利害关系人就先决问题向有管辖权的行政法院起诉,行政法院对先决问题的判决,然后普通法院再根据先决问题的判决,对民事案件作出判决。① 在德国,行政行为的合法性问题构成民事诉讼的先决问题时,德国普通法院也不能直接进行审查判断,必须交给行政法院处理。但在赔偿诉讼中,行政行为的合法性问题则由普通法院进行审查。② 在日本,民事审判中遇到行政先决问题时,通常不能用民事诉讼的方法直接否定行政行为的效力,而必须通过撤销诉讼这一行政诉讼的方法解决。但在国家赔偿诉讼中,对于先决问题的行政行为合法性问题,民事程序可以审查。③ 在我国台湾地区,林纪东、翁岳生、吴庚、许宗力、林锡尧等学者倾向于认为行政行为对民事法院的审判具有拘束力,而李

① 王名扬:《法国行政法》,中国政法大学出版社 1988 年版,第 590～596 页。

② [德]哈特穆特·毛雷尔:《行政法学总论》,高家伟译,法律出版社 2000 年版,第 645 页。

③ [日]室井力主编:《日本现代行政法》,吴微译,中国政法大学出版社 1995 年版,第 95 页。

震山和李惠宗两位学者则有不同的认识。[①] 在普通法系的英国和美国，如果一个行政行为构成了民事判决的先决问题，行政行为及其认定的事实并不能当然地直接作为裁判的依据；其只有在司法审查中获得认可，才可以作为司法裁判的依据。[②] 在我国大陆，有学者认为，当行政行为构成解决民事纠纷的先决问题时，法院原则上应把该行政行为当作一个既成事实而予以承认，并作为自身判决的基础。即法院必须受该行政行为的拘束，不得作出与该行政行为相矛盾的判决。[③] 从行政行为效力的角度分析，行政行为对民事司法裁判究竟具有怎样的拘束力？下面通过一个具体的案例对这一问题予以分析和说明。

案例一：2015 年 1 月 9 日，在上海市浦东新区航头镇沈钱路沈庄路路口处，被告张某驾驶轻型厢式货车由东向西南倒车时，适遇原告杨某骑行电动自行车（车上载乘案外人刘某）由南向北驶至，两车不慎相撞，致原告杨某及刘某两人受伤、电动自行车损坏。经交警部门认定，被告张某负本起事故主要责任，原告杨某负本起事故次要责任，刘某不负事故责任。被告张某车辆在莱芜某保险公司保有交强险及商业三者险。2015 年 7 月 2 日，原告杨某诉至上海市浦东新区人民法院，要求被告莱芜某保险公司依法在交强险及商业三者险的责任限额范围内承担相应的赔偿责任；超出部分，由被告张某承担相应的赔偿责任。[④]

简析：根据《最高人民法院关于审理道路交通事故损害赔偿案件适用法律若干问题的解释》（法释〔2012〕19 号）第 27 条的规定，公安机关交通管理部门制作的交通事故责任认定书，人民法院应依法审查并确认其相应的证明力，但有相反证据推翻的除外。我国《民事诉讼法》（2015）第 63 条第 2 款规定，证据必须查证属实，才能作为认定事实的根据。据此，人民法院在没有其他相反的证据时，不得作出与交通事故责任认定书相矛盾的判决，即交通事故责任认定书对民事裁判具有拘束力。但是，交通事故责任认定书对民事裁判的拘束力具有形式性、相

---

① 黄国益：《从行政处分对民事法院的拘束效力思考先决问题在诉讼审理程序之解决模式》，载《中正法学集刊》2004 年第 15 期。

② 何海波：《行政行为对民事审判的拘束力》，载《中国法学》2008 年第 2 期。

③ 章志远教授认为："基于行政权与司法权相互分立的考虑，除非行政行为自始无效；否则，法院在处理以行政行为为先决问题的民事争议时，都必须自觉承认该行为的客观存在并给予必要的尊重，不得径自作出否定其公定力的判决。"参见章志远：《行政行为效力论》，中国人事出版社 2003 年版，第 74 页。

④ 参见上海市浦东新区人民法院（2015）浦民一（民）初字第 24601 号民事判决书。

对性，人民法院有义务对交通事故责任认定书的合法性予以审查。当然，经过司法程序的审查，如果交通事故责任认定书具有实质合法性的，那么其对于司法裁判据有实质拘束力，应该以之为依据作出司法裁判；如果交通事故责任认定书不合法，那么不能据其作为裁判依据，而是应根据查明的事实依法作出司法裁判。可见，交通事故责任认定书这一行政行为的拘束力具有行政程序性、形式性和相对性，而非司法程序性、实质性和绝对性。经过司法程序的审查，若交通事故责任认定书具有实质合法性，则其对于司法裁判具有实质拘束力，司法机关必须以之为依据作出裁判。

如上述案例一所示，在交通事故责任认定书不合法而不能作为司法裁判依据时，法院只能根据查明的事实依法作出司法裁判。如果按照公定力理论，对交通事故责任认定书的合法性不加审查，直接以之作为司法裁判的依据，就有可能导致司法裁判的错误。在民事诉讼中，一般情况下形式效力的行政行为不得作为司法裁判的直接依据。只有在特定的情况下，形式效力的行政行为才可以作为司法裁判的依据。例如，在符合最高人民法院《关于审理专利纠纷案件适用法律问题的若干规定》(法释〔2001〕21 号)第 9 条、第 10 条、第 11 条规定的情形时，①授予专利的行政行为尽管处于形式效力阶段，却可以作为民事裁判的依据。在此种情况下，承认形式效力阶段的行政行为对司法裁判的拘束力，目的在于防止民事诉讼的过分迟延，以保护民事诉讼原告合法权益，是一种权宜之计。如果有关当事人将来就行政行为的合法性问题提起行政诉讼，且生效判决与民事判决不一致，再通过启动民事再审程序予以解决。有的法院在民事诉讼中遇到此类情况，则中止民事诉讼，等待行政诉讼的终审判决作出以后，再恢复民事案件的审理。

(二)行政行为对刑事裁判的拘束力

如今的德国通说普遍承认行政行为原则上不能拘束刑事审判，在行政行为作为刑法前提的情形下，法院可对行政行为的合法性进行审查。日本通说也认

① 最高人民法院《关于审理专利纠纷案件适用法律问题的若干规定》(法释〔2001〕21 号)第 11 条规定，人民法院受理的侵犯发明专利权纠纷案件或者经专利复审委员会审查维持专利权的侵犯实用新型、外观设计专利权纠纷案件，被告在答辩期间内请求宣告该项专利权无效的，人民法院可以不中止诉讼。第 9 条、第 10 条的具体内容，参见最高人民法院《关于审理专利纠纷案件适用法律问题的若干规定》(法释〔2001〕21 号)的规定。

为,行政行为对刑事审判没有拘束力。[①] 在我国台湾地区,台湾地区"行政诉讼法"(1999)第 12 条规定:"民事或者刑事诉讼之裁判,以行政处分是否无效或者违法为据者,应依行政争讼程序确定之。前项行政争讼程序已经开始者,于其程序确定前,民事或者刑事法院应停止其审判程序。"在我国大陆,根据民事诉讼法的相关规定,行政行为作为证据,只有经过查证属实的,才能作为定案的证据。从行政行为效力的角度分析,行政行为对刑事司法裁判究竟具有怎样的拘束力?下面通过一个具体的案例对这一问题予以分析和说明。

案例二:2011 年下半年,被告人蒋某与大丰市刘庄镇友谊村村民委员会协商,在友谊村租用田亩养殖螃蟹。2011 年 11 月 20 日,双方签订《土地承包经营合同》,约定蒋某租用友谊村 488 亩土地用于稻田养殖螃蟹,期限 17 年;养殖期间不得破坏土地耕作层。合同签订后,蒋某未经县级以上国土部门批准,擅自破坏租用土地的耕作层挖塘养殖螃蟹。根据《大丰市刘庄镇土地利用总体规划(2006—2020)》的规定,蒋某挖塘取土的地块属于基本农田。经盐城市国土资源局认定,蒋某挖塘取土共造成 64.56 亩基本农田种植功能丧失。东台市人民检察院指控被告人蒋某犯非法占用农用地罪,于 2014 年 12 月 22 日向东台市人民法院提起公诉。[②]

简析:在本案中,盐城市国土资源局的行政认定行为是判断蒋某是否构成非法占用农用地罪的重要证据,法院在没有其他相反的证据时,不得作出与盐城市国土资源局的行政认定行为相矛盾的判决,即盐城市国土资源局的行政认定行为对刑事裁判具有拘束力。但是,盐城市国土资源局的行政认定行为对刑事裁判的拘束力并不是绝对的,法院有义务对盐城市国土资源局的行政认定行为的合法性予以审查。经过审查,盐城市国土资源局的行政认定行为合法有效,可以作为定案依据的,以之为依据作出裁判;盐城市国土资源局的行政认定行为不合法,不能作为裁判依据的,则根据查明的事实依法作出裁判。可见,在本案中,盐城市国土资源局的行政认定这一行政行为对刑事裁判的拘束力具有行政程序性、形式性和相对性,而非司法程序性、实质性和绝对性。经过司法程序的审查,若盐城市国土资源局的行政认定具有实质合法性,则其对于司法裁判具有实质

---

① 王世杰:《论行政行为对刑事审判的拘束》,载《政治与法律》2018 年第 6 期;[日]盐野宏:《行政法总论》,杨建顺译,北京大学出版社 2008 年版,第 99～100 页。

② 参见江苏省东台市人民法院(2015)东环刑初字第 0001 号刑事判决书。

拘束力，司法机关必须以之为依据作出裁判。

有学者认为，当行政行为构成刑事裁判的先决问题时，作为行政行为的公定力对法院没有拘束力，法院可以自行对其合法性进行审查。① 依据行政行为的公定力理论，行政行为在构成民事与行政裁判的先决问题时，对于民事与行政裁判有拘束力；而在构成刑事裁判的先决问题时，对于刑事司法裁判却没有拘束力，行政行为公定力理论的观点和解释不能令人信服。事实上，在刑事诉讼中，并非像有些学者所言，行政行为对司法裁判不具有拘束力。② 在没有相反证据的情形下，法院不得作出与行政行为相互矛盾的司法裁判。准确地说，除了无效的行政行为以外，行政行为对于刑事司法裁判均有拘束力，因为行政行为形式合法性与实质合法性的不同，行政行为对刑事司法裁判的拘束力也有所不同；形式合法性的行政行为具有形式的、相对的形式拘束力，实质合法性的行政行为则具有实质的、绝对的实质拘束力。也可以说，公定力理论无法有效地解释和回答行政行为对于司法裁判的拘束力问题，而行政行为的形式拘束力与实质拘束力理论则可以有效地解释和回答这一问题。

在刑事诉讼中，基于正当法律程序及基本人权保障的原则，具有形式合法性的行政行为绝对不允许作为司法裁判的依据。在某些国家的刑事诉讼制度上，即使是具有实质合法性的行政行为，也可以对其作进一步的审查。例如，在德国的刑事诉讼中，尽管刑事诉讼的行政先决问题经过了行政判决，但法院仍然可以对行政判决的合法性作进一步的审查，然后再决定行政判决是否作为司法裁判的依据。这是否就说明，在民事诉讼和行政诉讼中，实质合法性的行政行为具有实质拘束力；在刑事诉讼中，实质合法性的行政行为就没有实质拘束力呢？其实不然，三大诉讼的证明标准不同，民事诉讼采用的是优势证据的证明标准，行政诉讼采用的是高度盖然性的证明标准，刑事诉讼采用的则是排除一切合理怀疑的证明标准，也是最为严格的证明标准。基于不同的证明标准，在三大诉讼中法院对行政行为实质合法性审查的强度是不同的。在刑事诉讼中，对行政行为实质合法性的审查最为严格。即使刑事被告人对行政行为的合法性没有异议，还是要对其合法性进行严格的审查。在民事诉讼和行政诉讼中，当行政行为构成

① 章志远：《行政行为效力论》，中国人事出版社 2003 年版，第 75～76 页。

② 李琦：《行政行为效力新论——行政过程论的研究进路》，中国政法大学 2005 年博士论文；章志远：《行政行为效力论》，中国人事出版社 2003 年版，第 75～76 页。

先决问题时,若当事人对其合法性没有异议的话,则法院可以对其合法性不用审查,而直接将其作为司法裁判的依据。

(三)行政行为对行政裁判的拘束力

现代行政日趋复杂,一项行政活动的完成,往往需要通过数个行政行为前后相继,既有在先行政行为,亦有后续行政行为,有时甚至结成复杂的组合关系才能实现。在后续行政行为的司法审查过程中,在先行政行为对行政裁判的影响和制约,就体现了行政行为对行政裁判的拘束力问题。因为行政活动及其价值目标的复杂性,行政行为对行政裁判的拘束力问题远比对民事及刑事裁判的拘束力问题复杂得多。在行政法理论上,行政行为的违法性继承问题与此密切关联。所谓行政行为违法性继承问题,是指在先行政行为中存在的违法性,是否会影响作为结果的后续行政行为的合法性问题。① 在日本,早期基于行政行为的公定力理论,行政法院并不审理在先行政行为是否属于违法,因而也不承认行政行为的违法性继承。② 其后,在对后续行政行为的司法审查阶段,在特定的情形下亦允许针对在先行政行为具有违法性的主张进行争议。③ 在我国大陆,否认和承认行政行为违法性继承的判决均有出现。④ 笔者认为,否认行政行为违法性继承,主张对在先行政行为的合法性不予审查肯定是错误的,而无条件地承认行政行为违法性继承也是错误的。尽管行政行为违法性继承这一问题的核心,在于在先行政行为对后续行政行为的拘束力,行政行为违法性继承与行政行为对行政裁判的拘束力问题并不能等同。下面也通过一个案例,对行政行为对行政裁判的拘束力问题予以分析和说明。

---

① 朱芒:《"行政行为违法性继承"的表现及其范围》,载《中国法学》2010 年第 3 期。

② [日]美浓部达吉祥:《日本行政法(上)》,有斐閣 1936 年版,第 257～259 页、第 940 页。

③ 在行政诉讼中类似民事或刑事判决先决问题的行政行为,经常被称为"在先行为""在先行政行为"或"关联行政行为"。参见成协中:《行政行为违法性继承的中国图景》,载《中国法学》2016 年第 3 期;王贵松:《论行政行为的违法性继承》,载《中国法学》2015 年第 3 期;朱芒:《"行政行为违法性继承"的表现及其范围》,载《中国法学》2010 年第 3 期。

④ 承认"行政行为违法性继承性"的行政判决,例如"念泗三村 28 幢楼居民 35 人诉杭州市规划局行政许可行为侵权案"判决,参见《中华人民共和国最高人民法院公报》2004 年第 11 期,第 34～35 页。否认"行政行为违法性继承性"的行政判决,例如乔占祥诉铁道部春运期间部分旅客列车票价上浮案,参见北京市第一中级人民法院(2001)一中行初字第 149 号行政判决书。

案例三:2014年9月,原告王某在未取得建设工程规划许可证的情况下,在东台市东台镇红兰南路115号市政府宿舍3幢108室住宅前侧院内利用原院墙进行加顶建设,将住宅底层院子部分封闭,建设长7米、宽2.6米,面积18.2平方米(含墙体)的建筑物,加顶建设后的建筑物内部建隔墙一堵,形成东西2间,西侧一间用铝合金门封闭,东侧一间未封闭。2014年10月,根据群众举报,被告东台市城管局对原告的违法建设进行立案查处。此后向原告发出责令改正通知书,责令其自行拆除上述所建的违法建筑。2015年6月9日,东台市住建局在给被告东台市城管局《函复》中认定原告未取得建设工程规划许可证,在其住宅底层院内利用原院墙进行加顶建设,界定为“无法采取改正措施消除对城市规划实施的影响”的情形。2015年6月16日,被告东台市城管局向原告送达行政处罚事先告知书,告知其违法事实、拟处罚的理由和种类以及依法享有的权利。原告在规定期限内提出了陈述和申辩。2015年6月24日,被告东台市城管局作出并向原告送达《行政处罚决定书》。原告不服,诉东台市人民法院,要求撤销被告作出的《行政处罚决定书》。①

简析:在本案中,东台市住建局的《函复》本质上是原告的建设是否违法的行政认定行为。作为一个非常重要的证据,人民法院在没有其他相反的证据时,不得作出与东台市住建局的《函复》行政认定行为相矛盾的判决,即东台市住建局的《函复》之行政认定行为对行政裁判具有拘束力。但是,东台市住建局的《函复》之行政认定行为对行政裁判的拘束力并不是绝对的,人民法院有义务对东台市住建局的《函复》之行政认定行为的合法性予以审查。经过审查,如果东台市住建局的《函复》行政认定行为合法有效,那么以之为依据作出裁判;如果东台市住建局的《函复》之行政认定行为不合法,属于无效的或应该撤销的行政行为,不能作为裁判依据的,那么根据查明的事实依法作出裁判。可见,在本案中,东台市住建局的《函复》行政认定行为对行政裁判的拘束力具有行政程序性、形式性和相对性,而非司法程序性、实质性和绝对性。经过司法程序的审查,若东台市住建局的《函复》具有实质合法性,则其对于司法裁判具有实质拘束力,司法机关必须以之为依据作出裁判。

如上述案例三所示,在《函复》这一行政行为不合法而不能作为司法裁判的依据时,法院只能根据查明的事实依法作出司法裁判。如果按照公定力理论,对

① 参见江苏省东台市人民法院(2016)苏0981行初16号行政判决书。

《函复》之行政行为的合法性不加审查,直接以之为司法裁判的依据,就有可能导致司法裁判的错误。① 同民事诉讼,在行政诉讼中,形式效力的行政行为一般情况下不得作为行政司法裁判的依据。也只有在特定的情况下,为了防止行政司法裁判的过分迟延,形式效力的行政行为可以作为司法裁判的依据。例如,相对人因侵犯专利权而被行政处罚,相对人对于该处罚不服提起行政诉讼,同时向国家专利局请求宣告该项专利权无效的,为了防止行政诉讼的过分迟延,人民法院应该可以参照适用最高人民法院《关于审理专利纠纷案件适用法律问题的若干规定》(法释〔2001〕21 号)的规定,无须中止诉讼,而是直接依据专利权的归属依法作出判决。如果司法裁判以后再发现授予专利权的行政行为不具有实质合法性的,再通过对原诉讼案件进行再审的办法予以纠正。在此种情况下,以形式效力的行政行为作为司法裁判的依据,同样是为了防止行政诉讼的过分迟延,以保护行政诉讼原告合法权益的一种权宜之计。

三、以"形式拘束力"等同于"实质拘束力":危害司法公正的"隐形杀手"

(一)涉及行政行为拘束力问题的案件面广量大

刑事诉讼中有相当比重的案件,其裁判结果是以构成先决问题的行政行为的合法性为依据和前提的。在有的案件中,行政行为的合法性与否,则直接关系到被告人的罪与非罪问题。例如在可能判处被告人死刑的刑事案件中,若被告人提出其作案时未满 18 周岁不应适用死刑的,则公安机关的户籍登记之行政行为的合法性及能否作为司法裁判的依据问题,就体现了户籍登记行政行为对于该刑事裁判的拘束力问题。又如,假冒专利的刑事诉讼,若被告人主张专利权人的专利无效,其不应构成犯罪的,则国家专利局的专利许可行为的合法性及能否作为司法裁判的依据问题,也是体现了专利许可行为对于刑事裁判的拘束力问题。在司法实践中,以行政行为的合法性作为先决问题的刑事案件种类多、数量大。在民事诉讼中,亦有相当比重的案件,其裁判结果是以行政行为的合法性为依据和前提的。例如,公司的工商登记或变更登记行为,会对公司股东权益纠纷

---

① 当一未被提起行政诉讼的行政行为构成解决行政争议的先决问题时,法院必须对其给予应有的尊重,从而满足该行为公定力的内在要求。参见章志远:《行政行为效力论》,中国人事出版社 2003 年版,第 72 页。

案件中股东资格及股份的认定产生决定性的影响；又如，农业主管部门对农作物歉收原因所进行的是否因药害造成的鉴定行为或处罚行为，对侵权损害赔偿纠纷中当事人的确定、责任的认定和损失的承担亦会产生实质性的影响等等。在行政诉讼中，也有大量涉及行政行为对行政裁判的拘束力问题，例如拆迁行政决定诉讼中会以拆迁许可行政行为的合法性为前提。笔者粗略梳理了一下民事、刑事及行政纠纷中涉及的行政行为对司法裁判的拘束力问题的案件类型，现分别简要列表如下（表1）：

表 1

<table>
<tr><th>刑事诉讼</th><th>民事诉讼</th><th>行政诉讼</th></tr>
<tr><td>户籍登记行为（被告人刑事责任能力的认定）</td><td>公司工商登记或变更登记行为（涉公司类、股东权利争议类纠纷）</td><td rowspan="8">在行政诉讼中，经常会涉及在先行政行为的合法性问题及其对行政裁判的拘束力问题。在先行政行为复杂多样，很难如民事诉讼及刑事诉讼的先决行政行为那样进行有效的分类和列举。常见的有：
1.专利许可行为（侵犯专利权行政处罚等的在先行政行为）；
2.户籍登记行为（治安行政处罚、婚姻登记等的在先行政行为）；
3.事故责任认定行为（安全事故、医疗事故行政处罚等的在先行政行为）；
4.对物的性质或价格的行政鉴定行为（侵犯知识产权行政处罚等在先行政行为）；
5.房屋竣工验收备案行政行为（房产登记在先行政行为）。</td></tr>
<tr><td>事故责任认定行为（涉交通肇事罪、重大劳动安全事故罪、重大责任事故罪、工程重大安全事故罪、教育设施重大安全事故罪、消防责任事故罪、医疗事故罪等罪名）</td><td>交通事故责任认定行为（主要涉道路交通事故赔偿类纠纷）</td></tr>
<tr><td>行政许可行为（涉假冒专利罪、假冒商标罪、假冒注册商标罪等涉知识产权类犯罪等罪名）</td><td>行政许可行为（主要涉专利纠纷、商标纠纷、征收合同纠纷等）</td></tr>
<tr><td>对特殊主体的身份、犯罪金额的认定行为（涉内幕交易、泄露内幕信息罪、逃税罪等罪名）</td><td>对物品的质量或价格的鉴定行为（主要涉合同类纠纷）</td></tr>
<tr><td rowspan="4">对物的性质或价格的鉴定行为涉多种罪名，例如危险驾驶罪、毒品类犯罪、故意（过失）损毁文物罪、倒卖文物罪等涉文物类犯罪、伪（变）造货币罪、假币类犯罪、制作、复制、出版、贩卖、传播淫秽物品牟利罪等等</td><td>安全责任认定、消防火灾原因鉴定、相关处罚行为（主要涉及合同纠纷、侵权纠纷等）</td></tr>
<tr><td>农作物药害原因鉴定、农药质量鉴定、相关处罚决定等（主要涉及侵权纠纷、合同纠纷等）</td></tr>
<tr><td>工伤认定行为（主要涉及劳动争议）</td></tr>
<tr><td>资质认定行为（主要涉工程纠纷、合同纠纷、侵权纠纷等）</td></tr>
</table>

(二)以“形式拘束力”等同于“实质拘束力”现象的普遍性

在刑事诉讼中,对行政先决问题的司法审查,我国当前实行的是直接审查制度,即简单地把行政行为当作证据进行合法性审查。由于在行政行为的合法性审查中没有适用行政诉讼程序,作出行政行为的行政机关无须出庭及举证证明行政行为的合法性。刑事诉讼被告人因为举证能力的限制,虽然主张行政行为不合法,却又无法有效地举证加以证明。在很多情况下,即使是不合法的行政行为,实际上也很难被否定,依然作为司法裁判的依据。如此这般,本来仅仅具有形式合法性的行政行为,却被当作实质合法性的行政行为,成为司法裁判的依据。以行政行为的“形式拘束力”等同于“实质拘束力”,造成了构成先决问题的行政行为决定刑事被告人的定罪量刑的可怕结果。在民事诉讼中,以交通事故损害赔偿为例,根据法律的规定,人民法院应该对交通事故责任认定行为的合法性进行审查。经过审查,若认为交通事故责任认定具有实质合法性,则其具有实质拘束力,才能作为民事案件司法裁判的依据;若经过审查,发现交通事故责任认定不具有实质合法性的,则不予采信,而是根据查明的事实依法裁判。但在司法实践中,法官一般都会按照交通事故责任认定作出判决,鲜见否定交通事故责任认定,而根据查明的事实作出判决的情形。如果交通事故责任认定行为不合法,原本依法不应该作为裁判依据,却因为法院审查不严,将其当作合法有效的行政行为并作为司法裁判的依据,就会导致司法裁判的错误。在行政诉讼中,有不少行政行为是前后相继的,后续行政行为以在先行政行为为前提或依据,在当事人对后续行政行为提起行政诉讼时,法院本来是应当对在先行政行为的合法性进行审查的;但现在较为普遍的现象是,法院往往怠于对在先行政行为的合法性进行审查,或是审查流于形式,简单地将在先行政行为的形式合法性等同于实质合法性进行认定,其后果是很容易造成司法裁判的错误。总之,在当前的刑事、民事及行政诉讼中,以行政行为的“形式拘束力”等同于“实质拘束力”现象的并非个案,而是具有相当的普遍性。

(三)危害司法公正的“隐形杀手”

在刑事诉讼及民事诉讼中,对于构成先决问题的行政行为合法性,相关国家或地区的立法明确规定,适用行政诉讼程序予以审查,但我国的行政诉讼法并没有这样的明确规定。对于先决问题的行政行为合法性的审查,事实上已经成为司法审查的一个制度盲区;[①]在行政诉讼中,对于在先行政行为的合法性往往怠于审查。这些司法实践中经常出现的问题,并没有引起理论和实务部门的高度重视。在司法实践中,由于司法权的“失职”等原因,对行政行为合法性审查的不作为或形式主义,对构成先决问题的行政行为往往不加审查而全盘接受,将行政行为的“形式拘束力”等同于“实质拘束力”,直接以形式效力的行政行为作为司法裁判的依据,往往会导致一些违法的行政行为对司法裁判产生拘束力,从而严重危害司法裁判的实体公正。行政行为的实质拘束力隐藏于司法审查制度之中而难于发现,是故,以行政行为的“形式拘束力”等同于“实质拘束力”这一问题,因为比较隐蔽而容易被人忽视,但其事实上已经成为严重影响司法公正的“隐形杀手”。

四、行政行为对司法裁判的拘束力问题之本质

行政行为对司法裁判拘束力问题的本质,是行政权与司法权的性质及二者的关系问题。从行政实体法的角度,行政行为对司法裁判的拘束力是一个行政行为效力问题;从诉讼法的角度,行政行为对司法裁判的拘束力又是一个重要的诉讼法理论问题。脱离行政权与司法权的性质及二者之间的关系,仅仅从行政行为效力理论或诉讼法理论的角度,则很难正确地回答这一问题。

(一)行政权与司法权的特点

行政权与司法权是两种不同性质的国家权力,行政权是行政主体执行法律、管理国家与社会公共事务的权力,具有从属法律性。行政权追求的主要法律价值在于秩序和效率,即追求社会秩序和行政效率的实现。行政权在追求社会秩序和行政效率实现的过程中,当然也需要尽可能地实现社会公正。由于行政主体本身所处的地位、行政事项的紧迫性等因素,相对于立法权、司法权而言,行政权的行使往往缺乏严格的程序性。虽然行政权的行使具有机动性和灵活性的优点,但是其在程序的严格性方面远不及立法权及司法权。在很多情况下,行政权虽然实现了社会秩序和行政效率之价值目标,却很难兼顾到社会公正。是故,法

---

① 例如我国台湾地区“行政程序法”(1999)第12条(民刑诉讼与行政争讼程序之关系)明确规定:“民事或刑事诉讼之裁判,以行政处分是否无效或违法为据者,应依行政争讼程序确定之。前项行政争讼程序已经开始者,于其程序确定前,民事或刑事法院应停止其审判程序。”

律一般不赋予行政机关以行政终局裁决的权力。司法权是司法机关所依法享有的对当事人之间的纠纷和主张居中进行判断,并进行终局性裁判的权力,其具有独立性、中立性、程序性、权威性、终局性等特点。司法权以司法正义为总的价值目标,而司法公正则构成了司法权的首要价值目标。司法权在追求司法公正的同时,虽然会兼顾效率、效益等其他法价值,但是司法公正始终是司法权的首要、核心与根本价值目标。由于司法权所具有的独立性、中立性及程序性,司法机关才被法律赋予终局性裁判的效力。司法权的终局性是指司法权对于纠纷具有最终的、最权威的裁判权,其具体内容是:其一,经过司法机关裁判的事项,以后不再受到其他机关的裁判;其二,除经司法机关依法改判外,其他任何机关、组织或个人均不得变更或撤销司法裁判;其三,经过司法机关裁判的事项,被认为是最公正的,当事人应当无条件履行该裁判所确定的义务。“对于司法机关作出的生效裁决,司法权的终极性赋予了生效司法裁决以法律效力,司法裁决不仅强制当事人依裁决执行而且限制司法机关随意变更、撤销裁决或者重新启动司法程序。”①

(二)司法权对行政权的尊重

在宪政与法治的背景下,国家权力必然是相互分立且相互制衡的;各项国家权力之间应该是各司其职、互相尊重的。“行政机关作出的行政行为一经生效,就对自己、对相对人和利益相关人、对其他行政机关及法院都产生了相应拘束力。且这种拘束力应该得到普遍尊重,非有权机关经法定程序不得予以否定。”②行政行为的此种拘束力,其实就是行政行为的形式拘束力。对于司法机关而言,行政行为的形式拘束力就表现为行政行为对司法裁判的拘束力。一方面,司法机关在司法裁判时,不能对行政行为不管不问,另行寻求其他证据作出判决;另一方面,司法机关在没有相反证据的情况下,不得作出与行政行为相矛盾的司法裁判。③ 虽然行政行为对司法裁判的形式拘束力具有行政程序性、形式性、相对性,但是其还是体现了司法权对行政权尊重的一面。

(三)司法权对行政权的监督

行政权的行使应该受到司法权的监督,这是现代法治的应有之义。司法权

---

① 刘瑞华:《司法权的基本特征》,载《现代法学》2003 年第 3 期。

② 成协中:《行政行为违法性继承的中国图景》,载《中国法学》2016 年第 3 期。

③ 在司法实践中,也有置行政行为于不顾,而是根据查明的事实作出判决的情况,但较为少见。更多的情形,还是以形式拘束力的行政行为直接作为司法裁判的依据。

对行政权的监督，是通过司法程序对行政权运行合法性的审查来实现的。根据司法的独立性和终局性原理，法院在司法裁判活动中有权独立地对事实和法律问题作出判断。司法机关在裁判案件时，依法有义务对形式合法性的行政行为进行实质合法性审查。经过司法程序的审查，具有实质合法性的行政行为对司法裁判具有实质拘束力，司法机关必须将其作为司法裁判的依据和前提。对于不具有实质合法性，依法应予撤销或确认无效的行政行为，则不能作为司法裁判的依据和前提，而是应该根据查明的事实依法作出裁判。行政行为对司法裁判的实质拘束力具有司法程序性、实质性、绝对性，恰恰是体现了司法权对行政权监督的一面及司法最终的原则。

五、行政行为对司法裁判的拘束力及相关制度的完善

(一)依法保障审判独立

司法权是一种对当事人之间纠纷予以裁判的权力，为了保证司法裁判的公正性，司法裁判的主体应当能够排除来自各方面的干涉，依法独立审判。这对于充分保障公民的权利，建立现代法治社会具有十分重要的意义。一个现代化国家管理模式或机制的最突出特征，就是司法机关独立行使审判权力，依法独立审判，不受任何其他力量的非法干预，这也是法治国家的基本特点。我国《宪法》(1982 年)第 126 条规定："人民法院依照法律规定独立行使审判权，不受行政机关、社会团体和个人的干涉。"据此，人民法院独立行使审判权是我国宪法的基本原则之一，也是依法治国的根本要求。就我国目前的政治体制与司法体制来说，司法机关应该在党的领导和人大的监督下依法独立、公正地行使审判权。但事实却是，司法机关既未获得宪法规定的依法独立审判的权力，也未获得与行政权平起平坐的地位。相反，因为法院的人、财、物均受制于地方党委和政府，人民法院的生存和发展过度依赖于地方，在很多情况下很难真正做到独立行使审判权。从法官个人来说，依法独立裁判是法官的神圣职责和使命所在，正如马克思所言："法官是法律世界的国王，除了法律就没有别的上司。"[①]建立保障法官依法独立行使职权的制度，是法官职业保障的核心。但是，我国目前尚未真正建立法官依法独立审判的职业权利保障制度，法官不能判、不敢判的现象在一定程度上仍然存在。为此，要全面落实人民法院的宪法地位，保障人民法院独立审判；与

① 《马克思恩格斯全集》(第 1 卷)，人民出版社 1995 年版，第 181 页。

此同时,建立完善的法官职业保障制度,保障法官依法独立裁判,从而彻底解决法官不敢判、不能判的问题。

(二)改革与完善证据制度

我国的三大诉讼法都明确规定,证据必须经过查证属实才能作为定案的证据。但是,这样的规定比较原则,可操作性不强。在行政行为的合法性构成司法裁判的先决问题时,就行政行为的证据属性而言,适用何种程序进行审查、审查到什么程度,三大诉讼的证据制度并没有对此作出具体、明确的规定。其实,这类问题完全可以通过司法解释的办法予以明确。在刑事诉讼中,《刑事诉讼法》(2016)第48条第3款规定:"证据必须经过查证属实,才能作为定案的根据。"对于构成司法裁判的先决问题的行政行为合法性问题,除极少数通过另行诉讼的办法解决之外,其他绝大部分都由刑事审判组织以直接审查的方法予以解决。这种直接审查的办法,由于没有适用行政诉讼程序,掌握证据且有举证能力,也应该承担举证责任的行政机关无须出庭举证,而刑事诉讼被告人因为举证能力的限制,虽然主张行政行为不合法,却又无法有效地举证证明,这样的程序显然有失公正。把构成先决问题的行政行为仅仅当作刑事诉讼的证据进行一般性的合法性审查,行政先决问题司法审查的程序有失公正,极易导致司法审查的形式主义,无法保证先决问题司法审查的实体公正,从而导致事实上先决问题决定了刑事裁判的结果,最终也无法保障刑事被告人的人权及刑事裁判的实体公正。《民事诉讼法》(2015)第63条第2款规定:"证据必须查证属实,才能作为认定事实的根据。"同理,在民事诉讼中,对于构成司法裁判的先决问题的行政行为的合法性问题,除极少数通过另行诉讼的办法解决的以外,其他绝大部分也是由民事审判组织以直接审查的办法解决的。例如,在交通事故民事损害赔偿案件中,对于交通事故责任认定的行为,就由民事审判组织直接予以审查,这样的直接审查方式,与刑事诉讼的直接审查存在着同样的制度缺陷。在司法实践中,诉讼制度的不完善是导致行政行为对司法裁判的"形式拘束力"等同于"实质拘束力"的最为根本的原因。

(三)改革与完善行政行为的司法审查制度

例如,对于刑事诉讼行政先决问题的司法审查,应该适用行政诉讼程序予以司法审查。通过相关立法或司法解释的办法,将行政诉讼程序"嫁接"、引入刑事诉讼程序中,建立行政机关参加诉讼和刑事诉讼附属行政诉讼制度,同时对单独诉讼和直接审查制度予以保留。如此,我国最终将形成以行政机关参加诉讼为主、刑事诉讼附属行政诉讼、单独诉讼及直接审查为辅的审查模式。这四种不同的审查方式，分别适用于特定情形的行政先决问题的司法审查。① 这样的审查模式方能有效地监督与制约行政权力、保障刑事被告人的人权，更好地实现刑事诉讼的公正与效率。同理，对于民事诉讼行政先决问题的司法审查，也应该建立以行政机关参加诉讼为主、民事诉讼附属行政诉讼、单独诉讼及直接审查为辅的审查模式。至于行政诉讼在先行政行为的司法审查，则应建立以行政机关参加诉讼为主、行政先决问题之诉与行政诉讼本诉合并审理及直接审查为辅的审查模式。

（四）提升法官的素质与能力

当前，以"形式拘束力"等同于"实质拘束力"现象的普遍存在，与法官的素质与能力问题也有一定的关系。例如，由于法学理论水平及司法能力的制约，有不少法官在行政行为对司法裁判的拘束力理论方面存在模糊及错误的认识，认为把行政行为直接作为判决的依据是天经地义的。另外，部分法官在行政行为的合法性审查上不认真、不负责，也是造成以"形式拘束力"等同于"实质拘束力"的重要原因。公正是司法的生命，是司法的首要和终极目标。高超的法律专业知识、丰富的司法经验、公正无私的精神等，是法官所应具备的基本素质。提升法官的素质与能力，是司法公正的根本保障。

（五）推进司法责任制的贯彻落实

司法责任制包括法官享有充分独立的司法裁判权，也包括法官的责任担当与责任追究。在赋予办案法官审理裁判案件主导权、决定权的同时，办案法官对裁判结果负责，包括对错误裁判负责。部分法官在行政行为的合法性审查上不认真、不负责任，或是直接以形式效力的行政行为作为裁判依据，或是审查上的不作为与形式主义，把本来不具有实质合法性的行政行为当作司法裁判的依据，

---

① 被告人以行政行为的不合法为刑事诉讼抗辩的理由和手段，而非提出一个真正意义的依法可以成立独立的诉讼请求，此时应该适用行政机关参加诉讼制度。与行政机关参加诉讼不同，刑事诉讼附属行政诉讼适用于被告人主张行政行为的不合法不但是其刑事抗辩的理由，而且构成一个独立的诉讼请求，且符合与刑事诉讼合并审理条件的情形。因为单独的行政诉讼存在着诉讼效率低下等诸多弊端，只有在行政机关参加诉讼、刑事诉讼附属行政诉讼及直接审查制度都无法适用的情况下，才采用单独诉讼的审查方式。直接审查在行政行为存在重大而明显的瑕疵、在刑事审判组织很容易判断其合法性问题时，应该由其直接审查确定其合法性问题。

从而导致司法裁判的严重错误。司法责任制的落实不到位,也是导致"形式拘束力"等同于"实质拘束力"现象存在的重要原因之一。"追究司法责任,可以督促司法人员在办案过程中慎思慎行——既谨慎地审核证据,又谨慎地认定案件事实,既谨慎地选择所适用的法律,又谨慎地表达办案结论所持的理由,既谨慎地保障法律程序运行的正当性,又谨慎地保障程序结果的合法合理性。由此,可以防止法律程序的错误适用,也可以防止错案的发生,进而确保办案质量。"①为此,必须坚决推进司法责任制的贯彻落实。通过健全审判质效考评、司法责任追究等机制来确立一个价值导向,以最大限度地调动法官的工作积极性和责任心,从而促进整个审判质效的提升。在合议制度改革中,要进一步完善合议庭办案责任制,明确合议庭成员的责任,要求每个合议庭成员参与案件评议时,不得拒绝陈述意见或仅作同意与否的简单表态,必须在提出事实根据和法律依据的基础上,有的放矢地进行分析论证。严格落实办案质量终身负责制,健全错案防止、纠正、责任追究机制。

结　语

长期以来,因行政行为对司法裁判的实质拘束力隐藏于司法审查制度之中而难以发现,中外学者所研究和讨论的行政行为对司法裁判的拘束力,主要限于形式拘束力的范畴。行政行为对司法裁判的形式拘束力与实质拘束力在理论上未能得以区分,是导致关于行政行为对司法裁判拘束力问题的研究始终无法深入的重要原因之一。行政行为对司法裁判的形式拘束力具有行政程序性、形式性和相对性;而行政行为对司法裁判的实质拘束力则具有司法程序性、实质性和绝对性。是故,目前德国、日本、我国台湾地区和大陆的学者关于这一问题的观点和认识,其实都不够全面。在行政行为对司法裁判形式拘束力与实质拘束力区分的基础上,基于应然与实然的视角,其实不难发现行政行为对司法裁判拘束力问题的本质及其症结所在。行政行为对司法裁判的形式拘束力与实质拘束力理论,能够有效地消除长期以来的模糊乃至错误的认识,深化行政行为效力理论及诉讼理论问题的研究,有效地指导立法、执法及司法实践。

① 肖晗、王亚欢:《司法责任制度的价值追求》,载《湖南警察学院学报》2015年第2期。

经济法论坛

我国"校园贷"的实证分析与规制路径

——以重庆市四所高校为样本

邓伟维*

摘要：近年来，我国"校园贷"持续高速发展。采用实证调查的方式，运用二分类 logistic 回归模型对大学生选择使用"校园贷"的影响因素及程度进行定量分析，结果显示家庭经济情况和性别对大学生选择使用校园贷影响并不显著，而个人消费欲望、风险管控意识以及个人金融知识及个人征信意识等因素则影响显著。我国"校园贷"呈现以消费贷为主、隐形费用高、审核程序宽松以及征信系统缺位等表征。通过结合调查的具体数据可以推断消费需求与伦理关系是上述表征的内在动因，金融教育匮乏与法律监管缺位是外在动因。为完善我国"校园贷"的规制路径，应当构建与完善相关制度、普及金融教育以及完善"校园贷"平台自身的运营模式。

关键词：大学生；校园贷；表征；成因；规制路径

* 作者系英国利兹大学国际银行金融法硕士研究生。

一、问题的提出

我国正迅速跻身互联网时代最为活跃的超级大国。① 与此同时,我国互联网金融的迅速发展也正迎来一个历史的转折点。② 而"校园贷"这一互联网金融的衍生物近年来引发了一系列社会热点事件。"校园贷"作为互联网金融链条上特殊的一个环节,如若不能得到正确的引导发展,不仅会造成国内互联网金融发展的绊脚石,也破坏了互联网金融市场的正常秩序。另外,大学生作为一个青年群体,正处在社会化的重要时期,社会各个群体对其金融行为的引导都是举足轻重的。故此,作为后发的"科技兴邦"和"少年强则国强"民族国家,如何引导大学生正确使用"校园贷"以及如何规制"校园贷",备受社会各界的关注。

"校园贷"作为一种新兴事物,虽然我国在对"校园贷"的监管和规制方面存在法律的缺位,但是政府对其重视程度却是不言而喻的。鉴于目前国内对"校园贷"的研究较为空白,亟待形成一个以实证分析为基底描述和分析问题的框架,本文从研究"校园贷"现状的角度切入,考察我国大学生使用"校园贷"的影响因素及其影响程度(问题一),分析"校园贷"在我国野蛮生长背后的成因(问题二),以及探索构建"校园贷"的规制路径(问题三)。对第一和第二个问题以实证调查的数据为基础分别采用定量与定性的方式作出分析,以此为实证依据来回答本文的第三个问题。

二、互联网金融下"校园贷"的概念解析

在引入对本次实证研究分析之前,要在此厘清一些相关的基本的概念。"校园贷"实质上是互联网金融下的衍生产品,在明确对"校园贷"的定义前应当首先对互联网金融的概念作出准确的把握。

---

① 根据中国互联网络信息中心(CNNIC)发布的第 37 次《中国互联网络发展状况统计报告》显示,截至 2015 年 12 月,中国网民规模达到 6.88 亿,互联网普及率达到 50.3%。2016 年 9 月,在上海社科院信息研究所举办的"2015 网络与信息安全智库论坛"上表示,截至 2016 年 6 月,全球上网人数约为 30 亿,未上网人数为 42 亿,互联网普及率约为 40%,中美网民数量占据全球网民数量的 1/3。对此,专家认为网络空间力量接下来将发生转移,以美国为中心的上半场,进入以中国为中心的下半场。

② 从 2014 年至 2017 年,我国政府工作报告中连续 4 年提到互联网金融。措辞也从 2014 年、2015 年促进互联网金融健康发展转变为规划发展警惕风险。

目前,我国学界和业界对互联网金融尚无明确的、获得广泛认可的定义。而根据中国人民银行在《中国金融稳定报告(2014)》中对互联网金融的定义为:"互联网金融是互联网与金融的结合,是借助互联网和移动通信技术实现资金融通、支付和信息中介功能的新兴金融模式。狭义的互联网金融仅指互联网企业开展的、基于互联网技术的金融业务。广义的互联网金融既包括作为非金融机构的互联网企业从事的金融业务,也包括金融机构通过互联网开展的业务。"①

同时,目前国内理论界也还没有对"校园贷"这一概念作出一个准确全面的界定。基于此种情况,在参考有关"校园贷"的研究资料基础上,本文将"校园贷"界定为:指专门为大学生群体提供分期购物或贷款现金等服务的互联网金融产品。② 其中,"校园贷"的模式可以大致分为三类:其一,由传统电商平台提供的购物信贷服务,例如,淘宝的"蚂蚁花呗"、京东的"打白条"等;其二,专门针对大学生群体推出的"P2P+分期购物"的模式,如"分期乐""趣分期"等,主要提供购物分期贷款及较低额度的现金贷款等服务;其三,纯 P2P 贷款平台模式,针对大学生助学、创业、消费等提供相关服务,如"爱学贷""名校贷"等。

三、经验分析:数据统计与研究方法

(一)数据统计的基本情况

鉴于很难对"校园贷"进行全国高校普查统计,本研究只是尝试从重庆市各个地区选取具有四所代表性的高校作为调查样本进行调研实践,

由于对四所高校全部进行线下问卷调查难度较大且人工统计各个项目指标耗时长且容易出错,因此,对其中的二所高校,采用的是线上调查问卷的方式,以保障统计基本数据的正确率以及便于后期工作的数据筛选。但是由于线上问卷的调查方式存在其自身一些难以克服的缺点,为此,我们另外选取了一所大学为辅助样本,对其进行线下问卷调查。最后,将两组样本数据对比分析,以验证相互的客观准确性。

---

① 中国人民银行:《中国金融稳定报告 2014》,载中国金融信息网,http://rmb.xinhua08.com/a/20140429/1320967.shtml,访问日期:2019 年 6 月 30 日。

② 虽然国外早有学者对"校园贷"的研究已较为完善,但是在此值得注意的是,欧美国家中的"校园贷"和我国互联网金融背景下的"校园贷"存在本质的区别:前者是指偏重于助学贷款;而后者实质上是消费贷。二者虽然借贷主体都为大学生,但是由于这种贷款用途的区别,决定欧美国家的"校园贷"和我国"校园贷"实际上是两个完全不同的概念。

数据统计和访谈从 2018 年年底开始,截至目前,历时三月有余。数据来源分为两个渠道。其一,通过网络问卷的形式对选取的三所高校本科生进行调查;其二,通过纸质问卷的形式对另外一所大学全体本科生进行随机抽样调查。两个渠道收集到的问卷共计 1475 份,经过人工筛选得到有效问卷 1330 份。本次调查对象的基本情况,参见表 1。

表 1 调查对象的基本情况

变量	线上	线下
定类变量	占比	占比
性别		
男	31.9%	48.7%
女	68.1%	51.3%
生源地		
大城市	44.8%	33.3%
中小城市	46.6%	53.3%
农村	8.6%	13.4%

(二)本文采取的研究方法

在本次实证研究中主要采用了问卷调查法、访谈法以及比较分析法。为了回答前述中提出的第一个问题,本文首先梳理相关文献认为影响大学生使用“校园贷”的因素,主要可以总结为以下四个方面:个人因素,主要包括个人消费欲望、对个人信用缺乏认识等;学校因素,主要包括金融安全教育开展情况、金融风险监管意识教育情况;政府因素,主要包括对“校园贷”网络平台的法律监管以及征信体系完善情况等;家庭因素,主要包括家庭经济情况以及存在违约风险情况下寻求父母帮助的占比情况等。目前已有的文献已经对这些因素进行了定性分析,本文旨在通过利用二元 Logistic 回归模型进行定量分析,得出上述因素对大学生使用校园贷行为的影响显著度和影响系数。

1.理论基础——Logistic 模型

某事件发生的概率为 p,影响因素(自变量)有 m 个:x_1 ,x_2, x_3… x_m,Logistic 回归方程可以写成:$logit(p)=ln\frac{p}{1-p}=\beta_o+\sum_{j=1}^{m}\beta_j x_j$

2.构建模型

通过随机抽样的方式对重庆市内四所不同类型的高校进行网络问卷调查，共计回收问卷 1475 份，其中有效问卷 1330 份，有效回收率约为 90.1%。

学生选择使用“校园贷”或者不选择使用“校园贷”是一个二元选择的问题，所以适用 Logistic 模型。本文将学生是否选择校园贷作为因变量，不选择取 0，选择取 1。将自变量选取性别、家庭经济情况、个人消费欲望、个人金融知识、风险管理意识、个人征信意识等 6 个。各变量取值范围和赋值情况见表 2。

表 2　变量取值范围和赋值内容

	变量	变量取值范围	赋值内容
因变量	校园贷	0～1	0＝不选择;1＝选择
自变量	性别	0～1	0＝女;1＝男
	家庭经济情况	1～3	1＝不贫困,2＝一般贫困,3＝特别贫困
	个人消费欲望	1～4	1＝很低,2＝较低,3＝高,4＝很高
	个人金融知识	1～3	1＝很少,2＝有一定的金融意识,3＝很多
	个人征信意识	1～3	1＝淡薄,2＝有但不强,3＝有且很强
	风险管控意识	1～3	1＝淡薄,2＝有但不强,3＝有且很强

四、“校园贷”的调查结果与表征分析

(一)结果与分析

运用 SPSS 软件对因变量和自变量进行二元 Logistic 回归分析，结果见表 3。

表 3　校园贷的 Logistic 回归模型结果

变量	回归系数	S.E	显著水平	OR
其他	－3.628	0.725	0.106	0.023
性别	0.024	0.188	0.078	1.045
家庭经济情况	0.025	0.142	0.093	1.022
个人消费欲望	3.078	0.084	0.000	8.701

续表

变量	回归系数	S.E	显著水平	OR
个人金融知识	−0.779①	0.208	0.027	0.527
个人征信意识	−1.893②	0.263	0.000	0.346
风险管控意识	−0.877③	0.126	0.016	0.567

注:①表示10%水平显著,②表示5%水平显著,③表示1%水平显著。

个人消费欲望对大学生是否选择"校园贷"的行为影响是最为显著的,为1%水平显著,回归系数达到3.078,是所有分析因素中影响比例最大的。这说明随着个人消费欲望的膨胀,大学生选择"校园贷"的概率明显增加。同时,这从侧面反映了学生并未建立正确的消费观念以及缺乏对健康消费心理的培养,大部分大学生将"校园贷"用于"消费贷"的用途,盲目地购物消费。

风险管控意识对大学生是否选择"校园贷"存在负影响且影响显著。这说明随着大学生风控管理意识的不断增强,学生选择"校园贷"的概率显著减小。当前大部分大学生在选择使用"校园贷"时,并未意识到不良借贷的危害、违约风险以及个人信息泄露等风险因素,因此,往往错误地估计了自己的风险承担能力。

个人金融知识及个人征信意识对大学生是否选择"校园贷"也存在着显著的影响且在回归模型下的系数为负数。这说明随着大学生个人金融知识和征信意识的增强,其越不倾向于选择"校园贷"。

根据该模型下的分析结果显示,家庭经济情况和性别对大学生是否选择"校园贷"的影响最小。说明通常观点认为的家庭经济越困难,学生越容易选择"校园贷",男生或者女生可能更倾向于选择"校园贷"等感性判断并未能在本次的实证调查分析中得到支持。

总之,通过本次的实证调查结果可知,家庭经济情况和性别对大学生使用"校园贷"的行为影响并不显著;而个人消费欲望、风险管控意识以及个人金融知识及个人征信意识等因素对大学生使用"校园贷"行为影响显著。

(二)"校园贷"现状的表征分析

基于Logistic模型对调查数据的分析所得结果,在上述结论的指引下,本文接下来采用定性的方式,通过对线上线下两个调查样本数据相互佐证比较的方式来分析说明"校园贷"现状表征。

1.贷款用途广泛:以“消费贷”为主

通过问卷调查统计数据可知,线上有92.03%的大学生将“校园贷”用于购物消费,40%用于应急周转,23.98%用于旅游出行,20%用于投资理财,而用于创业经费和学费、培训费的比例不到10%;线下有77%的大学生将“校园贷”用于购物消费,25%用于应急周转,20%用于旅游出行,5%用于投资理财,而用于创业经费和学费、培训费的人数为零。基于此,我们认为国内大学生“校园贷”所贷款项用途较为广泛,“消费贷”成为大学生贷款最主要的内容。造成这个现象的原因有二:首先,就“校园贷”平台角度而言,分期贷款与传统电商提供的贷款服务这两个类别,主打学生消费市场,通过串联贷款与消费,形成一条促进大学生超前消费的产业链。即使是“名校贷”这样的P2P贷款平台,仍有14%的学生将贷款用于消费和旅行。其次,从大学生本身的角度来说,其存在超前消费、过度消费等不良消费观,在外界和内部的双重刺激下,容易冲动购物。相较之下,美国“校园贷”中“消费贷”的现象十分少见①。

2.低利息为卖点:隐形费用较高

很多“校园贷”的宣传页上打着“零首付、零利息、免担保”等“优惠”条件,故意隐藏高额的手续费,诱导学生贷款。大学生既没进央行征信系统,也没有收入,从风控理论上说,他们是高风险人群。金融机构是经营风险的组织,风险越大,要求的回报就越高。为了平衡信贷风险,“校园贷”的利率自然就高。为了逃避监管,有些“校园贷”机构还会巧立名目,将一部分利息改头换面,变成服务费用。而很多大学生并不清楚,这些看似每笔不多的手续费,其实也是很高的贷款成本。例如,“校园贷”的还款方式一般为等额本息或者等本等息。按照某“校园贷”机构公布的资料,以一笔总额为24000元的分期业务为例,选择12个月还款,利息为每月1.5%,则12个月的利息合计为24000×0.015×12=4320元。表面上看,年利率是18%,但实际上,真实成本远远不止如此。由于采用了分期还款的方式,借款的学生并不是一直占用着24000元的本金额度,而是每月递减了2000元。按此计算,月均的资金占用约为13000元,12期分期还款,实际的

① 2016年纽约联邦贮备银行最新发布的《学生贷款借款和还款趋势》研究报告,美国学生贷款总额为1.23万亿,其中绝大部分贷款由联邦政府提供,私人机构贷款只占极少数。大部分美国学生申请学生贷款用以支付课程、书本和住宿的费用,在美国并不存在专门为大学生提供消费类贷款的平台。

贷款成本为33.2%,这远远超过了24%的民间借贷利率上限。《最高人民法院关于审理民间借贷案件适用法律若干问题的规定》第26条,规定了法律支持的最高民间借贷利率为年利率24%。而有一些校园网贷平台的贷款利率远超于此,显然不被法律所保护。而在本次实证调查过程中下述数据分析阐述也充分证明了这一事实。

调查显示线上有46.55%的大学生将低利息作为具体选择某个"校园贷"平台的决定性因素,线下有45%的大学生将低利息作为具体选择某个"校园贷"平台的决定性因素,可见低利息对大学生的吸引力较大。而某些"校园贷"平台更是打出"月利息低至0.99%"的宣传广告,这对没有社会经验的大学生而言无疑具有巨大的诱惑力。

然而,通过实证调查,我们发现"校园贷"平台的借款利率普遍较高,还存在名目烦琐的手续费、服务费与高额的逾期费。以"趣分期"平台的产品"趣白条"为例,借款3000元,借款期限1个月、3个月、6个月、12个月对应的年利率分别为24.0%、17.5%、15.4%、13.5%。以名校贷为例,借款3万元,3年内还清,月利率是0.99%,年利率是11.88%,还需要缴纳0.5%的充值手续费,平台会扣除20%借款额作为咨询费,3万元在3年后需要还40692元,如果逾期,30天内每天滞纳金是应还款金额的0.15%。即使借款人负担了100%借款额的所有利息与各项费用,逾期超过30天,之前扣留的20%借款的"咨询费"也不会还给借款人。有业内人士表示,"行规"是下款只放80%,利息按100%收取,其余20%美其名曰"手续费或押金"(实际大多不退回),这也变相提高了实际利率。

3.放贷门槛较低:审核程序宽松

通过调查数据可知,线上有68.97%的大学生认为"校园贷"相较于其他贷款的优势在于门槛低,审核不严格,有68.1%的大学生认为"校园贷"程序少,放款快。线下有45%的大学生认为"校园贷"相较于其他贷款的优势在于门槛低,审核不严格,有53%的大学生认为"校园贷"程序少,放款快。与国外网络借贷平台相比,国内"校园贷"平台放贷门槛明显较低,其放贷对象亦非常广泛。不像国外的学业贷只对一些名校大学生开放借款服务,我国"校园贷"将全国的高校大学生都视作他们的目标群体。且我国"校园贷"平台对贷款人的资格审核十分宽松,没有相应具体的硬性指标,更不会对大学生注册信息的真实性进行排查。在整个贷款过程中,大多数学生仅需在网络平台提供学生证、身份证和个人学籍信息截图,就能完成注册和放款,甚至不需要贷款者本人亲自办理,其审核程序不可谓不宽松。部分"校园贷"平台为了吸引大学生选择他们的平台，更是以"1 分钟申请，10 分钟审核，快至 1 天放款，零抵押，零担保"等为宣传标语，这无疑助长了"校园贷"平台随意放款的不良之风。

对比国内外大学生网络借贷的资格审核标准及申请流程，可明显看出，我国"校园贷"的审核平台无论是对贷款人的资格审核还是具体的申请流程，都过于宽松。参见表 4。①

表 4　中外学生贷款资格比较

美国学生贷款再融资		中国学生贷款
贷款人平均特征	申请资格	申请资格
贷款规模：874354	至少达到所在州的成年年龄，签署合同具有法律效力	只要是在校大学生即可
总收入：$ 134866	借款人或其联合签署人必须是美国公民或永久居民	
FICO 评分：744	必须是已经被雇佣或已经拿到企业的 offer 在 90 天内入职	
每月净现金流 $ 5509	毕业于被认可为 Title IV 的大学或研究生项目	
工作经验 5 年	如果是法律专业的研究生，需要通过律师资格考试且获得证书	
	附加因素：信用历史、收入和就业状态等	

① 郑春梅、贾珊珊：《国内外校园贷平台比较及规制分析》，载《财经界(学术版)》2016 年第 17 期。

4.征信体制匮乏:征信系统缺位

调查结果显示,高校大学生提供自己的个人信息供他人注册使用“校园贷”平台,线上比例为13.18%,线下比例为10%;而将个人信息有偿租借给他人注册使用“校园贷”,线上比例为3.58%,线下比例为2%;帮别人在“校园贷”平台上分期购物或者贷款,线上比例为8.21%,线下比例为3%。由此可见,虽然在高校大学生群体中,存在问卷设计选项中提及的行为所占比例较小,但是仍然可以反映存在少部分大学生疏于对自己个人信息的保护以及对个人信用的重视,甚至存在大学生以个人信息与信用为资本作为谋利手段的情况。

《全国大学生信用认知调研报告》显示,超过8成大学生没听说过或不了解个人信用报告,知道信用报告中逾期记录保存几年的大学生只有12%,甚至有超过3成大学生不知道个人信用报告里的逾期记录会影响未来的金融生活。对中国的大学生来说,由于不能申请信用卡,衣食住行也基本在家或学校,学生的个人征信采集处于不完整甚至空白的阶段,因此他们并不知道个人征信是由哪些记录构成的,更不清楚个人的诚信污点对未来有何影响。总的来说,目前中国并未针对大学生建立专门的征信系统,也未将其纳入央行的个人征信系统。公共信用评估的缺位对于管理“校园贷”这一类的平台十分不利。

五、“校园贷”野蛮生长的成因分析

据教育部统计数据显示,2015年全国共有高校3642所,在校大学生数量达到2682万余人。如果每人每年分期消费5000元估算,分期消费市场可达千亿元人民币量级。① 艾瑞咨询报告显示,2014年我国大学生互联网消费金融规模为34.7亿元,同比增长201.7%,而同期大学生互联网消费分期规模达到32亿元,同比增长190.9%,网络分期是绝对领先的放贷主体。② 基于以上所述的大数据背景并结合当下现实情况来看,目前国内“校园贷”不仅仅在短时间内异军突起,与此同时,由于有关“校园贷”法律制度设置和监管的缺位,更是促成了当下“校园贷”野蛮生长的局面。

---

① 易观智库:《中国校园消费金融市场专题研究报告(2016)》,载https://www.useit.com.cn/thread-11280-1-1.html,访问日期:2019年6月30日。

② 艾瑞咨询:《2015年中国大学生消费分期报告——趣分期》,载https://wenku.baidu.com/view/ca25a9cf915f804d2a16c1ca.html,访问日期:2019年6月30日。

为了回答本文所提到的第二个问题，结合本次的实证调研，分析“校园贷”能在国内市场异军突起且迅猛发展的成因，我们发现主要有以下因素：

(一)消费需求与伦理关系是内在动因

本次调查的结果数据显示，大学生“校园贷”的贷款用于购物消费为主要途径，具体数据为 92%(线上)和 94.7%(线下)。据此可以推测，国内“校园贷”能够根植各大高校且迅速发展其背后的成因是因为市场的需要，亦即“校园贷”使用主体——大学生个人存在消费需求。

与此同时，本次实证调查发现，当大学生个人无法偿还“校园贷”时，其所采取的求助的主要对象为父母与同学或朋友。① 由此可知，“校园贷”其能够在短时间内呈现出“井喷”式发展的内部动因在于大学生个人的消费需求。而与此同时，让这种个人消费需求能够最终转化为其使用“校园贷”是因为有伦理关系为大学生消费贷行为兜底。

这种伦理关系主要体现为父母与子女之间的关系。宋希仁学者认为，“人类的父母与子女之间的亲子关系，不但是自然的由生育而产生的血缘关系，而且是有自觉意识和自主意识的社会关系”②。正是基于这种“血缘关系”和高度“自觉意识”，即使大学生作为一个所谓的“成年人”，从法律的角度上讲，是一个具有完全民事行为能力人，本应承担相应的民事责任。但事实上，由于大学生没有固定的收入来源，其自身也就无法完全独立承担相应的借贷民事责任，即最终承担借贷风险和相应民事责任人是大学生的父母。根据本次调查结果的数据显示，同学、朋友等人际关系在一定程度上也为大学生在无法偿还校园贷时提供了一定的兜底作用。

综上所述，大学生个人消费需求固然是其使用“校园贷”的内因。同时，当大学生无力承担“校园贷”的借贷风险和责任时，与父母伦理关系以及同学或朋友间的人际关系能够为其消费借贷行为兜底也是促使大学生使用“校园贷”的重要内部因素。

---

① 本次实证调查结果数据显示，当大学生个人无法偿还“校园贷”时，56.0%(线上)和 52.2%(线下)的大学生会向其父母求助；向同学、朋友求助的比例为 44.0%(线上)与 34.8%(线下)；而通过兼职获取劳动报酬以归还“校园贷”的方式占比为 28.0%(线上)与 26.1%(线下)。

② 宋希仁：《论伦理关系》，载《中国人民大学学报》2000 年第 3 期。

(二)金融教育匮乏与法律监管缺位是外在动因

根据本次调查结果可知,大学生选择使用"校园贷"的主要原因在于申请"校园贷"门槛低且程序简易。① 这具体体现在几乎大部分"校园贷"网络借贷平台仅仅只需要大学生提供其身份证信息和学籍信息,"校园贷"网络借贷平台即会予以授信一定的消费借款额度。显然,大学生主观上对"校园贷"的认知为门槛低和审核程序的不严格反映出的是大学生金融风险意识的缺乏和法律监管的缺位。

在我国,并没有专门的法律法规对"校园贷"网络借贷平台作出规定。而目前大部分的研究着力于整个其上位概念——"互联网网络贷款平台"。并且,对互联网网络贷款平台是否需要监管也存在不同的声音。业内和学术界不少人士认为,从互联网网络贷款平台创立的本意看,其只是为借贷双方提供交易的平台和机会,进行中介服务并不参与交易,既不吸储也不放贷,并非金融机构,没有必要让其接受金融监管机构的监管,交易双方的权利与义务可以通过私法进行规制,监管机构没有必要参与。对这种民间金融创新活动,法律应该保持其最低限度的干预,这是社会对民间金融的期望和对法律的要求。② 然而,随着互联网金融借贷平台的迅猛发展和竞争的加剧的背景之下,"校园贷"在大学生群体中已然是野蛮生长,白热化的竞争也改变了"校园贷"网络借贷平台的交易性质,其从事的不少业务已经演化为金融业务,各大"校园贷"平台已经俨然成为"新型"金融机构,然而在法律制度构建尚未完善与缺位的情况下,其并不符合金融机构主体资格,成为监管遗漏的"影子银行"③。

综上所述,"校园贷"及其相关互联网金融的法律体系的缺乏和监管的缺失为其野蛮生长提供了客观条件;同时,大学生个人金融风险意识的匮乏,究其本质在于金融教育在我国高校中匮乏,从而,促成了"校园贷"在大学生群体中能够假借"手续费"之名行非法高利放贷之实。

---

① 本次实证调查结果数据显示,大学生使用"校园贷"的原因为"门槛低审核不严格"的占比为69.0%(线上)和58.7%(线下);原因为"程序少放款快"占比为68.1%(线上)和68.0%(线下);原因为"可以同时使用多个校园贷网络平台"占比为39.7%(线上)和36%(线下)。

② 邢会强:《金融法的二元结构》,载《法商研究》2011年第3期。

③ 冯果、蒋莎莎:《论我国P2P网络贷款平台的异化及监管》,载《证券法律评论》2014年第1期。

六、我国"校园贷"规制路径的完善

(一)相关制度的构建与完善

1.互联网金融立法的构建与完善

在网络金融借贷市场中,离不开全面系统的法律制度的保障,早些年已有部分网络商务立法规范①,这更要求当前建设包括金融借贷机构在内的责任承担,市场信誉,金融借贷机构的资产负债管理等立法的完善。加快校园金融借贷机构方面的立法步伐,特别是需要加强对大学生这类特殊群体的立法。大学生作为结构性弱势群体,自身信用意识单薄,理性消费信念缺失。而金融机构拥有专业化的团队,技术性人才以及掌握完全的金融信贷产品信息,两个主体之间形成鲜明的对比,为此,应在立法上对大学生更多倾斜,更加侧重于保护大学生这群弱势消费者的利益,可以在立法上增加消费者对"校园贷"合同的撤销权,以提前还贷的方式减少利率,促进公平。强化信贷立法,特别是在信贷合同的规制上,对于责任的分配,当然应该加大金融借贷机构违法惩罚力度方面的立法,应当更多科以金融信贷机构的合同责任与义务,便于金融信贷机构提供更为优质的信贷产品与行业服务。

2.信贷制度的构建与完善

以"校园贷"为主要表现形式的金融信贷市场想要更好地规范市场,应当加快建设适当、有责的金融信贷服务体系的步伐,首先,建设更好的市场准入规则,严格把关规范金融信贷机构的操作与企业的经营运作,规范内部管理。其次,大学生没有正确消费的观念,容易过度负债,甚至导致个人信用的破产,为此可以对大学生的偿付能力进行审查,采取不同额度的信贷发放,限制过高的消费金额,使其能够承担合适的贷款。再次,引入金融信贷诚信交易体制,金融信贷机构应当提供完善的金融产品信息,增加信贷提供者在消费信贷合作中的义务如信息披露义务,真实营销义务等,让大学生在充分了解信贷产品的基础上,进行合理的选择。最后,强化互联网金融的用户身份的认证,加大网络安全的投入,"校园贷"当前暴露最明显的是借贷交易双方信息的不对称。为此很有必要,制定信贷制度,强化用户身份和信用认证,使个人信用记录和财产处于监控之中,

---

① 2005 年 4 月 11 日开始实施的《电子签名法》有 9 条涉及采用数据电文或者其他电子通信手段形成的电子合同,已经完成部分网络电子商务法律法规的制定工作。

培养个人责任意识。这方面我们可以参照其他国家的先进经验[①],我们在此基础上建立透明的个人信息体系,交易主体信息的全面、真实能增加交易双方违约的心理压力以及实际违约成本,推动借贷双方诚信交易。

3.债务救济的完善

大学生本身无收入来源,缺乏信贷消费还款来源,债务最终会回归于父母承担,为了预防消费者陷入破产的困境,无力偿还债务,因此一方面可以建立消费者债务市场退出机制,当债务超出一定的负担额度时自动退出,避免后期的利息不断增长,加剧大学生的负担。可以使大学生等消费者债务退出市场,规制大学生仅仅承担借贷款以及相关利息,使其在合理范围内承担债务,同时也兼顾金融借贷机构的利益,调整金融借贷机构,借贷消费者及其他利害关系人的权利义务,既保障借贷机构获得公平受偿,又让大学生为代表的消费者在经济生活上获得重生的机会。另一方面,国外与我国港台地区第三方债务催收的法律规范与监管政策对于我国债务催收市场特别是第三方债务催收市场的规范发展及金融消费者保护具有借鉴意义[②]。建立合理的催收制度,有利于大学生等消费借贷者争取更多的还贷时间与还贷渠道,也有利于保障借贷机构的债权利益。这是有效合法的债务救济方式之一。

(二)金融教育的普及

大学生作为热衷时尚,追求个性的群体,信贷消费理念过于超前,理性消费意识不强,部分还具有享乐主义和拜金主义的思想。并且,大学生缺乏信贷资金的还款来源,其父母才是真正的第一还款源。[③] 因此,金融教育的核心之一即能够正面引导大学生树立正确的消费理念,使其意识到未来消费信用对其个人今后职业发展、个人生活的重要影响。进而促进大学生主动了解金融基础知识并有利于培养金融风险意识和良好的信用观念。因而,即使大学生在选择使用"校

---

① 国际公认的美国 FICO 指标体系,包括了道德水平、还款能力、资本实力、担保情况和经营环境五个方面,每个指标又分为二级和三级指标,全面反映借款人信用情况的要素。

② 美国国会于 1977 年制定了《公平债务催收作业法》(*Fair Debt Collection Practices Act*,FDCPA);中国香港银行公会制定了《银行营运守则》,香港个人资料私隐专员制定了《个人信贷资料实务守则》;中国台湾地区"金管会"颁布了《金融机构作业委托他人处理内部作业及程序办法》,"银行业公会"制定了《金融机构办理应收债权催收作业委外处理要点》《金融机构债权催收作业委外最低标准化范例》等,以规范债务催收行为,明确违反规定的相关责任。

③ 赵崟梯:《浅谈重庆地区大学生消费信贷市场》,载《全国商情》2016 年第 25 期。

园贷”平台的情况下，其也具备基本的金融风险意识去认真了解并比较各大“校园贷”平台的资质、消费信贷的利息水平以及违约条款等事项，从而作出更为理性的选择。同时，金融教育的普及也有利于大学生对隐私信息的保护意识的增强，减少实践中诸多大学生被“校园贷”代理以线下推广各种福利优惠的形式而泄露个人的身份信息而导致被他人利用于“校园贷”平台的消费或借贷的情况。与此同时，各大高校需要完善校园金融教育体系，特别是有关“校园贷”互联网平台的使用的正确引导。例如，可以通过设立通识课或选修课等，强化大学生对于信贷消费的金融意识，明确信贷消费的利弊。

（三）“校园贷”运营模式的完善

“校园贷”网络借贷平台作为金融市场的主体，在追求高盈利的同时，应更多地承担社会责任，这种社会责任源于金融市场的整体的稳定和金融消费者信用意识的有效培育。大学生网络消费信贷经营者应当扮演好自身的角色，一方面，经营者引导应当立足于互联网金融平台的内部治理完善，加强行业自律建设，不断完善自身金融产品服务，加强行业之间的监管，利用行业协会，对整体校园网贷企业进行自我约束和提高。[①] 另一方面，强化金融产品释明义务的意识，引导大学生理性消费，树立“校园贷”金融行业教育理念，面对“校园贷”高风险和高收益并存的情况，“校园贷”平台应该担起责任，杜绝违法行为，严格把关，以公开透明、理智客观的营销策略，引导大学生量入为出、量力而行。在这方面可以借鉴其他国家借贷平台的做法，在放贷过程中，平台应对借贷者明确相关收费细则，提示借贷者注意违约风险。[②] 出现借贷者逾期不还现象时，应杜绝暴力催款行为，建立完善的贷后服务，及时与借贷者沟通。除此外，“校园贷”平台普遍缺乏闭环流动的资金链条，一旦发生欠款，平台不免慌张不已，高额逾期费用和野蛮

---

① 具体的完善落实的参考要素可见，2016 年银监会联合工业部、公安部等 15 部委联合发布《P2P 网络借贷风险专项整治工作实施方案》提到的要求建立网上信贷资格准入制度，明确放贷额度、利息标准等细则。

② 例如，Sofi 是美国一家专注于做大学生网贷的公司，全名“SocialFinance”社交金融。在放款端，申请再融资贷款的毕业生们通过 Sofi 网站注册填写个人信息，上传贷款详情，Sofi 将会在一个工作日内决定其贷款利率，并在 10 天之内替借款者一次性还清已有学生贷款本息，此后借款者只需要向 Sofi 还款。而在借款端，Sofi 主要面向机构投资者和合格投资人。如果想在 Sofi 投资成为合格投资人，在网站注册后会有 Sofi 工作人员与其详谈投资意向，并依据收入水平和风险能力作出审批。

催收方式也由此而生。因此,从根源上完善校园贷平台的运营模式,加强平台自身建设,平台应对客服人员进行专门培训,完善网络系统的相关技术问题,是"校园贷"行业迈向规范之路的重要步骤。平台应完善放贷程序,建立内部风控机制,提高放贷门槛,对借款人的信息、借款动机、还款来源进行严格审查,加大线上与线下审核的力度,基本保证借贷对象具有偿还能力,坚决查处冒名贷款等事件。同时,平台可仿照相关银行、私人借贷机构,建立担保、抵押机制,提升平台风控能力。

结　语

"校园贷"实质上是在我国对大学生申请信用卡存在诸多限制的大背景下,随着互联网金融的发展异化而成专门针对大学生消费贷款的网络平台,其核心是利用互联网技术实现金融脱媒。其在一定程度上是有利于提前满足大学生的消费需求的。但由于法律制度的待完善和监管的缺失,滋生了不少的违法放贷的"校园贷"平台,也给民间高利贷提供了栖身之地。因此,基于对"校园贷"现状的实证调查,提出对"校园贷"的规制路径,不仅仅是对我国大学生利益的保护,也是为了引导并促进"校园贷"绿色健康发展。

民事法律专论

独任制适用限制变化的逻辑与未来走向

方鸿华*

摘要：《法院组织法》最早仅认可合议制，直至近30年后《民事诉讼法(试行)》颁布，我国审判组织形式才开始有了独任制的内容。独任制的发展经历了初露矛头、快速发展、稳重求进三个阶段，业已成为普遍的审判组织形式，却为立法"以合议制审理为主，独任制为补充"所限制。这种限制变化主要是受审判人员的法律素养、民商事案件的大幅增长、法院内部业绩评价与激励机制以及当事人对诉讼成本的考虑等影响。虽然独任制深受立法桎梏，但是它仍将继续成为民事司法的主要审判组织形式。为进一步顺应司法潮流，建议扩大独任制的适用范围，将独任制扩大至普通程序，甚至将独任制合理扩展至二审程序。

关键词：独任制；普通程序；多重制度逻辑；扩大适用

1954年《法院组织法》规定"人民法院审理案件，实行合议制"。该规定中仅有合议制而无独任制的内容，从而开启了合议制日后在我国审判组织形式中的主导地位。1991年，新颁布的《民事诉讼法》在继承合议制的同时，规定简易程序审理的民事案件适用独任制，由此立法上正式确立了合议制的支配地位，独任制仅作补充。但自我国启动司法体制改革始，立法中一直占主导地位的合议制在司法实践中日渐式微，而在立法中被限制适用的独任制反而广受欢迎。

* 作者系湖南省长沙市望城区人民法院丁字法庭法官助理，法学硕士。

一、独任制限制适用的初始发生条件

要了解为何合议制与独任制在立法与司法实践中会产生如此反转，必须从我国审判组织制度设计时的社会背景分析。

（一）独任制限制适用的语义

“独任制适用限制”的语义必须在审判组织制度、合议制这两个关系项的背景下获得界定。首先，民事审判组织以民事审判权为中心。它是民事审判活动的运作主体，代表法院在具体民事诉讼活动中行使民事审判权。就组织制度的层面而言，民事审判组织分为独任制和合议制。[①] 独任制由一名审判员单独完成审理，在诉讼中适用独任制运作的审判组织被称为独任庭；而合议制是由审判员与人民陪审员或数个审判员完成审判工作，适用合议制运作的审判组织则被称为合议庭。其次，合议制是立法设置的民事审判组织的主要形式。1954 年的《法院组织法》最早仅认可合议制，直至近 30 年后的修订才开始有了独任制的内容。合议制在其后《民事诉讼法》的规定中亦始终处于主导地位，只有基层法院受理适用简易程序的案件才可实行独任制。总体而言，我国民事审判组织的立法设计基本上是“以合议制审理为原则”的。

本文“独任制适用限制”中的“限制”是指审判组织形式以合议制审理为主，独任制只作为补充。总的来看，“限制”主要表现在两个方面：其一，在立法模式上，我国民事审判组织的立法模式一直是“以合议制审理为原则，独任制为补充”的，下文将对此详细阐述。其二，在适用范围上，《法院组织法》仅规定简单的民事案件才适用独任制，而何为“简单”？其并未对此说明。1991 年《民事诉讼法》虽规定“简易程序审理的民事案件”适用独任制，但直至 2003 年最高人民法院出台《关于适用简易程序审理民事案件的若干规定》(以下简称《简易规定》)对简易程序适用范围进行了界定，才让独任制得以规范运行。

（二）独任制限制适用的真实障碍

将独任制适用限制的立法意图置于历史时空中考察，可以发现，20 世纪 50 年代至 20 世纪 80 年代，无论从宏观还是微观角度，限制独任制适用确有其

① 在审判理论和司法实践中，还有一种审判组织形式，即审判委员会。由于审判委员会的存、废、改问题一直受理论界和实务界争论，且《民事诉讼法》并未将审判委员会纳入审判组织制度中，故本文对审判委员会不做阐述。

理由。

首先,彼时司法人员队伍素质不高,审判需要“集体的智慧”。新中国成立初,“政法工作人员一般是量少质弱”①。政法机构的工作人员不仅缺乏系统的法律知识,甚至文化知识水平也有限。针对旧司法人员无法适用到审判工作,司法人才匮乏,我党积极开辟新的司法干部来源,董必武为此提出六个途径(详见表1)。② 可尽管经大力扩充司法人才队伍,法院系统干部有所增加,审判力量仍不足——“法院和检察署需要六万多人,在五年之内我们的高等政法学院只能训练一万人”③。由此可见,建国初期基本不具有司法专业化的条件,不仅政法人才稀缺,还缺乏审判经验和必要的法律专业知识,而补充的司法干部更谈不上专业化。换言之,审判人员比普通百姓高明之处仅在于“政治觉悟高”。在司法力量严重不足的情况下,人民陪审员参与到合议庭中可发扬集体的智慧,为审理案件提供更多思路。

表1　司法干部来源途径

董必武《关于改革司法机关及政法干部补充、训练诸问题》(1952年6月20日)的讲话	
司法干部来源途径	(一)骨干干部,应选派一部分较老的同志到法院担任领导骨干;
	(二)青年知识分子;
	(三)“五反”运动中的工人店员积极分子;
	(四)土改工作队和农民中的积极分子;
	(五)转业建设的革命军人(包括一部分适于作司法工作的轻残废军人);
	(六)各种人民法庭的干部,工会、农会、妇联、青年团等人民团体还可帮助选拔一批适宜于做司法工作的干部和群众运动中涌现出并经过一些锻炼的群众积极分子。

其次,人民诉讼需求弱。新中国成立初期,国家实行单一制经济、管制经济,百废待兴,民事纠纷少且简单。此时法院在政法系统的分量轻微,其区别于其他

① 董必武:《董必武法学文集》,法律出版社2001年版,第92～93页。

② 董必武:《董必武法学文集》,法律出版社2001年版,第123页。

③ 董必武:《董必武法学文集》,法律出版社2001年版,第213页。

机关的审判人员任命和人财物的体制意义微小。全国解放三年后，据不完全统计全国有600万件案件，真正从事审判工作的全国只有6000人，即6000人在3年多的时间里审理了600万案件。① 当初，虽然政法人才极为紧缺，但是全国的民事案件数量也相对较少。

最后，历史经验的借鉴，合议制可以防止法官恣意审判。人民陪审员是直接从群众中产生的，对前来法院求助的当事人存在天然的亲切感，有利于加强对审判工作的监督，减少错判。陪审制也因此被认为是贯彻群众路线的基本要求，是真正表现人民意志和司法民主性的制度。

综上所述，在审判组织形式的规定上，立法对适用独任制的“简单的民事案件”未作界定。最高人民法院也提出尽量少采用审判员一人独自审判的方式，若认为是简单的民事案件可以独任审判，应报院长或庭长决定。② 由此，第一审民事案件基本适用陪审合议制。

二、独任制限制适用的历史变迁

独任制的发展共经历了三个时期——1991年以前的初露矛头、1991年至2003年发展中的炳若日星，直至今日的稳中求进。

(一)初露矛头——1991年以前

党的十一届三中全会决定将全党工作重点转移到社会主义现代化建设后，司法外部环境发生了重大变化，这体现为法院民事收案连年大幅上升。据统计，改革开放后的前5年中(1978年至1982年)，全国地方各级法院共审结一审民事案件264.8万余件；其中，1982年全国一审民事收案77万多件，比1978年上升了1.7倍。③ 同时，各地法院还处理了大量简易案件。

随着涌入法院案件的日渐增多，法院系统人力越发捉襟见肘，1982年《民事诉讼法(试行)》规定简单的民事案件可以由审判员一人独任审判。次年，《法院组织法》对《民事诉讼法(试行)》关于审判组织的规定进行了确认。1984年，最高人民法院将简单民事案件主要概括出7类(详见表2)。可见，此时立法层面

① 董必武：《董必武法学文集》，法律出版社2001年版，第152页。

② 参见最高人民法院1956年9月20日《关于哪些案件可以不实行陪审合议制问题的批复》。

③ 参见《中华人民共和国第六届全国人大第一次会议最高人民法院工作报告》。

上将独任制适用定位为一种例外。但司法实践并没有关注这么多。由于对“简单的民事案件”理解不一致，大量案件被解释适用独任制审理。据某高级法院对一个基层法院在1984年第四季度的民事案件（不含经济纠纷）调查，普通程序审理的案件仅占抽查总数0.7％，而简易程序审理的高至99％。[①] 该抽查虽不能反映独任制适用的整体情况，但仍可窥见独任制在基层法院的接受度。

表2　适用简易程序的七类案件

1984年《最高人民法院关于贯彻执行〈民事诉讼法（试行）〉若干问题的意见》	
适用简易程序的七类案件	1.结婚时间短，财产争议不大的离婚案件，或者当事人婚前就患有法律规定不准结婚的疾病的离婚案件；
	2.权利义务关系明确，只是给付时间和金额有争议的赡养费、扶养费和抚育费案件；
	3.确认或变更收养、抚养关系，双方争议不大的案件；
	4.借贷关系明确、证据充分和金额不大的债务案件；
	5.遗产和继承人范围明确，讼争遗产数额不大的继承案件；
	6.事实清楚、责任明确、赔偿金额不大的损害赔偿案件；
	7.事实清楚、情节简单、是非分明、争议焦点明确、讼争金额不大的其他案件。

（二）快速发展——1991年《民事诉讼法》颁布至2003年

以1991年《民事诉讼法》的出台为转折点，独任制适用限制有了变化。过去简单的民事案件可以由审判员一人独任审判的审判组织规则，转为适用简易程序的案件独任审理。但法律对独任制的规定仍然非常简单，独任制在《民事诉讼法》“审判组织”一章中仅有一个附于合议制后的条款，且须结合简易程序的适用范围确定。同时，“简易程序”一章对“简单的民事案件”进行了解释，即事实清楚、权利义务关系明确、争议不大的民事案件。次年，《最高人民法院关于适用〈民事诉讼法〉若干问题的意见》第168条对简单民事案件中“事实清楚”“权利义务关系明确”“争议不大”作出解释。此次立法也导致了司法实践上审判组织与诉讼程序的对应，即独任制与简易程序相对应，合议制与普通程序相对应。后文

① 章武生：《民事简易程序研究》，中国人民大学出版社2002年版，第126页。

对独任制适用的情况，基本上都是以简易程序为参数进行分析的。此后，独任制在民事司法中开始冲破牢笼阔步前进。

为了合理分配司法资源及规范简易程序的实际运作，各地法院纷纷开始对简易程序制度进行探索。例如，广东省高院在 1999 年 6 月出台了《广东省法院适用简易程序审理民事案件规则(试行)》，该文件出台前广东省基层法院所受理民事案件的简易程序适用率仅约 20%，而文件施行当年就达到了 30%，至 2001 年有的法院更超过 90%。山东省济南市各基层法院的简易程序适用率居高不下，从 1991 年至 2001 年的比例分别是：74.7%、71.7%、75%、85.2%、84.8%、85.4%、86%、81.4%、79.6%、78%、81.7%。[①] 不难发现，虽立法并不“待见”独任制，但自其诞生开始，独任制就直接以阔步前行，其实践状态与立法定位之间的断裂之壑开始形成。

(三)寻求突破——2003 年《简易规定》颁布至今

此一时期，以 2012 年小额诉讼程序的设立为节点，分为两个不同的阶段。

1.2003 年《简易规定》颁布至 2012 年

2003 年前，法律仅规定独任制是审判组织的补充形式，但并未明确如何补充。2003 年颁布的《简易规定》规范了独任制的适用范围，对简单民事案件作了排除式规定，即发回重审、再审、当事人人数众多、被告下落不明、企业破产及非诉程序案件等不得适用简易程序。这似乎为独任制适用进一步扩张提供了契机。

立法似乎并不打算如此，《民事诉讼法》于 2007 年修订时，并未对独任制作出变动。立法如此，那实际运作也如此吗？在苏力教授看来，某一制度的实际运作状况不一定完全遵从立法者的意图。[②] 从全国法院独任制的适用情况来看(详见图 1)，2002 年至 2007 年间，独任制适用仍保持在 64%以上，但较于《简易规定》出台前略有下降。可见此时，立法对独任制的狂飙没再继续“给油”。

① 关于简易程序改革的详细情况，参见最高人民法院民事诉讼调研小组：《民事诉讼程序改革报告》，法律出版社 2003 年版，第 5～7 页。

② 苏力：《送法下乡——中国基层司法制度研究》，中国政法大学出版社 2000 年版，第 95 页。

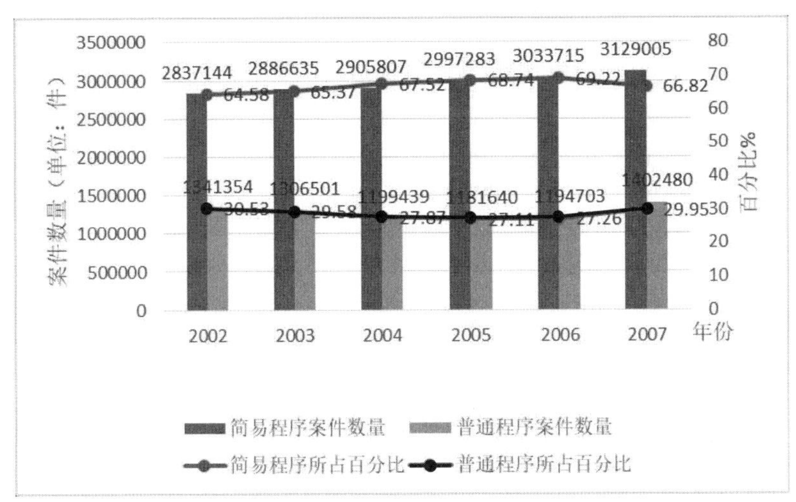

图 1　全国法院独任制和合议制的适用情况(2002—2007)①

2.2012 年小额诉讼制度设立至今

但立法也并没有对独任制的发展“踩刹车”，而是开始雕琢原本粗陋的简易程序。2012 年，第十一届全国人大常委会在《民事诉讼法》第十三章“简易程序”中设立小额诉讼制度。按照诉讼标的额大小分流，将小额案件适用小额诉讼程序，既合理分配了司法资源，又使当事人获得司法救济，实现社会整体正义。②最高人民法院很快响应，于 2015 年出台的《关于适用〈民事诉讼法〉的解释》专设“简易程序中的小额诉讼”一章，对小额诉讼程序的适用范围、审判组织、审理期限等作了明确的解释。同年天津全市法院适用小额诉讼程序审结案件 9469 件，一审简易程序适用率高达 80.23%。③ 2016 年最高人民法院出台《关于进一步推进案件繁简分流优化司法资源配置的若干意见》(以下简称《繁简分流意见》)，要求积极引导当事人适用小额诉讼程序，发挥其快审快结的优势。从 2016 年全国基层法院简易程序适用情况来看，民商事简易程序和小额诉讼程序审结案件

① 数据来源：2003 年至 2008 年的《中国法律年鉴》。

② 江伟主编：《民事诉讼法法典专家修改建议稿及立法理由》，法律出版社 2008 年版，第 268～278 页。

③ 中国法学会主管主办：《中国法律年鉴(2016 年)》，中国法律年鉴社 2016 年版，第 892 页。

达717.9万件,占一审民商事案件的66.7%。① 2017年全国法院民、商事案件审结4783.5万件,其中共有3241.6万件案件适用简易程序和小额诉讼程序。② 据最高人民法院情况通报显示,2018年上半年全国法院简易程序适用率达73.53%,东部沿海地区更是远远超出全国水平。

从地方法院民事案件适用独任制情况来看,以天津市H区法院为例,2012年至2017年简易程序适用率分别为82.16%、78.49%、73%、68.82%、69.2%、76.3%。又以笔者所在的W法院为例,从2012年至2018年简易程序适用率分别为49.94%、49.92%、51.35%、53.60%、56.77%、64.12%、77.67%。而且,从适用案件类型来看(详见表3),基层法院所受理案件中道路交通事故损害赔偿、婚姻家庭类型案件简易程序适用率高,而合同类和其他侵权类案件适用率稍低。

表3 W法院2018年1—11月各庭室简易程序适用情况

排名	庭室	简易程序适用率%	排名	庭室	简易程序适用率
1	交通庭	98.95%	7	刑庭	81.77%
2	经开庭	97.22%	8	D法庭	76.99%
3	G法庭	88.73%	9	L法庭	74.88%
4	少年庭	85.89%	10	民二庭	74.63%
5	J法庭	85.89%	11	审管办	70.59%
6	立案庭	82.09%	12	非诉局	65.44%

综上所述,从独任制的适用路径来看,新中国成立初期夹缝中诞生的独任制在经历了艰难酝酿后的初露矛头、在快速发展后又开始寻求新的突破,现已成为普遍的审判组织形式。它与立法“合议制审理为原则,独任制为补充”的本意已渐行渐远,甚至背道而行。如学者蔡彦敏所称,审判组织在民事诉讼中的定位及其适用规范与民事司法的断裂之壑愈益明显。③ 独任制已无所畏惧地甩开民事审判组织的立法定位,大步向前迈进。毫不忌讳地说,独任制已堂而皇之地取代

① 参见《中华人民共和国第十二届全国人大第五次会议最高人民法院工作报告》。

② 参见《中华人民共和国第十三届全国人大第一次会议最高人民法院工作报告》。

③ 蔡彦敏:《断裂与修正:我国民事审判组织之嬗变》,载《政法论坛》2014年第2期。

了合议制的地位，成为基层法院审理民事案件的主要组织形式。

三、独任制限制适用的逻辑评析

前文，我们是以非个体论的立法视域来看待法院和诉讼当事人的关系的，但不能忽略了任何组织中的个人都是有现实利益考量的。成熟的、理性的人并不会因为一个空的指令或非理性的情感因素就义无反顾地“保护”一方的利益。周雪光教授认为，制度变迁涉及多重过程与机制，而只有在这些过程机制的相互作用中才能恰当地认识它们各自的作用和影响。[①] 因此，在独任制适用限制的话语上，我们还须将法官、诉讼当事人的行为纳入其多重制度逻辑及其微观意义上进行深度考量。

（一）国家逻辑

此处我们把国家的逻辑定位在全国人大及其常委会的决策上。在自上而下的立法中，全国人大是重要的驱动力量，其负责设计审判组织形式及内部构成。在宏观上的国家逻辑对独任制适用限制的影响主要体现在两个方面：一是独任制度的限制与推动取决于独任制与合议制之间的博弈力量；二是独任制度随执行过程的反馈而不断演变。

首先，新中国成立初期的政法队伍量少质弱，客观的现实条件决定了短期内无法形成司法队伍的职业化、专业化。独任制被立法严格限制适用，而作为发扬群众路线的陪审合议制，成为保障案件质量的关键和防止冤假错案的有效机制。改革后，随着司法人员法律知识素质的提升，合议制的组织形式发生了变化——由审判员和人民陪审员组成合议庭转化为审判员组成合议庭或者由审判员和人民陪审员组成合议庭。1991 年《民事诉讼法》颁布，独任制的适用限制在立法上始有松动，表现为简易程序的案件由一名审判员独任审理，为独任制的扩大适用打开了一个口子。可见，独任制的限制与推动深受司法外部环境、审判人员的法律素养等因素影响。

其次，独任制在执行过程中的变迁与改革后民事案件的大幅增长有关。20 世纪 80 年代，商品经济迅速发展，大量民事纠纷纷至沓来，其中不乏简单的民事案件。案件涌入法院后，办案压力随之出现在法官身上，法官们拼体力、拼脑力、

① 周雪光、艾云：《多重逻辑下的制度变迁：一个分析框架》，载《中国社会科学》2010 年第 4 期。

“白+黑”“5+2”仍无法消化源源不断的新案,然而审判力量却得不到有效的增补。正是在此前提下,法官对简易程序的需求成为独任制“泛滥”的直接原因。基于此,不少法律、司法解释及地方规范性文件相继出台,进一步指导独任制和简易程序的实际运作。综上所述,从国家逻辑来看,自上而下的国家立法为审判组织制度的形式和运作提供了一个总体框架,自下而上的反馈却超越制度本身,将审判组织制度外的利益目标纳入制度逻辑的分析视野中,而不仅仅是设计者本意。

(二)科层制逻辑

国家立法是通过各级法院的科层组织体系加以贯彻落实的,而法院又是依靠法官的执行将立法执行到位的。因此,各级法院(特别是基层法院)法官在此中担当着重要的作用。“组织行为是对组织激励机制和组织环境适应的结果。”[①]在科层制逻辑上,法官行为,特别是法官选择审判组织时所进行的权衡,是解读独任制适用限制的关键所在。

1.组织内部的激励机制

法院内部业绩评价和激励机制驱使法官愈发仰赖于独任制。“诉讼制度的目的就是使两类成本之和最小化。”[②]经济学将这两类成本概括为诉讼制度的运行成本与错误判决的成本,这两类成本的最小化必然是诉讼效益的最大化。而诉讼制度的运行成本除了受国家制度规范外,还与法院内部业绩评价和激励机制密切相关。法院内部下层法官的升迁和调动往往更多地依赖于上级法院的考核和评定,而后者又主要依据司法绩效的各项指标。科层制的逻辑促使法官们在审判时极力关注如结案率、调解率、审理期限、发改率等指标,以期为自己的业绩添加筹码以助于职业生涯的晋升。为了提高结案率,法官不得不尽力优化司法资源使效益最大化。独任制适用率越高,法官在单个案件上投入的时间、人力成本越低,收益也越高,而将司法资源平均分配到所有案件中既不现实,也无必要。因此,法官在审判中对独任制的适用越来越依赖。

---

① 周雪光、艾云:《多重逻辑下的制度变迁:一个分析框架》,载《中国社会科学》2010 年第 4 期,第 138 页。

② [美]理查德·A.波斯纳:《法律的经济分析》,蒋兆康译,法律出版社 2012 年版,第 289 页。

2.外部任务环境

基层法院所处的外部任务环境压力是独任制逐步扩张的催化剂。它主要表现为大量案件以“重力加速度”之势涌入法院后，法官队伍并未随之扩充，导致法官的办案压力越来越重。特别是司法责任制改革以来，如上海、广东、海南法官人均办案数量同比分别增长了21.9%、22.3%、34.8%。[①] 又如，深圳近五年收案率保持年均20%左右增速，结案率、人均结案率也水涨船高(详见表4)。从近三年法官人均结案情况来看，若以每年250个工作日计算，每个法官要日结1件以上，而阅卷、分析、判断、制作裁判文书也要花费法官大量的精力和时间。中部地区的长沙全市在2017年新收各类案件共185339件，同比上升19.05%，员额法官人均审结295件。[②] 在有限的司法资源下，法官如何消化掉这些不断涌入法院的案件？除了加班加点拼体力，严峻的现实压力迫使法官不得不向独任制要效益。

表4　深圳全市法院近年来收、结案情况统计[③]

年份	收案数量	同比增长	结案(含旧存)	案件增长	法官人均结案数量
2018	483116	7.6%	410378	8.9%	452
2017	448842	31.7%	376913	35.8%	408
2016	340793	19%	277631	23.7%	283
2015	286387	27.1%	224488	8.1%	217
2014	225400	19.88%	207700	16.1%	194
2013	188015	——	178894	——	158

(三)诉讼当事人逻辑

首先，当事人是民事诉讼程序的启动者、最直接的利益关系人。庞大的司法需求实际上是前文所述外部任务环境压力的直接原因。其次，1991年《民事诉讼法》规定了当事人可根据案件复杂程度、时间、经济成本等选择诉讼程序，并可约定适用简易程序。就当事人而言，为了获得诉讼效益的最大化，他们期望降低

① 参见《中华人民共和国第十二届全国人大第五次会议最高人民法院工作报告》。

② 数据来源：http://www.changsha.gov.cn，访问时间2019年3月20日。

③ 数据来源：http://www.gdcourts.gov.cn，访问日期：2019年3月20日。

诉讼成本(如诉讼费、律师费、时间等)来获得一定的合法权益,或使用一定的诉讼成本来获得更多的合法权益。若适用简易程序采取独任制审理的话,诉讼费减半、三个月内审结;若再选择小额诉讼程序,实行快收、快审、快结,诉讼周期更短,极大节省了诉讼资源。相反,若诉讼制度不能提供一种使当事人付出的成本与其所获得的程序利益相适应的程序,那么这种诉讼制度即使让当事人获得了公正,对其本人而言亦是不划算、非理性的。

此外,当事人参与率也在很大程度上影响了独任制的适用,特别是被告下落不明的。在穷尽各种方式都无法寻得被告踪迹的情况下,法院只能依法转为普通程序,采取合议制审理,但这会大大增加当事人的诉讼成本,影响诉讼效益。

四、独任制度的未来展望

如上文所述,独任制虽深受立法桎梏,但它在司法实践中却不断冲破障碍大步向前,继而成为民事司法中的主要审判组织形式。从很多方面来看,独任制的扩张路径可以说是中国审判组织制度变迁的缩影。独任制适用中的多重逻辑反映了法官、诉讼当事人行为背后的意义。而国家制度能否保持持续一致取决于制度执行过程中科层制逻辑和诉讼当事人逻辑之间的相互作用。基于此,我们要看到独任制中法官行为不仅受国家制度、当事人行为所制约,更为科层制组织中激励机制及外部任务环境所塑造。就法院逐年增长的案件来说,它们将导致法官对独任制越来越依赖,独任制将继续成为普遍适用的审判组织形式。

基于上述分析,本文认为,独任制历经几十年曲折发展与探索终获得了公众的认可,绝不能置若罔闻。相反,立法设计者应遵行民事审判权的运行规律,顺应现代司法潮流,适时对独任制度进行修正。

(一)扩大独任制的适用范围

前述可知,司法解释对"简单的民事案件"做了比较详细的解释,但独任制的适用范围仍比较模糊。这在一定程度上限制了独任制发挥效益优势。2012 年《民事诉讼法》虽为标的额较小的简单民事案件新增了小额诉讼程序,但独任制的适用范围仍需进一步明确。法官不应仅依据诉讼标的额和案由,还应当综合考虑案件影响度、疑难度、重要性等,以决定审判组织的形式。故,在独任制案件的适用范围上,立法设计者亟待确定多元化的适用标准,如案件标的额大小、疑难程度、重要性等因素。

(二)将独任制扩大至普通程序

1991 年的《民事诉讼法》规定适用简易程序审理的民事案件由一名法官独任审理，而合议制被规定于普通程序中适用，由此我国审判组织形式与诉讼程序对应适用。但这两者并不等同。诉讼程序的意义在于对整个诉讼活动的规制，确保整个诉讼活动的公正、有序和具有效益；而审判组织则是国家对审判人力的投入，其意义在于通过合理的人力投入保证在事实审查与法律适用上尽可能地接近公正。故，这二者实无单一对应之必要。“广泛适用性的普通程序是能够兼容独任制。”[①]司法实践中大量简单民事案件由于被告不配合审判工作，躲避法院送达或滥用诉讼权利等，故意拖延诉讼周期，导致法官不得已将之转为普通程序采用合议制审理。这无疑加重了司法成本。还有不少因被告下落不明或一方人数众多的简单民事案件适用普通程序。例如，不少小额民间借贷纠纷，因被告下落不明经法院公告送达仍杳无音讯，原告综合考虑诉讼成本(诉讼周期、诉讼费、公告费、人力投入等)后常选择自认倒霉而撤诉。但事实上，这些案件采用独任制审理并不必然损害司法公正。这无形中也拉大了司法与民众的距离。其实，除复杂、疑难案件必须适用普通程序由合议庭审理外，其他适用独任制的案件可根据案件性质决定适用简易程序还是普通程序，不必一律适用简易程序。

此外，将独任制适用范围扩大至第一审案件中，还意味着中级法院在审理第一审民事案件时也能适用独任制，只是法院级别不同会对独任制的适用程序要求不同。目前，划分案件管辖法院级别的标准主要是诉讼标的额大小。标的额较大的案件进入中级法院后，法律关系简单、争议不大的案件完全可适用独任制审理。这里需要强调的是，随着法官员额制度的深入推进，将独任制的适用扩大至中级法院并不会影响案件的审理质量，相反它能有效缓解中级法院的办案压力，降低诉讼成本。另外，由于高级法院、最高法院负有确立规则和指导下级法院的任务，且所受理的案件多是重大、疑难复杂案件，故原则上应全部适用合议制。

(三)将独任制合理扩展至二审

《民事诉讼法》规定适用简易程序的一审民事案件适用独任制，而二审、发回重审、再审案件适用合议制。然而，中级以上法院的办案压力并不逊于基层法院。以中部地区长沙市为例，长沙市中院在 2013 年至 2018 年期间分别受理案

① 张晋红、赵虎：《民事诉讼独任制适用范围研究》，载《广东社会科学》2004 年第 4 期。

件 14359 件、17461 件、20633 件、20834 件、26542 件、34008 件,前四年收案同比上升高达52.86%,2017 年、2018 年的收案量同比上升 19.7%、28.1%。[①] 面对中级法院超负荷的案件压力,我们不禁超越现行审判组织制度规定进一步思考,是否可以在第二审程序中适用独任制。

在同属大陆法系的德国,2002 年修正的《民事诉讼法》在第二审上诉程序的合议审判外创设了独任裁判法官制度,规定案件在不具有事实或法律上特殊困难性、法律问题无原则上重要性时,二审法院得裁定将案件移转由独任法官审理。这意味着德国第二审法院通过合议庭裁定可将某些事实或法律上争议不大的简单案件移转至独任法官审判,即第二审审判兼采独任制。不过,基于对地方法院合议庭的尊重,第一审判决必须是独任法官裁判的,二审才能适用独任法官审理。若审理中案件发生了重大变化,如事实或法律认定上存在困难或具有重要性、两造合意申请合议庭审理,则独任法官必须将案件移交合议庭,由其决定承接该案件。由此一来,合议庭裁定案件移转与独任法官提请承接的机制使得审判资源得到了有效发挥,而且减轻了二审法院的负担,"合议庭担保较高的判决正确性功能与独任法官有较高效率审结案件的优点得以取得平衡"[②]。后来,德国司法部委托了专业人士对上述改革成效进行评估,从裁判量、诉讼周期、满意度等指标来看,独任法官审理的二审案件并不逊色于合议庭。回到我国的立法上,中级以上法院必须适用合议制,面对超负荷的办案压力,中级以上法院的法官们只能以形合实独来应对。由此,合议审理不仅未能使当事人获得应有的司法公正,还损害了民事程序的规范性与正当性。

"独任制扩展至二审是国内司法改革的客观需求。"[③]为了化解"诉讼爆炸"带来的压力,独任制应合理扩展至二审的一般案件中。如果二审合议庭成员一律实质性参与审理,合议法官为彼此配合定期开庭、判决等工作,对案件审结速度会产生相当大的影响,这无疑将加剧中级法院的人案矛盾。面对超负荷的办案压力,我们完全可以借鉴德国的做法,在二审案件中适当采用独任制审理,尤

---

① 参见 2016 年、2017 年、2018 年长沙市中级人民法院工作报告,数据来源:http://www.changsha.gov.cn,访问时间:2019 年 1 月 21 日。

② 吴从周:《独任或合议——对第二审审级组成的一个反思》,载《台湾法学杂志》2014 年第 259 期。

③ 荣明潇:《二审民事案件适用独任制审理的理性逻辑与进路探索》,载《法律适用》2017 年第 9 期。

其是二审中法律关系简单、事实比较清楚的案件——以减轻中级法院的负担。

结 语

我们从合议制与独任制在立法与司法实践中的反转问题出发，分析了审判组织制度的立法变化及司法实践中独任制适用的历史变迁，揭示了立法虽不"待见"独任制，但它由初露矛头到发展中的炳若日星、稳重求进，现已成为司法中普遍的审判组织形式。虽然深受国家制度的约束，但是作为精于计算的理性人，不管是法院、法官或当事人，扩大独任制的适用都是使诉讼效益最大化的最佳方式。虽有人对普遍适用独任制可能损害司法公正表示隐忧，但根据《关于全面深化人民法院改革的意见》中建立的法官员额制度，一批审判经验丰富、办案质量高的优秀法官集中在审判一线。这无疑对以司法公正为基础扩大独任制适用是一个积极的信号！在社会发展早已与制度设计之始焕然一新的今天，我们更应顺应时代的发展，在尽力避免其缺陷上，接受独任制的优异性，使我国司法制度能够越发向好。

民事虚假诉讼的法律规制：反思、归因与对策*

李剑林**

摘要：学术界对民事虚假诉讼的制度对策由于缺乏观测要素，从而效果可疑。反思法官在虚假诉讼规制中的消极倾向既可以明确相关制度落实的可能性，也可以作为防范虚假诉讼责任分配的基础。通过反思，加大对虚假诉讼的惩处、施加侵权责任以及对案外人开启再审的救济渠道具有手段上的合理性，但未触及规制虚假诉讼的核心问题。虚假诉讼之所以成为司法难题应归因于证据难以搜集导致的证据成本过高。据此，可以进入考量的制度对策，一是降低证明标准；二是适用推定。

关键词：虚假诉讼；侵权之诉；再审；证据；推定

一、问题的提出

对于如何规制虚假诉讼，学者们的研究虽然内容上有交叉，但是大体可以归纳出两种进路：一种是对现有制度的解释与适用，另一种则是新程序的设计。相较于后者，前者由于解释的需要，对我国民事诉讼基本理论提出了更高的要求。具体而言，另行起诉、案外人申请再审与第三人撤销之诉如何在制度层面进行顺畅的衔接直接引出了对虚假诉讼"法律成因"的探讨，而这一学理进路的最终归宿则是要对我国缺失的既判力制度进行完善；①为规制虚假诉讼，扩大对调解书

* 本文系重庆市研究生科研创新项目"民事虚假诉讼的规制与防范——以强化人民检察院检查监督职能为进路"(项目编号:CYS18161)的成果。

** 作者系西南政法大学法学院 2017 级民事诉讼法专业硕士研究生。

① 任重:《论虚假诉讼:兼评我国第三人撤销诉讼实践》,载《中国法学》2016 年第 6 期。

的检察监督范围则需要我们重新梳理公共利益的范畴；[①]安排恰当的程序对虚假诉讼进行判决认定也再次构成了我国民事诉讼划分诉讼要件和本案要件的理由。[②] 除此之外，充分利用审前程序、设置专门的审查程序或安排专职法官来应对虚假诉讼的意见也不乏主张者，[③]而要求将虚假诉讼纳入侵权责任法进行规制的思路似乎已经在学界达成共识。[④]

然而令人疑惑的是，由于在虚假诉讼的查处过程当中不存在“破案率”这一指标，[⑤]某一案件只有在被判决书认定为虚假诉讼时，其才是真正意义上的虚假诉讼。也就是说，即便上述研究成果分享了一个共同的前提——虚假诉讼的出现是因为理论漏洞导致的制度漏洞，那么只要完善了理论和制度，虚假诉讼就理应得到遏制——我们也难评价这些研究成果的优劣，因为这些成果中很难提炼出显而易见的观测要素，以至于我们难以辨别虚假诉讼的案发率降低是因为制度漏洞被填补，抑制了当事人虚假诉讼的动机，还是因为即使所谓的制度“漏洞”被填补了，虚假诉讼也仍就无法被识破所导致的。由于论证主旨的需要，这些制度建议必然是有利于解决虚假诉讼的，但目的的正当性不当然证成手段的正当性。更大的问题在于，这些制度建议能够付诸实践吗？进一步地，我们是否夸大了宏观诉讼制度在解决虚假诉讼过程中可能发挥的作用，而忽视了一些个别规则，特别是证据规则的功用？如何保证新的制度在修正不正义的同时，不会造成

① 李浩：《虚假诉讼与对调解书的检察监督》，载《法学家》2014 年第 6 期。

② 李文革：《虚假诉讼的裁判方式：新修订的〈民事诉讼法〉第 112 条评析》，载《政治与法律》2013 年第 10 期。

③ 纪格非：《民事诉讼虚假诉讼治理思路的再思考》，载《交大法学》2017 年第 2 期；牛颖秀：《民事虚假诉讼识别的二元控制模式研究》，载《北京社会科学》2019 年第 1 期；洪冬英：《论虚假诉讼的厘定与规制——兼谈规制虚假诉讼的刑民事程序协调》，载《法学》2016 年第 11 期。

④ 肖建华：《论恶意诉讼及其法律规制》，载《中国人民大学学报》2012 年第 4 期；朱健：《论虚假诉讼及其法律规制》，载《法律适用》2012 年第 6 期；纪格非：《民事诉讼虚假诉讼治理思路的再思考》，载《交大法学》2017 年第 2 期；熊跃敏、梁喆旎：《虚假诉讼的识别与规制——以裁判文书为中心的考察》，载《国家检察官学院学报》2018 年第 3 期。

⑤ “破案率”在这里的对比意义是指：刑事领域确定发生的案件经常存在着罪犯未被抓获的情况，而虚假诉讼则是案件的发生与行为人的“抓获”同时进行的。也就是说，不存在虚假诉讼发生但得不到司法认定的情况。如果被指控的虚假诉讼得不到认定，其就不是虚假诉讼，而不应该被视为未被识破的虚假诉讼。

新的不正义？特别是一些学者要求改进我国民事诉讼中的起诉制度、[①]强化法官职权探知，[②]或是降低虚假诉讼的证明难度，[③]却都很少考虑到立案登记制背后隐藏的是解决“立案难”的政治努力，[④]法官职权探知的范围对应的则是诉讼法对民事处分权的尊重程度，而一个法律事实的证明标准从来都不是由这个法律事实证明的难易程度单独决定的。[⑤]

基于此，本文将视野聚焦到制度运行的细节，反思为什么法官在防范虚假诉讼时始终缺乏主动性。这一点为许多学者所提到，但缺乏深入的探讨。本文将指出，这其中的原因不仅会影响法官在维护司法秩序时的职权行使，也将决定防范虚假诉讼的责任分配。这种责任至少分为两个重要方面：一是宏观诉讼制度的启动，二是主观证明责任的承担。通过反思，这个原因被归纳为高昂的证据成本，进而指出规制虚假诉讼的核心问题是证据成本问题，而目前能够进入考量的降低证据成本的制度一是降低证明标准，二是适用推定。

二、消极裁判倾向的来源和相关制度方案评析

如果将虚假诉讼这一“商品”变得昂贵，愿意“消费”的人就会减少。加重对

---

① 洪冬英：《论虚假诉讼的厘定与规制——兼谈规制虚假诉讼的刑民事程序协调》，载《法学》2016年第11期。

② 朱健：《论虚假诉讼及其法律规制》，载《法律适用》2012年第6期。

③ “通过简化构成要件……降低串通型虚假诉讼的证明难度。”参见纪格非：《民事诉讼虚假诉讼治理思路的再思考》，载《交大法学》2017年第2期。“第109条中涉及恶意串通事实的证明标准提高与现行民事诉讼法的诚信原则相悖，应当修改为优势标准，通常恶意串通事实的证明主体为利益受害第三人，提高证明标准不利于第三人进行救济。”参见洪冬英：《论虚假诉讼的厘定与规制——兼谈规制虚假诉讼的刑民事程序协调》，载《法学》2016年第11期。

④ 根据《最高人民法院关于全面深化人民法院改革的意见》以及《关于人民法院推行立案登记制改革的意见》的相关规定，立法主政者实际上已经意识到放宽立案条件很可能造成虚假诉讼泛滥。对于此种副作用，他们的意见则是加大制裁力度。

⑤ 证据规则至少与社会科技水平、证据成本以及多种社会利益的衡量息息相关。相关的论述可参见苏力：《法律与科技问题的法理学重构》，载《中国社会科学》1995年第5期；桑本谦：《疑案判决的经济学原则分析》，载《中国社会科学》2008年第4期。证明标准的高低是对社会上的多种利益衡量后的结果。See Josephine Fiore，Constitutional Law：Burden of Proof —Clear and Convincing Evidence Required to Terminate Parental Rights，22 *Washburn L.J.* 140 (1982).

虚假诉讼的惩罚是对虚假诉讼进行规制时最本能的立法选择。对此，初始的政策可追溯至 2015 年《最高人民法院关于全面深化人民法院改革的意见》提出的“立案登记制”改革，以及紧随其后中央全面深化改革领导小组通过的《关于人民法院推行立案登记制改革的意见》。考虑到放宽立案条件有可能产生的副作用，该立案登记制的改革意见指出：“依法惩治虚假诉讼。当事人之间恶意串通，或者冒充他人提起诉讼，企图通过诉讼、调解等方式侵害他人合法权益的，人民法院应当驳回其请求，并予以罚款、拘留；构成犯罪的，依法追究刑事责任。”《民事诉讼法》第 112 条和《刑法》第 307 条分别为虚假诉讼规定了司法惩戒和刑事责任；2016 年《最高人民法院关于防范和制裁虚假诉讼的指导意见》（下文简称《指导意见》）以及 2018 年《最高人民法院、最高人民检察院关于办理虚假诉讼刑事案件适用法律若干问题的解释》明确了相关概念，细化了部分操作。上述规则构成了我国惩治虚假诉讼的核心内容。但对什么样的行为构成虚假诉讼以及如何确定具体的惩罚范围，并不必然增强惩戒的威慑作用。如果虚假诉讼当事人有足够的把握不被法官识破自己的伎俩，或者认为法官实际上不会适用《民事诉讼法》第 112 条之规定，那么任何惩罚条款将形同虚设。根据法经济学的观点，惩罚的威慑作用大致等于抓获概率乘以惩罚力度。① 所以，想要有效提高虚假诉讼的预期成本，遏制行为人的虚假诉讼动机，考察如何有效加强一审二审中对虚假诉讼的识别就是一个十分重要的课题。然而，虽然如何确定惩罚力度可以是一个纯粹的理论课题，但是如何“破案”则完全是一个实践课题。

在没有案外力量的介入下，法院想要单独识别出虚假诉讼是一个非常困难的过程。实践证实，在一审途中就被发现并查处的虚假诉讼仅占被查处虚假诉讼总数的 11.9%。② 但与真实情况相比，这个数据应该偏低了。在民事诉讼过程中，对于认定某一案件是否为虚假诉讼，法官的裁量权极具弹性。由于虚假诉讼当事人虚构事实、编造法律关系本身就是当事人不适格从而裁定驳回起诉的法定情形之一，同时也可以构成虚假诉讼原告诉讼请求不成立从而判决驳回诉

① Gary S Becker, Crime and Punishment: An Economic Approach, *The Journal of Political Economy*, Vol. 76, No. 2.“对于犯罪最强有力的约束力量不是刑罚的严酷性，而是刑罚的必定性……即便是最小的恶果，一旦成了确定的，就总令人心悸。”参见［意］贝卡利亚：《论犯罪与刑罚》，黄风译，中国法制出版社 2002 年版，第 68 页。

② 熊跃敏、梁喆旎：《虚假诉讼的识别与规制——以裁判文书为中心的考察》，载《国家检察官学院学报》2018 年第 3 期。

讼请求的法定依据,所以法官对于某一事实上的虚假诉讼实际上有多种处理方式可以选择。实践中也存在法官对虚假诉讼事实不予认定并以其他理由判决结案的倾向。[①] 有鉴于此,如果我们有理由认为有客观数量的实际上已经被查处的虚假诉讼被隐藏了,那么提高明面上的虚假诉讼被查处的数量就是有可能实现的。这点相当必要,因为对虚假诉讼事实的认定是适用司法惩戒措施的前提。所以,虽然虚假诉讼规制领域不存在"破案率",但是存在《民事诉讼法》第 112 条的"适用率"。依照该逻辑,首先需要反思的便是这种判决倾向是如何产生的,其次才是能否通过制度促进法官勇于适用《民事诉讼法》第 112 条,而非应付了事。

(一)倾向的来源:制度约束下的"最佳"选择

认定虚假诉讼首先考虑证据问题。考虑到一审二审的过程中没有案外人或者检察院的参与,证成虚假诉讼过程中收集与提出证据的责任实际上由法官承担,属于法官依职权收集证据的范畴。进一步考虑到证明恶意串通的证据通常十分难以获得,并且《最高人民法院关于适用〈中华人民共和国民事诉讼法〉的解释》(以下简称《民诉法解释》)第 109 条要求对该证明对象的证明标准要"排除合理怀疑"[②],法官想要十足把握地作出虚假诉讼的判定就是一件十分耗费精力的事。如果法官事先预料到这样的证据收集会十分困难,那么法官就很有可能对虚假诉讼的可能性视而不见。

其次是审判质量的要求。以当事人进行虚假诉讼为由判决驳回诉讼请求的一审判决将面临当事人的上诉的可能性。如果不能期待上诉法院与自己达成共识,那么案件被发回重审或被改判的风险将无法被忽视。[③] 除此之外,虚假诉讼

① 熊跃敏、梁喆旎:《虚假诉讼的识别与规制——以裁判文书为中心的考察》,载《国家检察官学院学报》2018 年第 3 期;吴泽勇:《民事诉讼法理背景下的虚假诉讼规制——以〈民事诉讼法〉第 112 条的适用为中心》,载《交大法学》2017 年第 2 期。

② 虽然法院事实上不承担举证责任,也不需要质证,而只需要将依职权收集到的证据在法庭上出示即可,但是不能否认该类证据的证明力仍然需要达到一个相对的标准。李浩认为"第 109 条尽管是针对当事人主张欺诈、胁迫、恶意串通作出的规定,但没有理由认为法官在适用第 112 条时,可以适用低于它的证明标准来认定虚假诉讼"。参见李浩:《民事证明责任本质的再认识》,载《法律科学》2018 年第 4 期。

③ 降低案件"发改率"一直是审判建设的工作重点。参见王春晖等:《正确把握案件发概率 提升案件审判质量》,载《人民法院报》2011 年 7 月 14 日第 008 版。关于"发改"对法院以及法官的影响,可参见李杰:《博弈下的合作——民事二审发回重审与改判的实证研究》,载《法律适用》2013 年第 11 期。

的判定也意味着民事强制措施的采取。由于民事强制措施的采取需要得到法院院长的首肯，在当事人申请上一级法院复议的时候，也需要上一级法院的批准，所以如果一审法官无法与本院院长以及上一级法院达成相同的预期，虚假诉讼的判定就存在着被推翻的危险。这种危险的可能性即便无法被精确测量，但相较于掩耳盗铃地给予一个肯定的判决肯定不是一个最佳选择。这种选择规避了当事人上诉，从而被“发改”的风险，但也引发了检察院的抗诉或是案外人申请再审的可能性。由于虚假诉讼不必定涉及第三方利益，所以这种再审也不必定发生。介入的第三方往往会带来新证据或者直接主张原审为虚假诉讼，而由新证据或当事人过错引发的再审是无法归责于原审法官的。[①] 这使得再审成为一审法官转移虚假诉讼矛盾的避风港。而比较地看来，在一审中碰壁的虚假诉讼当事人为追求利益几乎必然会上诉。如何让二审法官与自己达成共识？唯一的方案就是去搜集充足的证据并作出翔实的论证来说服二审法官。但如果放弃搜集证据既不会带来额外的风险，又可以节约时间精力，那么法官的最佳选择就是顺应虚假诉讼当事人的心意作出一个肯定的判决，将对虚假诉讼的实质性调查顺延至将来不一定会发生的再审。

另外，如果法官通过审判经验已经有较大把握认定某一案件为虚假诉讼，那么他也更可能采取一种迂回的战术，单纯地以驳回诉讼请求结案，因为以主张事实不存在、诉讼请求不成立为由除了可以避免难以证明恶意串通的尴尬，还可以将法官代表的司法行政意志隐藏到证明责任中消减为无形。这种相对缓和的判决因为可以给出实质性论证是可以期待与二审法院达成共识的。这种对虚假诉讼的低成本处理方式由于无法对当事人课以处罚，从而无法造成有效威慑，因此其收益也十分低廉。如果不排除法官和虚假诉讼当事人会有私下的沟通，那么这种处理方式实际上就是一种隐形的“诉辩交易”：法官以放弃司法惩戒为条件交换当事人接受诉讼请求不成立的判决，或者交换原告的撤诉。

由于虚假诉讼当事人更希望谋取调解结案的处理结果（调解对事实的宽松要求降低了造假成本），而调解又是审判程序中一道必须经过的程序（只要当事人同意），同时，迅速结案和当事人服判对法官总是有利的，这样一来虚假诉讼当

① 最高人民法院《关于完善人民法院司法责任制的若干意见》第 28 条规定“因当事人过错或者客观原因致使案件事实认定发生变化的”，以及“因出现新证据而改变裁判的”不追究错案责任。

事人和法官之间达成的一系列默契无不促使法官“睁一只眼闭一只眼”。这样看来,除非有非常明显的证据可以坐实虚假诉讼,那么法官在面对虚假诉讼可能性时,出于理性的考虑,判决支持原告诉讼请求会比判决驳回原告诉讼请求好,而以其他理由判决驳回诉讼请求或劝其撤诉又会比以虚假诉讼为由判决驳回诉讼请求更好。①

(二)激励的困境:科技发展和司法成本的约束

分析如何激励法官作出更加真实的判决对于虚假诉讼的规制而言只是一种保守的进路,相较而言,考虑如何从技术层面提高对虚假诉讼的识别能力才是更加彻底的方案。但这种方案注定不会是一种制度性的方案,就如同指纹识别、DNA 检测、互联网、人脸识别等技术促进了刑事案件的侦破一样,虚假诉讼的识别也必然要依赖科技与经济的发展水平。②

问题是,即便保守,这种制度方案能够实现吗?在科技手段无从借助的情况下,能否借助制度促进法官积极侦破虚假诉讼——就如同落后的封建王朝利用道德话语和意识形态为司法行政官员创造一种审案的“严格责任”一样。③ 细究《指导意见》,无论是“慎重认定自认”“加大依职权调查取证力度”,还是“加强对调解协议的审查力度”,实际上都不涉及技术上的创新,而仅靠政策上的倡议与鼓励也无法提供足够的激励,使法官走出上文中提到的行为逻辑。虚假诉讼天生就难以识别是一个不容争辩的事实,特别是在虚假诉讼识别中糅合了法官自身的利益的时候,就很难创造出激励机制引导法官作出正确的判决。在司法资源紧缺,“案多人少”的大背景下我们也无法苛求法官投入过多的精力去防范这些小概率事件。由于这类制度方案与虚假诉讼防范的责任分配紧密相关,更加实质的理由将在下文详述。

① 这种处理方式被描述成为法官“经验不足、责任心不强”。参见钟蔚莉等:《关于审判监督程序中发现的虚假诉讼的调研报告》,载《法律适用》2008 年第 6 期。

② 关于科技与司法的关系的分析可参见苏力:《法律与科技问题的法理学重构》,载《中国社会科学》1995 年第 5 期。可以想象的有助于虚假诉讼识别的未来技术也许有:低成本的测谎仪,低成本的、更加准确的笔迹签章的时间测定。

③ 这种“严格责任”一般通过内化的自我道德约束或者社会舆论予以执行。参见苏力:《传统司法中“人治”模式——从元杂剧中透视》,载《政法论坛》2005 年第 1 期。

(三)另一个变量:加强惩罚力度

提高惩罚威慑的另一个方案是加强惩罚力度。[①] 理论上认为,自首和立功之所以可以作为减轻或从轻处罚的理由是因为这样的行为降低了侦查成本、提高了破案率,以至于轻罚也可以维持刑罚的威慑水平。但与此相反的逻辑——通过高强度的惩罚来弥补低破案率带来的威慑力缺失——并不理所当然地成立,因为决定刑罚上限的不止破案率一个因素。故意杀人罪比故意伤害罪的法定刑更高不仅是因为前者比后者的社会危害性更大,同时也是因为刑罚的安排必须体现其边际威慑力——在无差别对待这两种犯罪的制度下,所有意图伤害的行为都会转化为杀害。虚假诉讼罪和人身犯罪在法益方面分属不同领域,不宜直接比较刑罚强度。但早在虚假诉讼罪之前,刑法便已经将伪证、妨害作证、打击报复证人、包庇窝藏等一些扰乱司法秩序的行为纳入规制。虚假诉讼难以侦破是加大惩罚的一个合适理由,但虚假诉讼罪同其他妨害司法秩序犯罪在社会危害性方面难分伯仲,又致使其不得不为刑罚的体系化让步。

《民事诉讼法》第115条规定的司法惩戒措施看似具有提高惩罚力度的余地,但仍面临着许多难以轻易解决的难题。对于包括虚假诉讼在内的所有妨害民事诉讼行为,第115条意味着一套统一的裁量标准。虽然针对虚假诉讼新增法条不构成任何立法困难,但是也要认识到罚款数额的确定并非一项简单的工作。[②] 利用诉讼标的额的一定比例来决定罚款数额的方法显然无法涵盖虚假身份诉讼的情形;虚假诉讼虽然最终都是为了获取经济利益,但是其表面上虚构的债权标的额不一定直接、准确地反映了所涉经济利益的规模,[③]例如在规避机动车摇号限购政策而提起的虚假诉讼中,由于车牌属于禁止流通物,其市场价值根本无法确定(或者说没有价值)。然而,除了诉讼标的额这个显而易见的要素以外,就没有任何直观的凭据来裁量具体应该罚多少钱了。危害后果由于没有统一的界定标准所以

① 提高惩罚力度已然成为规制虚假诉讼的标准建议。参见李洁、赵云:《板子应该打重一些!》,载《人民法院报》2018年10月29日第006版;邢和平:《浅议虚假诉讼中检察监督的完善》,载《中国检察官》2014年第17期。

② 有学者提到可以根据虚假诉讼行为、诉讼标的数额、造成的后果、案件的危害性等划分不同的罚款标准。参见熊跃敏、梁喆旎:《虚假诉讼的识别与规制——以裁判文书为中心的考察》,载《国家检察官学院学报》2018年第3期。

③ 另一种表述则是:虚假诉讼的收益并不在诉讼内,而在诉讼外。参见杨锦炎:《虚假民事诉讼的形成机制与风险控制——从经济视角分析》,载《法学杂志》2016年第6期。

无法由立法进行完善,只能由法官在个案中裁量。但一旦引入过于宽泛的自由裁量,法官的差异化理解就会导致个案法律适用的不统一,进而直接动摇裁判的正当性。这些麻烦都在暗示,提高《民事诉讼法》第115条规定的罚款数额的上限也许是最直接的手段。然而在此前提下,司法惩戒也要考虑被制裁人的支付能力:一味高昂的罚款不仅会增加征收成本,还很有可能造成被制裁人经济地位的失落从而降低其社会效果。如果民事罚款与刑事财产刑在数额上无法体现出差距,我们实际上是在用民事程序在对虚假诉讼人施加刑事处罚。

提高罚款的上限数额虽然需要测量许多社会因素,但是并非不可实现。由此一来,惩罚虚假诉讼的法律对策在司法过程中就会遭遇一个悖论:虚假诉讼难以被识破的社会现状要求立法加重对虚假诉讼的惩罚,但是又因其识别难度巨大,而愈发严厉的惩罚必然要求法官在适用《民事诉讼法》第112条时更加谨慎,并且比以往投入更多的精力,进而愈发抑制法官适用《民事诉讼法》第112条的动机。

(四)另一种惩罚:侵权损害赔偿

案外人认为自己的合法权益因诉讼而遭受损害时,拥有程序法赋予的多项救济手段。根据不同情形,这些救济手段包括第三人撤销之诉、案外人向法院申请再审、案外人向检察院申请抗诉或检察建议、案外人对执行标的提出书面异议以及案外人提起的执行异议之诉。由于我国司法偏重"实体正义",不通过纠正错误判决而单独通过另行起诉救济案外人权益的方案是比较不受重视的。在上述救济途径中,唯有案外人提起的执行异议之诉不涉及原审判决的正误。法院主动翻案在规范层面优先于案外人主动追求的权利救济。[①] 但即使是无关原审

---

① 有一种例外情形。2015年最高人民法院《关于适用〈中华人民共和国民事诉讼法〉的解释》第301条规定:"第三人撤销之诉案件审理期间,人民法院对生效判决、裁定、调解书裁定再审的,受理第三人撤销之诉的人民法院应当裁定将第三人的诉讼请求并入再审程序。但有证据证明原审当事人之间恶意串通损害第三人合法权益的,人民法院应当先行审理第三人撤销之诉案件,裁定中止再审诉讼。"对此可以作出的解释是:虽然遗漏当事人的情形构成再审的法定情形之一,但是虚假诉讼中遗漏当事人确是虚假诉讼当事人主动追求的效果,这种遗漏从根本上说法院并不承担很大的责任,所以在这里抑制了法院主动进行的纠错程序。据此,一个合理的推测是:这条规定的立法者认为虚假诉讼属于民事诉讼制度中的不可控因素,由虚假诉讼导致的错误判决应当区别于其他的错误判决。在这样的错误纠正上,法院的责任就可以有所减轻,并且否定了单纯的以"虚假诉讼"为由法院启动再审,也同时加重了案外人的诉讼责任。

判决正误的案外人执行异议之诉，其也与案外人另行提起的确权诉讼存在诉讼法效果上的差别，即另行起诉不当然具备诉讼法上的效果。①

根据上述理论，将“虚假诉讼”纳入侵权需要解答一些理论问题。首先，我们要界定侵权事实：是将虚假诉讼本身视为侵权事实，还是要将虚假诉讼所指向的民事上的实体权利遭受的损害归纳为侵权事实。前者比后者覆盖更广，因为虚假诉讼往往被用以规避债务，但债权本身不能通过侵权法得到救济。虚假诉讼被认定之后必然要求产生诉讼法上的效果(推翻原审判决以及适用罚款、拘留等强制措施)。由于并非民事诉讼中的纠错程序，侵权之诉中无法提出要求法院认定原审裁判为虚假诉讼的诉讼请求，同时也可能不满足纠错程序的管辖条件，因而原审判决的修正需要再次启动审判监督程序。如果考虑到矛盾判决将会因此出现，这样的侵权诉讼就必须以法院对虚假诉讼的认定为前提。由于我国承认前诉判决的事实预决效力，所以在侵权之诉中，案外人只需要就自己所遭受的损失进行举证即可。“虚假诉讼”这一侵权事实会给案外人造成什么样的损失？在类型化的情况下，涉及案外人利益的虚假诉讼种类有转移财产逃避债务、规避执行的虚假诉讼和稀释共有财产的虚假诉讼。② 从理论上讲，如果“虚假诉讼”这一侵权事实和虚假诉讼指向的民事权利遭受损害这一侵权事实在损害赔偿请求上不存在某种差异的话，那么以虚假诉讼为基础的侵权责任就不存在独立化的可能性。在现有的实体法框架下，被稀释了共有财产的案外人可以提出以物权为基础的侵权损害赔偿，③而债权被架空的案外人则应该依据合同法请求违约赔偿。如何设计出独特的求偿手段以区别上述救济方式？我们可以提出将案外人所有的维权成本转嫁给虚假诉讼当事人承担。④ 但是，这些维权成本并非传

---

① 唐力：《案外人执行异议之诉的完善》，载《法学》2014 年第 7 期。

② 此种分类可参见李浩：《虚假诉讼与对调解书的检察监督》，载《法学家》2014 年第 6 期。

③ 司法判例可参见浙江省金华市中级人民法院：(2016)浙 07 民终 5057 号。

④ 有学者在一方当事人恶意诉讼对方当事人，滥用民事诉权的情形下，提出要求这样的原告承担一定的民事责任。这样的民事责任包括诉讼费用、因诉讼产生的误工费用、律师费用以及其他费用。参见王晓、任文松：《民事诉权滥用的法律规制》，载《现代法学》2015 年第 5 期。

统的侵权损失赔偿范围,[①]而都只是附加于主赔偿请求的附加赔偿请求。仅凭几项附加赔偿请求是否足以让“虚假诉讼”在侵权法中取得一席之地?答案是否定的。侵权法的损害赔偿内容是根据侵权对象而非侵权方式规定的。“虚假诉讼”只是损害案外人合法权益的方法之一,虽然特殊,但是其本身并非目的。通过“虚假诉讼”稀释财产规避债务与债务人采取赠与、买卖等民事手段减少财产规避债务并没有本质区别。将“虚假诉讼”单独规定成一个新的侵权类别既没有事实基础,也违背侵权法的制度逻辑。

但不可否认的是,转移案外人的维权产生诉讼成本在道德层面是公平的,也符合违法行为规制法理。这样的做法在《最高人民法院关于适用〈中华人民共和国合同法〉若干问题的解释(一)》第 26 条早已经得到认可。[②] 基于此,一些可行的制度建议就是修改《侵权责任法》以及相关司法解释,准许当事人在将“虚假诉讼”作为物权侵权诉讼事实主张之一时,附带提出赔偿合理的律师费、差旅费、调查取证费的诉讼请求;修改《合同法》及相关司法解释,将“虚假诉讼”纳入违约(或预期违约)的情形之一,并准许当事人附带提出合理的律师费、差旅费、调查取证费的违约损害赔偿请求。

三、防范虚假诉讼的责任分配和制度设计

再审作为识破虚假诉讼的主要程序手段也证明了在常规诉讼程序中,无论

① 根据《侵权责任法》的规定,误工损失只在人身损害侵权时可以适用。但是,赔偿合理支出的维权费用在部分领域已得到立法层面的认可。具体规范包括:《著作权法》第 49 条、《商标法》第 63 条、《反不正当竞争法》第 20 条、2002 年《最高人民法院关于审理商标民事纠纷案件适用法律若干问题的解释》第 17 条、2002 年《最高人民法院关于审理著作权民事纠纷案件适用法律若干问题的解释》第 26 条、2015 年《最高人民法院关于审理专利纠纷案件适用法律问题的若干规定》第 22 条、1999 年《最高人民法院司法部关于民事法律援助工作若干问题的联合通知》第 7 条、2014 年《最高人民法院关于审理利用信息网络侵害人身权益民事纠纷案件适用法律若干问题的规定》第 18 条。

② 1999 年最高人民法院《关于适用〈中华人民共和国合同法〉若干问题的解释(一)》第 26 条:“债权人行使撤销权所支付的律师代理费、差旅费等必要费用,由债务人负担;第三人有过错的,应当适当分担。”

是出于什么原因,法官们确实放过了太多的虚假诉讼。[①] 这种司法现状给我们提出的问题是,能否通过一定的制度安排督促法官在常规诉讼程序中积极寻找关于虚假诉讼的线索和证据?这个问题在前文以"保守制度方案"的形式被提出,是因为在微观层面这似乎只涉及如何促进法官尽忠职守,而在宏观层面则成为我们反思防范虚假诉讼责任分配的引子——如果这种制度方案失败,防范虚假诉讼的责任又将由谁承担或分担?

(一)根据预防成本分配相关责任

法经济学认为,预防事故的责任要分配给能够以更低成本避免事故的一方社会主体,[②]因为在事故预期成本固定的情况下,该方更有可能比其他人以低于事故预期成本的代价阻止事故,[③]以此原则为指导思想的制度才能够起到预防事故发生的正向激励。基于此,即便是一个不充分的类比,但我们仍可以将虚假诉讼视作民事诉讼制度在运行过程中发生的由虚假诉讼当事人引发的意外,从而在此时适用上述原则。

我们要争取一审下达的是以"虚假诉讼"为由判决驳回诉讼请求的裁判以及在二审中维持一审认定"虚假诉讼"判决的裁判。案外人通常难以察觉到针对自己的虚假诉讼正在进行,从而无法及时参与进来——这说明案外人想要阻止虚假诉讼判决的下达,首先要支付高昂的信息成本。[④] 相较而言,凭借多年来的司法经验,法官通常可以觉察出虚假诉讼中的异样。面临虚假诉讼的可能性,法官的成本表现为搜集证据需要付出的时间精力。在案外人几乎不能参与一审的情况下,法官一定是成本更低的虚假诉讼防范者。此时,逻辑的推演又回到了最开始,即如何才能促进法官积极主动地去调查相关证据,并且突破层层阻碍认定虚

① "在司法实践中,近九成涉及虚假诉讼的案件到了再审程序才得以确认。"参见熊跃敏、梁喆旎:《虚假诉讼的识别与规制》,载《国家检察官学院学报》2018 年第 3 期。"再审是虚假诉讼规制的主要渠道。"参见吴泽勇:《民事诉讼法理背景下的虚假诉讼规制——以〈民事诉讼法〉第 112 条的适用为中心》,载《交大法学》2017 年第 2 期。

② 熊秉元:《正义的成本》,东方出版社 2014 年版,第 117~194 页。

③ [美]理查德·波斯纳:《法律的经济分析》,蒋兆康译,法律出版社 2012 年版,第 238~243 页。

④ 2016 年《最高人民法院关于防范和制裁虚假诉讼的指导意见》也指出要加大公开审判的力度,增加案件审理的透明度。这是一种降低案外人信息成本的进路,但是有效的具体方案还需要加强研究。

假诉讼,从而作出驳回诉讼请求的最终裁判?之所以这是一个"不充分的类比",是因为在事故法中,预防事故发生的责任和事故发生后的赔偿责任总是由同一主体选择性承担,而虚假诉讼所带来的利益损害则必定由法官以外的社会主体承担。这说明要想创造出促进法官积极预防虚假诉讼的激励,不仅要提供必要的手段(虽然扩张法官职权的正当性有待考量),更重要的是要惩罚法官的渎职。在这种思路下,我们可以通过司法责任制追究法官的错案责任,因为面临错案成本和虚假诉讼的证据成本,法官必须选择承受一个较低的成本。但是由于证据成本本身就不低,这种制度无疑会给法官施加非常大的事业压力。除此之外,最坏的情况在于逼迫法官尽最大努力预防虚假诉讼的立法选择蕴含着巨大的机会成本——在法官人数固定的情况下,法官在一件案子上投入的时间精力越多,就意味着在其他案子上投入的时间精力越少。概率意义上的错判或超审限风险由此提高。换言之,我们有可能实现了几个点的正义,却在更大的面上造成了不正义。[①]

改变视角,情况就会发生变化:案外人只要能够参加诉讼程序,就能够以更低的成本预防虚假诉讼。支持将相关救济程序启动、提出证据的责任分配给案外人的理由有三。首先,因为对于中立的法官而言,原诉是不是虚假诉讼是一个有待判断的事实问题。在这种情况下,任何强调法官依职权调查虚假诉讼的主张都有违背法官中立性的嫌疑。[②] 其次,这种做法既可以在实体法上得到"关注自己的权利"这一教义学法理的支持,也可以在程序法上采用"谁主张谁举证"的证明责任分配原则予以解释。最后,夺回自己被侵攫取的利益也能提供足够的激励让案外人克服证据成本收集证据。

这种做法的表层含义是将虚假诉讼的防范责任转移了,而更加深刻的意义则是将虚假诉讼成立与否的矛盾从原审当事人与法院之间转移到案外人与原审

---

① 实际上这条路已经被堵住了。根据最高人民法院《关于完善人民法院司法责任制的若干意见》第 28 条第 5 项的规定,因当事人过错或者客观原因致使案件事实认定发生变化的不得作为错案进行责任追究。

② 对此可以提出的反驳是:虚假诉讼在侵犯私益的同时,也侵犯了司法秩序这一公共利益,而法院站在公共利益的一方,所以不存在中不中立的问题。然而,侵犯司法秩序的不仅是虚假诉讼,还包括主张他人之间的诉讼是虚假诉讼的诉讼,后者出现的可能性要求法官保持中立。《最高人民法院关于防范和制裁虚假诉讼的指导意见》第 10 条也指出:"同时也要防范有关人员利用上述法律制度,制造虚假诉讼,损害原诉讼中合法权利人的利益。"

当事人之间,从而使司法系统消耗的社会成本转化为案外人的私人成本予以节省了。在“诉讼爆炸”的时代背景下,这对于整个司法实践无疑具有重大的意义。

(二)责任的分担和程序设置

在虚假诉讼救济程序中,相较于证明原审当事人的行为构成虚假诉讼,案外人通过证明其他事实主张(例如证明自己是相关财产的共同共有人)来推翻原审判决的诉讼策略是具有优先性的。这就意味着将虚假诉讼从法官依职权认定的事项划归为需要案外人主张并加以证明的事项不是一个没有缺点的设计。一是因为,如果案外人意识到主张“虚假诉讼”需要付出更多证明成本,寻求其他更为容易证明的事实主张就是其本能的选择;二是因为在诉讼目的上,相较于寻求对虚假诉讼当事人施加惩罚,案外人必然更在意避免或补偿既有的损失;三是因为如果法院放弃了调查虚假诉讼的主动性,虽然节省了司法资源,却释放了一种放任虚假诉讼的信号。虚假诉讼侵害包括司法秩序在内的多重法益,①而法院理应维持司法秩序。如果将防范虚假诉讼的责任全部转嫁给案外人,就可能会导致没有人去防范虚假诉讼——“谁主张谁举证”既限制了当事人的主张范围,也限制了法官的审理范围。②

观察现有规范,我们可以对其作出一种符合上述司法目的的体系解释。《民事诉讼法》第 112 条对“恶意串通”的证明主体作了空置处理,但《民诉法解释》第 96 条第 4 项既规定了“恶意串通可能性”是法官依职权调查取证的情形之一,同时该法第 109 条也规定了恶意串通的认定标准为“排除合理怀疑”。证明标准以证明责任为依托,但由于法院不承担证明责任,③案外人应当负担主张“虚假诉讼”事实存在的证明责任。这样看来,案外人即使未能提供充足的证据,使“虚假诉讼”成立的可能性“排除合理怀疑”,也不能构成法院否认虚假诉讼事实存在的

---

① 李浩:《虚假诉讼与对调解书的检察监督》,载《法学家》2014 年第 6 期。

② “谁主张,谁举证”的证明责任分配规则存在限制被引入争议事实范围的作用,因为当事人不会主张一个自己无法举证的事实。参见桑本谦:《疑案判决的经济学原则分析》,载《中国社会科学》2008 年第 4 期。

③ 因为无论是否认定为虚假诉讼实际上对法院不产生任何不利益(不存在客观责任)。李浩则认为证明责任是一种客观存在的、不与当事人任意一方或者法院一方绑定的责任。在适用《民事诉讼法》第 112 条时,法院不承担证明责任,但是采用了证明责任这一制度安排来判断虚假诉讼的存在与否。参见李浩:《民事证明责任本质的再认识——以〈民事诉讼法〉第 112 条为分析对象》,载《法律科学》2018 年第 4 期。

充分理由。这种解释要求规范层面明确“虚假诉讼”既是案外人的一种抗辩理由,也是法官行使职权的情形之一。

将“虚假诉讼”纳入案外人申请再审的理由是制度化这种解释的方案。实际上,反思现行制度,被“虚假确权之诉”稀释共有财产的共有财产人作为必要诉讼人可以依据《民诉法解释》第 422 条的规定申请再审(作为被遗漏的当事人),因为“虚假诉讼”必然就是一个不能归责于本人的事由。① 再进一步梳理民事诉讼规则,还可以发现上述共有财产人也一定是有独立请求权的第三人,从而可以发动第三人撤销之诉。那么目前可能的制度缺口就是,因“虚假(共同)债务诉讼”受到事实层面损害的债权人以及共有财产人缺少直接的申请再审渠道,从而一个针对性的立法建议就是规定“债权人、共有人认为债务人或其他共有人与他人恶意串通,采用虚假诉讼达成判决、调解、裁定以规避债务、转移共有财产的,可以申请再审”,而其身份则应当按照《民诉法解释》第 424 条第 2 款的规定处理——这种处理方式已经和赋予上述债权人、共有人第三人撤销之诉的救济手段没有本质区别了。②

---

① 刘君博认为财产共有人不属于“应当参加诉讼的当事人”,从而再审的启动在逻辑上是不完全自恰的。理由是根据《物权法》第 102 条对财产共有人连带债权债务的规定,原告可以任意起诉财产共有人承担责任,所以剩下的财产共有人不是应该参加的当事人。但是,这明显误解了实体法与程序法的对应关系。对第 102 条正确的解读应该是:原告可以在诉讼请求中要求任一连带债务人承担全部债务,但是其必须以全部债务人为共同被告提起诉讼。实体法的规定往往隐含着权利义务已经明晰这一前提,然而诉讼开始时,原告是否胜诉是一个未知数,所以连带债权人、债务人必然全部加入诉讼才能够进行完全的对抗。也就是说承担连债权债务的一方当事人必然也属于应当参加诉讼的当事人。参见刘君博:《第三人撤销之诉原告适格问题研究》,载《中外法学》2014 年第 1 期。

② 刘君博认为“第三人撤销之诉的适格原告范围与第三人参加诉讼制度的主体范围不必非要做到严格对应”,从而扩张了第三人撤销之诉的适格原告范围,并将笔者讨论的这种情形纳入了第三人撤销之诉的规制范围,以达到遏制虚假诉讼的立法目的。参见刘君博:《第三人撤销之诉原告适格问题研究》,载《中外法学》2014 年第 1 期。但在笔者看来,这只是一个司法态度的问题。如果认为虚假诉讼所诞生的判决在某种程度上也属于法院的一个错误,那么采取再审来规制虚假诉讼也许更加符合制度的其他目的,而如果认为虚假诉讼更多地涉及案外人自身的责任,或者说想让案外人承担更多的责任,那么第三人撤销之诉就是一个更好的选择。这种功能上的重合也许成了学者批判第三人撤销之诉的理由。张卫平认为可以以“诈害第三人”为由扩大再审适用范围从而完全覆盖第三人撤销之诉的适用场景。参见张卫平:《中国第三人撤销之诉的制度构成与适用》,载《中外法学》2013 年第 1 期。

(三)制度效果与归因

上述分析隐约提到了证据问题:难以创造出对法官的激励是因为证据成本很高,防范虚假诉讼的责任因此要分配给更容易、更有动力提供证据的一方。但即使如此,该方当事人也会衡量不同事实主张的证据成本,从而作出可能违背立法目的的选择,这导致法院必然承担起防范虚假诉讼的兜底责任。这种责任的分配是在证据成本约束下作出的安排。问题是,在科技水平进展缓慢的现状下,能否通过制度安排降低证成虚假诉讼的证据成本以突破这种约束?这提出了虚假诉讼规制的核心问题。为学者们广泛倡议的上述制度方案虽然经过反思可以紧跟实体法和程序法的基本逻辑,却始终未触及虚假诉讼规制的根本问题:虚假诉讼之所以成为一个司法难题,就是因为预防或纠正这种滥诉行为需要付出太高的证据成本了。人们进行诉讼不仅是因为有权利打官司,更重要的是因为其有信心打赢官司。

四、证明标准法理重述和利用推定规制虚假诉讼

事实始终是实现民事诉讼目的的基础,而证据规则创造这样的基础。如果我们有稳定的技术能够重现过去,我们理论上就可以不需要任何包括证据规则在内的全部诉讼规则。如何"重现"过去?我们利用"证据事实"去证成所需要的"法律事实"。在这个过程中,我们通过实体法将"生活事实"筛选后,精简为"法律事实";通过"程序正义"的法哲学原理将"客观真实"降格为"法律真实";[①]在特定历史时期,我们还可以通过一系列政治、宗教手段创造因果关系来关联"证据事实"和"法律事实"。[②] 这说明司法裁判总是向认知的无能有所妥协,是基于不完整的信息的决定。这种决定只能是概率上的正确(同时也就存在概率上的错误),而妥协的程度取决于我们能够接受多严重的错判后果。在古代,发现真

① "案件事实的最终确定是法官源自于证据而形成的'法律真实'……通过正当程序作为认定案件事实的根据只能是'法律真实'的体现。"参见毕玉谦:《证明标准研究》,载《诉讼法论丛》,法律出版社1999年版。关于这对概念的探讨还可参见江伟、吴泽勇:《证据法若干基本问题的法哲学分析》,载《中国法学》2002年第1期。

② "神明裁判"具体包括"热铁审"、"冷水审"以及"决斗法"。这些裁判规则本质上是证据规则,因为它们将争议事实的存在与否与上述审判方式的结果相关联,即肉体损害是否出现就可以证明主张事实的存在与否。参见何家弘:《司法证明方式和证据规则的历史沿革——对西方证据法的再认识》,载《外国法译评》1999年第4期。

实很难，却不能因此不惩罚犯罪，因为政权的正当性很大部分来自该政权是否能够提供安全的治安环境。[①] 人民安居乐业所付出的代价就是一些在现代人们看来十分荒谬的证据手段失败所导致的冤案——相较于惩罚犯罪的政治目的，人权保障只能屈居二位。“后果”和“真相”代表了一对纠缠的社会价值。[②] 在“后果”的参照下，虚假诉讼规制的证据规则研究无非就是讨论究竟需要多少的证据才足够作出对虚假诉讼的认定。这实际上就是对“证明标准”的白话阐述。

(一)如何决定证明标准?

所谓“后果”视角下的证明标准，实际上就是我们能够接受的待证事实为真的最低概率。此证明标准的正当性在于保证了错判损失的最小化。正当程序(due process)要求证明标准的安排要反映社会赋予争执利益(interest at stake)的价值，并恰当地分配错误裁判的风险(risk of error)。[③] 换言之，在当事人代表的不仅是诉争利益，其背后还隐藏着广泛且不同的社会价值的时候，证明标准必然偏向一方当事人。如果双方当事人的得失是相等的，法官只需要综合所有证据确信某一关键事实存在的概率超过其不存在的概率(“优势证据”)，就可以认定该事实已被证实。虽然仍存在49%的概率该事实并不存在，但是基于此事实的判决已经是正确率更高的判决了，而任何高于该证明标准的制度安排实质上都对对方当事人不公平——一方当事人的利益一般来说不能被认为高于另一方当事人。人权和自由为现代国家所广泛强调，其重要性远超惩罚犯罪的政治目的，所以控辩双方所代表的利益是不对等的。为了确保前者得到充分的保障，后者可以被牺牲(错误开释有罪之人)，除非控方提出的证据足以“排除合理怀疑”，因为此时，证据的充分程度已经使得自由价值受损的预期损失小于惩罚犯罪目的被阻碍的预期损失。在一起涉及欺诈的民事诉讼中，主张对方欺诈的一方败诉，一般来说只损失诉争利益，而如果其胜诉，除了诉争利益，对方当事人还将遭

---

① 苏力:《窦娥的悲剧——传统司法中的证据问题》，载《中国社会科学》2005年第2期。

② 发现真实并非司法的唯一价值，其经常和威慑违法行为、促进交易等其他价值冲突。社会总体福利最大化是对这些价值进行排序的方法之一。参见 Louis Kaplow, Information and the Aim of Adjudication: Truth or Consequences, 67 *Stan. L. Rev.*1303 (2015).

③ See Josephine Fiore, Constitutional Law: Burden of Proof —Clear and Convincing Evidence Required to Terminate Parental Rights, 22 *Washburn L.J.* 140 (1982).

受名誉上的损失。[1] 这要求证明标准偏向损失较大的一方。如果设证明标准为P(也就是经过主张举证后某一待证事实为真的概率),承担举证责任一方(甲)所代表的价值为V1,另一方(乙)代表的价值为V2,那么甲胜诉的条件就是$(1-P)V1<PV2$。[2] 该算式的意义是:甲方举证应达到使法院判决自己败诉的损失大于判决乙方败诉的损失的程度。这一视角要求我们在考察证明标准制度安排时,应当考虑虚假诉讼规制过程中涉及的多种社会关系的重要性排序。

(二)"排除合理怀疑"的正当性来源和实践困境

《民诉法解释》第109条一经出台便饱受批评,被认为混淆了刑事诉讼与民事诉讼的界限,破坏了双方当事人之间的平衡,不利于民事诉讼目的的实现。[3] 遵循这样的逻辑,虚假诉讼中"恶意串通"这一要件事实的证明如果需要达到比"高度盖然性"更高的"排除合理怀疑"标准,那么无疑加重了第三人的证明责任,不利于第三人的权利救济。[4] 根据上述法理,这种观点预设:即使是涉及恶意串通的案件,当事人双方代表的利益也是对等的——无非就是诉争利益由哪方取得的问题。但这种预设合理吗?

由于"恶意串通"有很多具体表现形式,我们可以先假设一起案件:妻子认为丈夫与债权人虚构债务,并通过虚假诉讼转移夫妻100万共同财产,从而以"虚假诉讼"为由申请再审。在该案的裁判结果中,冤枉妻子和冤枉债权人中哪一个选择将会造成更大的错判损失?一般来说,如果认定妻子的主张为真,从而将丈夫用于清偿虚构债务的共同财产追回,那么妻子的财产将会增加50万,同时债权人的100万债权将被认定无效。不过,冤枉被告一方当事人的情况还会更糟糕一点:虚假诉讼一旦坐实,丈夫和债权人都会受到司法惩戒,情节严重的甚至会遭受刑事处罚。这也就复述了上文讨论过的逻辑:正是因为存在这样的惩罚,

---

① "欺诈"被定性为"准犯罪"(quasi-criminal)行为,因此涉及欺诈的民事案件中需要决断的利益不仅是金钱,也涉及被告名誉受损的可能性。相关论述可参见案例 Addington v. Texas. 441 U.S. 418 (1979).

② 这种分析方法由美国学者开普兰在1968年首次提出。参见 John Kaplan, Decision Theory and the Factfinding Process, 20 *Stan L. Rev.*1065 (1968).

③ 霍海红:《提高民事诉讼证明标准的理论反思》,载《中国法学》2016年第2期;刘学在、王静:《民事诉讼中"排除合理怀疑"证明标准评析》,载《法治研究》2016年第4期。

④ 纪格非:《民事诉讼虚假诉讼治理思路的再思考——基于实证视角的分析与研究》,载《交大法学》2017年第2期。

法官在认定虚假诉讼时,也一定会慎之又慎。除此之外,市场经济对效率和稳定的追求也要求我们不能简单地认定虚假诉讼,从而导致合同无效。但基于此可以提出的辩驳是,夫妻一方由于另一方转移财产的手段难以被证实而无法受到司法救济的潜在可能性——就整个社会看来——必定加大夫妻双方在婚姻生活中的不信任,从而不利于婚姻关系的长久持续。确实如此。但即使如此,我们也应当更加珍视前者的稳定性。我们应当意识到,相较于陌生人之间的交易关系,婚姻关系的达成往往需要更长时间的磋商("闪婚"的社会评价很低),而婚姻关系在持续过程中也会诞生爱情、亲情这些基于生物本能的情感来加强双方的羁绊。凡此总总,无不决定了后者往往可以抵御更加严重的信任危机。在这种"恶意串通"的个案情形下,证明标准应当偏向于丈夫和债权人。如果进一步结合前文的讨论,主张并证明这100万是丈夫的个人债务,或者证明该借贷关系从未发生过,对妻子来说也许是更好的诉讼策略。

虽然将"排除合理怀疑"的证明标准适用于"恶意串通"并非一个毫无根据的制度设计,[①]但是矛盾也因此出现:我们通常难以获得证明"恶意串通"的直接证据,而提高证明标准虽然自有其道理,却使得"虚假诉讼"这一抗辩主张的证明难上加难。虽然案外人的权利不至于完全无法救济,但是"虚假诉讼"的抗辩很容易被空置。

(三)推定的法理与制度基础

如果引入"证明成本"的概念,就会发现证明标准实际上并非一个固定的刻度。"证明责任"和"证明标准"的制度目的都可以被理解为如何以更低的成本激励当事人努力提出证据,以供法官查明真相。[②] 也就是说,我们虽然分配了证明责任,让法官在事实真伪不明时依旧可以作出裁判,但是证明责任的目的本身是为了避免真伪不明——败诉风险促使当事人必须尽力搜集证据。

"恶意串通"通常十分隐秘,相关直接证据通常也就难以取得。"排除合理怀

---

① 比较法上提供了对应的参照:美国普通法中存在适用于特殊事实(欺诈、诽谤、口头遗嘱、监护关系终止等事实)的"清楚且有说服力"(clear and convincing)证明标准。See J. P. McBaine, Burden of Proof: Degrees of Belief, 32 *Calif. L. Rev.* 242 (1944). 英国法上也存在"灵活证明标准"(flexible standard)。参见吴杰:《英美法系民事诉讼证明标准理论基础研究》,载《法律科学》2003年第4期;牟军:《民事证明标准论纲——以刑事证明标准为对应的一种解析》,载《宁夏社会科学》2002年第5期。

② 桑本谦:《疑案判决的经济学原则分析》,载《中国社会科学》2008年第4期。

疑”对法官心证提出了更高的要求。这种高要求的心证表现为判决书中更缜密的说理，①但必须基于比一般案件更加充分的证据材料。为了证明虚假诉讼中的“恶意串通”，这些现实因素和制度因素使得承担证明责任的一方当事人必须付出相当高昂的证明成本，而这些证明成本只有在被诉讼收益完全弥补时才具有正面激励效果。如何利用证据法规则平衡多方的利益需求？推定制度为一些难以明确证实的法律事实提供帮助，是降低证据成本的策略之一。

主张虚假诉讼的当事人也许可以轻易证明一些关于虚假诉讼的边缘性事实，例如前诉当事人双方存在较为密切的亲属关系，或者前诉标的额明显不符合前诉当事人的财力，从而将证明度提升到“优势证据”。但如果强制要求该当事人将证明度提升到 90％，②证据规则将因无助于发现真实，而在此时丧失其存在的基础——该当事人将会因证明成本高昂放任真伪不明的事实出现。事实上，理性的当事人从一开始就不会把虚假诉讼列为自己的抗辩主张。证明度的提升并非遵循线性变化规律，后 40％的证明度所要求的证据——例如记载了恶意串通内容的电话录音——也许从根本上就是无法提出的。这构成了我们反思“排除合理怀疑”这一证明标准最广泛的道德直觉。但是就解决办法而言，大部分学者语焉不详地指出应当降低这一证明标准，却忽视了推定的适用。由于推定的适用效果是转移证明责任，其与“排除合理怀疑”的字面含义十分契合，因为推定的存在表达了不负担证明责任一方当事人提出“合理怀疑”责任的潜在可能性。降低证明标准的建议实际上就是主张将“推定事实”升格为“法律事实”。适用推定和降低证明标准的区别是：推定只是转移证明责任，为对方当事人的反驳留有了余地；推定事实的具体表现严格接受法规指导，不由个案裁定。这都说明推定事实和法律事实之间的因果关系共识并非特别广泛，也并非特别牢固，从而需要国家权力的特别认可。推定的这两项特质互相照应：正是因为这样的共识不稳定，才必须留下推翻这种共识的制度空间。而降低证明标准的前提必须是推定事实和法律事实之间的因果关系相当牢固，能够多次复现且很少出现例外，以至于二者可以等同。对于证明“恶意串通”而言，这显然是难以做到的。

综上所述，一个可能的制度方案就是对虚假诉讼要求的恶意串通事实采取推定的方式予以认定。只要仔细审视《指导意见》，就会发现作为司法经验的总

---

① 吴泽勇：《中国法上的民事诉讼证明标准》，载《清华法学》2013 年第 1 期。

② 即便是直觉，但一般认为“排除合理怀疑”的证明度应当达到 90％。

结,这种推定可能已经在实践中广泛展开。《指导意见》第 2 条所规定的实践中应当“特别注意”的情形,基本上都可以归纳为证明“恶意串通”需要的推定事实。如果从案外人的视角,证明这些事实就是其可以采取的、证明对方当事人恶意串通的诉讼策略。考虑到《指导意见》其实是对法官工作提供的指导,实际上是对法官应当如何依职权查找虚假诉讼的相关证据的指引,既然《指导意见》承认这些事实对认定虚假诉讼是有帮助的,那么引入案外人的举证力量,将这些事实设置为证明恶意串通所需要的推定事实就是完全合理的。

(四)推定的广泛适用

这种推定还可以在民事实体法上得到印证。为何《合同法》第 74 条对于债务人以不同价码转让自己的责任财产规定了不同的撤销权行使条件?一个符合上述逻辑的解释就是:债务人如果不以任何对价转让财产或放弃债权,不论受让人是否知悉,至少都可以推定该债务人单方面存在恶意(由于撤销这种单务合同不对受让人产生任何不利益,所以并未考虑该受让人的主观意图);如果债务人以明显低于或高于市场的价格进行交易缩减自己的责任财产,债权人则可以通过证明该受让人知悉如此交易会损害该债务人的债务履行能力来证明该交易双方之间存在恶意串通。虽然《合同法》第 74 条并未直接说明这种撤销权的安排是基于债务人与受让人之间的恶意串通,但是我们也很难相信这种财产处置是出于债务人的善意。这不符合一般人的理性,相反,一个理性且善意的人会同意增加自己责任财产的交易,因为这种做法可以有助于自己早日清偿债务。

而一旦这样的不正当交易丧失了上述的显著情形,即成为一种等价有偿的合同形式时,这种简单的推定就不足以证明恶意串通了。根据《最高人民法院关于审理商品房买卖合同纠纷案件适用法律若干问题的解释》第 10 条对“一房二卖”的规定,买受人如果要寻求出卖人债务履行(交付房屋)的救济,就要证明出卖人与第三人之间存在恶意串通来使法院确认第二个买卖合同无效。要求这样的“恶意串通”的证明达到“排除合理怀疑”是否合理?由于同样都是交易关系,我们无法像上述讨论一样对比两种不同社会关系的重要性,但是一个不大可能出错的判断是:第二个交易比第一个交易更值得保护。理由是:在自愿交易的前提下,出卖人和第三人的财富都有所增加,而买受人的损失则可以通过违约损害赔偿得到弥补。着重保护第二个交易的制度设计是一个“潜在的帕累托最优”。[①] “自愿”是交易的核心要件,也是第二个交易得到保护的唯一要求。换言之,“恶意串通”由于不是“自愿”的,所以成了确认第二个交易并非交易的理由之一。实体法给出了推翻第二个交易的可能性,但具体的认定仍得在诉讼中进行。坚持中立的立场,我们认为对此种恶意串通的高证明标准的制度安排无可厚非。第二个买受人愿意给出更高的价格购买同一套房产,这说明这套房产对他来说有着更高的价值。这是一种增加社会财富的途径,除非买受人通过证明恶意串通来否认这种交易的存在。在中立的立场下,证明标准的设置应当有利于第二个交易。

一个既有的规则是《物权法》第 20 条所设立的预告登记制度。这虽然杜绝了出卖人恶意违约的情况出现,但是同样扼杀了潜在的资源更有效配置的可能性。然而,这却恰恰成为提高证明标准的另一个理由:法律已经提供了多种手段来保护买受人的利益了。同样的理由也可以用于解释逃避债务、规避执行的虚假诉讼中的证明标准。同样是债,被指控为虚假诉讼的债务诉讼一旦被认定真的是虚假诉讼,会有人面临着惩罚,债务关系会被认定为虚假,从而债权消失,而虚假诉讼的指控被否认时,两个债权将会分享同一债务人的责任财产,并且由于这种分享而未被满足的债权并不消失,乐观地看来,始终会在或长或短的时间维度上被全部满足。通过这种分析,在事前看来,第一种判决一旦出错所造成的恶劣影响将会远远大于后者,所以我们应该严格要求第一种判决出现的事实基础。

这些讨论旨在说明不同的“恶意串通”抗辩安排、同一的证明标准设置都有其合理性,却都面临着同样的举证困难。这并不削弱本部分讨论的解释力——遵循民事实体法的一贯逻辑,这无非是要求我们寻求更有力的表面特征,以增强推定的可靠性罢了。就如同部分学者考察《最高人民法院关于适用〈中华人民共和国担保法〉若干问题的解释》第 69 条的规定一样,认为债务人将全部或部分财产为个别债权人设定抵押丧失债务履行能力的,可以直接推定存在恶意串通。[②]确实如此,如此抵押如果在表面上不能给债务人带来任何好处,我们就必须推定

---

① [美]理查德·A.波斯纳:《正义/司法的经济学》,苏力译,中国政法大学出版社 2002 年版,第 54 页。

② 曹士兵:《关于恶意抵押的认定》,载李国光主编:《民事审判指导与参考》(2002 年第 1 卷),法律出版社 2002 年版,第 82 页。

这种行为背地里存在见不得人的勾当。这里的讨论旨在说明法需要维护的价值很多,且很难两全,而本着中立的立场,“排除合理怀疑”的证明标准实际上为我们避免更大的损失提供了解决方案,推定则为这种制度方案的实现完善了操作基础。在此基础上,一个具有方向性且务实的工作就是收集足够的虚假诉讼判例,归纳总结其中的事实特征,通过充分的经验观察,建立起恶意串通与推定事实之间的因果关系。

结　语

前文已述,虚假诉讼在某种程度上是解决“立案难”政治考量下的副产品。宽松的立案条件在提高司法正当性的同时,由此导致的虚假诉讼也在减损司法的正当性。我们应该意识到一方面立法本身无法详尽考虑所有的限制因素,从而使得立法目的往往无法准确实现;另一方面则是法的价值通常无法由一项规则完全兼顾,而什么价值优先取决于这个社会的需求。有限的社会资源、科技的限制和司法决策的时限迫使我们只能满足当下最急迫的需求,从而就必须忍耐其他需求不被满足带来的“阵痛”:辩论主义、调解、自认、认诺等民事诉讼基本制度在为司法提供便利的同时,也都为虚假诉讼的诞生贡献了力量。反思既有的制度对策,多样化的救济途径虽然必要,但案外人不必然将对付虚假诉讼作为自己的首要任务;扩大法官的职权也不代表法官就会积极行使职权。通过制度设计提供充足的激励,才能使各方主体基于利益衡量自发作出符合立法目的的抉择,从而达到虚假诉讼被成功遏制的“均衡”。

线上二手交易平台非诉讼纠纷解决机制实证研究*

西南政法大学科研创新项目课题组**

摘要:国内现有的线上二手交易平台非诉讼纠纷解决机制,存在制度结构松散、交易纠纷证据保存困难、证明标准不明确等弊端,已经不能满足人民日益增长的纠纷解决需求。引用当事人合意与法经济学的相关原理,结合国外线上二手交易平台的精细化分流、双方盲区报价博弈、多手段结合解决纠纷等先进理念,有必要建立线上二手交易平台全行业联盟。应当通过构建在线和解、在线调解、在线仲裁三轨并行的非诉讼纠纷解决机制,同时明确其纠纷解决结果之效力,才能完善我国的线上二手交易平台非诉讼纠纷解决机制。

关键词:线上非诉讼纠纷解决机制;在线和解;在线调解;在线仲裁

一、问题之缘起

二手闲置商品交易是指非第一次转手的交易行为,将商品二次流通使价值利用率最大化,实现物尽其用,交易形式包括二手变卖、二手回收、二手寄卖、置换等。① 经济转型、互联网经济的迅速发展不仅带来了更加多元的消费选择,也在更新着人们的消费观念,改变着人们的消费方式。自"十八大"提出共享经济的理念后,二手交易伴随着共享经济的繁荣逐渐兴起。

---

* 本文系2019年西南政法大学学生科研创新项目"众包式线上商品交易纠纷解决机制实证研究"(项目编号:2019XZXS-159)的研究成果。

** 课题组成员为:西南政法大学民商法学院2016级本科生原露萌;西南政法大学民商法学院2016级本科生兰丹翎;西南政法大学民商法学院2016级本科生杨滢。

① 何明慧:《互联网+二手闲置物品交易平台运营模式现状分析》,载《中国市场》2018年第32期。

在中国除了线下的“跳蚤市场”之外,线上平台的搭建也在不断拓展着二手交易的范围。在线上二手交易平台蓬勃发展的同时,相关民事纠纷也随之增多,这些民事纠纷具有当事人地位更加平等、当事人之间物理距离相对较远、标的额较小等特征。但就我国现有的线上二手交易平台非诉讼纠纷解决机制而言,制度结构松散、交易纠纷证据保存困难、证明标准不明确等问题日益凸显,已经不能满足平台用户对纠纷解决的需求。而司法审判作为传统纠纷解决机制的中流砥柱,固然以其严谨的程式化、非人格化的评判机制保障社会正义的实现,但同样也会面临着成本超过预期利益的威胁。

正如波斯纳所强调的“正义的第二种含义——也许是最普遍的含义——是效率”①在法律资源稀缺的领域里,对于效率的追求,便是最大的正义。② 纠纷解决的过程是一种经济活动,理性的当事人在解决纠纷时会权衡多种方式,选择成本较低的解决方法。正因为如此,以替代性纠纷解决机制(ADR,Alternative Diputes Resolution)为基础的线上非诉讼纠纷解决机制(ODR,Online Disputes Resolution)应运而生。作为一种综合的社会性系统工程,线上非诉讼纠纷解决机制能够妥善平衡效率与正义之间的关系,无须遵循周详的法律论证,运用网络信息技术避免当事人之间的直接会面,有效降低纠纷解决的成本,很好地弥补了传统诉讼立法滞后、法律调控领域固化的弊端,是矫正司法结果与群众朴素正义观念之间偏差的最优解。

二、我国线上二手交易平台非诉讼纠纷解决机制的现状检视

若要解决线上二手交易平台目前存在的诸多弊端,提高线上二手交易平台非诉讼纠纷解决效率,必须立足于实际情况,对我国线上二手交易平台纠纷解决机制进行检视。

(一)我国线上二手交易平台主要运作模式评析

明晰民事法律关系是实现民事诉讼价值必经之路。笔者按照运作模式对20个典型线上二手交易平台进行了分类,并对其纠纷解决机制进行了总体分

① [美]理查德·A.波斯纳:《法律的经济分析》(上),蒋兆康译,中国大百科全书出版社1997年版,中文版译者序言第31页。

② 李莉:《ADR视角下民间经济纠纷的解决》,人民法院出版社2009年版,第116页。

析，归纳出“寄售模式”“自助发布模式”“平台转卖模式”“平台回收模式”四种具有代表性的运作模式。平台运作模式不同，卖方、买方以及平台三方主体之间的民事法律关系也不同。

如表1所示，随着线上二手交易平台商业的发展，现有线上二手交易平台内部呈现出多种运作模式并存的发展态势，在使得三方之间的民事法律关系更为复杂的同时也为线上二手交易平台非诉讼纠纷解决机制的构建制造了困难。

表1　线上二手交易平台运作模式

模式	模式简介	典型平台	主要法律关系	存在问题
寄售模式	卖方将二手商品邮寄给平台进行实物估价，再由平台将商品售出	心上、Plum（红布林）、只二	卖方与平台之间成立委托代理关系	二手平台往往利用当事人的法律盲区，让当事人误以为只能请求卖方承担责任，以此规避自身责任，造成买方权益受损
自助发布模式	卖家在平台上自主发布商品，经平台审核后，买方可进行购买	拍拍、闲鱼、二货优品、闲转、爱丁猫、优品自营、我转	买卖双方成立买卖合同关系	经平台审查的商品仍出现瑕疵并造成纠纷之时，平台需承担保证责任，在卖方承担不能时对买方进行赔偿
平台转卖模式	平台作为主体购入卖家出售的商品进而转卖给买家	京东拍拍、找靓机、爱估价、淘好货二手机	买卖双方成立买卖合同关系	无论是卖方还是买方在发生纠纷时的相对方都是二手平台，这种地位上的不对等将会造成弱势一方权利的损害

续表

模式	模式简介	典型平台	主要法律关系	存在问题
平台回收模式	卖家在提出申请之后将二手商品邮寄给平台,由平台对其进行质检,确认无误后进行付款	京东拍拍、心上、优品自营、我转、闲鱼、只二	卖方与平台之间成立买卖合同关系	由于卖方与二手平台的主体地位不相等,二手平台的强势地位很可能造成卖方的损失

(二)我国线上二手交易平台典型纠纷解决模式评析

1.闲鱼平台:以用户投票的方式解决纠纷

在闲鱼平台的交易过程中若买卖双方出现纠纷,买方在确认收货之前可以申请退货退款,卖方若认可买方所描述的问题,则买卖双方完成退货退款的流程。如果卖方不同意申请,可与买方通过闲鱼继续进行和解或者申请"闲鱼小法庭"介入处理。"闲鱼小法庭",是由闲鱼官方推出的线上二手交易平台非诉讼纠纷解决机制。买卖双方当事人在"开庭"前72小时内提供凭证,由平台按一定标准随机选取17名等级较高、信誉度较好的闲鱼优质用户进行投票,先获得9人支持的一方胜利。

就"闲鱼小法庭"中陪审员的选任而言,平台依据的标准仅限于闲鱼等级达到4级、芝麻信用分达到650分两个方面,但这种限制并不能确保每一个被随机选中的用户都为完全民事行为能力人。忽略不同用户年龄、智力发育程度和精神状态等生理条件,武断地划出陪审员选任范围是有违法治精神的。

在双方均同意进入"闲鱼小法庭"后,举证程序即启动,双方可以在提供图片证据的同时与对方以文字形式进行辩论。在陪审员的投票是与双方举证同时进行的情况下,必然存在双方举证或辩论尚未结束时陪审员已经投票的不合理情况。除此之外,网络平台在证据真实性、客观性审查方面存在着一定的局限性,当事人收集证据亦存在着一定的困难,在较短的时间内由双方当事人完成举证不利于对当事人权利的保障。

在"闲鱼小法庭"审判过程中,陪审员的投票结果实时显示在"闲鱼小法庭"

的界面中,双方当事人只要进入该界面即可看到,因此存在一方当事人在票数不利于自己的情况下,通过撤销"退货申请"而终止评定,后再提起申请重新进入新一轮"闲鱼小法庭",从而出现损害另一方当事人的诉讼权利的不合理情形。

2.瓜子二手车直卖网:以线上线下联动的方式解决纠纷

瓜子二手车直卖网通过在售车前建立"五查"机制、售车后经由线下服务站完善售后服务、发生纠纷时通过"一保"提供基金提供先行赔付这三种方式对交易安全进行保障。通过此种线上线下联动的方式,瓜子二手车直卖网为用户构建了全方位的售后服务体系。"五查"机制具体包括:车况信息人工核实、专业评估师上门检测、销售带看环节核实车况、通过第三方机构公开的信息核准车辆真实情况、过户前整车专业复检五种周详的核实方式。但是,此种方式因成本过高,只有针对类似二手车买卖这样标的额较大的交易而言才具有可行性,难以在线上二手交易平台上普遍施行。另外,提供用户保障基金的"一保"方案,虽然能够在用户遇到问题时启动先行赔付机制,但是亦并不能很好地权衡公平以及效率之间的关系。

3.心上平台:以客服介入的方式解决纠纷

心上平台是国内一家奢侈品服务平台,其纠纷解决模式采用的是最广泛使用的线上调解模式。在出现纠纷时,客服会介入并为双方当事人提供一个纠纷解决方案,但并不会给予当事人充分表达自己意见的空间,甚至在调解不成时会出现客服强制双方交易完成的情况,侵害了双方当事人的处分权。

采用客服介入纠纷的心上平台代表了我国现有的大部分线上二手交易平台解决纠纷的一般做法。在此种情况下,客服作为双方当事人民事纠纷的调解人,大多没有受过专业、系统的法学教育,其主体资质是否适格成为当下争议的焦点。此外,客服作为调解人,每天需要处理大量的纠纷,亦可能存在处理纠纷效率低下、处理事实主观色彩过强等问题。

三、我国线上二手交易平台非诉讼纠纷解决机制的问卷分析

为进一步探究国内现有线上二手交易平台非诉讼纠纷解决机制的不足之处,提出改进方案。笔者以我国线上二手交易平台及其非诉讼纠纷解决机制作为调查对象,采取随机发放问卷的方式,共计发放 1121 份问卷。

问卷将受访者分为"使用过线上二手交易平台且遇到过纠纷""使用过线上

交易平台遇到过纠纷""使用过线上交易平台未遇到过纠纷""两种平台均未使用过"四大类,分别设置有针对性的问题进行调查,但"两种平台均未使用过"类人群对线上交易流程并不了解,出于对问卷结果关联性、科学性的考虑,笔者在此对这一类人群进行排除。基于此,本问卷共回收 943 份有效问卷,问卷有效率为84.12%。

(一)问卷调查开展的基本情况

表 2　受访者在使用线上交易平台的过程中遇到纠纷的情况

您在使用线上交易平台过程中是否遇到过纠纷或退货?		
选项	填写人数	比例
是	590	62.57%
否	353	37.43%

根据以上两表可知,在使用过线上交易平台的受访者中,遇到纠纷或者退货的占 62.57%。说明在线上交易的过程中遇到纠纷是十分普遍的现象。

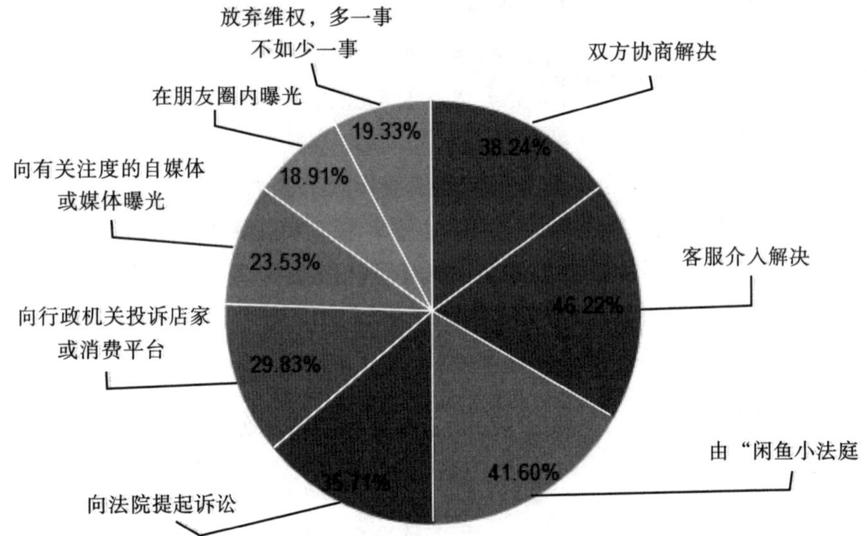

图 1　受访者遇到纠纷时选择的解决方式

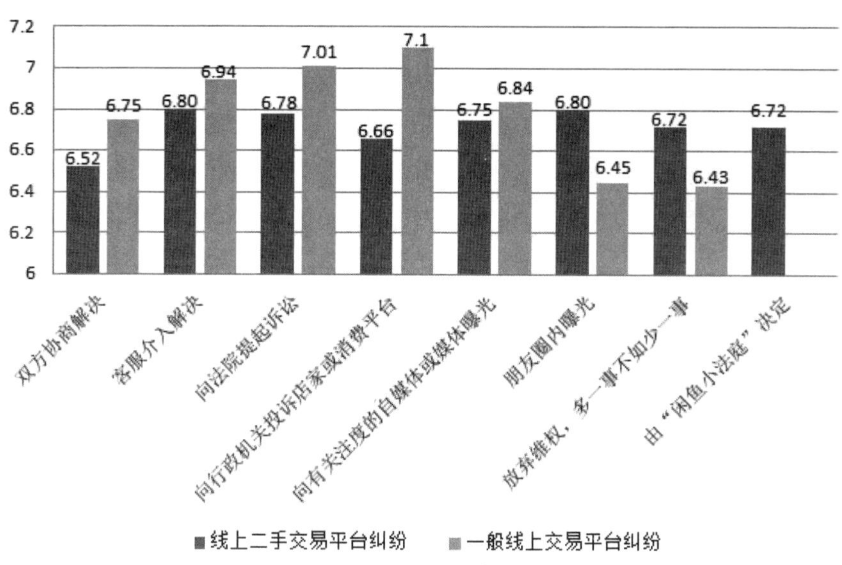

图 2　受访者对不同纠纷解决方式的满意程度

(二)受访者对纠纷解决方法的选择倾向

根据问卷数据以及图 1 可知，在受访者使用线上二手交易平台遇到纠纷时，客服介入、由“闲鱼小法庭”进行决定、双方和解解决、提起诉讼四种方法是受访者在遇到纠纷时最常采用的纠纷解决办法。

根据图 2 可以发现，遭遇过线上二手交易平台纠纷的受访者对采用向客服介入解决、在朋友圈内曝光两种手段满意程度最高；法院提起诉讼、向有关注度的自媒体曝光手段的满意程度次之；采用双方协商解决、向行政机关投诉平台或商家手段的用户满意程度最低。

随着我国消费者保护制度的日益完善，公权力对在交易中处于强势地位的经营者的规制愈发规范。在一般线上交易当中，消费者一旦发现自身权利受到侵犯，便可以通过互联网向市场监督管理局直接投诉侵权商家，借助公权力的强制力维护自身权益。因此，在涉及线上交易平台的纠纷时人们更多地依赖于高效便捷的投诉渠道。但是，线上二手交易平台的卖方并不依靠出售二手商品牟利，此类非盈利行为不属于市场监督管理局管理的范畴。因此受访者更多地依赖私力救济达到纠纷解决的目的，较线上二手交易平台的其他纠纷解决机制满意程度低。

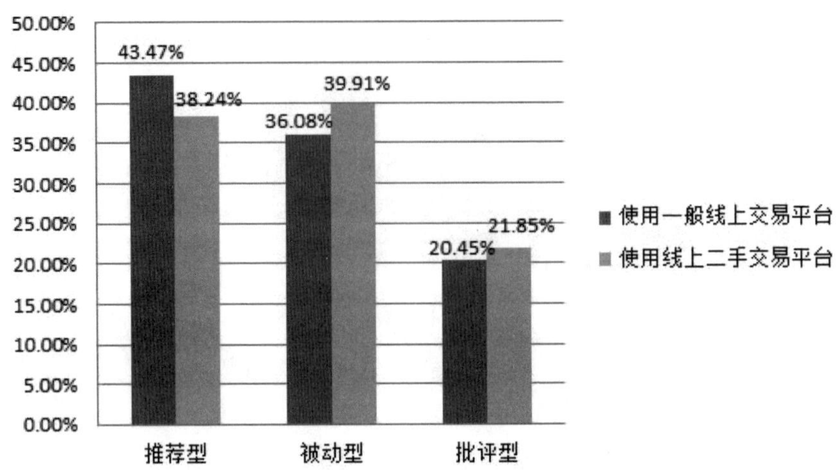

图 3　受访者对于现有线上纠纷解决机制的满意程度

具体而言,使用过线上二手交易平台遇到纠纷时对纠纷解决的结果满意程度均值为 6.74,NPS 值①为－16.39%;未使用过线上二手交易平台使用过淘宝的受访者对纠纷解决结果满意程度显著低于在使用线上二手交易平台时遇到纠纷解决结果的满意程度。

但是,无论是使用线上二手交易平台还是使用一般线上交易平台的受访者,对于纠纷解决结果的满意程度均呈现批评型。表明无论是线上二手交易平台非诉讼纠纷解决机制还是一般线上交易平台非诉讼纠纷解决机制均不能达到满足二手交易平台用户对纠纷解决的需求、保护当事人利益的目的。

(三)受访者对新型线上非诉讼纠纷解决机制的选择意愿

根据图 4 可以发现,使用过线上二手交易平台的受访者对新型线上非诉讼纠纷解决机制的选择意愿更高。仅使用过一般线上交易平台的受访者有关选择意愿的两项指标均显著低于使用过线上二手交易平台的受访者。

在受访者对种种纠纷解决机制都不甚满意的大背景下,使用过线上二手交易平台的人相较于未使用过线上二手交易平台的人更愿意采用并推行新型线上

① NPS 值:指净推荐值、口碑,是一种计量某个客户会向其他人推荐某个企业或服务可能性的指数。计算方法:NPS=(推荐者数/总样本数)＊100%－(贬损者数、总样本数)＊100%。

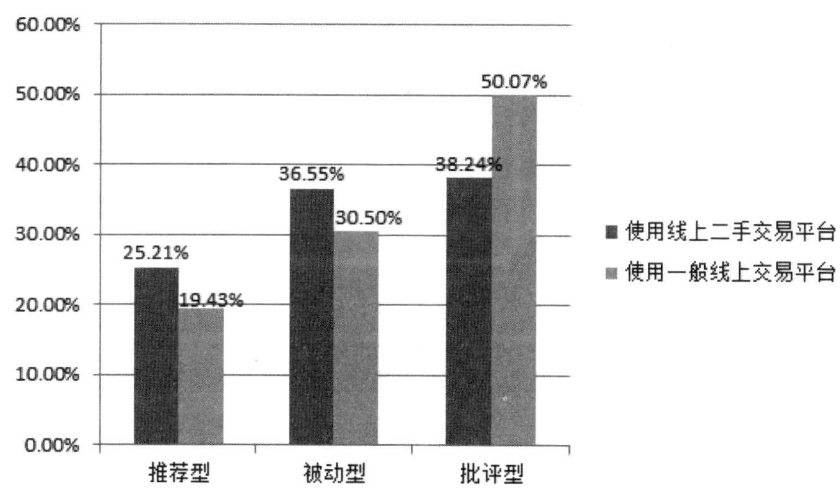

图 4　两类受访者对新型线上非诉讼纠纷解决机制的选择意愿

非诉讼纠纷解决机制，体现了新型线上非诉讼纠纷解决机制在线上二手交易平台乃至整个线上交易平台推行的可能性。

总而言之，国内现有的线上二手交易平台非诉讼纠纷解决机制存在诸多不足，既不能对不同案件进行有效分流，也不能平衡效率与公正的矛盾，更不能确保纠纷解决结果对双方当事人的强制效力。因此进一步完善国内线上二手交易平台纠纷解决机制对提高用户对纠纷解决的满意程度、对我国法律的信赖程度至关重要。

四、国外线上二手交易平台非诉讼纠纷解决机制的实践考察

非诉讼纠纷解决机制在美国一些地区十分盛行，这在很大程度上归因于法院在民事审判上的匮乏。① 美国《1998 年 ADR 法》允许并鼓励法院将诉讼案件强制交付各种非诉讼纠纷解决机制。与此同时，非诉讼纠纷解决机制对大陆法系各国也日渐产生启发和促动，德国《民事诉讼实施法》第 15 条中规定了一系列

① Lord Woolf, Access to Justice, Interim Report to the Lord Chancellor on the Civil Justice System of England and Wales, HMSO, London, Ch18, 1995, pp.1-4.

强制性提交调解之事由,显示了非诉讼纠纷解决机制在不断发展的过程中,国家对其重视程度也在不断提升。随着信息化时代的到来,互联网在非诉讼纠纷解决领域扮演着愈加重要的角色,国外平台根据自身特征创设的线上非诉讼纠纷解决机制,为我国线上二手交易平台非诉讼纠纷解决机制提供了宝贵的纠纷解决经验。

(一)eBay 平台:精细化解决纠纷

eBay 平台主要是为当事人提供一个交流的渠道,没有第三方的介入,当事人通过交涉合意解决纠纷。若当事人无法达成共识,eBay 平台将运用大数据技术,根据个案的特点对原始的描述模型和预测模型进行微调,提供更加个性化的解决方案。

eBay 平台的纠纷解决机制有诸多亮点。其一,制定严格的时间节点控制机制,以限制投诉时间、缩短争议解决时间跨度的方式督促双方当事人尽快处理纠纷,从而使双方民事权利义务尽快趋于稳定;其二,推出对车辆等标的额较大的特殊商品的保证计划,通过为消费者及时垫付退款,实现保护消费者权益、增进消费者网购信心的目的;其三,采用类型化处理机制,以买方是否完成付款为节点将纠纷划分为不同类型,针对性地处理纠纷;其四,实行自动化程序分流机制,由申请者选择纠纷的类型,eBay 平台鼓励双方和解,协商不成,则利用程序自动处理纷争。

eBay 的自动化程序化分流机制以及以互联网为基础的信息通信技术能极大地优化整个线上纠纷解决模式,提高效率,增加纠纷解决结果的合理性与可行性。因此,我国的线上二手交易平台非诉讼纠纷解决机制可以借鉴 eBay 平台的纠纷解决机制,利用互联网的优势解决纠纷,从而将智能算法、自动化分流等网络技术运用到平台内的纠纷解决机制当中。

(二)Smartsettle 系统:智能化解决纠纷

在当事人双方合意启动线上纠纷解决机制后,当事人可以首先使用 Smartsettle 所提供的在线协商软件进行在线协商,该在线协商软件利用以互联网为基础的信息通信技术,运用博弈论和阻尼摆仲裁①的原理使双方当事人达成合意。阻尼摆仲裁有普通钟摆仲裁的作用,奖励协作,辅助当事人双方尽快达成合

① 阻尼摆仲裁指裁决案子时,其在双方一系列的要求或报价中不是选择最公平的一种,而是选择一个最接近公平的一种,同时奖励要求或报价更接近公平的一方。

意，最大限度地减少仲裁的需要；但又不同于普通的钟摆仲裁，不裁定明显的输家，以便当事方在“盲区报价”过程中尽快地产生公平的谈判结果。①

如果通过在线协商软件无法获得共识，Smartsettle 会指派一名受过专业调解课程训练的律师来协助当事人解决纠纷。律师会协助双方当事人分析案情及争点所在，寻找可能的解决方案。这一过程中产生的资讯都会记录并储存在网站主机的资料库里，Smartsettle 网站将凭借网站主机资料库的这些资讯做成在线调解方案。如果当事人接受该调解方案，那么整个纠纷解决程序结束。② 一般而言，Smarsettle 软件生成的调解方案仅供双方当事人参考，在该自动型在线调解方案出台后，协助程序的律师还会不断与当事人沟通，帮助其评估该调解方案，修正该调解协议的部分选项，使其更符合当事人的意愿、取得更有效的调解方案。

Smartsettle 平台的纠纷解决机制致力于协助双方通过协商、调解尽快达成合意，避免启用仲裁程序。整个系统对于纠纷的处理方式，具有智能、中立、安全和经济的性能，能随时随地解决纠纷，为我国建立客观中立的线上二手交易平台非诉讼纠纷解决机制提供了技术借鉴。

（三）WebMediate 网站：多元化解决纠纷

WebMediate 在线调解网站为当事人提供多元化的线上非诉讼纠纷解决服务。其首先提供的是自动化的协商软件 Websettlement，这是一种全自动化的电脑软件，无须第三人介入。若双方的纠纷无法通过 Websettlement 解决，WebMediate 会提供富有经验的调解人进入纠纷解决程序，协助纠纷当事人双方辨明利益及冲突所在，并且协助纠纷当事人明确争点，提供可能的纠纷解决方案，供纠纷当事人参考。与 Smartsettle 不同的是，如果当事人间的纠纷还无法通过在线调解予以解决，WebMediate 还将提供在线仲裁服务，供纠纷当事人双方使用，力图纠纷终局性地解决。WebMediate 提供的这些多元化的纠纷解决程序，是供使用者自愿弹性选择的，而不是强制性的前置程序。当事人进入该网站后，可以根据自己的意愿申请纠纷解决程序。WebMediate 在线调解网站完全满足了纠纷当事人对于在线纠纷解决程序选择的弹性需求，既体现了当事人

① 方旭辉、温蕴知：《互联网＋时代：引进网上纠纷解决机制线上纠纷解决机制“第四方”的契机——以 Smartsettle 为例》，载《企业经济》2015 年第 8 期。

② 郑世保：《在线解决纠纷机制 ODR 研究》，法律出版社 2012 年版，第 46～47 页。

的程序主体地位,又保障了纠纷当事人在不同阶段自主选择的权利。

五、我国线上二手交易平台非诉讼纠纷解决机制的规范建构

处在全球化时代,我们不仅要以他者的眼光来观察其他国家和地区已取得的新发展,更要以"文化持有者的内部眼界"来看待我国非诉讼纠纷解决机制的发展轨迹。梳理、检讨我们以往建构非诉讼纠纷解决机制的传统价值观,化传统理念为资源,摆脱过分的非法律诉求干扰。为了维持公正与效率之间的动态平衡,解决线上二手交易平台存在的诸多问题,将互联网技术与传统的非诉讼纠纷解决机制相结合,建构一个现代的规范的非诉讼纠纷解决机制,超越泛道德化、非规范性的传统体系。

(一)线上二手交易平台全行业联盟的建立

在法律所不能及之处,适当地利用自由社会中的自发力量进行社会自治,是完善社会主义法律体制建设的必经之路,也是维护社会稳定的重要手段。为更好地提升线上二手交易平台纠纷解决的效率,建立一个行业联盟不失为一个可行的方法,如 2003 年建立的中国互联网协会、2013 年建立的中国互联网金融协会等互联网行业组织,都在行业自治中发挥着不可忽视的作用。

行业联盟的建立可以整合现有线上二手交易平台的非诉讼纠纷解决服务,指导各线上二手交易平台根据联盟提供的一般性纠纷解决机制自行建立个性化的非诉讼纠纷解决机制。行业联盟的建立不但可以使对于相关纠纷的管理更有秩序,而且也可以充分发挥全行业自治的能力,减轻政府部门的相关投入,彰显法经济学的效率理念。此外,行业联盟还应当便利用户接受、运用相关非诉讼解决机制,督促各平台指导用户使用非诉讼纠纷解决机制,打消用户对非诉讼纠纷解决机制的不信任。

(二)线上二手交易平台非诉讼纠纷解决的运行机制

借鉴国外线上交易平台和相关系统解决交易纠纷的经验,并针对国内现有线上二手交易平台纠纷解决机制存在的问题,笔者通过结合 eBay 平台中纠纷自动化分流机制的效率性以及 Smartsettle 系统的智能中立、WebMediate 解决纠纷的多元性等诸多优势,根据纠纷类型的不同,拟构建融合"计算科学""在线调解""在线仲裁"理念的多元化线上二手交易平台非诉讼纠纷解决机制。

1.在线和解机制的构建

在选择纠纷解决的最优方案时,可以运用博弈论中的理念来有效整合各方利益,形成公平有效的协议。博弈论就是研究各方在斗争中能否找到最为合理的方案,以及在寻找合理方案中使用的数学理论和方法。在博弈行为中,参加竞争的各方具有不同的利益需求,为了达成自己的目标会考虑对方的各种行为方案。线上非诉讼纠纷解决机制的建立需要依靠博弈论的理念,因为在既定的法律关系中,任何一方当事人的行动选择,既受到自身因素的影响,也必然受到其他当事人行为的影响。①

为了避免双方当事人因信息不对称、主体地位不平等而产生损害一方当事人利益的不利后果,就要尽可能多地综合各方信息,平衡双方关系。在互联网环境下,计算科学可以成为信息数据整合、分析的有利支持。

在商品存在瑕疵或实物与描述不符的情况下,双方对商品价格等"量"上产生的纠纷可以借鉴计算科学的理论和 Smartsettle 系统的经验,建立计算科学系统对纠纷进行解决。计算科学系统假定在多种要价之间存在一个公平价格,该价格不是简单的折中,而是通过数据分析确定的客观标准。随后,在双方可接受的价格区间内,系统根据客观标准和双方的理想价格判定出最终的价格。此种高效率的模式,以数字为对象,忽略与纠纷无关的其他要素,更加适合解决以金钱为标的的纠纷。当事人遇见此类纠纷时,可在纠纷解决系统中提出心中最理想的商品价格,由系统在双方最理想的价格之间给出一些建议价格,双方秘密地接受这些建议价格。在纠纷解决过程中,双方处于"背对背"的情境下,均不知哪个价格为对方所接受,使双方在博弈中逐渐接近理想价格。计算科学系统的引入不仅能提高纠纷解决的效率,还能在现有二手交易纠纷解决非此即彼的解决模式外提供一种能够超越当事人的"双赢"的路径。

2.在线调解机制的构建

在线调解作为目前使用得最多的一种线上非诉讼纠纷解决方式,在国外已经拥有了较为成熟的实践经验,但我国目前在此领域还略有不足。面对当事人繁复的纠纷解决要求,我国现有的在线调解制度需要进行创新以增强普遍适用性。传统的在线客服调解一般采用客服与当事人一对一单线联系的模式,效率较低,就程序的具体细节而言,传统的在线调解在举证、质证、认证、揭示事实等

---

① 冯玉军:《法经济学范式研究及其理论阐释》,载《法制与社会发展》2004 年第 1 期。

诸方面是没有刚性的技术标杆控制和衡量的,而且当事人在调解中的主张声明、抗辩对抗不会立刻发生如审判程序一样的处分效应;对于调解的结论,往往也不需要严格按照实体或程序法规定的要件对照调解结果的正当性。[①] 因此对于在线调解制度的创新需要严格遵循行业性标准,突破单线联系,客服需深入双方当事人的纠纷解决全过程,与双方当事人同处一个聊天室进行调解。经过专业训练的客服可以引导双方明确争议焦点,提供适合的解决方案。此外客服还将把握调解的进度,既能在合理的期限内解决双方的纠纷,又能给双方保留考虑的时间,使调解结果更能体现当事人的意志,更加成熟合理。

3.在线仲裁机制的构建

传统的线上二手交易平台非诉讼纠纷解决机制不能妥善解决现有纠纷,且买卖双方纠纷涉及"退货"等不能通过"盲区报价"的方法来解决时,在线仲裁作为互联网与仲裁制度相结合的产物,必将在我国非诉讼纠纷解决机制的舞台上扮演重要的角色。

结合线上二手交易平台现状,笔者认为建构线上二手交易平台在线仲裁需要关注以下几点:

第一,仲裁程序中仲裁员的选择。在进入在线仲裁模式后,平台首先要对"仲裁员"的主体资质进行适当的限制,同时,各个平台需要定期对选定的仲裁员进行培训和考核,保持仲裁人员队伍的流动性。其次,在仲裁员的遴选过程中,应当尊重公民参与仲裁的意思自由,既可以通过用户事先申请加入仲裁员再由系统随机选出的方式,也可以采用系统向符合要求的平台用户随机发放邀请信息,用户接受即成为仲裁员等方式,将参与仲裁作为公民的一项权利而非强制性的义务。

第二,仲裁程序中举证的完善。证据是民事诉讼中起决定性作用的一环,现有的买卖双方当事人可以通过扫描、照相、转录等手段将证据材料转化为图片上传的方式只能囊括当事人陈述以及书证两种证据类型,为拓宽证据类型,可以通过附加文件、链接、视频甚至结合线下鉴定机构的方式对纠纷的解决提供证据。同时,平台亦应对双方当事人举证进行引导,排除无关、非客观证据,允许双方当事人对对方证据提出异议,进而形成相对完整的证据链,为仲裁员进行仲裁提供

① 毕玉谦、唐俊、黄海涛、刘鹏飞:《民事审判与调解程序保障机制》,中国政法大学出版社 2015 年版,第 103 页。

依据。此外，平台还可以直接获取相关案件的结构化信息并将其导入纠纷解决机制中，如提供存储在云端的买卖双方主体身份、购买时间、购买商品等信息。既可以保证这部分证据的客观性和真实性，又能减轻双方当事人的举证负担。

第三，仲裁程序中应当对当事人辩论权予以展现。在仲裁员依据已经形成的证据链作出裁决的过程中，应当允许当事人双方分别发言并参与辩论。辩论结束后，再由仲裁员对本案进行最终仲裁。在投票表决过程中，仲裁员作出的投票选择不宜对双方当事人进行实时公开，避免因一方临时退出程序损害对方权益。应在表决结束后，将最终仲裁结果及票数情况告知双方当事人。

在线仲裁作为互联网与仲裁制度相结合的产物，以其高效、便捷、适用广泛的特性，深刻贯彻了民法意思自治的原则，不但能够很好地解决传统的线上非诉讼纠纷解决机制囿于低效、烦琐之困境这一问题，而且符合当事人合意和法经济学的要求。

（三）线上二手交易平台非诉讼纠纷解决的效力保障

非诉讼纠纷解决机制的效力一直是一个重大的理论和实践问题，学界一直存在很大的争议。对此，我国有学者提出，可以以解决机制程序的程式化程度为根据，分情况决定是否赋予其法律效力。

无论如何，非诉讼纠纷解决机制结果之效力都不能游离于法治之外，调解协议、在线和解、在线仲裁协议均是私法上契约自由的产物，理应受我国《合同法》的调整，进而对双方当事人产生约束力。非诉讼纠纷解决机制的结果本身并不具有强制性，不能据以申请法院强制执行，需要当事人自觉履行来实现其目的。

虽然非诉讼纠纷解决机制结果不经司法确认不产生强制执行力，但是平台可以通过构建完善的评估反馈等机制，使双方当事人置于网络法则的“法律的阴影”下，凡是有意参加线上二手交易平台的用户，都必须接受平台包括纠纷解决条款在内的规则的约束。若卖方不履行纠纷解决结果将直接影响其商誉，二手交易平台还可以增强“驱逐权”的使用，若当事人多次拒绝参与纠纷解决程序或拒绝接受结果的约束，交易平台可威胁将其逐出平台。“驱逐权”等制度将成为当事人遵守纠纷解决结果的保障。

司法制度研究

论专门人民法院的设立理由及规范化路径

刘 强*

摘要:构建科学合理的司法体制是法治建设的重要制度保障,设立专门人民法院正成为法治建设的一个亮点,但也存在理论基础不牢的问题。专业化审判仅仅是专门人民法院设立后发挥的功能、作用,并非设立专门人民法院的理由,它无法理顺专业化审判团队、专门法庭与专门人民法院之间的关系,并且盲目地以专业化为理由设立专门人民法院最终会消解法院。相比之下,基于社会发展而产生的特殊的审判理念、审判思维、审判语言、审判原则构成的特别审判范式是设立专门人民法院的内在理由。审判范式的运行离不开制度的支撑,终审权是特别审判范式存在的制度根基,特殊的审判组织是特别审判范式运行的制度保障,行政部门有效沟通是充分发挥特别审判范式实效的制度基础。我国专门人民法院的设立,应当规范专门人民法院的设立程序,明确设立的目的与领域,增强专门人民法院的系统性与独立性,注重专门人民法院与行政部门的沟通协调。

关键词:专门法院;司法改革;法律制度;司法体制

构建科学合理的司法体制是法治建设的重要制度保障。党的十八大报告曾强调,依法治国是党领导人民治理国家的基本方略,法治是治国理政的基本方式,要更加注重发挥法治在国家治理和社会管理中的作用,全面推进依法治国,

---

* 作者系江苏大学法学院讲师,法学博士。

加快建设社会主义法治国家。自十八大以来，司法改革拉开了序幕，为了适应经济发展的新要求、解决社会面临的新矛盾，积极推进专门人民法院的设立成为法治建设的一个亮点。然而，专门人民法院设立的法理是什么、应该如何推进，如何与当下审判体制改革相衔接等问题尚缺乏深入的研究，本文将着重理论探讨，并结合我国实际，回答上述问题。

一、我国专门人民法院设立的类别及演变

专门人民法院是我国司法体制的重要组成部分，它促进了我国的法治事业建设。我国专门人民法院在新中国成立之初就存在，随着社会环境的变迁，专门人民法院也几经变革，特别是专门人民法院的种类、级别、管辖范围等都发生了较大的变化。为了进一步研究专门人民法院的设立理论，对专门人民法院的变化进行系统性梳理很有必要。

我国专门人民法院制度始于“五四宪法”，该法第 73 条规定，中华人民共和国最高人民法院、地方各级人民法院和专门人民法院行使审判权；第 79 条规定，最高人民法院监督地方各级人民法院和专门人民法院的审判工作。这些规定不仅在法律制度上明确了专门人民法院的地位，还明确了最高人民法院和专门人民法院之间的关系。这一制度框架一直为历次宪法修改所沿袭，唯一不同的是，“八二宪法”又单独明确了军事法院这一专门人民法院的设立。该法第 124 条规定，中华人民共和国设立最高人民法院、地方各级人民法院和军事法院等专门人民法院。从总体上看，专门人民法院的设立有充分的宪法依据，但设立要求没有细化，值得进一步研究。

客观地讲，苏联社会主义国家专门法院的制度对我国有一定的影响，根据《苏联各盟员共和国及自治共和国法院组织法》第 6 章第 53 条的规定，专门法院包括，军事法庭、铁路运输沿线法院、水上运输沿线法院。1954 年的人民法院组织法沿袭“五四宪法”对专门人民法院的规定，只是增加了“专门人民法院的设置，由司法部报请国务院批准”的条文。相比之下，1979 年的人民法院组织法对专门人民法院的规定较为详细，该法第 2 条列举了一些专门人民法院，明确专门人民法院包括：军事法院、铁路运输法院、水上运输法院、森林法院、其他专门法院。但是，法院组织法在 1983 年进行修订时，为与“八二宪法”表述相一致，而将“专门人民法院”修改为“军事法院等专门人民法院”，却删去了 1979 年人民法院组织法中“专门人民法院包括：军事法院、铁路运输法院、水上运输法院、森林法

院、其他专门法院"的规定。对此,时任全国人大常委会秘书长、法制委员会副主任王汉斌作出说明:专门法院除军事法院外,究竟还需要设立哪些专门法院,以及专门法院的体制、职责和管辖范围等,都还缺乏经验,各方面意见很不一致。这次根据宪法,将删去的专门人民法院包括:军事法院、铁路运输法院、水上运输法院、森林法院、其他专门法院的规定,这样修改后的规定较为灵活,除明确必须设立军事法院外,对其他专门法院的设置不作具体的规定,可以根据实践,需要设的就设,不需要设的就不设。① 以上就是关于专门人民法院设立的制度规定的梳理,这些规定明确了专门人民法院存在的合法性,促进了我国的法治建设。但是,对于专门人民法院应该如何设立,缺乏明确的理由和原则,根据实践需要而设立的说法过于笼统,不利于推进法治的制度化建设。从我国专门人民法院实际设立的情况来看,设立类别与以上规定的种类基本一致,但需要做以下说明:

第一是军事法院。虽然军事法院的设立首先是在1979年的法院组织法中明确提出来的,但是军事司法实际早在新中国成立之初就存在。在建军时,军队内部就设有专门的司法机构,"我们军队中的司法工作,不是现在才有的。从我们军队建立的时候起,军队中的司法工作也就开始有了萌芽。它是军队工作的一个组成部分有助于军队纪律的巩固。没有它,军队的建设就是不完备的"②。随着新中国的建立,第一部宪法的出台及法律制度的完善,军事法院也从原来的内设机构变成制度化的专门法院,因为"过去在军队中没有单独设立惩罚机关,现在部队正规化了,如果不按照法制的要求单独建立惩罚机关就不行了。因此,部队里要设置军事法院,它的作用在于巩固人民解放军"③。随着法治的不断完善,军事法院审理的范围也逐渐明晰,主要审理涉及军队的刑事、民事案件,但针对军事法院和地方法院的管辖权范围仍存在一定的争议。需要指出的是,自"八二宪法"后,军事法院就成了唯一依据宪法而设立的专门人民法院,该法第124

---

① 参见《关于修改〈人民法院组织法〉〈人民检察院组织法〉的决定和〈关于严惩严重危害社会治安的犯罪分子的决定〉等几个法律案的说明》,载中国人大网,http://www.npc.gov.cn/wxzl/gongbao/2000-12/17/content_5001455.htm,访问日期:2018年4月9日。

② 董必武:《董必武同志在军事检察院检察长、军事法院院长会议上的讲话(摘要)(1957年3月18日)》,载《人民司法》1978年第1期。

③ 董必武:《董必武同志在军事检察院检察长、军事法院院长会议上的讲话(摘要)(1957年3月18日)》,载《人民司法》1978年第1期。

条明确规定了军事法院的设立。这就为实践造成了一定的困惑，引发了一系列的问题。因为宪法与法律的层级不同，具体的专门人民法院应当由广义上的哪一级别的法律设定；依据宪法设立的专门人民法院和依据法律设立的专门人民法院在制度上有何区别；最高人民法院对依据不同级别设立的专门人民法院的监督权有无异同等。这些疑问恰恰反映了专门人民法院设立的理论研究不够深入，难以统领实践。

第二是铁路运输法院。虽然 1954 年法院组织法没有明确有哪些专门的人民法院，但是最高人民法院实际于 1954 年就设立了“铁路沿线专门法院”，1955 年又更名为“铁路运输法院”。此后，各地陆续设立铁路基层法院、中级法院，并归铁路系统管理。但是，1957 年三级铁路法院被撤销。1980 年根据司法部、铁道部联合发出的《关于筹建各级铁路法院有关编制的通知》要求，在北京设立铁路运输高级法院，在铁路局所在地设立铁路运输中级法院，在铁路分局所在地设立铁路运输法院。至此，我国三级铁路法院开始恢复设立。1987 年 4 月，铁路运输高级法院被撤销，铁路运输中级法院和铁路运输法院的两级铁路法院建制继续保留，审判业务改由各铁路运输中级法院所在地的高级人民法院指导，人、财、物隶属于各铁路局和铁路分局。[①] 2009 年 7 月 8 日，中央下发《关于铁路公检法管理体制改革和核定政法专项编制的通知》，该通知要求铁路公检法整体纳入国家司法体系。于是，全国铁路运输法院一次性移交给驻在地省（自治区、直辖市）党委、高级人民法院管理。2012 年 7 月，全国 17 个铁路运输中级法院和 58 个铁路运输法院全部整建制移交地方管理，在人、财、物上与铁路部门脱钩。[②] 随着司法改革的逐步深入，最高人民法院在《关于全面深化人民法院改革的意见——人民法院第四个五年改革纲要（2014—2018）》（法发[2015]3 号）中指出，根据中央司法改革精神，铁路法院将改造为跨行政区划法院。将铁路运输法院改造为跨行政区划法院，主要审理跨行政区划案件、重大行政案件、环境资源保护、企业破产、食品药品安全等易受地方因素影响的案件，构建普通类型案件在行政区划法院受理、特殊类型案件在跨行政区划法院受理的诉讼格局。目

---

① 参见《铁路司法：“前世今生”》，载新华网：http://www.xinhuanet.com/2015-05/26/c_1115416220.htm，访问日期：2018 年 4 月 9 日。

② 参见《铁路司法：“前世今生”》，载新华网：http://www.xinhuanet.com/2015-05/26/c_1115416220.htm，访问日期：2018 年 4 月 9 日。

前,铁路运输法院基本审理跨行政区域的案件。铁路运输法院几经波折、分分合合,最终纳入了的法院系统,成为国家司法体系中的一部分。然而,在成熟的法治国家,作为国家基本法律制度的专门法院会有如此巨大变动的,几乎没有先例。这种异常的变动从侧面反映出了我国的司法制度理论还不成熟,制度的连续性和稳定性有待加强,是否应设立最高级别的专门人民法院,如何与最高人民法院相衔接等问题仍有待探索,可见,专门人民法院制度确实需要深入研究。

第三是其他专门人民法院。其他没有法律明确规定的专门人民法院还包括海事法院、矿区法院、油田法院、农垦法院、林业法院等。目前,全国存在 10 个海事法院,[①]但都是中级编制的一审法院,尚不存在高级的海事法院。矿区法院仅有甘肃矿区人民法院,油田法院仅剩辽河油田法院,辽河油田法院体系包含辽河油田法院和辽河油田中级法院,2009 年改制后,名称分别改为辽河人民法院和辽河中级人民法院。另外,20 世纪 80 年代,我国还曾存在过是否要建立劳改法院的争论。1982 年 2 月 10 日,江苏省人民代表大会常务委员会第十二次会议通过了《关于在七个省属劳改单位设立专门人民法院、专门人民检察院的决定》。后经江苏省高级人民法院向最高人民法院请示,最高人民法院又向全国人大常委会请示,全国人大常委会认同最高人民法院的意见,不设立劳改法院。主要原因是:劳改农场不具备设立专门法院的条件。它管辖的区域和人员都是固定的,不存在跨省区、人员流动性大、发生案件无法确定管辖法院等情况;劳改农场是对罪犯执行劳动改造的机关,不宜设立专门法院或普通人民法院。综上所述,类别繁多、级别复杂的专门人民法院在一定程度上显示了相关制度建设缺乏理论上的一贯性,有的专门人民法院甚至已经“名存实亡”,与地方一般法院的审理范围无异,可见,该如何设立专门人民法院有待深入探讨。

第四是司法改革后新设的专门人民法院。随着司法改革的展开,十八大以来,又新增设了三个专门人民法院,分别是知识产权法院、互联网法院和金融法院。2014 年 6 月 6 日,中央“深改组”第三次会议召开,会议审议通过了《关于设立知识产权法院的方案》等多个方案。2014 年 8 月 31 日,十二届全国人大常委会第十次会议表决通过了《关于在北京、上海、广州设立知识产权法院的决定》。随后知识产权法院在北京、广州、上海建立。2017 年 6 月 26 日,为了探索涉网案件诉讼规则,完善审理机制,提升审判效能,为维护网络安全、化解涉网纠纷、

① 分别设立在大连、天津、青岛、上海、宁波、厦门、武汉、北海、广州、海口。

促进互联网和经济社会深度融合，中央"深改组"第三十六次会议审议通过了《关于设立杭州互联网法院的方案》。随后，杭州互联网法院挂牌成立。十九大后，2018年3月28日中央全面深化改革委员会第一次会议召开，为完善金融审判体系，营造良好的金融法治环境，发挥人民法院的职能作用，对金融案件实行集中管辖，推进金融审判体制机制改革，会议提出要设立上海金融法院。在司法改革的背景下，近些年来，专门人民法院加快设立，这在一定程度上促进了案件的公正、及时审理。但法治的建设离不开司法制度的保障，出于科学地建构司法制度的考虑，应当首先明确专门人民法院的设立理由、运行机制，这样制度建设才会有的放矢，避免重走铁路运输法院建设的老路。

总体说来，我国专门人民法院几经变革，正朝着专业化的方向发展。这对于建立公正、高效的司法体系，加快破除制约司法公正的体制机制性障碍，起到了推进作用，但也存在不容忽视的问题。接下来该如何推进专门人民法院的设立，这不仅是经验层面的积累，更需要理论上的支撑。否则，国家司法制度建设就会根基不稳，专门人民法院难以发挥应有的作用。

二、专业化并非设立专门人民法院的理由

设立专门人民法院，客观上可以促进审判的专业化，但这只是设立专门人民法院发挥的作用或者该制度在实践中发挥的功能，专业化并不能被认为是设立专门人民法院的理由。专业化之所以不是设立专门人民法院的理由主要有以下几点因素：

（一）专业化的设立原因不同于设立专门人民法院的理由

设立专门人民法院确实存在促使审判专业化的考虑，但是专业化也仅仅能作为设立原因而非设立的理由，因为原因与理由不同。社会学家霍曼斯认为，"一个从经验事实归纳出的命题仅仅只是描述了关系，只有在它也能从一般性命题逻辑推演出来时，才算是得到了解释"①。仅仅从功能论的角度并不能证成一个命题，原因需要从一个一般性命题中推演出来，才能成为理由。理由是正当化了的原因，原因仅仅是事实层面的描述，理由则是规范层面的证成。比如，当审问犯罪分子为什么要杀人时，他可能回答因为缺钱或者报仇。但这仅仅是他实施犯罪的原因，是他的犯罪动机。但缺钱或报仇并不能成为他杀人的理由，因为

---

① 宋林飞：《西方社会学理论》，南京大学出版社1997年版，第168页。

缺钱或报仇并不能使他杀人的行为正当化。由此可见,原因带有经验性,理由则带有规范性。

从更为根本的层面来看,原因与理由不同的本质差别就是自然科学和人文科学的差别。自然科学是通过实证主义的方法对客观世界进行研究分析,发现背后的客观规律,而这些规律并不以人的主观意志为转移。所以在自然科学领域,探寻经验事物本身的原因,即事物何以如此是其思维逻辑。正如实证主义哲学家孔德所指出的那样,“一切科学知识必须建立在来自观察和实验的经验事实的基础上,经验是知识的唯一来源与基础”①。但人文科学的思维逻辑与此不同,人文科学注重人的价值性。人的精神层面的创造与发挥是人文科学的研究重点。卡西尔认为,“人是符号的动物”说的就是这个道理。新康德主义哲学家文德尔班,极力强调事实世界与价值世界的不同,强调事实命题与价值命题的区别。如果说自然科学研究的是关于“真”的问题,人文科学是研究价值问题的科学,是研究“善”“美”的问题。正所谓“从根本上说,生活是对价值领域自身的探索,而不仅仅是生产给定的价值”②。正当性是人文科学所应考虑的,这种正当性的寻求方法不是事实归纳,而是价值演绎。“对于人文科学来说,其任务是理解人的行为和表现,理解艺术作品、哲学、宗教以及在政治和经济组织领域的各种人类创造,发扬它们的内涵。人文科学不能记录和测量被观察的事实;它必须理解生活的种种表现。”③法学作为一门人文学科就是寻求应然意义上的正义,这虽然要考虑客观现实,但是并非完全为外部世界所限定。法律制度的设计是法学研究的重要范畴,探讨为什么要设立专门人民法院,作为一个理论问题,不是寻求实然意义上的解释,而是寻求应然意义上的规则。正所谓“法律旨在创设一种正义的社会秩序”④。专门人民法院设立的理由,作为一个规范层面的问题,就是在现代高速发展的社会中,如何通过制度来实现正义的问题,而这并非由其实际具备的功能或导致的后果所决定。

---

① 夏基松:《现代西方哲学》,上海人民出版社 2006 年版,第 18 页。

② [美]弗兰克·奈特:《经济学的真理》,王去非、王文玉译,浙江大学出版社 2016 年版,第 64 页。

③ [德]H.科殷:《法哲学》,林荣远译,华夏出版社 2002 年版,第 83 页。

④ [美]E.博登海默:《法理学:法律哲学与法律方法》,邓正来译,中国政法大学出版社 2004 年版,第 332 页。

(二)专业化无法理顺专门法庭、专业化审判团队与专门人民法院的关系

以专业化为依据设立专门人民法院,则无法对专门法庭、专业化审判团队与专门人民法院的构建作出区分。为了提高审判效率、统一裁判尺度,除了专门人民法院外,我国法院体系还存在专门法庭和专业化审判团队的制度安排。专门法庭是指在法院内各部类审判组织中,设立以某一案由为收案分案标准的审判庭。比较常见的是,民事审判部类下的劳动争议审判庭、环境资源审判庭、旅游法庭等,[①]这些法院内设审判庭只审理固定案由的案件。此外,随着司法改革的逐步深入,审判机制扁平化成为改革的目标。司法改革进展较快地区的一些法院,在完成员额制改革后,根据员额法官的特点以及改革后案多人少的压力,也开始积极组建各种专业化的审判团队,专门审理某一类案件。总体上按照法官特长来划分,即"根据员额法官的司法技能、专业特长定岗定人。也就是说,要按照受理案件的类别,尽可能由那些在相关审判领域理论功底深厚、实践经验丰富、司法技能较强的员额法官担任独任庭法官或合议庭主审法官"[②]。

可以说,专门法庭、专业化审判团队,都起到了和专门人民法院相同的审判专业化的作用。那么,若以专业化为理由,则难以证明专门人民法院是解决这个问题的唯一途径。也就是说,为什么设立专业化审判团队或专门法庭不可以解决这个问题呢。当下的知识产权审判体系就面临着这个难题。目前,知识产权司法保护实行"15+3"的大保护格局。[③] 而在近几年的"两会"上,各地全国人大代表都为本地区呼吁设立支持产权法院,有主张设立东北知识产权法院的,有主张设立深圳知识产权法院的,还有主张设立合肥知识产权法院、杭州知识产权法院的等等。应如何解决这个问题,仅仅靠专业化并无法回答这个问题。对此,应当从专门人民法院的设立原理出发,才能对专门法庭、专业化审判团队与专门人民法院的建立作出区分。

---

① 据不完全统计,设立劳动争议审判庭的地区包括北京、上海、沈阳、深圳、广州、武汉、南京、南通、无锡等地区;设立环境资源审判庭的地区包括上海、青岛、绍兴、重庆、郑州、成都、苏州等地区;设立旅游法庭的地区包括三亚、遵义、沈阳、丽江、湖州、景德镇、庐山等地区。

② 骆锦勇:《如何科学构建审判团队》,载中国法院网,https://www.chinacourt.org/article/detail/2017/03/id/2630723.shtml,访问日期:2018年4月9日。

③ 这是指由郑州、天津、长沙、西安、杭州、宁波、济南、青岛、福州、合肥、深圳、南京、苏州、武汉和成都共15家知识产权法庭和北京、上海、广州3家知识产权法院共同形成的知识产权司法保护体系。

(三)以专业化为设立理由最终会消解法院

如果以专业化作为设立专门人民法院的理由,那么在现代高速发展的社会中,普通法院将不复存在,而普通法院消失,专门法院的说法也就难以成立了,因为其相对立的基础没有了,而这最终将解构法院,破坏社会的整合机制。

现代社会是个异质性、多元化的社会,传统的宏大叙事受到挑战。宏大叙事作为一种叙事话语是一种具有使生活合法化功能的叙述,在高度发达的现代社会,这种宏大叙事逐渐稀薄甚至消失,这正使类似于莱布尼茨封闭单子式的原子化个人状态从假设变为现实。所以,如果专业化是设立专门人民法院的理由,那么,在当代社会中,几乎各个领域都需要专业化审判。因为技术的发展正不断加深世界的变化,人类的各个领域正发生深刻的改变。比如,面对网络技术的发展,人们享受便利的同时,也遇到了许多不容忽视的问题。由于网约车等新型用工形式的出现,传统的劳动争议审判理论出现危机,需要专业化;由于网络虚拟世界的出现,相关侵权纠纷、甚至刑事纠纷审判也要专业化。除了网络技术带来的变化外,由于新的生殖技术所导致的婚姻家庭关系改变,家事纠纷审判需要专业化等等。所以,如果按照这个逻辑,现代社会一般意义上的普通法院将不复存在,它会被处理由于技术发展导致的各类新型纠纷专门人民法院取代。但对立是相互的,没有了普通法院,也就没有了专门法院,这最终会使司法的社会整合功能被削弱。

司法之所以是维护社会公平的最后一道防线,不仅是因为它强制性地解决了纠纷,更是因为它维护了存在于人类社会中长久形成的相对稳定的习惯。而这种习惯或观念对于维护社会整合至关重要。西方社会之所以会有许多专门法院,是因为西方社会是一个小政府、大社会的格局,各种社会团体、宗教机构等组织也在维护社会整合方面发挥着重要的作用。而我国的社会结构则与此不同,社会整合机制主要依靠国家领导。而专业化审判是一把双刃剑,不利之处就意味着专业化在某种程度上形成了对传统习惯的质疑、不认可、不信赖。从社会学的角度来看,"人的生活需要有一定的本体安全感和信任感,而这种感受得以实现的基本机制是人们生活中习以为常的惯例"①。而把愈来愈多的、各种不为普通人所熟悉的规定引入法律制度之中,无异于对法律的否弃,甚至是对某种形式

① [英]安东尼·吉登斯:《社会的构成》,李康、李猛译,生活·读书·新知三联书店1998年版,第8页。

专制统治的肯定，这种状况必定会增加人们的危险感和不安全感。[①] 在我国这种特殊的社会结构中，仅以专业化为理由设立专门人民法院势必会影响社会的整合，不利于社会的稳定发展。当然，面对新形势下的问题，既不能墨守成规，也不能全搬照抄，而是应当科学分析、量体裁衣，探寻适合我国的理论。

三、特别审判范式是设立专门人民法院的内在理由

专业化并非设立专门人民法院的理由，专门人民法院的设立有其内在的机理。依法治国不仅需要意识层面的提升，更需要制度层面的保障，分析设立专门人民法院的理由对于我国的法治建设至关重要。设立专门人民法院理由包括内、外两个方面，从本质上讲，特别的审判范式是设立专门人民法院的内在理由。

从内在方面看，设立专门人民法院是因为相关案件需要特别的审判范式来处理。有诉讼法学者指出，“诉讼类型的分设源于需要运用不同的诉讼手段对不同类别的社会冲突进行抑制和排解”[②]。这从形式上指明了专门人民法院设立的理由，但这种不同类别的冲突为何需要不同种类的手段，尚缺乏进一步的探讨。从根本意义上讲，笔者认为这是由于审判范式的不同。所谓范式，是指一定共同体所享有的不同于其他人的思考行为方式。库恩从科学史的角度阐释了范式的内涵，指出了不同科学理论之间的根本差别不是内容不同，而是思维认知模式的不同，世界观的不同。有历史学者曾对不同时代的思维认知作出形象的描述：在 13 世纪，关键性的词汇无疑地应该是上帝、罪恶、神恩、得救、天国等；在 18 世纪是自然、自然律、最初因、理性、情操、人道和完美性；在 19 世纪是物质、事实、实际、演化、进步；在 20 世纪则是相对性、过程、调节、功能、情节等。[③] 这些人们生活中的关键性语言变化，就是深层次的范式变化的直观。范式的外在表现形式是什么，逻辑实用主义哲学家奎因所讲的本体论预设提供了比较通俗的注解，即范式表达应用所包括的“语言形式、概念系统或结构”[④]。语言形式、概念系统、思维结构的异质性，区别了不同的范式。而不同的范式之间是具有不

---

① [美]E.博登海默：《法理学：法律哲学与法律方法》，邓正来译，中国政法大学出版社 2004 年版，第 245 页。

② 樊崇义：《诉讼原理》，法律出版社 2009 年第 2 版，第 531 页。

③ [美]卡尔・贝克尔：《18 世纪哲学家的天城》，何兆武译，北京大学出版社 2013 年版，第 37～38 页。

④ 夏基松：《现代西方哲学》，上海人民出版社 2006 年版，第 172 页。

同结构的,范式的内容也是不可通约的,即便有时新旧范式表面上使用同一概念,但内涵是完全不同的。所谓审判范式,就是审判理念、审判思维、审判语言、审判原则构成的整体审判思维结构。不同的审判范式,需要不同的机制来处理。可为什么会产生特别的审判范式呢?库恩认为,范式的产生变化不是认识论问题,无法单纯从理性中寻找,范式的产生及变化就像宗教信仰一样,是一个社会心理学问题。① 也就是说,他认为范式的革新只是不同共同体的信仰变化问题。但唯物史观认为,思维认知模式不同的根本原因不应是库恩所讲的信念或信仰所导致的,而是社会发展所导致的。正如大卫·哈维批判的那样"对库恩的核心批判实际上是他对科学知识形成的形而上的理解,即脱离了历史的物质条件。库恩以理想主义的方式解释了科学的质变,但科学思想从本质上讲显然是服务于物质活动的"②。从历史唯物主义角度分析,客观社会的发展促使了新的思维认知模式的产生,这种新的范式与原来的范式是不可通约的,是异质性的,这是由社会历史条件决定的。社会的发展并不是线性的延伸,而是有着质的飞跃,涂尔干将其描述为从块状分化到功能分化。在现代社会中,功能分化更为显著,这种分化将社会各个部分变为有互涉性的、专门功能的子系统。功能结构主义认为,现代社会的复杂性和偶在性不断增加,规范期望也逐渐多样化。这种多样化的规范期望导致了不断增大的社会风险,为了化解风险,实现规范期望的稳定,从而拓展人类行为的可预期性,赋予规范投射相对更多的机会,应当通过制度化的功能予以明确保障。③ 随着社会的发展,对于某些案件,原有的审判范式不能适应新的情况,当事人的规范期望多样化,这就需要新的制度化的审判范式,这时,才会设立专门法院,通过这种方式,人类的认知期望逐渐规范化,构建社会功能的多重维度。专门人民法院之所以称为专门,不是因为专业,而是因为其在特殊规范期望的保障上运用与普通法院不同的审判范式。

从专门法院发展的历史来看,西欧的商业法庭是较早出现的现代意义上的专门法院的雏形,但仔细分析商业法庭的产生脉络就会发现,商业法庭的设立远

---

① 夏基松:《现代西方哲学》,上海人民出版社 2006 年版,第 214 页。

② [美]大卫·哈维:《世界的逻辑:如何让我们生活的世界更理性、更可控》,周大昕译,中信出版集团 2017 年版,第 3～4 页。

③ [德]尼克拉斯·卢曼:《法社会学》,宾凯、赵春燕译,上海人民出版社 2013 年版,第 105 页。

不是为了使审判周期快一些、审判专业化一些那么简单,这些都是表面现象。设立商业法庭是新兴资产阶级与没落的封建阶级的领导权之争的结果。有经济学家形象地描绘了两个世界的差别,对于“会计、银行家、税收人员、保险经纪人、股票经纪人、外汇商和数不尽的其他资本领域的从业大军来说,其地位就好比中世纪从事宗教活动的人员,如神父、修士、僧侣、修女、男修道院院长和女修道院院长、卖赦罪符者、传唤者。中世纪晚期的神学家就相当于工业时代后期的经济学家”①。的确,商业法庭体现的是普通法庭所不具备的资产阶级社会运作所必需的要素,这背后的本质是两种不同社会形态的根本区别,就像马克思认为的那样:“法的关系正像国家形式一样,既不能从它们本身来理解,也不能从所谓人类精神的一般发展来理解,相反,它们根源于物质的生活关系。”②西欧封建社会关系是一种僵化的人身依附关系。封建法庭实行的法律,往往具有个人性和地域性,每个集团中的成员都有权援用本集团的法律。③ 在这种情况下,生产要素固化、流通渠道藩篱重重,这无疑在客观上阻碍了资本主义的发展。资本主义社会强调生产要素、商品等的自由流通,通过高效的生产、分配、交换、消费的过程实现资本的积累,正如马克思所讲,资本主义的社会财富表现为巨大的商品堆积。而商品之所以成为商品,就是因为它是在新的社会关系中,为别人而生产,并通过市场上的交换而实现使用价值的物品。④ 原来的社会关系是依附性关系,而新型的社会关系是形式自由的关系。依附性关系下劳动力的不自由流通、交换的异质性等都阻碍了资本主义的发展,资本主义社会关系是通过市场中的交换来体现的,这是与封建社会关系所不同的,而正如帕舒卡尼斯所指出的那样,“与由身份决定的封建财产相比,对等性和相互性是资产阶级私有财产不可或缺的概念”⑤。资本主义社会是通过市场聚集在一起的商品拥有者,是通过自由的占

① [英]戴维·博伊尔、安德鲁·西姆斯:《新经济学》,贾冬妮、胡晓亮译,中信出版社2012年版,第23页。

② 马克思:《〈政治经济学批判〉序言》,载《马克思恩格斯文集》(第2卷),人民出版社2009年版,第591页。

③ [美]泰格、利维:《法律与资本主义的兴起》,纪琨译,学林出版社1996年版,第24～25页。

④ 《马克思恩格斯全集》(第44卷),人民出版社2001年版,第54页。

⑤ [澳]迈克尔·黑德:《叶夫根尼·帕舒卡尼斯:一个批判性的再评价》,刘蔚铭译,法律出版社2012年版,第218页。

有与转让的交换来维持的。资产阶级“民族国家是建立在流动财产(金钱,接着是资本)的基础上,而不再是建立在土地和地租的基础上”①。自由的交换关系是资本主义社会的基础,基于此而产生的审判范式与以自然经济为基础的封建社会产生的审判范式是根本不同的,所以才在双方的斗争中产生了商业法庭。

由此可见,由客观社会发展所导致的新的审判范式的出现是设立专门人民法院的内在理由。审判范式与审判专业化是完全不同的两个概念。不同的审判范式都存在专业化的问题,审判范式则是一组不同的审判思维结构,而每种审判范式的熟练运用都需要法官积极学习训练,这样才能在一个范式框架内专业化地审判案件。专业化只是一个平面上的聚焦,而范式则是立体化的重构,每个范式都存在专业化的需求,这样范式的作用才会充分发挥。但是,专门法院是与一般法院相对的范畴。一般法院是在人类发展过程中,为了维护社会秩序,在尊重传统习俗的基础上逐步产生发展的。由于法院需要具备特定审判技术的人才能胜任,所以任何法院都需要法官满足专业化的需要。但专门法院则是随着社会的功能性分化产生的新型结构的社会关系需要调整而产生的,正所谓“功能分化创建了为解决具体社会问题而出现的社会子系统”②。所以,专门法院需要的是与此相应的审判思维的转换,而不是原来思维的继续专业化。否则,如果不转变审判范式而将原有思维用到极致,反而无法实现专门人民法院的作用。

四、特殊审判机制是设立的外在理由

特别的审判范式是设立专门人民法院的内在理由,但为什么审判范式特殊的要求不能通过专门法庭、专业化审判团队的形式来解决,而要通过专门法院这个形式来解决呢?这其中存在着外在的理由。设立专门人民法院的外在理由就是相关案件的处理需要特殊的审判机制,只有建立独特的审判机制才能在制度上保障相对应的审判范式的有效运行。由于特别审判范式运行需要所要求的特殊审判机制主要包括以下几个方面。

(一)特别审判范式存在需以终审权为根基

专门人民法院是依循特别的审判范式而设立的,为了保障这种审判范式对

① [法]亨利·列菲伏尔:《论国家——从黑格尔到斯大林到毛泽东》,李青宜等译,重庆出版社1988年版,第5~6页。

② [德]尼克拉斯·卢曼:《法社会学》,宾凯、赵春燕译,上海人民出版社2013年版,第235页。

案件审理的独立性,应当赋予专门法院终审权。这样,在制度上能更加稳妥地保证新型案件的公正审理。终审权是保证特殊的审判范式得以独立运行的必要条件,如果一种审判范式的运行没有终审权以保障,就意味着,这种审判范式仍然可以被原来的审判范式所制约,这就在逻辑上不能自圆其说了。德国的劳动法院就是这种制度的典范。作为德国专门法院之一的劳动法院,建制分为三级:地方劳动法院、州高等劳动法院和联邦最高劳动法院。德国法律规定建立独立的劳动法院,在组织上,其独立于普通法院,这就在制度上为需要特别审判范式的劳动者的运作保留了独立领域。① 联邦最高劳动法院这一掌握终审权的专门法院的存在,从根本上保证了德国在劳动法司法领域能以一以贯之的审判范式运行。只有当涉及的劳动争议事项可能会涉及欧盟法的统一实施时,作为成员国的劳动法院,才须就相关事项是否与欧盟法相冲突向欧盟法院申请预审裁决(preliminary ruling),但欧盟法院的初步裁决并不是对案件作出的最终结果,而仅是解决审理过程中出现的问题,裁决作出后,劳动法院再将欧盟法院的初步裁决结果适用到涉及的案件中去,来作出最终结果。当然,专门法院的终审权该如何与普通法院相衔接,需要符合一国的国情和司法制度,并不必然排除最高级别普通法院的监督作用。终审权与监督权并不矛盾,二者可以辩证地结合。在我国的司法制度下,最高人民法院是形式及实质意义上最高级别的法院,其有权监督全国各类各级法院。考虑到专门人民法院制度设立的目的是维护特别的审判范式,所以,应当保障专门法院的终审权,最高人民法院可以通过审判监督的形式对专门人民法院进行监督,具体监督形式,可以根据专门人民法院审理案件的特点,作出更为详细的规定。

(二)特别审判范式运作需以特定审判组织为保障

专门人民法院的设立除了要有终审权外,维护案件审判需要特殊的审判组织也是一个重要的理由。传统的审判组织往往是由专业法官和陪审团(在我国表现为陪审员)组成的,如果这种架构不能适应新的审判范式的需要,那么就需要设立专门法院来构建新的审判结构。纠纷的解决程序大体分为事实认定和法律适用两个部分,在这两个层面上,健全的社会常识和专业的法律知识往往能够解决问题,即便出现一些新类型的案件,只要审判范式不发生变化,这一传统架

① [德]沃尔夫冈·多伊普勒:《德国雇员权益的维护》,唐伦亿、解立斌译,中国工人出版社 2009 年版,第 129 页。

构仍然能够解决问题。比如关于同性恋能否结婚、网络虚拟财产是否应与普通财产一样保护等纠纷,虽然这类案件比较新奇,但是并不需要设立专门法院的制度来解决。只有特殊审判范式的运行需要审判结构来维护的时候,专门法院才得以设立。这集中体现在认定事实、适用法律所需要的特殊知识模式上。法律事实并非等同于客观事实,而是需要通过证据对客观事实进行还原,在这一过程中,审判人员对具体情况的理解与把握、心证的发挥至关重要,而这种心证的能力并非仅靠善良意志就能解决。从认识论的角度讲,哲学家波兰尼认为,"知识具有默会的成分,它在一定程度上是不可言传的,从这种意义上说,知识也是具有个人性的"①。在一些特殊领域,长期接触某一领域的专家、学者等共同体,会更加熟悉该领域的情况。而这些知识并非能够完全地通过书面表达的方式向领域之外的人传递,法官的专业法律知识在事实认定方面存在局限,对此,专家、学者等共同体在还原客观事实时的感知度较为客观,也更为可信,这可以最大限度地避免案件事实认定的认识论局限。另外,法律的适用也存在着类似的问题,法律适用不是一个三段论式的机械过程,这一过程融合了不同裁判者的视域,为了更加准确地适用法律,除了专业法官外,也需要各专业群体参与进来,进而拓宽审判视域,确保案件的公正审理。在劳动争议审判领域,德国的各级劳动法院都需要代表雇员和雇主的团体参与审判合议;②在知识产权审判领域,各行专家也深入地参与到审判之中,而不仅仅是以专家辅助人的身份临时性地参与审判。甚至德国的专利法院就分为法律法官和技术法官,技术法官除了具备技术方面的专业知识和时间外,还要具备法定的法官资格,二者地位等同。③ 可见,这种需要专家、学者等深入参与审判的审判组织与普通法院是不同的。

(三)特别审判范式的运行需以与行政部门有效沟通为基础

功能主义认为,社会的正常运行离不开其中不同系统的相互有机协调,不同社会系统的正常运行和有机配合是维护社会系统稳定的关键。正如卢曼所提出

---

① [英]迈克尔·波兰尼:《个人知识——迈向后批判哲学》,许泽民译,贵州人民出版社2000年版,第6页。

② 沈建峰:《德国劳动法院的历史、体制及其启示》,载《中国劳动关系学院学报》2015年第6期。

③ 郭寿康、李剑:《我国知识产权审判组织专门化问题研究——以德国联邦专利法院为视角》,载《法学家》2008年第3期。

的那样,“社会整合是不同层次的系统互相在对方内部‘筑巢’”①。这种“筑巢”行为就是各个社会各个子系统之间的沟通联动。西方国家普遍奉行三权分立制度,立法、行政、司法三权互相制衡。可面对资本主义丛生的社会矛盾,三权之间的联系越来越受到重视。专门法院的设立在制度上往往注重与行政权之间的联系,通过相对应的衔接,减少不同制度环节造成的低效率现象。这样,既可以深入化解社会矛盾,减少官僚化的制度对矛盾的激化作用,维护社会的稳定;也可以为经济的稳定运行打下基础。我国宪法规定,社会主义制度是我国的根本制度,中国共产党的领导是中国特色社会主义最本质的特征。对此,应当进一步发挥党政系统的协调、统领作用。而且,在当下复杂多元的现代社会中,更需要如此。社会学家吉登斯认为,现代社会并不是传统社会的一种渐进式的延续,而是一种断裂。“现代性的动力机制在于时间与空间的分离和它们在形式上的重新组合……这种组合导致了社会体系的脱域。”②这种本身就带有深刻社会意义的现代性的脱域,就是指“社会关系从彼此互动的地域性中,从通过对不确定性的时间的无限穿越而被构建的关联中脱离出来”③。面对互联网等高科技的发展带来的时空脱域所产生的各类问题,更需要司法部门加强与行政部门的沟通、社会各个子系统的配合。因此,为了使特别审判范式的效果得以充分体现,应当建立专门人民法院与行政部门的有机联动机制。

以上就是设立专门人民法院的外在理由,基于维护特别审判范式而需要的审判的终审权、特殊的审判组织以及与行政部门之间有效的沟通机制,是设立专门人民法院的外在理由。正是这三个制度上的特点,要求对某些案件的审理需要以专门人民法院的形式作为制度保障,这是内在理由的必然延伸,也是保障专门人民法院发挥作用的基础。专门人民法院的顺利运行既需要内在的变化,也需要外在的支撑。系统的制度化规范能够科学地设立专门人民法院,将其审判效能最大化,公正、高效地解决纠纷。

五、我国专门人民法院的规范设立路径

十八大以来,我国法治建设不断取得新的成就,司法改革风生水起,做了想

---

① 宋林飞:《西方社会学理论》,南京大学出版社 1997 年版,第 155 页。

② [英]安东尼·吉登斯:《现代性的后果》,田禾译,译林出版社 2011 年版,第 14 页。

③ [英]安东尼·吉登斯:《现代性的后果》,田禾译,译林出版社 2011 年版,第 18 页。

了几十年、说了几十年也没敢做的事。司法体制机制改革是司法改革的重要组成部分，建立符合司法规律、适应社会发展的司法体制机制是实现法治建设的制度保障。习近平同志在 2016 年 5 月 17 日召开的哲学社会科学工作座谈会中曾指出：我国哲学社会科学应该以我们正在做的事情为中心，从我国改革发展的实践中挖掘新材料、发现新问题、提出新观点、构建新理论……提炼出有学理性的新理论，概括出有规律性的新实践。① 对此，要深入研究司法制度理论，发挥理论对实践的指导作用，科学设立符合我国实际的专门人民法院。结合专门人民法院设立的内在理由和外在理由，专门人民法院设立需要遵循以下原则：

(一)规范专门人民法院的设立程序

我国专门人民法院的设立，从规范层级上看，既有依据宪法而设立的，也有依据法律而设立的；从提议主体上看，既有全国或省级人大提出的，也有"深改组"或委员会提出的；从通过的形式上看，既有全国人大通过的，也有全国人大常委会通过的。从总体上看，在司法改革时期，由特定委员会提出有一定合理性，但在以后改革成熟阶段，专门人民法院作为一种法律制度，其设立应当规范化，这样才会促进法治的制度化建设。

专门人民法院应当由法律设定。具体专门法院的设立应当由同一层级的法律设定，因为各个专门人民法院的性质是平等的，并且与最高人民法院关系的性质是相同的。宪法是对包括司法制度在内的国家制度的总体规定。专门人民法院的法律制度应当由宪法规定，但具体专门人民法院的设立应当由法律来规定。这是因为具体专门人民法院的设立是在宪法确立的司法制度框架下进行的，属于宪法规定制度的具体化，是下位法律制度的建立。而且，从立法技术上考虑，我国正处于发展阶段，专门人民法院的设立在未来有可能有所调整，通过法律的形式调整比通过宪法的方式调整更为可取，这样可以防止宪法的修订过于频繁。德国司法体制中的具体专门法院就是依据法律而设立的，劳动法院是依据《劳动法院法》而设立的，行政法院依据《行政法院法》而设立，社会法院依据《社会法院法》而设立，财税法院则依据《财税法院法》而设立。② 所以，考虑到我国政治体制及社会现实，具体的专门人民法院应由法律设立为宜。

---

① 参见《习近平：在哲学社会科学工作座谈会上的讲话》，载人民网，http://politics.people.com.cn/n1/2016/0518/c1024-28361421-3.html，访问日期：2018 年 4 月 9 日。

② 张彩凤：《比较司法制度》，中国人民公安大学出版社 2007 年版，第 237～238 页。

另外，专门人民法院的设立应当由全国人民代表大会表决通过。司法改革以来，我国专门人民法院主要是由全国人大常委会通过设立的。这与设立的专门人民法院采取试验性、个别化的设立方式有关。这种方式无疑有助于为我国的改革积累经验，但从制度建设的角度来讲，则有一定的局限性。因为专门人民法院的设立是体系化的设立，不是个别地区、个别层级的设立。只有成体系地设立专门人民法院才能实现其效果，那么，根据《宪法》第 62 条的规定，全国人民代表大会行使职权包括：制定和修改刑事、民事、国家机构的和其他的基本法律。在这一宪法规定的框架下，人民法院组织法就是由全国人大表决通过的，但存在的问题是，该法第 28 条规定，专门人民法院的组织和职权由全国人民代表大会常务委员会另行规定。对此，本文认为，专门人民法院的设立，不再是以往零散的设立，而是体系化的设立，涉及的法律制度较为宏观，影响重大，属于基本法律制度的变化，应当由全国人大表决通过，建议修改此条规定。

（二）明确设立专门人民法院的目的与领域

设立专门人民法院的目的，是从制度上保障特别审判范式的运行，而这不应与破除制约司法公正的体制机制性障碍的司法改革目标相混淆。后者是从整体上对司法体制的纠偏，而前者是对新形势下法院发展的积极构建。我国经济与世界经济正融为一体，为了促进经济的健康发展，我国新设了知识产权法院。这在短期内对提高我国法治水平具有显著的意义，但需要注意的是，在知识产权法院的设立过程中，三地法院都表示要采取设立扁平化合议庭，让审理者裁判、裁判者负责，配齐辅助人员等符合最新司改要求的措施，而对审判范式运行的保障报道不多，只是报道了会抽调有多年相关审判经验的法官。的确，司法改革整体推进需要一定的时间，挑选个别领域先行加快步伐，可以为整体改革发挥借鉴作用。但与此同时，不能忽略设立专门人民法院是为了解决新的审判范式科学运行的独特目的。

另外，我国现行专门人民法院的设立比较科学，但也存在一些不容忽视的问题，对新的审判范式识别缺乏深入思考，设立领域不甚明确。有法律制度研究学者指出，“欲充分发挥某种制度解决纠纷的功能，必须有适合于它的一定社会条件存在；反之，如果不存在这样的条件或条件不充分，该制度就会慢慢地变为有名无实”①。专门人民法院的设立领域要在充分考虑社会条件的基础上来确定。这种社会条件,既包括社会发展所导致的社会结构变迁,也包括制度层面设立的独特内涵。目前,我国比较注重出于经济发展需要而设立专门人民法院的情况,但对于我国制度层面的特殊需求则考虑不足。我国是一个社会主义国家,社会主义市场经济是我国经济发展的主要模式。我国的市场经济和资本主义市场经济在法律的层面上的一个重要区别,就是如何看待劳动者或劳动力的问题。马克思在《资本论》中深刻指出了在资本主义社会中,劳动者被当作简化成商品的劳动力投放到市场中去的情况,进而批判了这种劳动异化现象。在资本主义社会的法律框架中,劳动者是依附于劳动力并被放在市场经济运行框架中考虑的,那么,在我国这样一个社会主义国家,劳动者不应成为劳动力的依附,劳动者也不应被物化为商品。恰恰相反,劳动者有其独立的存在意义。那么,在社会主义市场经济中,针对劳资纠纷就需要有不同的审判范式。当下,全国各地法院对劳动法和社会保障法的理解适用差异很大,这正是特别的审判范式没有在制度上予以保障导致的结果,所以,应当结合我国的实际,深入研究专门人民法院的设立领域,建议增设劳动和社会保障法院。

(三)增强专门人民法院的系统性与独立性

在明确专门人民法院设立目的与领域的基础上,还应注重专门人民法院的系统性与独立性。专门人民法院的系统性包括两个方面:一是体系上的完备性,即设立不以行政区划为限定的独立的专门法院系统。当下司法改革的目标之一,就是设立跨行政区域的法院,实现司法公正。专门人民法院可以根据案件性质、数量等因素,在对近几年案件进行统计的基础上,合理预测、科学规划,设立一审跨区域的专门人民法院。在此基础上,设立后两级专门人民法院。总体上以三级专门人民法院为宜,并且接受最高人民法院的监督。二是审判组织的专门性。对于专门人民法院中专家、学者或各类领域的代表如何参与审判,应出台统一的规定。什么情况下作为专家辅助人,什么情况下作为法院咨询的对象,什么情况下参与合议审判,从而确保这部分人在案件的事实认定与法律适用方面能充分发挥作用,在与专业法官的科学结合下,实现案件的公正审理。由于需要专业人员参与合议,还应根据案件类型扩充相关案件的合议庭组成人员的数量。

---

① [日]棚濑孝雄:《纠纷的解决与审判制度》,王亚新译,中国政法大学出版社 1994 年版,第 21 页。

此外，我国现行的宪法明确规定了，最高人民法院对专门人民法院具有监督权。在这一宪法规定下，我国不宜采取设立最高专门人民法院的做法，但可以在这个前提下，确立专门人民法院终审权，并与我国审级制度改革相结合。我国目前的审级制度是四级二审终审制，原有审级制度存在着一定的弊端，国家层面也正积极对审级制度改革展开调研。以此为契机，应深入考虑专门人民法院与最高人民法院的衔接问题。专门人民法院在设立时不以行政区划为依托，根据案件数量实行跨地区管辖。在这个原则下，存在两种思路：一种思路是在二审终审制下限制级别管辖，不让省级层面的专门人民法院审理一审案件。以基层或中级的专门人民法院审理一审案件，省级专门人民法院审理终审或审判监督案件；或在不对级别管辖进行特别限制的情况下，当以省级区域的专门人民法院为第一审法院时，则实行一审终审制，如果当事人不服，则可向最高人民法院提出申诉。另一种思路是设立三审终审制。三级专门人民法院形成完整的司法体系，最高人民法院仅仅进行更为宏观的指导与监督。根据实际情况，最高人民法院可以出台对专门人民法院申诉的具体细则，与审级改革相协调。这两种情况，都确保了专门人民法院的独立性，而且与我国司法体制大体相符，既保证了审判范式的准确适用，又确保了最高人民法院对专门人民法院的监督。

(四)注重专门人民法院与行政部门的沟通协调

专门人民法院虽然是一个独立的司法机构，但是却并不意味着它与其他部门毫无联系。裁判的作出及顺利履行都离不开相应领域的行政部门密切配合。所以，应当在制度上构建专门人民法院与不同案件性质相对应的行政部门的联系。比如，劳动争议案件的顺利审理就需要专门人民法院建立与社保机构、劳动监察机构等行政部门的联系；知识产权纠纷审理则需要与知识产权局等部门的联系。首先，某些纠纷涉及的具体诉求数额需要行政部门来辅助计算或者一些情况需要他们说明。比如，在确定诉争标的数额等方面，需要这些专业行政部门的帮助。但在现行的体制下，该如何将这个程序纳入司法程序中则缺乏规定。若由当事人举证，则行政机关一般不会出具材料，因为这不是法定的义务。如果法院向行政机关问询，由于缺乏制度性规定，行政机关为防止受到牵连，也不会出具正式的书面材料，这些因素都为案件审理造成一定的不便。其次，还可以积极纠正相关行政机构的不合时宜的做法，减少纠纷的产生。在有些案件中，行政机关适用法律时与法院存在偏差，在这种情况下，加强专门人民法院与行政机关的沟通，及时纠正不当做法，这可以从源头上化解矛盾。当下，虽然司法建议这一法院工作形式为双方沟通搭建了平台,但是效果欠佳,因为行政机关没有必须答复或采纳的义务。有调查显示,法院发出的司法建议,约有七成都石沉大海,由于制度性因素,司法建议未引起重视。[①] 面对专业性较强的领域,应该有更为便捷的沟通。最后,提升行政部门辅助执行判决的准确性和效率性。专门法院的判决即使不是针对行政机关作出的,在执行时,有些情况仍需要行政机关来协助。而裁判文书的判决主文相对简洁,行政机关在协助执行时,往往会有偏差,甚至有的以内部规定为依据,不完全执行或拖延执行。这些现象都在一定程度上损害了司法尊严,为了维护专门人民法院的权威,构建相关沟通协调机制,提升判决执行的准确性与效率性至关重要。

综上所述,专门人民法院的科学设立不仅可以实现公正审判,还可以促进社会健康、有序的发展。在这一过程中,不仅要注重特别审判范式的运用,还要在制度层面上加以保障。随着司法改革的逐步深入,专门人民法院的设立应更具规范性,充分体现审判规律的要求;还要与审判组织改革、审级改革等司法体制机制改革相结合,并建立与行政部门的沟通机制,从而在制度上增强专门人民法院的完备性,确保专门人民法院公正、高效运作。

---

① 李红勃:《在裁判与教谕之间:当代中国的司法建议制度》,载《法制与社会发展》2013年第3期。

审判权运行机制“去行政化”改革的再思考*

郭顺强**

摘要:以“行政化”来概括我国审判权运行存在的问题过于表面,以期通过取消案件审批制度实现“让审理者裁判,由裁判者负责”的目标也过于理想。不能狭隘地理解“让审理者裁判,由裁判者负责”,在现实语境下,法官自主办案权力确实需要强化,但远不具备法官独立的条件。审判委员会需要改革完善,但是审判委员会讨论个案不仅不能取消,也不能仅限于只讨论案件的法律适用问题。审判权运行机制的主要问题是权力运行秩序紊乱,进一步深化改革应该着力创造条件实现“让审理者裁判,由裁判者负责”,即要理顺审判权运行各种主体的权责关系,形成以法官为核心的人员辅助机制,加强和改善审判监督管理制度,建立以豁免为原则的法官追责制度。

关键词:司法责任制;改革;去行政化

党的十八大以来,我国全面推行司法责任制改革,核心是构建新型审判权运行机制,实现“让审理者裁判,由裁判者负责”。如何构建新型审判权运行机制?一直以来,学术界都将“行政化”视为人民法院审判权运行所存在的主要顽疾,并将“去行政化”看成是当前审判权运行机制改革的基本任务。[①] 最高人民法院于2013年10月制定《关于审判权运行机制改革试点方案》,确定上海市第二中级

* 本文系2017年重庆市教育委员会人文社会科学重点研究基地项目“环境民事公益诉讼实施状况评估与对策建议”(项目编号:17SKJ009)的阶段性成果。

** 作者系福建省厦门市湖里区人民法院研究室主任,法律硕士。

① 最高人民法院中国特色社会主义法治理论研究中心:《法治中国》,人民法院出版社2014年版,第214页。

人民法院等13家法院作为改革试点法院,[①]也将“建立符合司法规律的审判权运行机制,消除审判权运行机制的行政化问题”[②]确定为改革目标。可以说,“去行政化”成了我国审判权运行机制改革、甚至是整个法院改革的主要目标。将我国审判工作的所有问题归咎于“行政化”是否准确,5年来以“去行政化”为导向的审判权运行机制改革是否解决了问题,下一步改革应该怎么走……这些问题是审判权运行机制改革需要冷静思考应对的问题,也是防范审判权运行中发生重大风险的题中应有之义。

一、将审判权运行存在的主要问题归咎于“行政化”过于表面

作为讨论问题的基础性认识,“行政化”的确是我国审判权运行中的一个问题,但“行政化”问题并没有外界说的那么突出,甚至可以说,审判权运行“行政化”具有一定的合理性。

(一)从审判权运行机制“行政化”的特征观察来看

我们通常说的“司法行政化”大概是指,在法院内部存在普通法官—庭长—院长管理层级,一个案件裁判的形成需要经过内部层层把关,裁判的形成过程类似于“行政审批”。在本轮司法改革前,由于法院组织建构脱胎于行政机关,审判权按照“行政化”模式运行确实普通存在于我国各级法院当中,但审判权运行“行政化”在不同层级、不同地区的法院表现情况存在着较大的差异。首先,级别越高的法院受理的案件通常越重大、越复杂,需要层层把关的案件就越多,“行政化”的问题越突出;而级别低越的法院,受理的案件相对较为简单,通常都由独任法官、合议庭“自办自签”,需要层层把关的案件数量较少,“行政化”的问题并不明显。从案件的体量来看,案件量较少的法院,院庭长尚有时间和精力对案件进行审核把关,“行政化”色彩相对较浓;而案件量较大的法院,院庭长并无力审批那么多案件,“行政化”色彩就相对较淡。其次,在制度上,根据最高人民法院《关于合议庭工作规则的若干规定》,院庭长在审核合议庭的合议意见或裁判文书的过程中,对合议庭的评议结论有异议的,可以建议合议庭复议,倘若庭长对合议庭的复议结论仍有异议的,则可将案件提请院长审核,院长可将案件提交审判委

① 蒋惠岭:《论审判权运行机制改革》,载《北京行政学院学报》2015年第2期。

② 参见最高人民法院《关于审判权运行机制改革试点方案》。

员会讨论决定①,而不是直接以行政命令的方式要求法官改变裁判。再次,在实践中,院庭长在审核案件裁判文书时,如果对合议庭的裁判有异议,通常会对整个案件涉及的事实认定、法律适用及诉讼程序进行全面审查。有些案件还要听取合议庭口头汇报,再决定是否签发案件裁判文书。由此可见,院庭长审核案件裁判文书并非简单的"批准"或"不批准",还包含着对案件进行书面审理。最后,从结果来看,随着案件数量不断上涨和法官素质不断提高,院庭长对于大多数案件一般都会认可独任法官、合议庭的裁判,院庭长对案件审核的形式意义已大于实质意义。

(二)从审判权运行"行政化"的"欲去还留"来看

回顾人民法院第一到第三个"五年改革",审判权运行的"行政化"整体上呈现出逐步削弱却欲去还留的状态。人民法院第一个"五年改革"就提出"还权于合议庭"的改革目标,大幅减少院庭长对案件的审批权限,审判委员会只讨论合议庭提请院长提交的少数重大、疑难、复杂案件的法律适用问题,其他案件都由独任法官或合议庭自行裁决。第二个"五年改革"在坚持"一五改革"强化独任法官、合议庭职责的基础上,着重强化了院庭长的审判职责。第三个"五年改革"则突出强调了院庭长的审判管理职责。经过这三个"五年改革",虽然独任法官、合议庭的办案主体地位被以制度的方式确定了下来,但是第一个"五年改革"期间下放给独任法官、合议庭的权力不同程度被收回,层层把关的案件审批模式不同程度被恢复。为何符合司法规律的"法官自决"原则在现实中得不到有效落实呢?其一,"一五改革"后,由于审判权与审判管理权的边界模糊,强化法官的审判职责,并未如期带来案件审判质量的提升,加之社会矛盾更加复杂多元,院庭长只好又退回到直接关注个案裁判的"老路上"去,即通过审批的方式对案件进行把关。其二,权力的下放必须以法官的高素质为基础,由于法官素质不高,有些案件独任法官或合议庭难以下判,本身就有求助于院庭长或审判委员会的需求,院庭长、审判委员会不得不介入个案处理。其三,在强化审判管理的司法政策的指引下,各级法院设定了各种各样的审判管理考核指标,院庭长为了达到这

① 《最高人民法院关于合议庭工作规则的若干规定》第17条:院长、庭长在审核合议庭的评议意见和裁判文书过程中,对评议结论有异议的,可以建议合议庭复议,同时应当对要求复议的问题及理由提出书面意见。合议庭复议后,庭长仍有异议的,可以将案件提请院长审核,院长可以提交审判委员会讨论决定。

些指标,也不得不更加主动地介入案件的审理过程,这必然影响到案件的裁判结果。总之,由于没有从根本上理顺裁判主体的权责关系,单一的放权或还权不仅没有让法官取得独立的地位,还造成了"权力在法官、压力在法院、责任在院长"的紊乱格局。

(三)从审判权运行"行政化"的合理性因素来看

在传统的审判权运行模式中,法院内各种主体对案件都有一定的发言权,案件事实上的裁判者是非常混乱的,分散了案件的裁判责任,可能导致外部因素对案件裁判的不当影响,也给当事人对司法的信任、对裁判的接受产生负面的影响。[①] 此外,各主体对案件处理的介入客观上也成了滋生权力寻租的温床。[②] 但是,传统的审判权运行模式也并非一无是处,法院内部院庭长、审判委员会对裁判层层把关具有其合理性:一是在以法院为整体名义作出裁判的前提下,案件层层把关有利于在一个法院形成相对统一的裁判标准;二是在法官素质还不够高、业务能力还不过硬的情况下,案件层层把关有助于规范法官行使个人自由裁量权,避免权力恣意;三是院庭长本身具有丰富的审判经验,由他们对案件进行把关,充分发挥他们的审判经验和专业能力优势,有利于提高案件的审判质量;四是在诉讼利益争夺的复杂环境中,案件层层把关分散权力行使,有利于抵御外界对司法审判的不当干预。

二、"让审理者裁判,由裁判者负责"不能狭隘理解

如何实现"让审理者裁判,由裁判者负责"的改革目标,"去行政化"的改革措施最主要的是两个方面:一是对法官放权,取消院庭长审批案件;二是改革审判委员会,限缩审判委员会讨论案件的范围。对此分别做如下分析。

(一)关于对法官放权的思考

为解决"审者不判、判者不审"的问题,的确应扩大法官自主裁判权力,赋予法官相对完整独立的审判权。但完全赋予法官不受监督的独立审判权限则是不切实际的,目前我国远不具备法官独立审判的条件。主张法官独立主要基于两个基本理由:一是司法权本质上是一种判断权,法官"亲历"案件审判活动,唯有

① 陈卫东:《司法责任制改革研究》,载《法学杂志》2017 年第 8 期。

② 贺小荣:《司法责任制的目标、价值和路径》,载《最高人民法院关于完善人民法院司法责任制的若干意见(读本)》,人民法院出版社 2015 年版,第 17~18 页。

"亲历"的法官才有资格对案件作出裁判;二是认为法官独立审判是现代法治的基本原则,是司法特有的规律。对此,分两个部分做具体分析。

1.对司法亲历性原则的理解不应停留在语义分析层面

司法亲历性,是指司法人员应当亲身经历案件审理的全过程,直接接触和审查各种证据,特别是直接听取诉讼双方的主张、理由、依据和质辩,直接听取其他诉讼参与人的言词陈述,并对案件作出裁判,以实现司法公正。[①] 法官是否一定要与当事人"面对面接触"才能作出公正的裁判?第一,自从有了律师制度,在审理民事和行政案件时,大量的当事人委托律师代理而不是直接出庭,证人只提供证词而没有出庭作证,都没有影响法官对案件的裁判。第二,书面审理也是法官审理案件的一种方式,法律规定部分二审案件可以不开庭审理。第三,现代信息技术日益发达,庭审录音录像、诉讼档案电子化等等都很容易可以实现,法官要了解案件,并不一定要"面对面"观察。因此,司法亲历性原则应该作扩大解释:一是指在诉讼活动进程中,法院应当充分听取当事人及其他诉讼参与人的陈述,除法律规定可以缺席判决的情况外,任何案件都不能在当事人及其诉讼代理人、其他诉讼参与人未直接参与整个诉讼过程的情况下作出裁判。二是指参与案件审判活动的人员,包括承办法官或合议庭成员以外的审判主体,如果要对案件发表意见,应当尽可能充分地接触案件材料,包括直接参与庭审、旁听庭审过程、阅读案卷材料、观看庭审录像等,把自己对案件的判断建立在对案情全面了解的基础上。因此,司法责任制改革要进一步突出独任法官、合议庭的主体地位是正确的,但不能把语义上的司法亲历性原则作为法官独立的依据,更不能以此排斥法院其他主体对案件审判过程的参与。

诚如上述所言,对司法的亲历性原则的理解不应该局限于法官必须且只能通过庭审与当事人、诉讼代理人以及其他诉讼参与人"面对面"直接接触,那么法官对案件的"审理"也应该不仅仅是参加庭审过程,阅卷、旁听,查看庭审录音录像、听法官汇报案件、参加案件讨论等,都是了解案情的方式,理所当然也是一种审理。因此,对"让审理者裁判"的"审理"也要做扩大解释:一方面是指从法院与外部的关系来看,法院是唯一代表国家行使审判权的组织,只有法院能对案件进行审理和作出判决,其他机构不得行使审判权;另一方面是指从法院内部各类主体的关系来看,法院内各主体对案件裁判的话语权必须建立在其参与案件事实

---

① 朱孝清:《司法的亲历性》,载《中外法学》2015 年第 4 期。

审理的基础上，不了解案情者，哪怕级别再高，也不能随意对案件“发号施令”。

2.要立足我国实际看待对法官放权

司法作为维护社会公平正义的“最后一道防线”，司法改革“不能从抽象的法治模式或者一整套泛泛的法治理念出发进行顶层设计”。[①] 司法改革必须立足于我国现实的法治发展水平、法官的能力素质、社会公众对司法的感知感受。其一，法官独立要求法官少而精与现阶段审判力量不足不相适应。从世界范围来看，实行法官独立的国家，社会公众能够接受法官作为社会的精英阶层，因此这些国家的法官都是“少而精”的。司法责任制改革一并推行法院人员分类管理，把法官与其他工作人员区分开，实行法官员额制度，通过遴选重新选任法官，削减并控制法官的数量，强化法官的职业保障等，有力地推动了法官精英化进程。但是，不断增加的案件量对法官数量的“刚需”短时间内难以改变，一下子大幅削减法官的数量势必加剧“案多人少”的矛盾。其二，法官的专业能力与法官独立的要求不相适应。由于法治被确立为国家基本原则的时间不长，我国法治建设水平还不高。在法治队伍建设方面，长期以来按照普通公务员进行管理的人员管理模式和缺乏分类的人员职业发展模式，使得我国法官的职业化、专业化的程度不高，法官的业务素质总体上与社会快速发展仍不相适应，法官的专业水平、经验阅历、理论功底、文字表达等能力，与法官独立的职业要求仍有较大的差距。这种差距并非通过法官员额制改革对现有法官进行重新选拔就可以缩小的。其三，法官的职业操守与社会公众的信赖期待不相适应。虽然最高人民法院已对法官的职业操守要求作出各种各样的规定，但是法官违法违纪的现象仍然时有发生，这不仅与西方法治国家法官的社会地位相去甚远，与老百姓心目中所期望的公正形象也有不小的差距。关于这一点，可能有人认为正是因为院庭长的干预，造成法官不够独立，才造成司法裁判不公。那把权力全部下放给普通法官，所有的案件只由承办法官说了算，就一定能保证法官违法违纪减少吗？可以预见的是，随着司法在社会资源分配中的作用越来越大，法官不但处于大量的矛盾纠纷之中，还会成为各种利益相关主体“围猎”的对象，要期待普通法官具有比院庭长更强的抵抗力是不现实的。其四，法官的职业保障与法官独立所要达到的水平不相适应。司法责任制的配套改革还包括完善司法人员的职业保障，绝大多数法官已经落实了“加薪”。但法官职业保障不仅包括增加待遇，还在于保障

① 张文显：《全面推进依法治国的伟大纲领》，载《法制与社会发展》2015 年第 1 期。

法官依法正常履职，保障法官及其家属人身安全、保障法官有足够的时间接受职业教育培训等。

(二)关于审判委员会改革的思考

审判委员会的改革一直以来都是司法改革关注的焦点之一。批评审判委员会制度的观点主要是认为审判委员会讨论案件造成“审者不判，判者不审”，因此主张取消审判委员会或取消审判委员会讨论个案的职能；比较温和的观点则主张应当减少审判委员会对个案的讨论决定，而且审判委员会只能讨论案件的法律适用问题，不能讨论案件的事实认定问题。上述两种观点都值得商榷。

1.由审判委员会讨论个案很有必要

审判委员会跟独任庭、合议庭一样，都是法院的审判组织。设置审判委员会讨论决定案件之职能是为了解决法院内部对案件处理意见的分歧。裁判的形成过程是个复杂的思维过程，如何调查事实，如何对事实定性分析，如何适用法律，如何作出裁判等，不同的法官有不同的见解。当意见出现分歧时，如何解决这些分歧，最终形成代表法院的裁判意见，需要有一套规则，这套规则就是审判委员会集体讨论决定制度。个案经过审判委员会讨论后，形成处理决定，合议庭应当执行。正是因为有了这个制度，才排除了“下级服从上级”的行政化运作方式，代之以“少数服从多数”的原则形成法院的判决，这本身也符合司法裁判的民主性原则。

2.审判委员会有利于发挥集体智慧

主张取消审判委员会的观点认为，审判委员会委员仅通过承办法官的汇报来决定案件不科学，因为审判委员会委员没有面对面听取当事人的陈述和申辩，如果承办法官对案件的汇报失实，将导致审判委员会作出错误的决定。基于前面论述中关于司法亲历性原则的理解，是否面对面听取当事人陈述和申辩不是审理案件的唯一方式，因此不能以此为理由主张废除审判委员会讨论个案的职能。另外，如果我们以承办法官会故意隐瞒或歪曲事实作为取消审判委员会制度的理由，那么赋予这些法官独立的裁判权岂不是会造成更多的不公裁判。实际上，由具有丰富的审判经验和较高的业务水平的审判委员会委员多角度地提供案件处理意见，对于准确适用法律，作出公正裁判是很有利的，特别是对一些重大复杂疑难案件的处理，相较于独任法官、合议庭，审判委员会具有明显的集体智慧优势。

3.审判委员会讨论的范围不可局限于法律适用问题

《人民法院组织法》规定审判委员会讨论决定重大、疑难、复杂案件的法律适用。该规定将审判委员会讨论案件的事实问题和法律问题作出区分,由合议庭负责调查核实案件事实,审判委员会在此基础上讨论案件难以处理的法律适用问题。这样的规定显然过于理想,实践中很难做到。第一,提交审判委员会讨论的案件多是复杂疑难的案件,有些案件之所以难以裁判,往往是因为合议庭对事实难以认定,那么,当合议庭对事实难以认定时,这案件是否就不能提交审判委员会讨论?第二,审判委员会讨论案件肯定要涉及案件的事实问题,如果对事实问题存在疑问,是要抛开这个疑问继续讨论,还是要把案件退回合议庭?前者显然不可能,后者则会使对案件的讨论变得十分冗长。第三,许多案件审理中遇到的问题属于事实问题还是属于法律问题,本身就很难区分。因此,把审判委员会讨论的范围限定于法律适用问题,并不利于真正发挥审判委员会的职能作用,这实际上也是对司法亲历性原则的错误解读。

4.审判委员会确实需要进一步改革完善

在为保留审判委员会制度"辩护"的同时,审判委员会的确还有许多需要改革和完善的空间。一是审判委员会的组成应更加专业。审判委员会委员具有不同的专业背景,刑事、民事跨度相当大,不分专业地把所有委员放在一起讨论案件,容易造成"外行干涉内行",不利于真正发挥审判委员会对案件的把关作用。应该按照诉讼法的近似度来建立刑事专业审判委员会和民事(行政)专业审判委员会。二是审判委员会应更注重采取审理的形式,而不是会议的形式。要进一步完善审判委员会的议事规则,开会前合议庭要事先归纳意见分歧的焦点,审判委员会委员要提前阅卷,履行向当事人告知回避权利手续,开会时有必要的还要听取当事人当面陈述或答辩,充分保障当事人的诉讼权利。三是审判委员会的表决方式应更加符合民主原则。在对案件表决时,要明确资历浅者在先、资历深者在后的发言和表决规则,确保资历浅者不受影响地表达意见。四是审判委员会委员对自己的表决意见要负责。审判委员会开会全程应录音录像,要把审判委员会委员的意见与案件差错挂钩起来,倒逼审判委员会委员切实提高参与案件审理的深度,有效避免流于形式。

三、深化审判权运行机制改革的精准施策

上述分析,我们可以得出这样的结论:将我国审判权运行中存在的主要问题

归咎于“行政化”显然过于表面。那么，影响和制约我国审判权运行的真正问题是什么呢？

（一）权力运行失序是审判权运行机制的主要问题

经过四个“五年改革”，我国法院审判权运行机制存在的主要问题仍然是审判职权不清、责任不明、不规范不严格、法官依法独立裁判保障不足等。第一，司法模式与行政模式交叉混同依然在影响法官独立裁判。“让审理者裁判”的司法模式要求法官之间应当具有平权关系，出现意见争议通过民主表决予以解决。虽然法官单独职务序列改革在一定程度上弱化了法官人事管理的行政化色彩，但是普通法官、副庭长、庭长、副院长、院长所形成的科层制的组织模式没有变，不可避免地存在“上级”与“下级”的关系，院庭长的意见仍然可以通过一定的方式进入法官裁判意见系统，影响法官独立审判。第二，审判权与审判管理权、审判监督权始终边界不清，责任不明。法官行使的审判权与院庭长行使的审判管理监督权、独任法官、合议庭与审判委员会之间的职责范围、权力边界以及彼此的关系仍然模糊。“去行政化”改革取消了院庭长的案件审批权，明确规定院庭长不得签发为参与审理的案件的裁判文书，体现了“让审理者裁判”的要求。但审判权运行所涉及的主体不仅仅只有法官，改革只突出了法官办案主体地位，却并未建立起法院内各种主体的“分级分类的权力清单、责任清单”，并未“细化司法人员和办案主体的职权和职责”。[①] 在实践中，院庭长、审判委员会到底要在多大程度上可以参与个案决策很大程度上仍然取决于各个法院内部的管理习惯。而在裁判主体内部，解除院庭长的案件审批权限后，以法官为中心的新型审判团队内的法官、法官助理、书记员等各类人员的职能权责未能迅速找到司法责任制体系中的对应“位置”，“由裁判者负责”的责任范围、责任方式等也是模糊不清的。第三，审判监督管理不力成了新的迫切需要解决的问题。虽然改革反复强调“去行政化”不等于“去管理”，反而在审判权下放后必须要强化监督管理，但是这一改革初衷在实践中却难以落实。在取消案件审批、还权于法官后，一方面，院庭长在行使审判监管职责时心存疑虑，因担心越过司法责任制的“边界”而造成了监管“真空”；另一方面，一些院庭长在行使审判监管职责时心有余悸，因

① 王泳：《推进司法责任制还需落实多项改革》，载《人民政协报》2018 年 11 月 9 日第 8 版。

害怕触碰司法责任制“红线”而造成了监管乏力。[①] 而关于院庭长可事中监督的“四类案件”范围不明确、可操作性不强,“四类案件”如何发现、如何启动、如何监管需要有更为细化明确的规定。实际的情况是,在全面推行司法责任制之后,院庭长基本不再过问不是自己承办的案件。第四,裁判尺度不一的问题更加严重。由于各种原因,我国法院同案不同判、裁判尺度不一的问题一直存在。改革后,独任法官、合议庭独立办案,法官自行签发裁判文书,在减少外界因素干扰法官裁判的同时,客观上也拓宽了法官自由裁量的空间,更加分散的裁判主体,使得同一个地区、同一个法院不同的业务部门、甚至同一个部门的不同法官的裁判尺度更加不统一。第五,法官考核管理机制没有作出相应的调整影响了办案的质量。随着矛盾纠纷越来越多以诉讼的方式进入法院,法院案多人少的矛盾一直十分突出。司法责任制下法官员额制改革力推法官职业化、专业化,让入额的法官具备独立裁判的能力,这对于解决我国法官参差不齐、淘汰一部分能力不足的法官的确有“立竿见影”的作用。但不可否认的是,法官数量减少,法官助理制度还不够健全完善,审判辅助力量不足、素质不高,相关配套措施尚不到位,法官在日常办案中面对各种考核管理指标,重效率,不重质量的问题越来越突出,案件总体质量有下降的趋势。

(二)深化审判权运行机制改革的四点建议

由此看来,审判权运行权责不清,秩序紊乱才是我国审判权运行机制的主要问题。在坚持放权或还权于法官、强化法官独立审判权限的同时,审判权运行机制改革应该围绕“让审理者裁判,由裁判者负责”的总体目标继续深化。

“让审理者裁判,由裁判者负责”由两个部分构成。“让审理者裁判”,主要是指把案件的审理裁判权赋予独任法官、合议庭,由独任法官、合议庭依法独立公正地行使覆盖案件审理全过程的四种权力,即程序主导权、事实证据认定权、法律适用权和结果裁决权。[②] 经过“四五改革”,各地法院提交审判委员会讨论的案件数大幅度下降,由独任法官、合议庭直接签发裁判文书的案件已占案件总数

① 骆锦勇:《认真落实院庭长有效监管职责》,载《人民法院报》2018 年 12 月 12 日第 2 版。

② 胡云腾:《简论司法责任制》,载《法制日报》2015 年 10 月 28 日第 9 版。

的98%以上。[①] 从放权或还权的角度来看,“让审理者裁判”的改革目标在法院内部已基本实现。而“由裁判者负责”,是指独任法官、合议庭依照法定职责对案件进行审理和裁判,由此产生的法定责任由法官自己承担,而不由其他人承担。[②] 在现有的条件下,期望通过取消案件审批就能够实现法官自我负责显然过于理想化。关于下一步如何改革,有四点建议:

1.理顺审判权运行中的权责关系

当案件的裁判权归由经过重新选任的法官独立享有时,有两个方面的问题马上就凸显出来:一是如何理顺审判权与审判监督管理权的关系。要制定出院庭长审判监督管理的权力清单,细化院庭长监督管理的范围和职责,建立重大敏感案件事中监督管理细则,让院庭长不能再以审判监督管理为名介入非自己承办案件的裁判,同时又能够对法官的独立裁判施以必要的监督,防止法官恣意用权。二是如何理顺法官与审判辅助人员的权责关系。法院内部审判事务和审判辅助事务不分,法官需要对审判流程中的所有事务(包括辅助性事务)负责,[③]这种“约定俗成”的看法在员额制改革后悄然变化。重新选任的法官数量减少,法官实际上无力管理审判流程中的辅助性事务,因此也就谈不上对这些事务负责。改革应该着眼审判团队内部,明确法官、法官助理、书记员、其他审判辅助人员的职能权责,形成法官助理、书记员、其他审判辅助人员各司其职、分工合作保障法官裁判的工作机制,避免“事在助手、责在法官”。

2.为法官选强配齐审判辅助人员

司法责任制实施以来,人民法院推行新型办案团队模式,即组成以法官为中心,配备法官助理、书记员和其他审判辅助人员的办案单元。设立新型审判团队,其核心就是要让法官从繁杂的审判辅助事务中得以解脱出来,把主要精力用于处理裁判核心事务,以确保数量减少的法官能办更多的案件,也能确保案件得以公正裁判。但是,在实践中,法官助理数量不足,社会招聘审判辅助人员素质不高,流动性大,缺乏好的助手极大地制约了法官的办案能力,也影响了法官的

① 周强:《最高人民法院关于人民法院全面深化司法责任制改革的报告》,载《人民法院报》2017年11月2日第2版。

② 蒋惠岭:《司法改革“主体工程”之认识》,载《法制日报》2016年1月13日第11版。

③ 郭顺强:《实施法官助理制度的深层障碍和改革设计——以基层法院的实践为视角》,载《东南司法评论》2017年卷。

办案质量。因此,要让法官真正能够对自己承办的案件负责,就必须为法官配备素质较高、相对稳定的审判辅助人员。同时,要改变以往人员管理模式,赋予法官对法官助理、书记员考核奖惩权,确保法官助理、书记员真正服务好法官裁判。

3.加强和改善审判质效管理方式

在推行司法责任制、降低个案审判的行政干预后,需要建立新的有效的审判质效管理办法,最主要的是要改变唯数据论、简单数据论的做法,为法官独立裁判创造一个相对宽松、合理的工作环境。审判活动是一种高度智能化且包含广泛政策与价值目标实现的活动。① 完全用数据来测量与评价审判工作并不科学,即使有些审判工作可以量化考核,其考核结果往往也只能表示该部分审判职能是否被充分落实,而无法表明该部分职能的真正价值。因此,对法官能力的考评,对个案案件质量的评定,应该在注重定量数据的同时,加强数据的分析,并重视相关主体的评价,特别是应该把民众在司法活动中的获得感纳入审判质效评估的范畴,从而建立一套更加科学合理的法官能力和案件质量评价机制。

4.以豁免为原则的法官追责制度

没有独立的权力就没有独立的责任,只有责任而没有保障的权力是微弱而危险的权力。② 把法官从普通的公务员队伍剥离出来,实行单独职务序列管理,按照法官等级享受法官待遇,有助于为法官开辟更多的个人发展空间,有助于消除法院人事管理的行政化色彩,有助于法官敢于独立地对案件裁判。但法官职业保障仅停留在提高法官待遇上是远远不够的,法官的职业保障更重要的是要建立"以豁免为原则,以追究为例外"的错案责任追究制度。③ 司法责任制首先应该强调免责,在此基础上,若要追究法官的违法审判责任,也应做到两点:一是要严格设定追责的法定事由,二是要建立一套科学合理的责任认定和责任追究程序、机制。这样做才能避免法官因常常处于被追责的风险而影响其独立作出裁判,或者因害怕发生错案而想方设法把案件的决定权上交给院庭长、审判委员会,以此来转移责任。

综上所述,将审判权运行的问题归纳为"行政化"并未找准、找全我国审判工作存在的问题,期待取消案件审批制度就可以让法官独立审判、独立负责的愿望

---

① 龙宗智、孙海龙:《加强和改善审判监督管理》,载《现代法学》2019年第2期。

② 傅郁林:《司法责任制的重心是职责界分》,载《中国法律评论》2015年第4期。

③ 胡仕浩:《论人民法院"全面推开司法责任制改革"的几个问题》,载《法律适用》2016年第1期。

也过于理想。我院审判权运行方面存在的问题从根本上说是权力运行秩序紊乱，审判权运行呈现出行政管理模式和司法裁判模式相互交叉相互混同的状态。要解决审判权运行秩序紊乱的问题，需要严格遵循司法规律，理顺审判权运行中的各类主体的权责关系，形成以法官裁判为中心，以职业保障为基础，以审判监督管理为保障的审判权运行机制，真正将“让审理者裁判，由裁判者负责”的目标原则落到实处，促进提升审判质量、效率和司法公信力。

SWOT分析:法官助理制度的困境与出路

戴佳琦* 龙金鹏**

摘要:人员分类管理是法院司法体制改革的一大特点。在司法改革初期,员额制是改革的重点和焦点,也是被学界及司法界探讨得最多的制度。而作为司法辅助人员的法官助理,则缺乏对其单独职务序列及管理的制度探讨。随着司法改革的不断深入,法院系统存在法官助理人员流失严重,法官助理岗位无人报考的现象。法官助理对年轻人的吸引力越来越弱,法官助理的制度问题已成为司法体制改革深入推进的"拦路虎"。SWOT分析法是现代企业管理中常用的态势分析法,对企业的问题决策和人员管理有重大意义。将SWOT分析法引入法院人员分类管理,尤其是法官助理分类管理中,可以更全面、科学地对法官助理制度进行分析。通过将法院SWOT分析矩阵图和个人SWOT分析矩阵图结合,建立科学、合理的法官助理考评机制,才能激发法官助理队伍的活力。

关键词:SWOT分析;法官助理制度;激励;发展

一、思与辨:法官助理制度的现状分析

(一)法官助理制度的运行现状

法官助理制度是当下司法体制改革下实施法官员额制改革的一项重要配套制度,也是法院人员分类管理的重要内容。法官助理设立的目的在于辅助员额法官办案、将员额法官从非审判核心事务中解放出来,并为员额法官遴选提供后备力量,推进法官的精英化进程。目前,全国各级法院已基本完成了法官员额制

---

* 作者系浙江省绍兴市柯桥区人民法院刑庭法官助理,法学学士。

** 作者系浙江省绍兴市柯桥区人民法院民二庭审判员,法学硕士。

改革，法官助理制度也已建立并运行了一段时间，法官助理制度的特点及不足也逐步显现。接下来，笔者以浙江省S市K区人民法院为分析样本，对法官助理制度的运行现状分析如下：

1.法官助理流失显增

2017年、2018年、2019年①的法官助理②人数分别为30人、32人、33人，分别占全院总人数的19.11%、20.12%、21.02%(如图1)。法官助理的人数逐年上升、占全院总人数的比重也逐年增加，但上述法官助理在审判业务部门及综合部门均有分布，而K区法院目前已有员额法官达69名，难以达到1名员额法官配备1名法官助理的要求，审判业务部门法官助理紧缺现象较为严重，以该院民事审判二庭为例，该庭有员额法官9名，但配备的法官助理仅有2名，且其中1名员额法官还要承担全庭信息编写、新收案件登记等内勤事务，导致大量的非审判核心事务如核实送达地址、案件调解、制作询问笔录、草拟法律文书等仍由员额法官负担。

2017年、2018年分别有1名、2名法官助理离开K区法院调入其他机关单位，而2019年截至5月已有1名法官助理调离法院，占当年度法官助理的比例分别为3.33%、6.25%、3.03%(如表1)，且5月后因全区机关公务员选调考试的开展，又将有部分法官助理报名参加选调考到其他机关单位。从上述比例来看，法官助理流失人数虽占比不高，但已呈现出逐年增多的苗头，且法官助理不断调离的消息极易在法官助理队伍中造成人心浮动、队伍不稳的不良影响。

表1　2017—2019年法官助理调出人数及占比

	2017年	2018年	2019年
法官助理调出人数	1	2	1
法官助理人数	30	32	33
调出人数占比	3.33%	6.25%	3.03%

① 本文中2019年的数据统计时间截止为2019年5月。

② 此处统计的法官助理人数仅为具有政法编制的法官助理人数、不包括法院自己任命的其他法官助理。

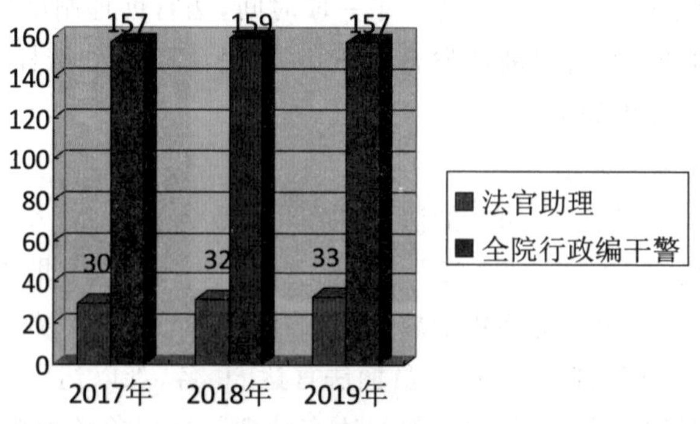

图 1　2017—2019 年 K 区法院法官助理与全院人数

2.法官助理人员组成不统一

法官助理的组成人员在各个地区各级法院的做法其实并不统一，有些法院将部分优秀的书记员、司法雇员也用于从事法官助理工作，有些法院则只将具有行政编制的法院干警安排从事法官助理工作。以 S 市 K 区人民法院为例，法官助理主要分为两类，一类是曾经被本院任命为助理审判员或审判员，曾参与过案件审理，具有一定审判经验，但在员额制改革中尚未入额的法官助理；一类是入职法院时间不长，没有庭审经验、具有行政编制的法官助理。各类法官助理的资历、能力均存在差异，且有些人员虽为法官助理编制，但实际工作部门为法院综合部门，工作内容也系法院后勤管理、法院工作汇报撰写、审判绩效数据收集整理等与案件审判关系不大的方面。除上述两类法官助理之外，还有一部分事业编制人员和司法雇员因法院审判压力较大，在员额法官或法官助理的指导下从事着立案、案件调解、证据交换、草拟判决书之外的其余法律文书等审判辅助工作。

3.法官助理工作内容不一

根据现有司法体制改革的相关文件以及 2016 年多部门印发的《法官助理、检察官助理和书记员职务序列改革试点方案》指出，法官助理是审判辅助人员，其相较于书记员而言更具有业务性质，是在法官指导下完成审判辅助性工作，可以介入案件实质性内容的处理，但不具有核心审判工作的人员。可以说在如此定位之下，法官与法官助理最大的区别在于是否具有审判权。[①] 在实践中，法官助理的工作主要是辅助员额法官从事审判工作，但审判工作包括庭前准备工作（如排期、送达等）、庭审核心工作（如调解、查阅案卷、撰写判决等）、庭后结案工作（送达、报结、归档）。以S市K区法院为例，因缺乏全省统一的法官助理职责分工指导文件及行之有效的法官助理业绩考评办法，各部门法官助理工作内容分工较为混乱，甚至部分法官助理的工作内容与书记员工作存在混同，比如有些庭严格限定法官助理从事审判辅助工作，仅安排法官助理从事排期、送达副本、庭审记录、外出勘验调查等工作，而有些庭则直接向法官助理分发新收案件，要求法官助理从事除案件庭审工作之外的其他一切审判工作，包括法律文书送达、案件证据交换、庭审计划拟定及裁判文书制作等，员额法官则仅根据庭审计划主持庭审，在法官助理制作的裁判文书中挂名并签发法律文书。

4.法官助理培养模式不一

目前K区法院没有制定统一的法官助理培养方案，对法官助理的培养模式由各庭自行安排。有些庭对法官助理的培养采取"分人到人"模式，也就是将法官助理直接与员额法官配对，采取1对1辅助模式，法官助理的工作内容全由员额法官安排，法官助理对审判事务的参与度依附于员额法官的工作安排。有些庭对法官助理的培养则采取"分案到人"模式，这种模式将庭内一部分简易案件直接分给法官助理，由法官助理独立把握对案件的证据分析、案件调解、审理进度和审理思路整理及裁判文书的撰写，员额法官则负责签发裁判文书，此时的员额法官与助理的关系更像是司改前审判长对助理审判员的指导，只是多了一个帮法官助理开庭并签署、挂名判决书的程序。

（二）法官助理制度的问题分析

1.缺乏单独的法官助理职务序列

目前员额法官已制定了单独的职务序列，新修改的《法官法》也明确了初任法官的准入条件。而法官助理作为司法辅助人员，却并没有单独的职务职级序列，也没有法官助理的职级划分和准入门槛。这既导致实践中法官助理的人员状况混杂，除了有行政编制的法官助理外，为方便工作的开展，部分法院也会单独任命不具有政法编制的其他工作人员为法官助理。同时也导致各法官助理之

① 许梦诗、陈泳滨：《大审判团队视野下的法官助理制度》，载《人民法治》2018年第1期。

间的工作资历和工作能力也差异较大，法官助理的岗位分配和任务分工也较为混乱、低效，如分配给审判业务较为繁重的业务庭的法官助理因能力不足较难胜任该庭的审判辅助工作，而部分具有丰富审判经验的法官助理却仅分配给其从事诸如送达、庭审记录、审判数据收集等较为简单的工作。可以说，法官助理缺乏一个明确的职务序列和法律地位为其职业发展做保障。

2.存在重复劳动或劳动力闲置等司法资源浪费

不同的法官助理培养模式会产生不同的工作效果。如前文中所述的“分人到人”的法官助理模式，由于法官助理的工作内容完全取决于员额法官的分配，而法官助理资历不同、能力不同、编制不同，对员额法官交代的工作完成度也不同，再加上缺乏对法官助理工作业绩的统一考核办法，既出现因法官助理年纪较大、资历较老，员额法官对此类助理“使唤不动”的现象，还出现了因法官助理能力不足，岗前培训欠缺而“不好使唤”的现象，同时还容易出现某些法官助理责任心欠缺，对员额法官交代的工作敷衍推诿，故意放慢工作进度和节奏以减少员额法官分配的工作量。而此时，员额法官面对助理工作完成度不高、积极性不高的情况，只能自己处理相关事务，造成法官助理的劳动力闲置的问题，也无形中加重了员额法官的工作负担。在“分案到人”模式中，法官助理直接办理案件，员额法官负责案件把关及署名，正如前文所述，该模式与司改前审判长对助理审判员的指导如出一辙，员额制改革的制度优势无法体现，且对同一个案件的审理，工作节点和流转的增加必然意味着劳动力投入的增加，在实践中往往存在同一份案卷，法官助理看过一遍，员额法官要再翻阅一遍。对于工作能力过关、认真负责的法官助理及案情较为简单的案件而言，员额法官可直接开庭审理并签发判决，但对于能力尚不足以独当一面的法官助理或案情较为复杂的案件来说，还需要员额法官对案件进行整体把握，这就存在着劳动力的重复，无形中也同样加大了员额法官的工作量。这也是实践中，部分员额法官虽然有了助理，但是感觉工作相较于无反而更累的原因。

3.缺乏科学考核造成部分法官助理消极

目前对法官助理缺乏科学、合理的考核评价体系是各级法院面临的一大难题。由于法官助理的工作依附于员额法官，故很多时候法官助理的工作无法量化。即使在“分案到人”模式，也因目前审判系统缺乏对法官助理办案量的数据统计规则而无法量化工作业绩，故法官助理很多时候都在做“无名英雄”。目前的法官遴选入额考试主要采取笔试＋面试的形式，法官助理日常的工作情况与入额考试关系不大，在这种考核模式中，“学霸”和“面霸”更容易入额，这就直接导致部分法官助理出现消极怠工的情况，将主要精力放在笔试、面试的准备上，认为只要工作年限到了，在激烈的入额考试中“突围”就可以当上员额法官。

4.入额压力大且晋升空间小

首先，法官员额制的目标是追求法官精英化，法院发展的趋势是，法官额数固定，在全院所占比例较低，相应地则大量增加审判辅助人员的人数。在员额固定的情况下，只有员额法官退额或者辞职退休，员额出现空缺或预留一定员额的情况下，法官助理才有机会晋升为员额法官。由于空缺的员额数非常有限，法官助理之间竞争将会非常激烈，大批的法官助理仍将在员额法官的竞选中被淘汰。[①] 随着法官入额考试的逐年推进，留给法官助理的入额名额越来越少。以S市K区人民法院为例，前三年入额率分别为80%、75%、75%，而今年预计通过率甚至可能不足40%（如图2所示），这就导致了部分法官助理对其职业发展期望过于消极，纷纷想办法从法院调离或辞职。

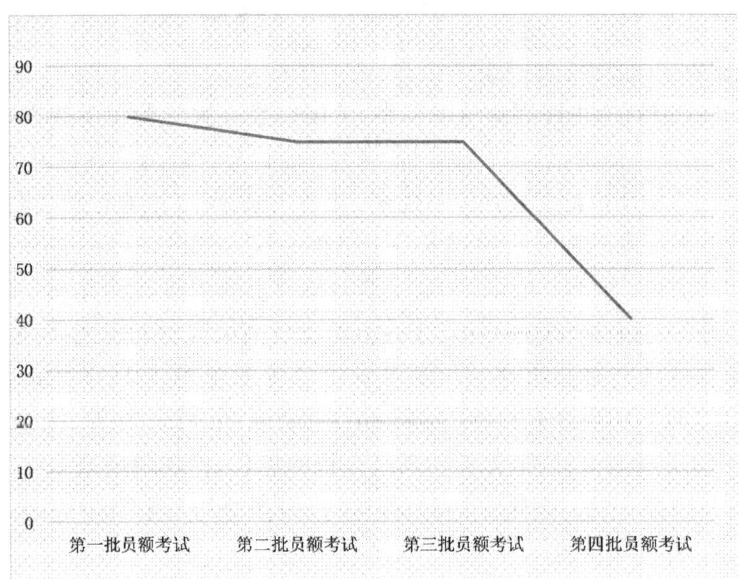

图2　S市K区人民法院员额考试通过率

---

① 尤文军、郑东梅、谭志华：《基层法院法官助理履职情况的调研》，载《中国应用法学》2018年第4期。

其次,在中层竞岗中,业务部门的法官助理因其工作内容无法量化展示、且接触领导的机会相对较少,其竞争力远远低于综合部门的法官助理,导致不少法官助理都想通过调入综合部门,在竞岗成功后再参加员额考试。这种"曲线救国""轻业务,重行政"的晋升模式不利于法官助理成长为业务扎实的员额法官,也不利于中层副职成为业务庭挑大梁的骨干力量。

5.职业归属感和尊荣感缺失

助理审判员变为法官助理后心理难免失落,尤其面对亲朋好友的关心、询问时更是觉得"丢脸"。新考入的法官助理面对繁杂的辅助工作、长久的入额等待期以及激烈的入额竞争也往往会对自己的职业产生迷茫。在日常司法辅助工作中,不少律师和当事人往往把法官助理叫成"某某书记员",对于怀揣着"法官梦"进入法院工作的法官助理来说,这种称呼的转变背后也是法官助理职业尊荣降低的体现。

二、探与析:SWOT 分析法的引入及意义

(一)SWOT 分析法的内涵

SWOT 分析法,由海因茨·韦里克(美国旧金山大学管理学教授)在 20 世纪 80 年代初首次提出,是在综合分析、考究单位内外部环境等各种因素后,对研究结果进行系统评价最终实现策略配对、互补,从而形成指导行动战略的方法。它能够较客观而准确地分析和研究一个单位的现实情况,S(Strengths)指分析对象内部的优势,W(Weaknesses)指分析对象内部的劣势,O(Opportunities)指分析对象外部的机会,T(Threats)指分析对象外部的威胁和挑战。[①] SWOT 分析法就是将与研究对象密切相关的各种主要内部优势 S(Strength)、W 劣势(Weakness)和外部的机会 O(Opportunity)和威胁 T(Threat)等,通过调查列举出来,并依照矩阵形式排列,然后用系统分析的思想,把各种因素相互匹配后加以分析的态势分析法。通过 SWOT 分析法,得到的结论通常带有一定的决策性。SWOT 分析法见图 3。

(二)引入 SWOT 分析法的意义

SWOT 分析法是企业在经营管理中经常使用的分析工具,它从全局出发、

① 吴冠兴、王逸涛:《SWOT 分析法在公安现役部队院校学员思想政治工作中的应用》,载《湖北警官学院学报》2013 年第 9 期。

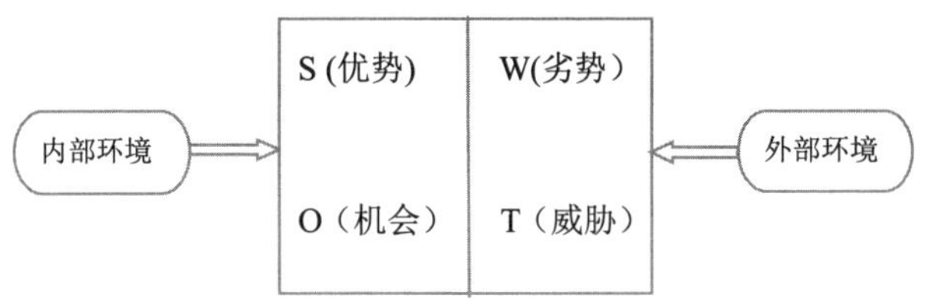

图 3　SWOT 分析法

系统地将看似独立的各个影响因素结合在一起，进行综合分析，使决策者能够更系统、更全面地看待问题，从而作出更科学、更合理的决策。法院虽然不是企业，但是其人员分类数量在各类机关单位中居于前列，其人员不仅包括行政编制、事业编制，还包括司法雇员及劳务派遣的书记员等其他工作人员，以 K 区法院为例，各类人员加起来也多达三百余人。司法改革后，法院实行人员分类管理，但在管理过程中如何有效利用各个劳动力，如何有效分配、培养各类人员使工作效率达到最大化是人员分类管理中的难题与目标。SWOT 分析法正好可以将这种系统的态势分析思维引入法院的人员分类管理中，引入法官助理的培养激励中，不断加强法院队伍的活力，并防范司法改革进程中出现的人员管理风险。

（三）构造 SWOT 分析矩阵

1.法院 SWOT 分析矩阵

以法院司法改革的现状及未来发展为例，构建法院 SWOT 分析矩阵，如表 2 所示。

表 2　法院 SWOT 分析矩阵

	S（优势）	W（劣势）
司法改革后法院内部环境	S1：员额精英化 S2：员额收入提高 S3：人员分类分工更加精细	W1：缺乏员额退出机制 W2：在岗位交流中综合部门的员额存在名额保留现象 W3：法官助理缺乏职级考核方案和培养方案

续表

	O(机会)	T(威胁)
司法改革后法院外部环境	O1:中央依法治国的政策及对法院工作的大力支持	T1:其他行政机关晋升快,队伍人员流失严重 T2:群众对司法要求越来越高,法院工作压力大

如表2所示,法院的SWOT的分析矩阵从司法改革后法院的内部环境及外部环境入手,分析了法院内部环境具有的优势和劣势,以及法院外部环境面临的机会和威胁,法官助理制度乃是法院司法改革过程中与其他诸多制度相互关联、相互作用的重要一环,故法官助理制度的建立和完善理应从法院在司法改革后所面临的全局考虑。司法改革后,随着中央对依法治国理念的重视及对法院工作的大力支持,法院工作人员分类分工更加精细,作为法院审判工作骨干力量员额法官的经济及政治地位也逐渐提高,但同时随着法院员额法官名额的逐渐饱和及法官员额退出机制和法官助理序列职级考核晋升建立稍显滞后,法官助理的职业发展渠道益加狭窄,再加上外部环境中法院面临的案件数量激增,审判压力日益加大,及相较于其他党政机关法院行政级别晋升较为缓慢等威胁,法官助理的工作积极性受到削弱,甚至出现了人员流失的现象。

2.法官助理个人SWOT分析矩阵

法官助理根据自身优势、特点及短板结合所在法院环境作出个人的SWOT分析矩阵,笔者以本人为例,举例如表3。

表3 法官助理个人SWOT分析矩阵

	S(优势)	W(劣势)
个人条件 (内部条件)	S1:精力充沛,比较耐心 S2:做事严谨,比较细心 S3:业务进步及职级晋升期望较强 S4:法学理论功底较为扎实	W1:案件审理经验不足,不擅长裁判文书的写作 W2:文字功底较差,不擅长信息的写作

续表

法院环境（外部条件）	O（机会） O1：员额法官趋向精英化，能够实现本人的法官梦想 O2：员额法官收入日益增高，在经济方面对本人有极大的吸引力	T（威胁） T1：员额名额日趋饱和，入额越来越难 T2：法院对法官助理业绩考核缺失，自身工作无成就感 T3：法院对法官助理培养体系混乱，自身的审判业务能力发展较慢

如同法院的 SWOT 的矩阵分析，笔者本人亦针对自身的优缺点及所在法院对法官助理给予的机会和威胁等进行深入剖析，当然，该剖析仅表明笔者本人在工作中面临的具体情况，其他法官助理根据自身的优缺点因人而异，但对法官助理 SWOT 的矩阵分析，可以让法院人事主管部门及院领导知晓目前法官助理制度大体上存在的问题和不足，并较为全面地了解每一个法官助理的优缺点，因人而异地作出适合的培养和岗位分配方案。

三、破与立：运用 SWOT 分析建立科学合理的法官助理考核制度

作为审判团队中承上启下、沟通内外的关键一环，法官助理这一角色能否有效地发挥作用，既关系到每一个案件审判流程的进行，也关乎整个法院未来队伍的培养与建设。① 笔者以为就目前法院的法官助理制度而言，可以从以下几个方面着手改进。

（一）通过 SWOT 分析做好人员分类管理

法官助理制度是法院人员分类管理制度中的一环，它不是一个独立的制度，它与行政人员、员额法官的管理、交流息息相关，故笔者认为要制定科学、合理的法官助理制度，应当要处理好综合部门行政工作人员与员额法官之间的交流问题。司法改革以前，综合部门的中层干部多产生于业务部门，办案优秀且综合素

① 张鸿浩：《法官助理养成记》，载《人民司法》2017 年第 9 期。

养突出的助理审判员、审判员会进入综合部门担任中层干部。司法改革后,在实践中,综合部门中层副职由法官助理通过中层竞岗产生,综合部门中层正职大部分仍从员额法官中产生,但因司法改革方案规定,综合部门不允许占有员额名额,故部分法院作出以下变通:对于综合部门中层副职,这些法官助理担任中层副职后大部分仍然会参加入额考试,入额考试通过后要么直接调入业务庭担任副庭长,要么名义上免去其中层副职的行政职务但仍然留在综合部门工作,通过办理简单执行案件或在案件中挂名来完成员额法官办案的要求。对于综合部门中层正职,虽暂时免去员额资格,但五年内仍保留员额名额。这种做法对法官助理及员额法官均是极大的不公平,也是对司法审判资源的浪费。若上述综合部门副职通过入额考试后直接调入业务庭担任副庭长,则容易因能力不足,无法挑起审判业务的大梁,而违背了大多数人对"副庭长"系审判业务骨干的职业期待。若继续留在综合部门工作,只是名义上免去行政职务,则是对员额名额的无端占用,不利于之后其他法官助理的入额,也不利于法院合理利用宝贵的员额法官名额,以减轻逐年加大的案件审判负担,更与将法院人、财、物等资源向案件审判一线倾斜的司法改革初衷相违背。这些问题究其根本原因就是没有处理好员额法官单独序列和司法行政人员的交流问题,也会对未来法官助理的职业化道路产生影响。所以,笔者以为法官助理制度的未来和出路关键在于法院人员的分类管理工作,各类人员的单独序列能否建立、各类人员之间的轮岗如何交流、员额法官顺畅的退出机制等是法官助理培养的基石和方向。在设计法官助理制度时应先结合法院 SWOT 分析矩阵,着重分析人员分类管理制度目前面临的优势、威胁、机会和挑战,综合研判做好人员分类管理工作。

(二)建立法官助理个人 SWOT 分析档案增加岗位的匹配度

就目前各个法官助理所从事的工作内容来看,法官助理的工作效能并没有发挥到最大值。因对部分法官助理岗位分配的不合理,导致法官助理并未做到人力资源的有效使用,如部分法官助理已在法院工作六年,曾被任命为助理审判员或审判员,具有相当的案件审判经验,但在岗位交流后,其工作内容却变为送达法律文书、收集庭务信息,而他本人更擅长协助员额法官审理案件实体问题,更适合参与撰写裁判文书。有些人员虽被任命为法官助理,但本人之前一直在综合部门工作,岗位交流后进入审判业务较为繁重的业务庭工作,但因审判经验欠缺而一时难以胜任工作。这些实践中产生的例子皆因轮岗交流时对各个法官助理的个人特点及优缺点了解不足所致。虽然笔者不否认岗位的交流变动能让法官助理更全面地发展，提升综合素养，但是有针对性的、科学合理的岗位交流才能让法官助理既能及时有效地发挥其优点，又能循序渐进地补足其短板，从而取长补短、综合发展。笔者以为，法院人事主管部门和领导需要为每一个法官助理建立一份 SWOT 分析档案，设立法官助理人才库，充分了解各个法官助理的个性特点、能力优势、短板不足及个人意愿，并根据工作情况和培养的进度每年更新一份 SWOT 分析矩阵，建立持续更新的法官助理 SWOT 分析档案。根据 SWOT 分析矩阵，因人定岗，不断增加法官助理与岗位的匹配度，充分发挥法官助理的优势、激发法官助理干事创业的热情。

(三)建立法官助理单独职务序列及其考评等级

法官助理制度来源于司法实践的需求，职责来源于法律规定。作为一种职业形态，首先应当看到其本身的独立性，只有具有独立的工作地位，才有履行一定职责的主动性，成为获取相应职业保障的根据，接受惩罚、获得荣誉的前提。[①]随着司法改革的不断深入，法官助理的职业未来将越来越趋向于多元化。有的人可能会因入额比例限制而长期在法官助理序列中，有的人可能会选择进入综合部门或调离法院成为行政工作人员并不再从事相关审判业务工作，有的人可能会通过法官员额遴选成为员额法官。法官助理首先是一个职业，其次才是法官的重要来源。根据司法规律建构法官助理单独职务序列和等级分类管理，并不是要人为地分个三六九等，而是法官助理职业化之路的内在要求，旨在提出一种切实可行的方案，解决诸如法律职业共同体的身份认同、具备法官资格的法官助理能否入额及如何入额、固定在法官助理序列中的人员能否晋升及如何晋升等问题，为法官员额制改革夯实职业制度基础和人才储备基础。[②] 笔者认为应当通过对法官助理设立科学、合理的职务序列等级来保障法官助理的职业发展。根据《法官法》的规定，对于刚毕业进入法院工作的本科学历法官助理而言，需要五年以上的法律工作经验才能参加入额考试。因此可对法官助理在入额之前的工作能力、资历及职级作出合理的等级区别，为法官助理考评定级。入额考试的条件除了法律工作经验满五年外必须经考核达到某一个级别时才能参加。比如

① 张太洲：《现行与展望：我国法官助理制度完善机制研究》，载《海峡法学》2016 年第 2 期。

② 王其见、冯振亚：《法官助理的职责“三性”——以基层人民法院为视角》，载《人民司法》2017 年第 25 期。

可以将法官助理等级分为四个以上级别:工作满一年以上,经考核合格可以晋升为四级法官助理,工作满三年以上经考核合格可以晋升为三级法官助理,工作满五年以上经考核合格可以晋升为二级法官助理(研究生和律师执业时间可以配套《法官法》作出调整),而只有当工作年限符合且配套晋升为二级法官助理时才可参加入额考试。对于后期未能入额而仍在法官助理序列中的法官助理,在工作年限满八年时可以晋升为一级法官助理,甚至可以设立更多的法官助理等级并配套相应的薪资体系,让法官助理成为身份有保障、薪资有保障、晋升空间有保障的单独职务序列。笔者以为这种做法既能有效防止部分法官助理消极怠工,认为只要等法律工作经验满五年就可以参加入额考试了,也可以有效安抚因入额比例限制而未能入额的法官助理,使法官助理职务序列中的法官助理能够通过工作年限和工作能力,从初级法官助理成长为高级法官助理,享受相应等级的薪资福利,满足与其经验资历相符合的阶梯式职务发展预期,同时也可以促使法官助理为获取等级晋升而尽心做好审判辅助工作,为员额法官遴选发挥人才贮备作用。

(四)将法官助理细分为限权型法官及法官助手

英国司法辅助人员分为两种:一种是准法官型的助理法官,另一种是其他类型的法官辅助人员,这些辅助人员中包括法律助理。

笔者以为可以参考借鉴域外成熟经验,将法官助理分为法官助手和限权型法官两类,并分类进行工作分配。法官助手主要由法官助理职务序列中级别较低的法官助理担任,负责协助员额法官处理非审判核心的事务性工作,如送达、笔录制作、协助调查勘验、审判管理系统信息录入等,将员额法官从事务性工作中抽离,专注于审判核心事务,可由前文所述的四级、三级法官助理担任。同时推行书记员职责单列制度,明确区分书记员与法官助理的职责,厘清两者之间的工作关系,将书记员制度与法官助理制度有机衔接起来,实现法院内部人员分类管理,更好地为法官助理制度改革的推行提供便利条件。[①] 限权型法官主要由法官助理序列中的职级较高的法官助理担任,包括曾任命为助理审判员、审判员但未入额的法官助理,及工作年限较长,工作业绩较为突出的法官助理,此时的法官助理虽然不具备员额法官的身份,但是可在员额法官的授权下,赋予对案件事实判定及法律适用认定一定的裁量权,如在员额法官的监督下独立进行案件

① 蒋思慧:《法官助理制度改革研究》,载《决策探索》2018 年第 7 期。

调解工作，或独立对速裁案件、刑事简易案件等案情简单的案件进行证据交换及认证、查明事实归纳、争议焦点整理、庭审计划拟定、法律适用选取等工作。在这种培养模式下，要特别注重对限权型法官的法官助理业务培训，不断提升法官助理的业务水平，提升案件审判质量的同时，为员额法官提供优秀的人才后备力量。

（五）结合法官助理 SWOT 分析矩阵建立科学合理的量化考核制度

1.量化工作内容

笔者认为可以效仿上海高院对员额法官考核的"权重系数法"来衡量考评法官助理的工作情况。首先应及时出台相应的文件明确法官助理的具体工作职责及范围，并根据法官助理所从事的工作内容分类统计，综合评定其不同工作内容的难易程度、耗时长短等并制定出相应的权重系数，在审判管理系统中也应及时完善对法官助理工作情况、工作成果的录入及登记记录机制，并结合法官助理各项工作的权重系数量化法官助理的工作绩效。虽然"权重系数法"并不一定就是最科学的方法，在实施过程中也出现过一些问题受到一定的诟病，但是对目前法官助理的分类管理来说，与其长期的考核体系缺位，不如先采用一个相对可行的考核办法，并在实践中不断完善。笔者以为法官助理的工作内容差异较大，而"权重系数法"可以根据不同的工作内容量化区分，是可以参照实施的考评方法。在实践过程中也可以根据实际情况不断地调整各个系数比重，以使考评结果能更真实地反映实际情况。科学的法官助理业绩考核机制应当是业务工作业绩与非业务工作业绩的总和。①

2.结合法官助理个人 SWOT 分析矩阵进行考核

"权重系数法"虽然将法官助理的工作量化了，但是容易刻板化，无法动态地评价法官助理，SWOT 分析法则可以弥补该缺点。为了督促法官助理不断补足短板、进步提升，可将后一年度的法官助理 SWOT 分析矩阵与前一年度的 SWOT 分析矩阵作对比，若在 W（劣势）一栏中的项目有减少，或者项目从劣势转为 S（优势）了，则可予以额外加分，并作为法官助理级别晋升的考察因素。如对裁判文书写作能力不佳的法官助理，在第二年中若其协助员额法官制作的裁判文书在全省裁判文书评选中获奖的，则可认为该法官助理在不断提升自己的弱势项，应该在考核中予以奖励。为了防止法官助理故意将所有内容都写成劣

① 金杨洋：《试谈法官助理的业绩考核机制》，载《人民司法》2017 年第 25 期。

势以获取后期考核的加分,在SWOT分析矩阵制作过程中,虽首先由法官助理自行填写,但必须经所辅助的员额法官和部门负责人的评议通过。经过三方的综合评定,法官助理的个人SWOT分析矩阵则会更全面、更客观、更真实。通过"权重系数"与个人SWOT分析矩阵相结合,建立的法官助理的考核制度综合了客观数据与主观评价,可以弥补传统年终考核评定的不足,也在一定程度上为法官助理的培养提供了方向。

结　语

目前我国法院系统经过多年的司法改革制度建设,法官员额制已基本建立,法院人员分类及分工也更加精准,法官助理作为员额法官的"左膀右臂",对于减轻员额法官的审判负担,提升员额法官的审判效率起着至关重要的作用,但基于法官助理职务职级序列及法官助理业绩考核体系等法官助理管理制度建立发展的滞后,致使法官助理的工作效能未能得到充分发挥,在一定程度上也制约着法官员额制制度优势的展现,笔者基于所在单位法官助理的管理现状,结合SWOT分析法,对法官助理管理制度进行相应的论述,望能有俾于调动法官助理的工作积极性,对法官助理管理制度的发展完善贡献自身绵薄之力,当然笔者的思虑也并非当然合理、可行,望在以后的工作、学习中不断升华对法官助理管理的认识,并虚心接受他人的批评指正。

指导性案例司法应用的检视与完善

——以法官的认知与习惯为视角

程 财[*] 孙建文[**]

摘要:法官是司法活动的主导者,是案例的研究者与应用者。法官对案例研究与应用的认知与习惯能够从"人"的角度反映出指导性案例司法应用的真实现状。在全面落实司法责任制背景下,法官日益增长的案例研究与应用的需求同指导性案例参照适用不均衡、不规范之间的矛盾,折射出指导性案例司法应用在案例供给、法官理念、制度保障等方面存在的问题。未来案例研究与应用的制度构建,应当注重从强制性、激励性、配套性三个方面完善制度保障。

关键词:指导性案例;司法应用;法官;认知与习惯;制度保障

当前,随着司法责任制改革的深入推进,对法官办案质效提出了更高的要求。案例研究与应用是提高办案质效的有效途径,为回应人民群众对司法公正的新期待,法官对案例研究与应用的需求尤为迫切。2010 年最高人民法院印发《关于案例指导工作的规定》(以下简称《规定》)初步确立了我国的案例指导制度,自 2011 年以来最高人民法院陆续发布了 21 批 112 个指导性案例,2018 年新修订的《人民法院组织法》更是明确了最高人民法院发布指导性案例的职权。[①] 案例指导制度是深化司法体制综合配套改革的一项重要举措,通过为法官审理类似案件提供参照,规范裁量权的行使,统一法律适用,让诉讼参与人对裁判结果有合理预期,有助于提升司法公信力。法律的生命在于实施,案例的生命在于应用,而司法实践中指导性案例应用暴露出参照率低、适用不均衡等问

* 作者系江苏省南京市中级人民法院研究室司法改革工作科科长,法学硕士。

** 作者系江苏省南京市中级人民法院研究室法官助理,法学学士。

① 《中华人民共和国人民法院组织法》第 18 条:"最高人民法院可以发布指导性案例。"

题。本文以法官案例研究与应用的认知与习惯为视角,旨在通过考察指导案例应用现状,分析问题背后潜藏的原因,提出完善指导案例司法应用的意见建议。

一、法官案例研究与应用的认知与习惯

法官是司法活动的主导者,是案例的研究者与应用者。法官对案例研究与应用的意愿代表着案例的可接受度、法官的应用需求与偏好。与从"案例"的角度来研究分析指导性案例应用情况不同,本文从"法官"的角度,以法官对案例研究的基本认知和案例应用的具体习惯为坐标,检视指导性案例司法应用的真实图谱。为深入了解指导性案例应用现状,全面掌握审判实践中法官对案例的看法与态度,笔者在江苏省南京市两级法院范围内开展问卷调查,调查对象为处于审判一线的法官和部分辅助人员,最终收回有效问卷 906 份。

(一)对案例的认知状况

1.检索案例的动机

法官检索案例的动机在一定程度上反映了法官对案例价值功能的认知程度。调查显示,有 75.41%的人认为案例可以提供学习、领会及运用的裁判要旨,而有 46.96%的人认为案例提供了可供直接借鉴适用类似案例的裁判规则;有 60.5%的人认为案例可以帮助厘清案件和法律关系,有 59.76%的人认为案例可以帮助提升裁判文书说理能力,有 44.71%的人认为案例可以帮助提升综合素质能力(见图 1)。

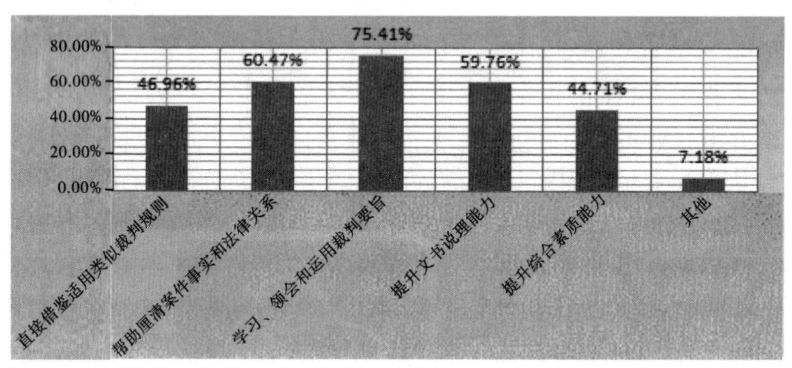

图 1　研究案例的目的

2.获取案例的途径

法官学习和了解案例的渠道比较多样化，当下通过“互联网＋”方式获取案例已成为主流，有78.46％的人主要采取此种方式，仍有45.40％的人采取传统手段检索案例，而有42.26％的人则采取两者相结合的方式检索案例(见图2)。进一步分析获取案例的具体途径，有64.84％的人通过中国司法案例网获取，分别有56.07％和52.92％的人通过法院内网系统和法信平台获取案例，有34.81％的人通过微信、百度搜索等获取案例，有24.77％的人通过“无讼”、威科先行等获取案例(见图3)。

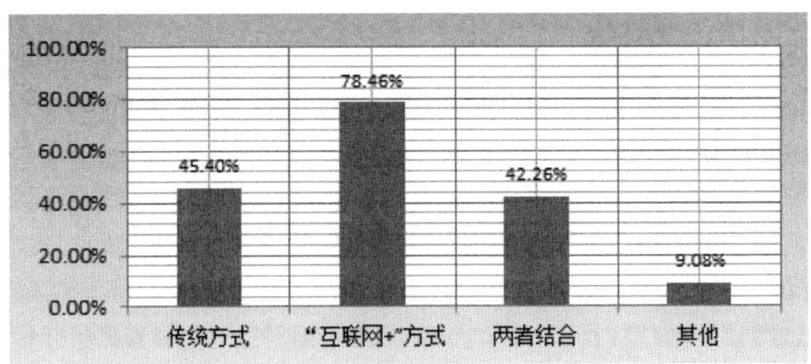

图2　获取案例的途径

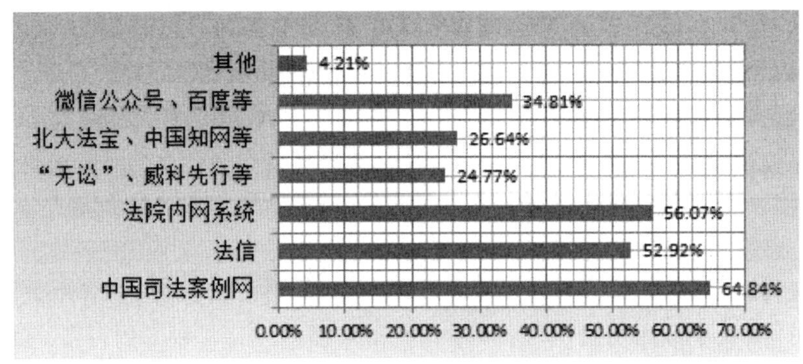

图3　获取案例的网络平台

(二)对案例的参考习惯

1.参考案例的习惯

通过调查发现，有97.20％的调查对象在审判过程中有参考判例的习惯，其中37.85%的人会经常参考案例,23.36%的人会偶尔参考案例,35.98%的人则是在审理较难把握的疑难案件时会查询类似的案例(见图4)。同时,进一步分析数据显示,99.72%的员额法官、96.50%的法官助理和93.55%的书记员均有参考案例的习惯。其中,有35.18%的员额法官、37.74%的法官助理和42.58%的书记员经常参考案例(见图5)。

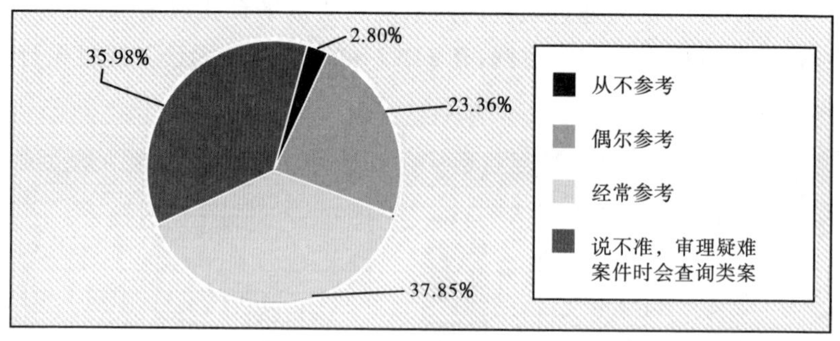

图4 审判过程中参考案例的习惯

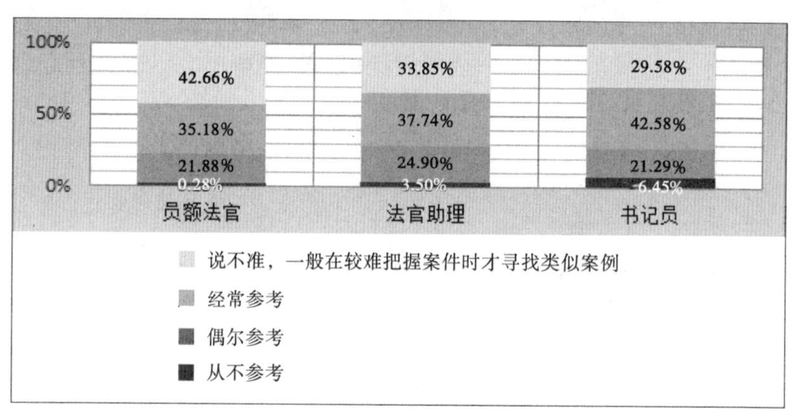

图5 员额法官、法官助理、书记员参考案例的习惯

2.参考案例的原因

法官参考案例的原因反映了法官对案例作用的重视程度。有78.57%的人是为了更加公平合理地办理案件,有59.22%的人是因为审理的案件存在法律法规、司法解释没有明确规定的情况,有48.50%的人是为了避免案件被发回重审或改判,有34.10%的人是因为指导性案例必须参照,有20.05%人是因为《最高

人民法院司法责任实施意见(试行)》(以下简称《实施意见》)明确提出了类案和关联案件检索的要求(见图 6)。

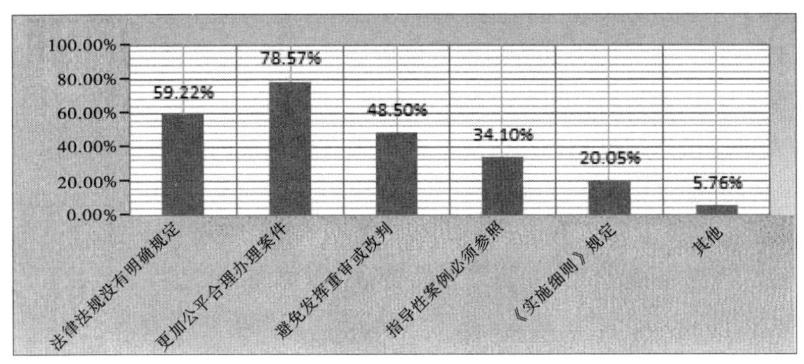

图 6 研究案例的原因

3.参考案例的方式

法官参考案例的方式是案例司法应用最直观的反映。通过调查发现,法官在案件审理中适用案例的具体方式也有很大的差异。有 82.44%的人自行查找案例并根据相关情况予以适用,有 58.14%的人主要将案例用于法官间探讨,有 45.58%的人适用于专业法官会议讨论,有 24.07%的人在案件提请审判委员会讨论时适用(见图 7)。

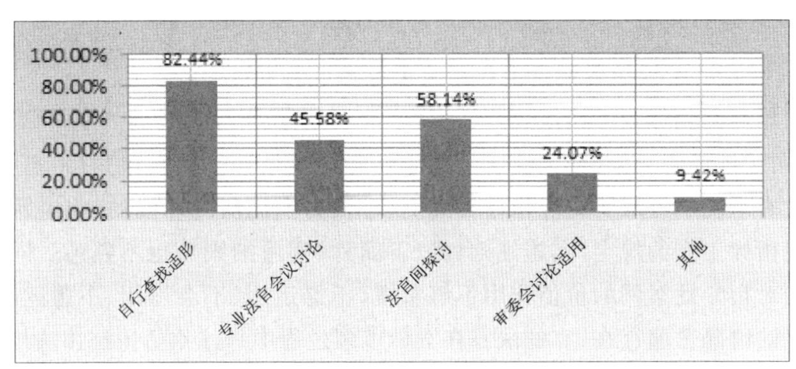

图 7 参考适用案例的具体方式

4.认为存在的问题

调查显示,有 68.50%的人认为缺乏高效智能的类似案例检索平台是法官从事案例研究的“拦路虎”,是制约案例研究工作最大的障碍,这暴露出法院在信息化建设中对法官案例研究需求的考量不足;有64.95%的人认为在司法责任制改革的背景下办案压力大,时间有限、精力不足在很大程度上制约了法官从事案例研究工作;有61.51%的人认为缺少案例研究的培训,法官没能掌握案例检索与识别区分的方法和技巧,进行案例研究的能力有待进一步提高;还有42.50%的人认为案例应用激励机制的不健全影响了法官从事案例研究(见图8)。

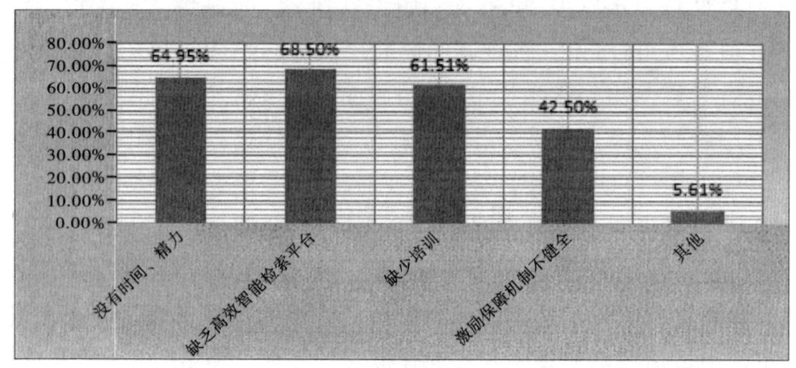

图8 认为案例研究与应用中存在哪些问题

二、当前指导性案例司法应用存在的问题与原因分析

(一)存在问题

1.认知上:指导性案例价值作用尚未得到足够重视

指导性案例体现了司法规律、总结了审判经验,指导性案例的发布弥补了成文法、司法解释的局限,增强法律的确定性和可预见性。目前,仍有相当一部分法官没有系统学习或研究过指导性案例,对最高人民法院印发的《规定》和《〈关于案例指导工作的规定〉实施细则》(以下简称《实施细则》)也不熟悉。同时,部分法官对指导性案例的价值作用不够重视,不愿运用、不会运用、不善运用指导性案例的情况普遍存在;有的法官在案件审理过程中只注重适用法律法规、司法解释,忽视了指导性案例“应当参照”的适用效力,法官自觉或有意识地主动适用指导性案例的习惯还没有养成;有的法官则是简单地理解“类案同判”,缺乏对指导性案例裁判规则和法治价值的宏观认识等。

2.应用上:指导性案例适用机制尚不规范

调查发现,[①]江苏法院从2011年第一批指导性案例发布至2019年3月,只有16篇文书中法官主动参照适用指导性案例,法官主动参展的积极性显然不高;一共有146篇文书中涉及指导性案例(见图9),25篇文书中参照了指导性案例,整体上指导性案例的适用率非常低,只有17.12%。从案例被适用的角度分析,在发布的112个指导性案例中,有19个指导性案例[②]在文书中被提及,但真正只有6个指导性案例[③]被参照适用(见图10),指导性案例应用率为5.36%,绝大部分指导性案例仍处于"沉睡状态";其中25篇被参照的文书中有16篇适用的是第24号指导性案例,占比64%,案例参照非常集中,存在适用严重不均衡的现象。

从"人"的角度进一步分析指导性案例的应用情况发现:法官在适用案例时随意性较大,不习惯于寻找与待决案件类似的指导性案例,忽视指导性案例的"应当参照"的效力,在检索的结果中法官主动提出适用指导性案例的仅占10.96%。无论是法官还是诉讼参与人,参照指导性案例的具体内容不规范,54篇文书中没有明确参照的具体内容,占比36.98%;45篇文书中提出参照"基本案情"或"裁判理由",占比30.82%;42篇文书中提出参照"裁判要点",占比28.76%;还有6篇文书提出参照"裁判思路",占比4.11%。在诉讼中,法官对诉讼参与人提出的应当参照适用指导性案例的诉求,一般不予回应,或是直接表示待决案件与所提出应当参照使用的指导性案件不属于类似案件而排除适用,检索结果中有102篇文书中法官未对诉讼参与人要求参照适用指导性案例作出回应,占比69.86%。法官参照适用指导性案例的方式同样不规范,参照的内容和具体表述方式,与《实施细则》中的有关规定不符,在参照适用的指导性案例的

① 调查方式:在中国裁判文书网上进行案例检索,将裁判日期设定为2011年12月20日(第一批指导性案例发布之日)至2019年3月31日(检索之日),以"指导性案例""指导案例"为关键词进行全文检索,录得江苏地区裁判文书198篇,除去其中不符合条件的文书,获得裁判文书146篇。

② 检索文书中提及的指导性案例分别为:指导性案例第1号、第8号、第9号、第15号、第17号、第22~26号、第34号、第41号、第54号、第57号、第60号、第72号、第74号、第77号、第91号。

③ 检索结果中被参照适用的指导性案例:指导性案例第17号、第23~25号、第34号、第54号。

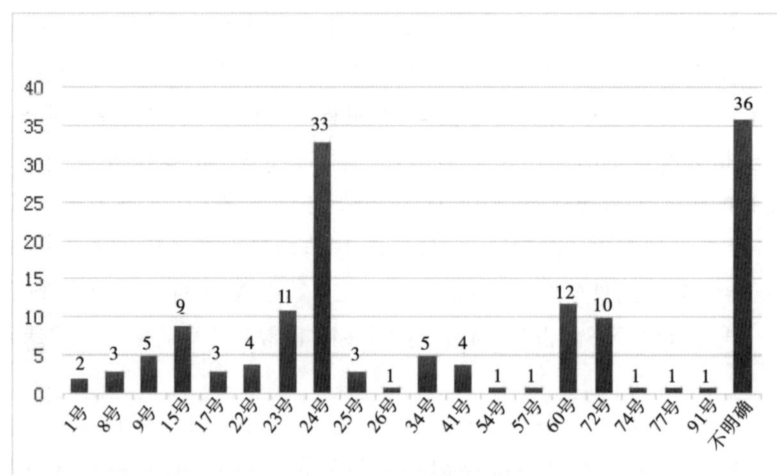

图 9　检索文书中涉及的指导性案例情况

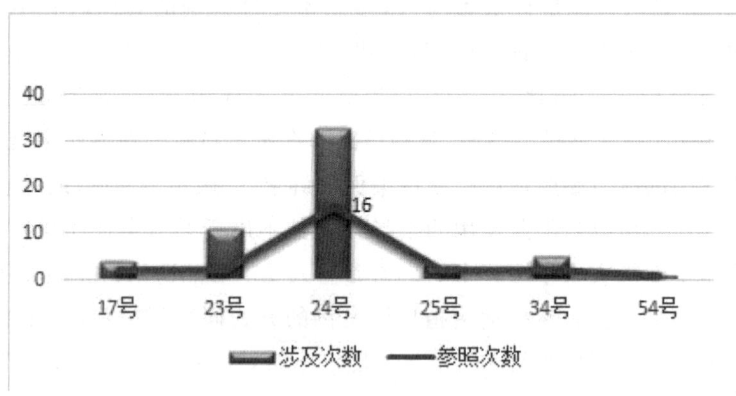

图 10　检索文书中涉及的指导性案例参照适用情况

25 篇文书中，16 篇援引归纳的裁判要点，占比 64%，7 篇援引的是裁判理由，占比 28%，还有 2 篇在裁判理由中参考了指导性案例的精神；同时在参照指导性案例的具体表述方面，有 13 篇文书同时载明“案例编号和裁判要点”，占比 52%，有 7 篇文书只载明“案例编号”或“裁判要点”，占比 28%。从整体上看规范化的指导性案例应用机制尚未形成。

3.保障上:指导性案例应用保障尚不健全

调查显示,缺乏高效智能的案例检索平台和人案矛盾加剧背景下法官时间不足、精力有限是影响指导性案例应用的重要原因。缺少高效便捷的案例检索、获取平台,很大程度上影响了法官案例研究与适用的积极性,法官很难从卷宗中脱身去寻找与待决案件类似的指导性案例,除了法官熟悉的案例外,无法保障已经发布的指导性案例均能得到应用。同时,虽然《实施细则》中规定指导性案例具有"应当参照"的效力,但是这种"效力"的内涵并不明确,实质上缺乏保障指导性案例应用的强制力,对法官背离指导性案例的裁判行为缺失强制措施,从而影响了指导性案例的应用实效。此外,法院对案例研究与应用的重视不够,针对法官案例检索、类案识别、案例研究等能力不足的情况,很少组织系统的培训,案例研究与应用培训长效机制没有形成,激励保障措施少且落实不到位。

(二)原因分析

1.指导性案例供给问题

一是指导性案例数量供给不足。虽然最高人民法院每年都会发布新的指导性案例,但是案例更新速度慢,部分案例生效时间较早,相较于各级法院每年受理的案件数量以及面临的海量疑难复杂问题而言,总基数很小无法形成规模效应,指导性案例能够为法官提供的裁判参照无疑是杯水车薪,案例供给不足无法满足法官的实际审判需求。诚然案例指导制度尚处于初级阶段,发展需要循序渐进的过程,但指导性案例发布"求稳求准"的策略,在很大程度上影响了案例的应用范围。

二是部分案例的规则供给缺乏。指导性案例的设立目的之一是增加规则的供给数量,缓解司法解释的制作压力。而指导性案例应用,能够有效地促进司法审判中法律适用水平的提高,尤其是能够有效地汇聚和运用法院整体智慧与经验,随机地解决各种疑难、复杂或新类型案例。[①] 就目前已经发布的112个指导性案例来看,相当一部分案例是对现有法律规定的重申,并不具有独立于现行法律和司法解释之外的重要价值,形成的裁判规则有限,有的案例更是简单总结归纳现有法律法规,并没有贡献新的裁判规则。

三是部分案例说服力不强。法官参考案例的目的是学习、研究和运用案例的裁判规则,帮助厘清案件的事实和法律关系以及增强裁判文书说理。但指导

① 顾培东:《判例的自发性运用现象的生成与效应》,载《法学研究》2018年第2期。

性案例的遴选程序与运作机制具有行政化特点,[①]最终发布的指导性案例都是经过自下而上的行政性遴选和精心编辑,发布的案例既没有详细的理解与适用说明,又没有提供完整的裁判文书,难免会遗漏部分重要事实和推理环节,造成某些案例逻辑论证不够严谨,致使案例本身的说服力不够强,法官的认同感不够高。正是通过案例中细致入微的背景裁量和事实解构,后案法官在参照时才能准确理解案例形成的心证过程。[②]

四是指导性案例效力有限。同英美法系和大陆法系不同,我国案例指导制度不是"判例法",不是法官造法,而是法官释法,实践中"指导案例规则只能作为一种非正式的法律渊源,而非司法解释的'零售',无法成为法律适用的大前提,仅在法律解释、事实认定方面提供一种直观的参照或具体的指引"[③],指导性案例仅具有事实上的约束力。根据最高人民法院《规定》,指导性案例具有"应当参照"的效力,同时根据《实施细则》的规定,应当参照"裁判要点"作出判决,但均未对没有参照应承担怎样的法律后果作出规定,故实质上拘束力不强。因为缺乏案例运用的强制力,导致指导性案例并不具备实质意义上的拘束力。虽然指导性案例制度建立后,最高人民法院为完善案例指导体系做了不少尝试,但是可以说收效不明显,突出表现在仍有不少其他案例冠以"指导"二字,违背了案例指导工作的有关精神。

五是案例编纂体系不完善。法官在司法实践中非常需要案例编撰有明确的分类以方便查询,而当前指导性案例按照批次混合发布,不区分法律领域、不区分法律问题。案例发布后,虽然也按照法律领域进行了分类汇编,但是就当前的案例汇编而言还不够精细,只是在一定程度上为法官检索案例提供了便利,但法官进行类案比较时仍耗时费力,无形中给法官进行案例研究带来困扰,影响了案例的应用价值。

2.法官理念与方法问题

一是法官重视程度不够。部分法官对指导性案例统一裁判标准、实现"类案

---

① 秦宗文:《案例指导制度的特色、难题与前景》,载《法制与社会发展》2012 年第 1 期。

② 马燕:《论我国一元多层级案例指导制度的构建——基于指导性案例司法应用困境的反思》,载《法学》2019 年第 1 期。

③ 谢春晖:《从"个案智慧"到"类案经验":指导案例裁判规则的发现及适用研究》,载《中山大学法律评论》第 16 卷第 2 辑。

同判"重要作用的认识不够，片面认为我国不是"判例法"国家，没有必要进行案例研究。部分法官虽然能够认识指导性案例应用在统一裁判标准方面的重要作用，但是在办案压力下没有更多时间和精力进行类案检索与比较，以至于无暇顾及指导性案例研究，也就无法保障指导性案例的应用。

二是法官受到裁判思维和习惯的束缚。我国法官裁判思维主要表现为"抽象→具体"式的演绎推理，习惯通过"规则加事实等于结论"的演绎逻辑对案件事实进行提炼判断，更倾向于通过法律条文来审理案件。而指导性案例的适用是个案到个案的类比推理，即"具体→抽象→具体"，这就造成指导性案例应用的类比式裁判思维与法官传统演绎推理式裁判思维的冲突。受限于所依赖的裁判思维和习惯，法官对于如何参照指导性案例以及怎样解释待决案件比较陌生，影响到指导性案例研究的应用效果。

三是对类案识别区分技术运用不熟。案件相似是适用指导性案例的前提条件。在司法实践中，一方面缺乏明确的类案判断和识别标准，裁判要点、法律适用、基本案情等均可被法官用作识别类案，"不确定待决案件与指导案例是否有相似性"成为案例适用中的难点，更成为阻碍指导性案例发展的一大障碍；另一方面，大部分法官未经过系统的案例识别、案例区分的训练，对基准案例的查找、推理方法的运用、类推风险的防范等方面也需进一步的学习和训练，[①]同时法院及法官恰也没有对案例识别和区分技术给予过多的关注，致使法官在案例识别、区分方面能力的欠缺或者技艺的生疏。法官案例应用的技能决定案例应用的效果，法官对类案识别区分技术一日不能熟练运用，指导性案例应用效果和发展前景就会一直受到影响。

3.保障制度配套问题

一是强制力严重缺乏。《实施细则》第 11 条[②]已经规定了法官的主动查询义务和强制回应机制，即在案件办理过程中承办人员应当查询相关指导性案例，

① 赵瑞罡、耿协阳:《指导性案例"适用难"的实证研究——以 261 份裁判文书为分析样本》，载《法学杂志》2016 年第 3 期。

② 最高人民法院《〈关于案例指导工作的规定〉实施细则》第 11 条:"在办理案件过程中，案件承办人员应当查询相关指导性案例。在裁判文书中引述相关指导性案例的，应在裁判理由部分引述指导性案例的编号和裁判要点。公诉机关、案件当事人及其辩护人、诉讼代理人引述指导性案例作为控(诉)辩理由的，案件承办人员应当在裁判理由中回应是否参照了该指导性案例并说明理由。"

并对公诉机关、当事人在案件审理过程中提出要求参照或不参照相关指导性案例进行裁判的观点进行强制回应。《实施意见》第 3 部分第 5 项专门规定了类案与关联案件检索,①明确了案件承办法官的类案和关联案件检索义务。然而在实践中,相关条文没有规定不履行类案和关联案件检索义务的法律后果,相关义务尚处于倡导性阶段,当法官不履行主动查询、检索义务,或者不予回应公诉机关、当事人诉求时不需要承当一定的不利后果,实质上对法官适用案例没有强制约束力。

二是考评激励机制不完善。虽然全国各地法院都将案例工作纳入考评体系,但是更侧重于对案例编报工作的考核,大多数法院的法官业绩考评体系没有指导性案例应用的任何体现,已经不再适应司法体制综合配套改革背景下的案例工作。有的地方法院规定,案例工作占审判绩效考核的一定权重,根据开展情况计算分值。但在实施过程中,因缺少类似"一票否决"制的规定,会存在部分法官直接放弃该项分值的情况。同时,关于案例工作的激励机制确需从顶层设计层面加以完善,因为存在部门激励机制无法得到有效执行的问题,很大程度上影响了法官援引适用案例的积极性。

三是高效便捷的类案检索推送渠道缺失。通过调查发现,约近 70%的人认为缺乏有效统一的类案查阅、检索渠道是制约案例应用的技术性难题。法官参照适用案例,是希望类似案例提炼的裁判要旨能为法官办案提供便利,帮助提升办案质效;而如果缺乏快速精准的检索渠道,在双重办案压力下,法官会因为检索的高成本而放弃应用指导性案例。在实践中,法官检索案例的渠道有中国裁判文书网、中国司法案例网、北大法宝数据库等,法官虽可以获取到指导性案例,但无法快捷地通过关键字判断待决案件与指导性案例的关联程度,无法满足法官的实际需求。

四是教育培训存在不足。前文述及,法官办案时的裁判思维与案例研究应具备的思维不同,从事案例研究需要法官具备类比推理和归纳推理的能力,同时法官普遍存在案例应用知识储备不足、案例识别区分技术不熟练的情况,这些知

① 《最高人民法院司法责任制实施意见(试行)》第 39 条:"承办法官在审理案件时,均应依托办案平台、档案系统、中国裁判文书网、法信、智审等,对本院已审结或正在审理的类案和关联案件进行全面检索,制作类案与关联案件检索报告。检索类案与关联案件有困难的,可交由审判管理办公室协同有关审判业务庭室、研究室及信息中心共同研究提出建议。"

识和技艺均可通过专门的培训来加强。虽然在实践中多数法院每年都会组织专门的司法案例工作培训，但是这些培训很少关注帮助法官提升案例识别区分技术，更多的是从案例编报的角度去提升法官培育案例的能力。此外，从笔者掌握的情况来看，虽然南京法院每年均会举办案例培训班，但是真正参与的一线法官不足参训人数的10%。法院举办的培训少、培训的缺乏针对性、法官参与度低均反映出法官教育培训需要加强。

三、指导性案例司法应用制度的完善与建议

(一)强制性的制度保障:提升法官的案例价值认知

1.强化指导性案例的效力

真正发挥案例指导功能，破解指导案例援引难题的关键在于保障指导案例的权威性，确认指导案例的“法源地位”①。通过对指导性案例效力的强化，让法官认识到指导性案例所具有的值得“参照”的价值，是引导法官主动援引、适用指导性案例，推动我国案例指导制度发展的重要前提。首先，加强案例编审工作，提高案例说服力。各级法院拟报送最高人民法院指导性案例的，先提交法官会议或审判委员会讨论通过，确保案例反映集体意志，代表法院或审判业务部门对特定法律问题的权威意见，必要时要征求上级法院审判业务部门的意见。其次，增加理解适用说明，提升案例的指导性。要提高指导案例的适用实效，必须进一步优化指导性案例的编写结构，增加裁判要点理解与适用等内容，以增强对指导案例的理解，更具针对性。目前发布的指导性案例仅有案例的正文，大都简洁明了便于阅读，但不利于准确、完整的理解案例，建议在指导性案例的正文后以附件形式添加该案例的完整文书和《案例理解与适用说明》。最后，明确案例的法源地位，提高案例拘束力。指导性案例与司法解释性质上类似，原则上也属于“辅助型的规范性法源”②。指导性案例的发布是为了填补法律法规、司法解释的不足，建议通过立法规定将指导性案例的效力上升到正式法源的地位，明确裁判文书中应当标明指导性案例的编号，阐述指导性案例的裁判要点、理由，援引

① 宋菲:《指导性案例运用的理据与要求——以指导性案例的功能为分析视角》,载《中南大学学报(社会科学版)》2018年第3期。

② 章程:《论指导性案例的法源地位与参照方式——从司法权核心功能与法系方法的融合出发》,载《交大法学》2018年第3期。

指导性案例作为裁判依据,[①]这样才能保证其起到与司法解释同样作用的效果,才能充分发挥指导性案例的规范、指导和引领作用。[②]

2.构建背离指导案例的责任追究机制

"应当参照"作为中国案例指导制度的先例原则,对于法官如何行为规定了一种强制性义务,即法官必须在相似案例中适用指导性案例,否则就是对这一义务的违反。[③] 目前,对于法官违背适用指导性案例裁判规则而作出错误裁判的行为缺乏一定的拘束。所以,应尽快建立违背指导性案例作出错误裁判的责任追究机制,明确背离指导性案例的法律后果,让法官认识到指导性案例所具有的"规制"价值。对于司法人员违反指导性案例的惩戒措施,需要与现行审判管理和惩戒机制进行衔接,尽量在现行法律框架内予以解决,主要思路是将指导性案例的适用情况与法官的目标管理考核挂钩。对于法官审理案件过程中违反指导性案例的情况,要区分不同的情况进行处理:对于裁判处理结果大体公正,只是没有充分注意指导性案例中的法律精神和原则的,可以由本级法院给予警示,列入目标管理考核项目;对于裁判处理结果不公正且没有注意指导性案例的,应当按照错案程序依法处理,并对相关人员进行一定的司法管理性的惩戒。对无正当理由违背相关指导性案例对类似案件作出不同裁判处理,造成严重负面影响的,依法依纪予以追责;当事人提出上诉或者申诉的,上级法院应依法对案件予以纠正。当然,司法活动所违反的"指导性案例"首先以不违背立法和司法解释为前提,与直接违反法律、司法解释的责任追究措施相比,其程序上要更加严格,惩戒力度上相应较弱。[④]

3.明确案例指导制度对审判监督的影响

我国案例指导制度存在一定的行政化色彩,指导性案例并非基于"审级监督"产生,而是由最高人民法院通过民主集中制的方式产生的。在这一运作机制下,指导性案例没有经过案例市场的竞争,既无法获得职业共同体的普遍认可,

---

① 胡云腾:《打造指导性案例的参照系》,载《法律适用(司法案例)》2018年第14期。

② 胡云腾:《关于参考指导性案例的几个问题》,载《人民法院报》2018年8月1日第5版。

③ 孙庆春:《最高人民法院指导性案例适用困境及出路——基于法官行为理论的分析》,载《西部法学评论》2018年第2期。

④ 陈灿平:《案例指导制度中操作性难点问题探讨》,载《法学杂志》2006年第3期。

也没有审级制度的支撑而获得制度上的权威性。[①] 英美法系判例的遵守依赖司法程序自然产生的规制力量和程序外的柔性约束机制，如司法人员违背判例，其承担"事"的柔性责任，如判决被撤销、个人声誉受到影响。[②] 借鉴这一规制方式，要从根本上改变案例指导制度运作的行政化逻辑，必须将案例指导制度与审判监督制度相衔接。即如果没有参照或者参照指导性案例不当，当事人可以就未适用或者适用指导性案例错误提出上诉或再审，上级法院也可以因为下级法院未适用或者适用指导性案例不当为由发回重审或者改判，检察院认为未参照指导性案例致使裁判错误的，可以据此提起抗诉。通过推动案例指导制度与审判监督制度的衔接，能够倒逼法官裁判时审慎对比待决案件与指导性案例的异同，提升法官对指导性案例重要价值的认识。

(二)激励性的机制保障：激发法官的案例研究热情

1.加强对指导性案例编报的激励

案例指导制度的运行需要广大司法人员的积极参与，其基本前提就是要有一定数量和较高质量的备选指导性案例。因此，应当建立完善的激励机制，最大限度地调动基层法院和广大法官的积极性。为调动全国法院、法官进行案例编选、推荐工作的主动性，最高人民法院专门制定《指导性案例入选证书颁发办法》，规定指导案例入选证书颁发对象为指导案例的案件裁判法院及其承办人、案例编写人、案例推荐建议人以及案例推荐单位。该办法明确向对案例指导工作做出贡献的单位和个人颁发证书，以资鼓励。同时，最高人民法院也将案例研究情况作为全国审判业务专家评选指标之一。[③] 此外，不少地方法院对指导性案例制定了考核激励措施，如江苏高院《关于加强案例指导工作的实施意见》中的相关规定。[④] 在实践中，要切实参照最高人民法院关于案例编报奖励机制的

---

① 王彬：《指导性案例的效力困境及其解决》，载《河南大学学报(社会科学版)》2017年第4期。

② 孙光宁：《案例指导的激励方式：从推荐到适用》，载《东方法学》2016年第3期。

③ 最高人民法院《关于开展第四届全国审判业务专家评选活动的通知》中参评条件第3条第(2)项之规定："在中文核心期刊发表法学论文不少于3篇(最高人民法院发布的指导性案例、《最高人民法院公报》刊载的案例及裁判文书、《人民司法·应用》刊载的论文、全国法院学术讨论会获二等奖以上的法学论文等视为中文核心期刊论文)。"

④ 江苏高院《关于加强案例指导工作的实施意见》第31条："案例被选作指导性案例发布的，给予报送法院或省法院审判部门记集体三等功，给予编报人员记个人二等功。"

精神,将案例编报情况与法官审判绩效奖金发放、法官入额遴选、晋职晋级直接挂钩,激励司法人员案例编报的积极性。

2.加强对指导性案例应用的激励

在案例指导制度的完善与发展过程中,需要有发展的眼光和更开阔的视野,需要采取一定的措施鼓励法官使用指导案例,呵护法官适用案例的积极性。[①]鉴于司法实践中指导性案例的援引率不高等问题,可以尝试通过制度激励降低法官参照和创制指导性案例的成本并提高其收益。一方面,可以通过探索增加案例参照适用在法官审判绩效考核中的权重,加大案例研究成果在法官业绩评价中的比重,例如将法官在审判活动中回应和参照指导性案例的情况作为考评审判质量的指标之一。另一方面,通过优化审判质效考核指标,降低调解率、上诉率等考核指标的权重,引导法官主动适用指导性案例,激励法官在裁判文书中充分运用指导性案例来增强裁判文书的说理论据,开展参照适用指导性案例示范文书评选活动、优秀案例检索报告评选活动等,改善指导性案例的应用效果。此外,可以强化对法官研究案例工作的经费支持、时间保障等,努力激发法官研习、运用、培育案例的积极性和创造力,推动形成法官"庭上审判案件,庭下研究案例"的良好局面。

(三)配套性的措施保障:塑造法官的案例应用习惯

1.完善类案与关联案件检索

加强类案指导不仅是统一法律适用、缓解"案多人少"矛盾的有效途径,更是充分发挥最高人民法院对下"软指导"的重要举措,最高人民法院 2018 年专门将统一法律适用作为一项重要课题研究,积极推动建立类案检索制度。[②]《实施意见》已经作出规定,法官审理案件时要对类案和关联案件进行全面检索,并制作检索报告,但法官如何去检索案例并制作检索报告,还需要各地法院去探索。因此,将类案强制检索报告制度确定为法官办案应当履行的裁判职责和义务,强制法官审理案件时去检索类案和关联案件是前提;完善类案和关联案件的检索方

---

① 张骐:《再论类似案件的判断与指导性案例的使用——以当代中国法官对指导性案例的使用经验为契机》,载《法制与社会发展》2015 年第 5 期。

② 罗坤、罗琳、谷媛睿:《积极完善类案指导制度 促进民商事案件裁判统一——司法责任制改革背景下的民商事类案指导学术研讨会综述》,载《人民法院报》2018 年 11 月 28 日第 7 版。

式，为法官提供便捷、高效的检索途径，是促成法官形成案例检索和应用习惯的重要保障。

第一，细化类案与关联案件检索的适用范围。建议将类案与关联案件检索适用范围限定为以下案件：涉及法律适用问题，但法律规定比较原则、不够具体，或者各方当事人诉请适用的法律规定存在冲突，或者在法律适用方面存在较大争议的案件；社会广泛关注、影响重大，需要兼顾法律效果和社会效果，可能对社会行为具有规范和导向作用的案件；新类型案件，需要适用新颁布、修改的法律、法规、立法解释和司法解释作出裁判的案件；合议庭、专业法官会议对裁判的基本思路分歧较大的案件；在案件审理过程中，公诉机关及诉讼参与人在庭审辩论终结前提出应当参照某一具体案例作出裁判的案件；法官在办理类案件时，其他法官已作出生效裁判的案件。第二，明确类案与关联案件的检索分析方法。《实施意见》中仅规定了类案与关联案件检索的平台或数据库，但没有规定具体的检索分析方法，在实际操作过程中需要对类案检索需求、关键词提取、案例选用、案例分析方法等涉及类案检索的技术性问题进一步明确。第三，规范类案与关联案件检索报告的制作样式。一般来说，一份完整的类案与关联案件检索报告至少包括案件由来及审理经过、检索平台（数据库）、检索过程记录、类案选取及比对过程、检索结论（参照适用类案的裁判要点或者排除适用类案的理由）等几个方面。

此外，要构建高效智能的案例检索平台，为法官案例检索提供快捷、高效、全面的检索途径。类案推送系统要满足快捷、方便、全面的要求，需要建立一个解决法律检索中发现的不同意见，继而更能显示共识机制。① 在“互联网＋”时代，信息技术手段为破解指导性案例应用困境提供了技术保障。结合大数据和人工智能等最新技术，优化案例检索手段，为法官利用案例数据资源和平台确保法律适用统一提供了技术便利。可以设置关键词检索、案由检索、相关法条检索、法律问题检索、案件审结法院检索等检索途径，实现检索手段的互联互通，运用网络爬虫技术，将相关联的指导案例与待决案件建立索引，智能推送指导性案例的裁判文书，最大限度降低检索成本，提高案例推送和类案识别的精确度，减轻法

① 罗坤、罗琳、谷媛睿：《积极完善类案指导制度 促进民商事案件裁判统一——司法责任制改革背景下的民商事类案指导学术研讨会综述》，载《人民法院报》2018年11月28日第7版。

官检索、查询、阅读、判断的工作量,方便法官对比适用。

2.落实指导性案例排除适用回应制度

在司法实践中,对于诉讼参与人等在提出要参照援引指导性案例的主张或抗辩时,法院如排除适用应给予积极的回应。一是庭审法庭辩护环节,法庭可给予双方当事人就是否参照适用相关指导案例辩论的机会。庭审过程中对案例的适用进行辩论,必然需要对待决案件的基本事实、争议焦点等关键要素进行重申与比对,这有助于法官理清案件事实。二是判决书中法官明确对排除适用相关指导案例作出回应,并详细阐述理由。要求法官在裁判文书中对当事人所引案例作出回应,这也就意味着要求法官对指导性案例在有分析研究的基础上作出判断,对于强化裁判说理、统一裁判标准都具有重要的意义。此外,要鼓励律师等诉讼参与人进行类案收集与研究,支持诉讼参与人向法院提供类似的案例。这样既能深挖社会司法潜能,减轻法官案例检索成本,又能倒逼法官对指导性案例进行研究与参照适用。

3.实行常态化的案例教育培训模式

案例应用的效果很大程度取决于法官案例研究的能力和水平,类案识别区分、案例运用技术等都是法官必备的司法技能。在实践中,法官的案例研究能力需要通过教育培训来巩固加强,如定期举办业务培训,并提高培训中案例教学的比重。各级法院应根据实际情况,制订详细的计划常态化地开展指导案例集中培训,通过邀请专家讲解指导性案例的生成机制、应用要点、援引方式等内容,教会法官如何高效便捷地获取案例、如何识别区分类似案例、如何正确规范引述指导性案例等,以帮助法官提升案例应用能力。但法院自身的力量毕竟有限,还可以通过法院与法学院校合作的方式,借助法学院校的师资力量,帮助提高法官案例研究能力。例如,建立案例研讨合作交流机制,法学院与法院定期开展不同主题的案例研讨会,或者以联合开展案例课题研究的方式将学术与实务相融合;建立院校人才交流机制,包括法官兼职法学院的实务课程教授,法学院教授赴法院挂职锻炼,法院与法学院合作建立研究生工作站为学生提供案件审判与案例研究平台,疑难案件审理增设专家咨询制度等。

结　语

案例指导制度实质上是一种法律适用机制,制定法的规定具有简洁性和抽象性,而案件事实却是具体和复杂的,案例实际上是将抽象的法律条文具体化的产物，从而帮助法官正确理解和适用法律，也可以通过具体个案演绎法律规范，有针对性地创造法律规则弥补制定法的漏洞，使法官在处理案件时有据可循。①司法责任制改革以来，过去院、庭长的案件审批模式取消，实行独任法官、合议庭办案责任制，审判权的运行更加符合司法规律，但也带来了放权与监督如何平衡的新问题，案例指导制度对于统一裁判尺度、规范法官自由裁量权、维护司法公信力的意义更加凸显。案例指导制度的功能价值能否最大化地实现，很大程度上取决于法官对案例的研究与应用情况。从法官对案例研究和应用的认知与习惯出发，能够从法官的角度去认清指导性案例应用的现状、发现指导性案例在具体适用过程中的问题以及分析客观问题背后的原因。从而着眼于制度构建，通过建立系统完善的强制性、激励性、配套性的保障制度，破除当前指导性案例参照适用不均衡、不规范等问题，鼓励、支持、引导、倒逼法官积极、主动地研究与应用案例，推动案例指导制度的变革与发展。

① 胡云腾、于同志：《案例指导制度若干重大疑难争议问题研究》，载《法学研究》2008年第6期。

司法责任制适用的主体范围研究
——兼论主审法官制的审判组织架构 *

高星阁 **

摘要:在新时期推行司法改革的过程中,首先必须明确司法责任制改革和主审法官制改革的互动机理:主审法官制改革是推行司法责任制改革的前提条件,而在主审法官制审判模式下,主审法官及其审判组织团队则应当成为司法责任制的当然适用主体。因此须以我国的诉讼传统为基础,从法院的审判组织架构上建立一个保障法官独立行使审判权的审判组织形式。在审判组织上明确主审法官与法官助理、书记员的内部权力关系架构,以及主审法官与行政领导、审判委员会之间的外部权力关系架构,从而建立起以主审法官为核心的法院内部权力运行机制,最终实现"由审理者裁判,裁判者负责"这一司法改革目标。

关键词:主审法官;司法改革;法官助理;书记员;监督制约

一、问题的提出:司法责任制与主审法官制的互动机理

司法责任制作为新一轮司法改革着重强调的关键性一环,同时也是落实"由审理者裁判,由裁判者负责"的重要制度,是司法责任制的主要体现,对本轮司法改革的成败起着重要的决定性作用。司法责任制是指司法责任承担主体基于其所肩负的司法职责,在履行职务时存在违法违纪行为而所应当承担的法律上的

* 本文系 2018 年度重庆市社会科学规划博士项目"对公法人民事执行责任财产范围研究"(项目编号:2018BS121)的阶段性成果。

** 作者系西南政法大学法学院讲师,西南政法大学人民法庭研究中心研究员,法学博士。

不利后果，它是一种法律责任，不同于道义责任、伦理责任以及政治责任等。① 从应然的角度来讲，主审法官承担的办案责任应当为司法责任，即错案责任，但是在现今的司法实践中，主审法官不但承担着司法责任，同时还承担着信访维稳责任、舆论平息责任、当事人人身安全保障责任等。而多元化的责任形态的现状源于法官的多元身份归属、法官所承担的规则之治与解决纠纷两种职责的背离、法官对事实认定权和法律适用权的垄断以及在法官业绩考核中设立的不合理考核指标等。② 在此背景下，党的十八大提出要“完善主审法官、合议庭办案责任制，让审理者裁判、由裁判者负责”，对此，有学者认为，本轮司法改革强调让法官依法独立行使职权称之为“还权”，即将司法权从原先的行政官员，如院长、审判委员会等的手里还给一线办案人员，并且落实司法责任制的前提是“还权”。③ 与此相适应，根据权责统一原则，“还权”的同时必然意味着“退责”，即将司法责任从原来的行政官员，甚至是法院这个集体手中退回给一线之办案人员，即主审法官、合议庭等。按照司法规律运行的一般逻辑，司法责任制运行的前提必须实现权责相统一，在真正落实“让审理者裁判，由审理者负责”这一司法改革目标的前提下才有司法责任制适用的可能性，而在其中，落实司法员额制，由主审法官依法独立行使审判权则是其中的关键。在保障主审法官依法独立行使审判权的前提下，主审法官以及相应的审判团队，则是司法责任制的当然适用主体。因此，本文拟从主审法官依法独立行使审判权为视角，通过对主审法官制视野下法院审判组织权力运行机制的考察，来进一步探讨司法责任制适用的主体范围，下面具体展开。

二、司法改革背景下的主审法官制

（一）主审法官制产生的历史维度考察

作为体现司法独立原则的主审法官制并不是此次司法改革中才出现的，其早在20世纪90年代末的法院司法改革历程中就已被提出。虽然主审法官制的

① 陈光中、王迎龙：《司法责任制若干问题探讨》，载《中国政法大学学报》2016年第2期。

② 祝文锋、刘国清：《把所有问题都自己扛——“还权”语境下主审法官办案责任透析》，载《第八届中部崛起法治论坛论文集》2015年10月19日。

③ 崔永东：《司法责任制的传统和现实》，载《人民法院报》2015年6月5日第5版。

审判模式产生由来已久,但是,鉴于我国传统司法体制发展的不完善,司法的行政化、非专业化、地方化的现象比较突出,加之不同地区法官的专业素质差异大等因素的制约,主审法官制并未得到全面的推行和实现。在传统的审判组织模式下,诸如判决书等裁判文书的签发都需要经过法院内部行政层级的层层审批后才可以送达给当事人,法官的审判权受到各方面的影响,干扰和影响裁判的现象普遍存在,主审法官的独立审判权受到极大的削弱。法官的不独立严重制约了案件的裁判质量,公正独立的审判不能得到很好的实现,不但严重损害了司法的权威,而且法官个人的职业荣誉感以及使命感被极大地削弱,最终损害的则是民众对公正司法和公平正义的期待,长此以往,将对社会自身健康有序的发展产生不良的影响。正是在此背景之下,在新时期党的十八届三中全会、四中全会以及作为其具体落实的人民法院"四五改革纲要"中均明确提出并重点强调了要"完善主审法官办案责任制",①这也是我国现阶段司法体制改革中顺应世界历史发展潮流,大力回应社会关切的重大举措。在司法改革的语境下,主审法官作为新型审判机构的核心,在主审法官制的审判模式下发挥着举足轻重的作用。主审法官制是在以主审法官为核心的审判团队模式配置下发挥团队的集体优势,因此,必须健全和完善主审法官制下的人员配置框架。主审法官制的运作样态是在由中立的法官遴选机构选任出主审法官的基础上,组成以主审法官为主体,法官助理和书记员为辅助的团队负责案件的办理。如果说独任制下的审判组织运行机制以"主审法官+法官助理+书记员"作为一个"单元"之模式运行的话,合议制下的审判组织运行机制则是以"单元+单元+单元"之模式进行展开的。因此,合议制作为审判组织运行的常态,在新时期司法改革的背景下,其审判组织架构仍需立足于独任制下的审判组织运行机制,以"主审法官+法官助理+书记员"作为基础的、纵向的制度架构作为根基,明确合议制与独任制在审判组织运行机制中的承继关系。该框架的设定立足于发挥主审法官在审判中的核心作用,法官助理和书记员积极辅助并承担相关职能,从而发挥以主审法官为核心的审判团队的独立行使审判权的职能建设,从而落实由"审理者裁判,裁判者负责"的司法体制改革目标。需要指出的是,在主审法官制视野下,为了使其

① 具体参见:《中国共产党第十八届中央委员会第三次全体会议公报》《中共中央关于全面推进依法治国若干重大问题的决定》《人民法院第四个五年改革纲要(2014—2018)》中有关司法体制改革的具体规定。

更好地发挥团队职能，依法独立裁判，主审法官与审判团队内部，以及其与法院内部审判委员会、行政领导之间的权力配置关系需要进行明确的梳理，通过分权与制衡，尽可能地减少影响主审法官独立裁判的制约因素。

（二）司法责任制背景下的主审法官制内涵解析

主审法官制在当下大力推进的司法体制改革的大背景下成了一个“炙手可热”的词。但是由于我国各地区司法实践的差异，有关主审法官制的内涵界定在不同的地区展现出了多元化的理解：主要集中在主审法官的选任条件及程序、审判案件的范围以及传统法院审判庭的建制的存废等问题上。但是，尽管存在差异，其基本的认知框架还是相同的，即主审法官是人民法院选任的优秀审判业务骨干人才；主审法官独任审判案件或者组成合议庭审理案件，主审法官直接签发裁判文书；主审法官承担其所主办案件的具体责任。① 在司法改革的语境下，主审法官作为审判的核心要素，对其内涵进行科学界定是研究主审法官制的逻辑起点，同时有助于主审法官制在全国的推行，但是考虑到我国各地区的司法实践以及人员配置等的差异性，对其内涵的界定不宜过于细致，从而避免将来推广适用过程中的机械性。因此，笔者认为，主审法官制的内涵是指由人民法院组成中立的机构依据正当的法律程序选任优秀的审判业务骨干作为主审法官，以其为主体组建专门的审判业务团队，负责具体案件的审理以及裁判，并独立承担责任的一种案件办理机制。同时，需要说明的是，在司法改革的背景下，主审法官制在不同的观点下也存在着不同的称谓，诸如法官选任制、审判长资格选任制、主审法官责任制等，在此必须予以辨明：在本文的语境下，主审法官制是指选定优秀审判人员充任主审法官之后，其在行使审判职能过程中的内部权力运行机制的构建，以实现司法独立，提高审判效力，促进公平正式的实现为目标。因此，如法官选任制、审判长资格选任制其内涵是不同于主审法官制的，②其侧重于主审法官（审判长）的选任程序及其资格设定，更多的是侧重于对“过滤阀门”的构建，主审法官制则侧重于在“过滤”后主审法官如何开展程序运作，依法独立行使审判权的问题。相比之下，主审法官制与主审法官责任制的内涵基本上是相一致的，两者都强调主审法官的权责一致，依法独立承担审理和裁判的职能，并独立对此承担相应的责任。从某种程度上来讲，主审法官制和主审法官责任制两者

① 梁平：《主审法官责任制论析》，载《山东社会科学》2015年第10期。

② 张永泉：《论主审法官制与法官选任制》，载《法学评论》2000年第6期。

之间是可以画等号的。

(三)以法官独立为核心的主审法官制的域外考察

前文已经指出,主审法官制根植于在世界各国范围内具有深远影响的司法独立原则所衍生出来的法官独立原则,法官的个人独立是保障主审法官制得以落地生根的重要保障。目前,世界上大多数的国家都在本国的宪法或者是法律中确立了法官独立审判的原则。

在英美法系国家,就美国来讲,为了保障法官的独立,其早在 1924 年美国律师协会就制定了《司法伦理规范》,在该规范的基础上 1972 年又修改形成了《司法行为规范》,后来经过多次修改,成为约束法官行为的基本职业准则。其第 1 条就规定了法官的实质独立:“对司法裁判的遵从或者对法院的服从有赖于公众对法官的操守和独立的信心。法官的操守和独立性最终依赖于他们无所畏惧或者不偏不倚的行为”[①];在英国,为了保障法官的独立,1701 年的《王位继承法》专门规定实行法官终身任职制和法定薪金制,确认法官只要有良好的行为便可以终身任职,从而使英国法官的独立获得了制度上的保障;在通过法律明文规定保障法官独立审判的基础之上,英美法系各国普遍建立了法院辅助人员诸如法官助理、书记官、登记官等审判辅助人员保障法官能够独立开展工作,提高审判质量和诉讼的效率。

在大陆法系国家,如德国 1949 年通过的《基本法》明确规定:“法官是独立的,只服从法律”[②];日本《宪法》第 67 条第 3 款规定:“所有法官以良心独立行使职权,只受本宪法和法律的约束”;而俄罗斯《联邦宪法》第 120 条规定:“法官是独立的,只服从宪法和本国法律”。可以看出,在大陆法系国家,其展现出与英美法系国家相比的共性:为了保障法官独立行使审判权,其均事先在宪法和法律层面规定了法官独立,为法官依法独立行使审判权提供了坚实的制度保障。同样不例外的是,为了更好地辅助法官依法独立行使审判权,其均依据本国或者地区的实际情况建立了与之相适应的人员辅助机制。以同样传承大陆法系的我国台

① 汤维建主编:《美国联邦民事司法制度与民事诉讼程序》,中国法制出版社 2001 年版,第 118 页。

② 具体内容参见 1949 年德国联邦议会通过的德国《基本法》第 92 条:“司法权赋予法官,由联邦宪法法院、本基本法规定的联邦法院和各州法院行使”;第 97 条第 1 款规定:“法官是独立的,只服从于法律”。

湾地区为例，除了主审法官之外，其同样设立了法官助理、书记官、司法事务官、录事、庭务员等职位来辅助法官处理审判过程中的诸多事项。例如司法事务官，其仅设立于地方法院，人数少于法官助理和书记官，地位仅次于法官，其职责为除了非审判核心事务或不涉身份关系、实体权利义务重大变动等非讼事务等，①以此来分担主审法官的压力，使其更加专注于审判事务。

三、主审法官制视野下审判组织的内部关系架构

本节论述的重点在于为了保障以主审法官为核心的审判团队依法独立行使审判权，在新时期司法改革中落实主审法官制而进行的制度构建中如何进行符合其制度设置目的的内部权力架构，为了更加方便的论述，本章从上文提到的主审法官与法院内部各个主体之间的关系的分析入手，以其权责分配为视角，构建保障主审法官依法独立行使审判权的内部权力架构，下面具体展开。

（一）主审法官和法官助理

有学者认为法官与法官助理既是“师徒式”的指导与服务关系，又是协作与监督关系；也有学者认为法官助理与法官是既相互配合，又相互监督的关系。②笔者赞同该定位。在以主审法官制为架构的新型审判团队中，主审法官和法官助理之间的定位应当立足于法官助理协助主审法官积极履行审判辅助事务，参与简易案件的审判工作，并协助起草裁判文书，作为主审法官的后备力量进行培养。特别是在现今法院员额制改革的背景之下，法官数量应有一定程度的减少，在案件数量不变的前提之下，要确保法院的审判工作不受影响，必须由主审法官的重要助手即法官助理承担审判工作中的诸多辅助性工作，作为主审法官办案的助手，在主审法官的指导下开展工作，接受主审法官的监督，向主审法官负责，使主审法官可以集中精力完成审判核心任务。现代司法理念下的法官助理制度产生于1882年的美国，经过近150多年的发展演变，从事实上讲，当今许多法治国家已经普遍实行了法官助理制度，只是称谓有所不同而已，例如英国称为主事法官、日本称为司法辅助官、法国称为准备程序法官等。我国自90年代即有很

---

① 陈徙云等：《法院人员分类管理改革研究》，法律出版社2004年版，第170页。

② 丛玉红：《“调解优先、调判结合”视野下的法官助理制度》，载《吉林广播电视大学学报》2010年第11期。

多学者从比较法层面开始对法官助理制度展开研究,至今仍是学界的热点之一。[①] 因此,科学地探索适合我国国情的法官助理制度,明确主审法官和法官助理之间的协作关系,对于更好地发挥主审法官制的优势具有重要的意义,特别是在法院员额制改革的背景下,法官"离职潮"的出现从某种程度上讲则是员额制改革后相当一部分法官被转为法官助理,这种落差以及对未来长期发展期望的渺茫成为其直接影响因素。因此,笔者认为,为了更好地健全法官助理的职能定位和发展定位,结合我国现阶段的国情,我们应当从以下两个阶段做起:

1.员额制背景下的过渡时期

在员额制背景下,鉴于我国现阶段的司法实践,通过主审法官遴选制淘汰下来的"前法官"或者助理审判员可以充实到法官助理的序列之中,除此之外,可以由法院向全社会招录法学专业毕业生,具有学士以上学位,并通过司法资格考试的人员作为"新鲜血液"充实到法官助理的队伍之中。在这一过渡阶段,从短期来讲,为了使其更好地履行职能,首先,我们必须明确其地位:赋予其"准法官"的地位,在主审法官为主导的审判团队中,明确其高于书记员,略低于主审法官的地位,提高其职业荣誉感。其次,从其职能行使上来讲,除了辅助主审法官处理审判工作中的程序性和辅助性的事务之外,对于一些案情简单、争议不大、案件标的额不高的案件,在征得主审法官的同意下,可以由法官助理独立审判,裁判结果应当经过主审法官同意。这样一方面可以通过赋予其"准法官"的地位提高其荣誉感和使命感,激励其积极主动地履行本职工作,充实自己的职业生涯,为其将来长远的发展奠定审判经验;另一方面,可以减轻主审法官的审判压力,使其可以更加专注于审判核心事务,做好审判工作。最后,需要明确法官助理的辅助事项范围,使其权责一致,但目前来讲,法官助理的身份却始终未得到法律的确认,而且在多年以来全国多地法院推行法官助理制度改革的大背景下,法官助理的具体职能设定出现了不同的解读。[②] 最高人民法官根据各地区的实践,其曾在《人民法院法官助理管理办法(征求意见稿)》中将法官助理的职责规定为

① 刘学军:《澳门司法辅助人员制度对内地法院书记员队伍建设的启示》,载《文史博览》2013 年第 1 期。

② 陈徉云等:《法院人员分类管理改革研究》,法律出版社 2004 年版,第 274~275 页。

12 个方面[①]，其主要关注的重点在于法官助理的辅助性事项方面；而在随后中组部、最高人民法院的《人民法院工作人员分类管理制度改革意见》中则进行确认性地规定："法官助理在法官指导下，行使审查诉讼资料、组织庭前证据交换、接待案件诉讼参与人、准备与案件审理相关的参考资料、协助法官进行调解、草拟法律文书等职责。"从中可以看出，法官助理在职责的划定中更加注重主审法官在审判中的辅助性事项方面，其履行职责所需的法律专业化程度更高。但是，在本次司法改革的背景下，法官助理不仅仅能够履行审判辅助事项，通过赋予主审法官自主权，使其参与到简单案件的审判工作中，通过对核心审判工作事项的参与，能够更好地激励其主观能动性，增强其荣誉感，使其更好地履行使命。这是在我国现在推行的员额制的司法改革背景下，为了更好地发挥主审法官制的审判模式所必由的过渡手段之一，这也是在我国现阶段司法体制改革中人员分流的必然举措之一。

2.推行员额制的必由之路

从主审法官制背景下法官助理制度的长期改革目标来看，为了兼顾在员额制背景下法官助理的职能定位问题，同时为了给新时期法官助理在未来职业生涯中更为清晰的目标界定，给未来主审法官的选任途径提供更为广阔的平台，在司法体制改革的背景下，我们有必要敞开法官助理通过努力晋升主审法官的"大门"，为法官助理长期的职业规划提供长远的蓝图。具体来讲，在兼顾我国现阶段审判实践的背景之下，应当明确在尊重前文所明确的法官助理可以参与到审判核心工作，对案情简单、争讼不大的案件具有在主审法官辅助下的独立审判权的背景之下，赋予法官助理在经过锻炼和考核之后晋升主审法官的资质。具体来讲，在现行司法体制改革背景下，法官助理在主审法官的指导下，一方面可以对整个审判团队所承担的审判辅助事项有更加直观深入的了解；另一方面，可以

① 根据《人民法院法官助理管理办法(征求意见稿)》的规定，法官助理的具体职责包含以下 12 个方面："1.审查诉讼资料，提出诉讼争执要点，归纳、摘录证据；2.庭前组织证据交换；3.代表法官主持庭前调解，达成调解协议的，须经法官审核确认；4.办理承担法律援助义务的律师担任辩护人或者指定法定代理人代为诉讼的有关事宜；5.接待案件当事人、代理人、辩护人的来访和查阅案卷材料；6.依法调查收集、核对相关证据；7.办理委托鉴定、评估、审计等事宜；8.协助法官采取诉讼保全措施；9.准备与案件审理相关的参考资料；10.办理案件管理的有关事务；11.根据法官的授意草拟法律文书；12.完成法官交办的其他与审判业务相关的辅助性工作。"

协助主审法官对案情简单、争讼不大的案件依法独任审理,积攒审判经验,从量变到质变,为将来主审法官出现空缺时,提供高质量的储备力量。这一方面扩充了主审法官的选任渠道,使其更加科学地适应我国现阶段的审判实践,从另一个方面来讲,为法官助理的职业生涯提供了一个更为长远的职业生涯规划目标,使其更加专注于其日常本职工作,激励其更加努力,而不是简单的消极止步于现阶段的本职工作。需要明确的是,在明确了法官助理的长期职业规划可以依法取得主审法官资格的渠道背景之下,为了严格规范主审法官的质量和数量,我们必须依法进一步明确主审法官的选任资格,为优秀的法官助理留下充足的晋升空间,同时优胜劣汰,对于不符合条件的法官助理,依法排除在主审法官的选人资格之外,这样才能尽最大可能地在保障主审法官任职资格的同时,为新形势下法官助理的长期职业规划提供一个更可预期,有明确期待性的晋升机制,使其更加专注于审判事务,履行好其本职工作。

(二)主审法官和书记员

长期以来,在我国各地区的司法实践中,由于忽视书记员工作的专业性和独立性,传统的由"书记员—助理审判员—审判员"的职业生涯晋升模式使人们对书记员的角色定位存在误区,同时也造成了书记员与法官的录用标准混同、法官队伍膨胀、审书比例失调的现状。[①] 在主审法官制的背景下,书记员作为"主审法官+法官助理+书记员"的审判团队模式配置中的重要角色,承担着辅助主审法官和法官助理更好地履行审判工作,控制审判流程,完善庭审职能,沟通和协调主审法官和法官助理的职能行使的重要角色,我们必须在"返本归元",重新认识书记员的职能定位的前提下,更多地通过建立具有单独职务序列并具有晋升机制的书记员管理体制来解决长久以来存在的书记员队伍定位尴尬,身份关系复杂所导致的高流动性的现状。具体从以下几个方面展开:

1.主审法官制背景下书记员管理体制改革背景

在我国传统的法院队伍中,从书记员的来源上,书记员主要由公务员、政府雇员、合同工和劳务派遣人员等组成。在这种复杂的背景之下,不同身份背景的公务员面临着"同工不同酬"的问题,而很多不具有公务员身份的书记员往往不安心于本职工作,对于聘任制下的书记员来讲,其职业生涯中一般没有将书记员作为终身职业的志向,而仅仅将其作为暂时性的谋生或者待业之所,很多书记员

---

① 徐前飞:《闲话书记员那点事儿》,载《人民法院报》2015年11月19日第5版。

在履行本职工作的过程中，一门心思地为公务员考试、司法考试等做各种准备，一旦时机成熟，就通过公务员考试进入公务员序列或者直接转行为律师、法律顾问等。而从定位上来讲，在传统的“书记员—助理审判员—审判员”的职业生涯发展模式来看，符合上述条件的书记员的职业规划目标不是如何做好本职工作，而是希望尽可能快速的转岗成为法官，因此，从我国目前的公务员队伍的发展来看，其人员流动性频繁，缺乏稳定性，这一切都影响了审判工作持续高效高质量的进行。因此，在主审法官制的改革背景下，作为重要的制度配套，书记官管理制度改革也势必同步开展。

2.明确书记员在主审法官制模式下的职能定位

主审法官与书记员的关系，准确来讲，应类似于医生和护士之间的关系。书记员本身应当明确其仅仅属于审判辅助性的工作岗位，其应有自己的长远职业规划，而不宜成为法官的后备力量，也不能定性为作为法官的必须经历，特别是在主审法官制的背景下更是如此，这也是由书记员职业所具有的独立性、技术性的特征所决定的。比如，在江苏省法院书记员管理体制改革中就对书记员的专业性和技术性提出了明确的要求，如“能够准确掌握相关法律专业术语；能够以听打不低于150字/分钟的速度、不低于95%的准确率进行记录；能够熟练掌握口语信息的提炼知识、标点符号知识、打印设备等的调试知识等”。此外，就书记员的职责来讲，根据最高人民法院《人民法院书记员管理办法（试行）》①以及中组部、最高人民法院《人民法院工作人员分类管理制度改革意见》的规定，书记员的主要职责集中在对案件审判全过程的相关记录以及整理、装订和统计等工作。可以看出，做好书记员工作的关键在于娴熟的速录和归档技能，而不仅仅是法律专业知识背景的深厚与否。因此，在改革背景下，我们必须首先明确书记员岗位的具体工作职责，做到权责相一致；其次，明确其定位，理顺其与主审法官的关系，使其更加专注于审判流程中的事务性工作，辅助主审法官更高效地进行审判流程的管理，推动审判工作的持续高效进行。

3.建立具有单独序列并具有晋升机制的书记员队伍

在域外国家及地区，书记员的主要职责在于“辅助”，即通过相关辅助性工作

① 《人民法院书记员管理办法（试行）》中规定，书记员的职责主要包括：“1.办理庭前准备过程中的事务性工作；2.检查开庭时诉讼参与人的出庭情况，宣布法庭纪律；3.担任案件审理过程中的记录工作；4.整理、装订、归档案卷材料；5.完成法官交办的其他事务性工作。”

的提供,一方面要保障主审法官全身心地投入审判核心事务中,另一方面也要在此基础上保障整个法院诉讼审判活动的有序进行。此外,书记员职业作为一种独立的、不可替代的职业,其具有与主审法官不同的职业生涯规划,其中不仅规定了书记员按照公务员进行管理的体制,有的还规定了书记员的晋升机制,这值得我国在本次司法改革的背景下予以参照和借鉴。

第一,构建书记员的单独职务序列制度。在英美法系国家,书记员偏向于行政助理的职能,在法院内部也存在书记员部门负责下级法院中书记员的聘任考核,对书记员有系统的管理体制。鉴于我国目前书记员管理体制混乱的现状,我国也应当建立具有单独序列的书记员管理体制:首先,需对书记员施行单独的招录程序,根据其岗位要求和职能设计,设定针对性的招录条件;其次,原则上,书记员职业具有终身性,具体来讲,其终身制指的是书记员职业本身的独立性和专业性,即其在任期之内需专注于本职工作,而不得随便转岗和换岗;最后,需建立书记员岗位的专项编制,保证专项专用。通过确定书记员的编制,保证书记员的编制不被随便占用,是保障书记员队伍稳定性的重要保障。

第二,建立书记员单独职务序列下的晋升机制。在建立了书记员单独职务序列之后,我们有必要建立起在单独职务序列之下的晋升机制,为其职业生涯提供长远的规划,激发起工作积极性和使命感。因为在传统的聘任制书记员背景下,由于其既不是公务员身份,也没有法院工作人员的固定编制,实际上就是一个编外角色,故无法获得所谓科级、处级等职级调整的机会和可能,不能调动聘任制书记员的工作积极性,更加不能稳定书记员队伍。[①] 因此我们必须在书记员单独序列制之下,根据书记员职业的自身特点,设立专门的技术等级和职务制度,根据其各自的工作能力和记录的熟练程度,将其分为不同的等级,在保障其初始待遇一致的前提下,实行工资等级制和良性竞争机制,促使书记员在其职业生涯发展序列中,依靠自身努力,通过工作业绩逐步发展和提升,最终通过职业化来从制度设计上实现书记员职业群体的稳定性和荣誉感。比如,根据《江苏省法院系统书记员岗位登记培训考核办法(试行)》之规定:"全省法院书记员实行分级管理,岗位等级实行初级、中级、高级三个等级,同一等级内分为三等、二等、一等三个等次。高级书记员年满一定年限,工作表现优异的,可以申报特级书记员。特级书记员、高级书记员岗位总量比例原则上不超过 25%,特级书记员比

① 朱苏力:《论法院的审判职能与行政管理》,载《中外法学》1999 年第 5 期。

例原则上不超过5%。同意岗位等级内,满两年且每年度考核均合格以上的书记员正常晋升一个登记,初级、中级书记员连续从事本职工作满五年以上,近三年年度考核合格,达到标准学时数并取得结业证书的,可以晋升上一等级书记员;其同时对书记员的培训和考核进行了明确的规定。"[①]通过对书记员晋升机制的明确,以及对其各等级的任职条件及薪资薪酬等配套的规定,将书记员岗位实行从低到高的梯次配置,以此来调动书记员队伍的从业积极性和使命感,增强其职业的荣誉感和归属感,促使法院系统中书记员职业群体的稳定和健康发展。

四、主审法官制视野下审判组织外部权力关系架构

(一)主审法官和行政领导

我国法院权力结构呈现二元性,即审判权与行政管理权并行。院长、庭长等行政领导在行使行政管理权的过程中很可能与法院的审判工作有所交叉、混合,甚至与司法权的行使发生冲突并影响到司法权的行使。虽然法院内部的行政管理对法院的审判权运行会产生某种甚至是重大影响,但是长期以来,在传统的规范性法学研究中,这个问题一直没有得到重视,特别是在中国。[②] 因此,在此次主审法官制改革的背景下,理顺主审法官和以院长、庭长等为代表的行政领导之间的关系就很有必要,这关系到主审法官审判权行使过程中的独立性和权威性。最高人民法院在《关于全面深化人民法院改革的意见》中具体规定了院长、庭长等行政领导行使审判管理权的界限,以及其行使的方式、责任和程序。在此基础之上,关于作为审判权行使主体的主审法官和院长、庭长等行政领导之间的权责关系,需要进一步明确:

第一,明确院长、庭长司法行政管理权的具体内容和行使方式。院长、庭长司法行政管理权具体可以分为审判管理权、党务管理权以及行政管理权,从职能设置上讲,审判管理权则是其中的重点。而随着法院内部审判管理部门职能的全面建立,法院的审判管理权应当由审判管理部门集中行使。伴随着法院的司法行政管理权和案件审判权相分离的改革目标的逐渐落实,院长、庭长等行政领导的行政管理权相应的也应当同步剥离出来,并由专门的行政管理人员行使,而院长则不承担具体的管理权责,只作为核心决策层的一分子参与其中。相应的,

① 马献钊:《何谓员额法官》,载《河南法制报》2015年7月6日第11版。

② 朱苏力:《论法院的审判职能与行政管理》,载《中外法学》1999年第5期。

法院的党务管理权亦应当依此原理确定。①

第二,逐步实现院长、庭长担任主审法官的制度。在我国现阶段的法院组织架构中,法院的院长、庭长一般来讲是审判经验相对比较丰富、审判技能相对高超、法律素养相对较高的资深法官,在主审法官制的背景下,由其担任主审法官,参与到一线的审判工作之中,不但有利于高效整合稀缺的高质量审判资源,而且由院长等行政领导直接行使审判管理以及监督等职权,不但有利于减少法院司法行政管理的成本,而且能够提高管理和监督的效率。

第三,明确院长、庭长等行政领导行使审判监督权的具体程序和责任。庭长行使审判监督权主要是通过主审法官联席会议进行的,而院长行使审判监督权的渠道包括专业法官会议和审判委员会,除此法定渠道外,院长、庭长等行政领导不能对主审法官、合议庭审理的案件行使监督权;②赋予主审法官对裁判文书的最终签发权,以彰显其独立性。因此我们需要改变院长、庭长对裁判文书的签发制度这一传统做法,由主审法官、合议庭行使裁判文书的最终签发权,这也是对主审法官制视野下的合议庭审判模式改革的核心内容。

(二)主审法官和审判委员会

按照我国的司法传统,在我国目前的案件讨论制度中,一般包括庭内研究案件制度以及审判委员会讨论案件制度。对于某些重大、疑难复杂的案件,在法院的合议庭不能作出裁判时,将案件存在的争点交由审判委员会中具有资深审判经验的法官通过集体智慧进行论证,通常是司法实践中法官回避责任、进行自我保护的一种方式。但是,按照现行审判委员会的组织架构,其成员基本上都是按照法院的司法行政序列进行任命的,而其中部分审判委员会委员并不具备相应的审判经验,对其中专业的法律问题难以发表具有建设性的意见;此外,仍有部分审判委员会委员基于特定原因可能已多年不办理案件或者由于专业性限制只办理特定方向的案件,而对其他领域中的专业性案件,其可能对现行的法律和司法解释不熟悉和不了解;实践中仍可能存在部分审判委员会委员出于某种利益而偏向案件的某一方当事人的情况。③ 结合我国目前的司法实践来讲,审判委

① 马献钊:《何谓主审法官》,载《河南法制报》2015 年 7 月 6 日第 11 版。

② 马献钊:《何谓主审法官》,载《河南法制报》2015 年 7 月 6 日第 11 版。

③ 李丽媛:《法院内部法官独立的制度构建——以试点中的“主审法官制”为基础》,载《三江高教》2014 年第 4 期。

员会的存在的确有其必要性，但是，在司法改革的背景之下，审判委员会制度必须随着主审法官制的确立而进行相应的制度改革。一方面，是为了消除其长久以来存在的“沉疴”；另一方面，与主审法官制形成更好的制度契合，使两者的制度效应最大化。具体来讲，主要包含以下几个方面：

第一，建立以主审法官为主体的审判委员会。消除传统审判委员会组成人员中一些不具备相应的知识背景或者长期脱离司法第一线的人员，将具有丰富办案经验的主审法官充实到审判委员会中来，逐步形成以主审法官为主体的专业性案件咨询和决策机构，使审判委员会的意见尊重司法规律，提高其建议的质量。

第二，逐步形成主审法官为主导的审判委员会讨论制度。某一案件确是疑难复杂，需要提交审判委员会讨论的，可以由主审法官发出申请，经批准并召开审判委员会议时，逐步形成审理该案件的主审法官参与并主持审判委员会的讨论，使其能够充分表达其经过亲自审理该案件之后的相关意见和看法，引领审判委员会成员深入案件事实之中，在还原案件事实和正确使用法律时能够充分发挥其主观能动性，表达其观点并提供相关的意见和建议，供审判委员会在讨论时进行参照，尽最大可能地落实“由审理者裁判”这一制度改革目标。

第三，明确主审法官和审判委员会之间的关系。即在落实“由审理者裁判，由裁判者负责”这一主审法官制的制度改革目标的过程中，为了依法保障主审法官独立行使审判权，在出现由主审法官负责审理的重大疑难案件需要提交审判委员会讨论决定时，在审判委员会讨论中，在充分保障主审法官参与并充分表达观点和意见的前提下，还必须明确主审法官的意见和建议应作为审判委员会讨论并作出决定的重要参考依据之一，以最大限度地尊重其独立审判权。换言之，在设置审判委员会的背景下，为了落实主审法官制的制度改革的精髓，即保障主审法官依法独立行使审判权，我们在将具有重大疑难性质的案件是否决定提交审判委员会时赋予主审法官自由选择权，以尽力排除案件性质本身之外的干扰因素；此外，在主审法官将案件提交至审判委员会讨论时，一方面不仅要保障主审法官参与审判委员会讨论并充分表达意见和建议的权利，另一方面在审判委员会经过讨论并作出决定时，将主审法官的意见和建议作为重要的参考因素，并指明是否采纳其意见的理由，以此来尽最大可能地尊重主审法官的独立裁判的权利，实现主审法官制和审判委员会制度在中国语境下的最优契合，从而开创我国司法工作的新局面。

比较法研究

法国民事诉权研究

吴沣桦*

摘要：在法国法中，民事诉权是一种主张的实体理由能为法官所听审以便法官裁判的程序性主观权利。诉权的享有需要满足一定的要件，如诉的利益、诉的资格、不存在既判事项等，对不享有诉权的主体提出的主张不予受理。当存在无诉权的理由时，当事人可以提出不予受理抗辩，在某些情况下，法官可依职权宣告不予受理。法国民事诉权的特点在于体现了实体与程序、制度与理论以及理论与实践之间的紧密关系。在全面推进依法治国的背景下，对民事诉权的研究应当更具体系性和实用性。法国民事诉讼法在诉权这一命题上积累了丰富的理论与实践经验，对法国经验的学习和借鉴有助于拓展我国理论研究的视野。

关键词：诉权；诉的利益；诉的资格

在大陆法系民事诉讼法学中，诉权是一个居于重要地位的概念，它是民事诉讼法得以自成体系的基石。正是因为诉权理论的产生和发展，才有了民事诉讼法与民法的分离与独立。[①] 我国民事诉讼法学界也一向把诉权视作我国民事诉讼基础理论不可或缺的组成部分，[②]但对民事诉权理论的研究始终没有形成一套规范的理论体系。[③] 这种理论研究的现状大大削弱了民事诉权的功能性，民

---

* 作者系清华大学法学院2016级民事诉讼法专业博士研究生。

① 王锡三：《近代诉权理论的探讨》，载《现代法学》1989年第6期。

② 江伟、单国军：《关于诉权的若干问题的研究》，载《诉讼法论丛（第1卷）》，法律出版社1998年版。

③ 巢志雄：《民事诉权合同研究》，载《法学家》2017年第1期。

事诉讼的制度设计和民事司法实践无法从中获得理论支持。党在十八届四中全会上通过的《中共中央关于全面推进依法治国若干重大问题的决定》(以下简称《决定》)中提出了改革法院案件受理制度,保障当事人诉权,全面贯彻证据裁判规则,保证庭审在保护诉权中发挥决定性作用。《决定》中的要求强调了诉权保障的重要性,而诉权保障机制的建构与完善则对我国的民事诉权理论研究提出了更高的要求,民事诉权不应再是"休眠中"的理论,而应是一个具有规范体系,且具有实用性的,能够指导立法和司法实践的理论。

因受到苏联诉权学说的影响,我国的诉权理论研究在初期便脱离了大陆法系民事诉权的理论轨道。① 在摆脱了苏联民事诉讼法学理论的长期桎梏后,我国学界虽然续接了与大陆法系法学理论的联系,但是对法国的民事诉权理论仍然比较陌生。相较于大陆法系的其他代表性国家,法国法中的民事诉权颇具特色。法国新民事诉讼法典直接定义了诉权的概念,并且规定了诉权的要件和不具备诉权的后果,使诉权理论得以制度化并付诸司法实践。由于诉权理论是法国诉讼法思想长期发展变化的结果,法国学者也非常重视对诉权的研究。可以说,法国民事诉讼法在诉权这一命题上积累了丰富的理论和实践经验,对法国经验的学习和借鉴有助于拓展我国理论研究的视野。因此,本文将围绕着法国民事诉权的基本内容——诉权的概念、分类和要件,对其展开初步的论述。

一、法国诉权的概念

诉权制度是法国新民事诉讼法典在现代性上的重要体现,这是因为法国传统理论对于实体权利(*le droit*)和诉权(*l'action*)是不加以明确区分的,诉权并不具有概念上的自主性。关于什么是诉权,传统理论有两种主要观点。第一种观点是德蒙隆博(Demolombe)关于诉权的著名论断:"诉权就是运动中的权利,是行动状态而不是休息状态的权利,是战争状态而不是和平状态的权利。"②这种观点完全混同了诉权与实体权利。而第二种观点虽然将诉权与实体权利加以区分,但是仍然在一定程度上混淆了两者。例如,格拉松(Glasson)虽然将诉权定义为任何人都享有的,在司法上要求得到属于他的东西,或他应当得到的东西

① 张卫平:《民事诉讼法》,法律出版社 2016 年版,第 180 页。

② Voir. C. Demolombe, *Cours de Code Napoléon*, t. 1, Vol. 9, 3e édition, 1866, n° 338.

的权利，但是他仍然认为诉权以实体权利的存在为前提，任何诉权与其维护的实体权利都存在牢不可破的联系。①

这种混淆诉权与实体权利的传统理论无疑是值得商榷的。首先，完全混同实体权利与诉权会引导出一个循环论证。依据德蒙隆博的理论，诉权只是实体权利的一种形态，起诉只能针对自己享有的权利，那么必须已经享有一项权利才能够请求法官判断是否享有该项权利，即为了提出问题必须预先知道问题的答案。② 其次，传统理论暗含“无实体权利则无诉权”这样的结论，这会导致一个悖论。在诉讼中，当事人提出的主张因实体依据不足而被驳回时，说明其不享有权利，但是当事人提出的主张已被法院判决，又说明其享有诉权。③ 最后，诉权与实体权利相分离的情形是客观存在的。20 世纪初，以欧利尤(Hauriou)和狄骥(Duguit)为代表的公法学者们，提出了存在一种客观法诉讼(*contentieux objectif*)，即这一诉权的目的并不是维护请求人的主观权利，而是为了维护抽象的合法性。④ 在民事诉讼中也存在不以实体权利为前提的诉权，例如法国《新民事诉讼法典》第 423 条规定检察机关为维护公共秩序而提起诉讼。此外，实体权利在某些情况下并不会引起诉权的产生。例如，由自然债务引起的债权并不被赋予诉权，《法国民法典》第 1965 条也规定了法律对赌博性游戏债务或赌注的支付不赋予任何诉权。

由此可见，相对于实体权利，民事诉权具有其自主性。维左兹(Vizioz)、耶兹(Jèze)等法国学者认为，诉权是向法院起诉的权利(*pouvoir d'agir*)，它是一种由客观法承认的、具有普遍性的客观权(*pouvoir*)。⑤ 莫杜勒斯基(Motulsky)则认为诉权不是向司法机关提出请求的权利，而是一项要求法官决定向其提交

---

① Voir. E. Glasson, *Précis théorique et pratique de procédure civile*, t. 1, 2e édition, 1908, n° 226.

② Voir. J. Héron, T. Le Bars, *Droit judiciaire privé*, LGDJ, 6e édition, 2015, n° 42.

③ Voir. L. Cadiet, E. Jeuland, *Droit judiciaire privé*, LexisNexis, 10e édition, 2017, n° 311.

④ Voir. H. Motulsky, *Ecrits, études et notes de procédure civile*, Dalloz, réimpr. 2010, p.88.

⑤ Voir. H. Vizioz, *Études de procédure civile*, Dalloz, réimpr. 2011, p.150.

的主张是否具有实体依据的资格(*faculté*)。① 同时,莫杜勒斯基也不认同将诉权定性为客观权,他认为诉权只是一个潜在的可能性,应当根据行使诉权所产生的效果来定义诉权的性质,当事人因行使诉权而与他人产生的关系并不是非个体的普遍性关系,而是一种个体的、独立的关系,诉权应当是一种程序性主观权利(*droit subjectif processuel*)。② 法国《新民事诉讼法典》第 30 条最终采纳了莫杜勒斯基的观点,将诉权定义为:"对于提出主张(*prétention*)的一方,诉权是指其主张的实体理由(*fond*)能为法官所听审,以便法官裁判其主张是否有实体依据(*bien ou mal fondée*)的权利;对于对方当事人,诉权是指就该主张是否有实体依据进行辩论的权利。"

同时,《新民事诉讼法典》第 32 条还规定了,由不享有诉权的人提出的或者针对不享有诉权的人提出的任何主张均不予受理。由此可见,诉权是一个有关于主张可受理性的概念,它是受理当事人提出的主张的基础,对于可受理的主张,法官应当听审其实体理由,反之则法官应当拒绝听审主张的实体理由,但主张被受理并不意味着就会宣告主张具有实体依据。③

不过,新民事诉讼法典对诉权的定义虽然区分了诉权与主张的实体依据,回应了现代理论对诉权与实体权利的区分,但是诉权与实体权利之间依然存在着必要的联系,两者的区别不能被过分夸大。首先,在民事诉讼中,诉权具有保障实体权利的功能。④ 其次,法国民事诉权理论对诉权进行了分类,例如对物诉权和对人诉权、动产诉权和不动产诉权,分类的依据便是诉讼所涉及的实体权利的性质或客体。⑤ 再次,对因缺乏诉权而提出不予受理抗辩的审查,理应先于案件

---

① Voir. H. Motulsky, *Ecrits, études et notes de procédure civile*, Dalloz, réimpr. 2010, p.95.

② Voir. H. Motulsky, *Ecrits, études et notes de procédure civile*, Dalloz, réimpr. 2010, pp.98-100.

③ Voir. N. Cayrol, *V° Action en justice*, *Répertoire de procédure civile*, Dalloz, 2013, n° 1 et n° 2.

④ Voir. C. Mauger-Rougeau, *L'action en justice, un droit processuel pour la garantie des droits substantiels*, thèse, Université Paris Ⅱ - Panthéon Assas, 2008, n° 360; L. Cadiet, E. Jeuland, *Droit judiciaire privé*, LexisNexis, 10e édition, 2017, n° 317.

⑤ Voir. L. Cadiet, E. Jeuland, *Droit judiciaire privé*, LexisNexis, 10e édition, 2017, n° 321.

实体问题的辩论,然而实际上不予受理抗辩可以在诉讼的任何阶段提出。① 最后,根据法国《新民事诉讼法典》第 31 条的规定,对支持或驳回某项主张具有合法利益(*l'intérêt légitime*)的人均享有诉权。而通过评估是否具有合法利益来确认当事人主张的可受理性,具有预先审查当事人的主张是否有实体依据的效果。②

值得注意的是,法国《新民事诉讼法典》第 30 条中所指的主张、理由和依据,一般都被认为是实体性质的。③ 但有法国学者指出,法官不仅仅只是听审实体主张(*prétention substantielle*)的理由并判断其是否有依据,也可以听审一项程序性主张(*prétention procédurale*)的理由,例如当事人提出的程序性抗辩和不予受理抗辩,并判断这种程序性主张是否有依据。④ 这一观点已经法国最高法院的司法判例所承认。法国最高法院的一份判决认可了一项诉讼的可受理性,这一诉讼并未涉及任何实体上的请求,其唯一目的是宣告法国法院就某一案件不具有国际管辖权。⑤

二、法国诉权的分类

如前所述,法国民事诉权理论对诉权进行了分类,依据的是诉争实体权利的性质或客体。根据诉讼所涉的实体权利的性质,诉权可以被划分为对物诉权、对人诉权和混合诉权;根据诉讼所涉的实体权利的客体,诉权可以被划分为动产诉权和不动产诉权;不动产诉权又可以被划分为本权诉权和占有诉权。

---

① Voir. J. Ghestin, G. Goubeaux, *Traité de droit civil. Introduction générale*, LGDJ, 4e édition, 1994, n° 588.

② Voir. H. Solus, R. Perrot, *Droit judiciaire privé*, Sirey, 1961, t. 1, n° 228.

③ 这一点在我国对于法国《新民事诉讼法典》第 30 条的翻译上也有所体现。"对于提出某项请求的人,诉权是指他就该项请求之实体的陈述能为法官听取,以便法官裁判该请求是否有依据的权利。对于他方当事人,诉权是指辩论此项请求是否有依据的权利。"参见《法国新民事诉讼法典》,罗结珍译,法律出版社 2008 年版,第 71 页。"对于请求人来说,诉权就是指获得法官听审其请求的实体理由,以便法官裁判其请求是否有依据的权利。对于对方当事人而言,诉权是就请求人的请求是否有实体依据进行辩论的权利。"参见[法]洛伊克·卡迪耶:《法国民事司法法》,杨艺宁译,中国政法大学出版社 2010 年版,第 279 页。

④ Voir. L. Cadiet, J. Normand, S. A. Mekki, *Théorie générale du procès*, PUF, 2e édition, 2013, n° 80, p.339.

⑤ Cass. 1re civ. 7 déc. 2011, n° 10-30.919.

（一）对物诉权、对人诉权与混合诉权

如果诉争的实体权利具有物权性质，那么诉权即是对物诉权（*actions réelles*）。与物权一样，对物诉权的数量受到限制。① 常见的对物诉权有基于所有权的返还诉权（*action en revendication*），基于地役权或用益权而产生确认诉权（*action confessoire*）和否认诉权（*action négatoire*），以及针对抵押权、质押权和留置权而产生的诉权等等。如果诉争的实体权利属于对人权利，即具有债权性质，诉权便是对人诉权（*actions personnelles*）。混合诉权（*actions mixtes*）是指诉权的行使同时涉及物权和债权。混和诉权主要发生在两种情况下，第一种混合诉权是要求履行合同或完成法律行为，借此转移一项不动产物权或者在该不动产上创设一项物权；第二种混合诉权旨在取消、解除、撤销、撤回一项转移或创设不动产物权的行为。② 第一种情形的典型例证是不动产买卖合同履行之诉：买受人作为交付标的物的债权人，提起的要求交付标的物的诉讼属于对人诉权，但买受人在合同达成时已成为标的物的所有权人，③其同时也在主张所有物的返还，因此该诉讼也属于对物诉权。④ 第二种情形例如未支付价款而导致的合同解除诉讼，权利主体针对合同未履行而提起的诉讼属于对人诉权，一旦合同解除便获得请求回复原状的权利，也就是请求物的返还，返还之诉则属于对物诉权。⑤

（二）动产诉权和不动产诉权

如前所述，动产诉权（*actions mobilières*）和不动产诉权（*actions immobilières*）是依据诉争的实体权利的客体而做的划分。因此，针对动产权利而行使的诉权即动产诉权，针对不动产权利行使的即不动产诉权。通常情况下，动产诉权都是对人诉权，债务清偿诉讼就是典型例证。而绝大部分的不动产诉

① Voir. J. Larguier, P. Conte, C. Blanchard, *Droit judiciaire privé*, Dalloz, 20e édition, 2010, p.81.

② Voir. Y. Lobi, Y. Desdevises, *JurisClasseur Procédure civile*, *Fasc*. 500-90 : *Action en justice —Classification des actions en justice*, 2016, n° 34.

③ 根据《法国民法典》第1583条的规定，一旦当事人就标的物和价金达成协议，买卖即告完成，买受人从出卖人处取得标的物的所有权，既是标的物尚未交付，价金尚未支付。

④ Voir. L. Cadiet, E. Jeuland, *Droit judiciaire privé*, LexisNexis, 10e édition, 2017, n° 326.

⑤ Voir. S. A. Mekki, Y. Strickler, *Procédure civile*, PUF, 2014, n° 52.

权都是对物诉权,例如前述提及的所有权返还之诉。但是在极特殊的情况下,也会出现动产对物诉权和不动产对人诉权。《法国民法典》第2276条第1款规定了,对于动产,占有即相当于所有权证书。这就表明在一般情况下,不存在针对动产的所有权返还之诉。但是根据该条第2款前半段的规定,物品遗失或被盗之人,自该物品遗失或被盗之日起3年内,得向现时持有该物品的人请求返还。因此,针对遗失物或被盗物的返还之诉便例外地构成了动产对物诉权。而不动产对人诉权涉及一项交付不动产物权的债权,通常情况下,物权转让合同的成立即带有物权转移的效果,因此这种债权很少见。① 但是,在所有权延期转让的情形下,可能会产生不动产对人诉权,主要有两种情况:一是出卖不动产性质的不确定物,例如出售在建不动产中的一间公寓;二是所有权的转移受到当事人约定的影响,例如当事人约定了所有权保留条款。②

(三)本权诉权与占有诉权

占有保护只针对不动产,③因此这一分类只针对不动产对物诉权。本权诉权(*actions pétitoires*)的基本特征在于以确认当事人是否拥有一项物权性权利为最终目的,它既可以是为了保护所有权,也可以是为了保护某个法律主体所享有的定限物权,如用益权或地役权。④ 前述提及的所有权返还之诉,以及用益权、地役权的确认之诉或否认之诉都属于常见的本权诉权。

占有诉权(*actions possessoires*)则是为了保护对不动产占有或持有的事实。⑤ 根据法国《新民事诉讼法典》原第1265条第1款的规定,占有保护和权利实体在任何情况下均不竞合。因此,《新民事诉讼法典》原第1266条规定了,针对案件实体提起诉讼的人不享有占有诉权。法官的裁判权和案件的管辖也受到了影响:受理占有诉讼的法官只能处理占有纠纷,不能核实纠纷当事人中的哪一

① Voir. J. Héron, T. Le Bars, *Droit judiciaire privé*, LGDJ, 6e édition, 2015, n° 44.

② Voir. Y. Lobi, Y. Desdevises, *JurisClasseur Procédure civile*, *Fasc.* 500-90: *Action en justice —Classification des actions en justice*, 2016, n° 14.

③ Cass. 1re civ., 6 fév. 1996, n° 94-10.784.

④ Voir. L. Cadiet, E. Jeuland, *Droit judiciaire privé*, LexisNexis, 10e édition, 2017, n° 332.

⑤ Voir. J. Larguier, P. Conte, C. Blanchard, *Droit judiciaire privé*, Dalloz, 20e édition, 2010, p.83.

方是真正的所有权人;本权诉权属于大审法院管辖,而占有诉权则归属小审法院管辖。[①] 然而这种区分在司法实践中并不容易,不竞合原则(*le principe de non-cumul*)的应用导致了确定管辖上的困难,也使占有诉讼的速度大幅减慢。[②] 在能够通过紧急程序(*référé*)[③]解决占有纠纷后,占有诉权受到了很大的挑战,相较于占有诉讼,启动紧急程序的条件更容易满足,法官行使职权也更为灵活,占有诉讼的数量因此锐减。[④] 最终,规制占有诉权的法国民法典和新民事诉讼法典的条款被相继废除,[⑤]实在法中已经不存在占有诉权。但这并不意味着占有或持有的事实不再被保护,对占有或持有的保护如今通过紧急程序来完成。[⑥]紧急程序和本权诉讼之间依然存在着等级关系,为保护占有事实而进入紧急程序并不会剥夺当事人作为物权所有人提起本权诉讼的权利,而提起针对案件实体的诉讼后,紧急法官也不再受理相关的占有纠纷。[⑦]

(四)诉权分类的意义

第一,区分对人诉权和对物诉权关系到当事人的确定。对人诉权仅能由债权人(或其继承人)针对债务人(或其继承人)行使,而对物诉权则可以由所有主张对某物享有物权的人,针对所有不承认其该项物权的人行使。[⑧]

---

① Voir. Y. Strickle, *La mort des actions possessoires*, in *Études offertes au doyen Philippe Simler*, Dalloz-Litec, 2007, pp.823-824.

② Voir. A. Marque, *Fin de partie pour l'action possessoire ou les beaux jours du refere*, *Les Petites affiches*, 2015, n° 79, 4.

③ 紧急程序是指在存在紧急情况或不存在严重争议的情形下,为了取得一份临时性裁判决定,而进行的一种不对案件实体问题进行审查的对席性程序。Voir. G.Cornu (ed.), *Vocabulaire juridique*, V^{o} *Référé*, PUF, 12e édition, 2018.

④ Voir. H. Périnet-Marque, *La fin des actions possessoires, chronique d'une mort annoncée*, *La Semaine Juridique Edition Générale*, 2015, n° 9, 244.

⑤ 民法典关于占有诉权的第2279条于2015年2月16日被第2015-177号法律(loi)废除,继而新民事诉讼法典关于占有诉权的第1264条至第1267条于2017年5月6日被2017-892号法令废除。

⑥ Voir. Stéphane Piedeliévre, *Brèves remarques sur la disparition des actions possessoires avec la loi du* 16 *février* 2015, *Gazette du Palais*, 2015, n° 78, 4.

⑦ Voir. L. Cadiet, E. Jeuland, *Droit judiciaire privé*, LexisNexis, 10e édition, 2017, n° 332.

⑧ Voir. J.—M. Despaquis, *JurisClasseur Procédure civile*, *Synthèse —Action en justice*, 2019, n° 4.

第二，区分动产诉权和不动产诉权关系到当事人的诉讼能力。行使不动产诉权被视为一种处分行为（*acte de disposition*），而行使动产诉权则被认为是一种管理行为（*actes d'administration*），因此除非经特别授权，无能力人的代理人不能行使不动产诉权。① 但这一区别存在例外情形，例如根据《法国民法典》第504条第2款的规定，监护人得单独在法院主张被监护人的财产权益，此处并没限制是动产权益还是不动产权益。

第三，诉权的分类关系到管辖法院的确定。根据法国《新民事诉讼法典》第44条和《司法组织法》第R211-4条的规定，不动产对物诉权由不动产所在地的大审法院（*tribunal de grande instance*）管辖。除此之外，被告人住所地的法院可以管辖所有类别的诉权，这些诉权依据诉讼所涉的价值由大审法院或小审法院（*tribunal d'instance*）管辖。② 而在混合诉权的情形中，根据《新民事诉讼法典》第46条的规定，当事人可以自行选择由被告人住所地或不动产所在地的法院管辖。

第四，诉权的分类关系到消灭时效期间的确定。《法国民法典》第2224条规定了，对人诉权或动产诉权的时效期间则为5年，自权利主体知道或应当知道其可以行使权利的事实之日起开始计算。而根据《民法典》第2227条的规定，除所有权不受时效限制以外，不动产对物诉权的时效期间为30年，起始时间为权利主体知道或应当知道其可以行使权利的事实之日。

三、法国诉权的要件

民事诉权必须在满足某些条件时才得以存在，这些条件便是诉权的要件。法国《新民事诉讼法典》第31条规定了，凡对主张被支持或被驳回具有合法利益的人都享有诉权，但法律将诉权仅赋予其认定的有资格提出或攻击一项主张的人时，或者将诉权赋予有资格保护一项特定利益的人时除外。由这一规定可以得出，享有民事诉权需要满足利益和资格这两个要件。但是根据《新民事诉讼法典》第32条的规定，对不存在诉权的惩罚是对当事人的主张不予受理，且该法典相应地在第122条中规定了理由不限于无利益和无资格的不予受理抗辩。因

---

① Voir. Y. Lobi, Y. Desdevises, *JurisClasseur Procédure civile*, *Fasc*. 500-90: *Action en justice —Classification des actions en justice*, 2016, n° 5.

② Voir. S. A. Mekki, Y. Strickler, *Procédure civile*, PUF, 2014, n° 54.

此，诉权的要件也与有关不予受理抗辩的规定存在关联。

（一）诉的利益（*l'intérêt pour agir*）

诉的利益是因行使诉权而获得的益处、效用或优势。① 法国有一句著名的法谚：无利益，则无诉权（*Pas d' intérêt, pas d'action*）。无论是何种身份，任何在诉讼程序中提出主张的主体，例如原告、被告和介入诉讼的第三人，都必须具有利益。② 这种利益可能是财产性的，也可能是非财产性的，可能是金钱利益，也可能是纯粹的精神利益，但这并不意味着任何利益都可以构成诉的利益。③ 法国民事诉讼理论一般认为诉的利益应当是已经产生且现实存在的利益、合法的利益和私人的直接利益。

1.已经产生且现实存在的利益（*l'intérêt né et actuel*）

诉权以已经产生且现实存在的利益为前提，这意味着诉的利益只可能是在行使诉权时就已经存在的利益。④ 首先，这一特征排除了基于过去的利益（*intérêt passé*）而提起的诉讼。⑤ 例如在侵权纠纷的情况下，如果受害人所遭受的损害已被完全补偿，那么其再就这一损害而行使的诉权便不具有诉的利益。⑥ 但只要没有获得实际补偿，即使判决某一侵权人补偿其损害，受害人依旧具有向造成这一损害的其他侵权人行使诉权的利益。⑦ 其次，仅仅是或然的（*éventuel*）利益不足以享有诉权。⑧ 例如在房屋租赁纠纷中，出租人在退租文书（*congé*）生效前，向法院提出的确认该文书有效的请求不具有已经产生且现实存在的利益。⑨

---

① Voir. C. Chainais, F. Ferrand, S Guinchard, *Procédure civile : Droit interne et européen du procès civil*, Dalloz, 33e édition, 2016, n° 177.

② Cass., 1re civ., 19 jan. 1983, n° 81-16.159.

③ Voir. L. Cadiet, E. Jeuland, *Droit judiciaire privé*, LexisNexis, 10e édition, 2017, n° 336.

④ Voir. G. Couchez, X. Lagarde, *Procédure civile*, Dalloz, 17e édition, 2014, n° 153.

⑤ Voir. Y. Desdevises, O. Staes, *JurisClasseur Procédure civile*, *Fasc*. 500-75 : *Action en justice -Recevabilité —Conditions subjectives -Intérêt*, 2016, n° 42.

⑥ Cass., 2e civ., 26 jan. 1994, n° 93-06.009.

⑦ Cass., 1er civi., 20 juin 2000, n° 97-22.660.

⑧ Voir. C. Chainais, F. Ferrand, S Guinchard, *Procédure civile : Droit interne et européen du procès civil*, Dalloz, 33e édition, 2016, n° 182.

⑨ Cass., 3e civ., 8 déc. 1999, n° 97-12.738.

与这一特征相关的一个重要问题是能否受理预防性诉讼(*action préventive*)。预防性诉讼一般可以区分为迫使主张诉讼、迫使选择诉讼、宣告性诉讼和保全性诉讼。① 迫使主张诉讼(*action provocatoire*)是以敦促公开自称拥有某项权利的人证实该项权利为目的的诉讼。② 法国现代法律在原则上并不接纳迫使主张诉讼,因为这种诉讼违反了诉权的自由性原则,并且导致了证明责任的转移。③ 但是在知识产权法领域存在一项例外,根据《法国知识产权法典》第 L615-9 条的规定,任何在欧洲经济共同体成员国境内进行工业实施或者为此进行了认真和有效准备的人,可以邀请专利权人就其是否有权反对该项实施作出决定,若对专利权人的答复有质疑或者专利权人自被邀请之日起 3 个月内未作出答复,此人可以向法院起诉专利权人以获得专利对工业实施不构成障碍的判决。

迫使选择诉讼(*action interrogatoire*)则针对的是有权在一定期限内行使某项选择或提出某项主张的人,旨在强迫其立即作出决定。④ 由于阻碍了当事人选择的自由,这类诉讼自然是被禁止的。⑤ 例如根据《法国民法典》第 771 条的规定,在自继承开始起 4 个月的期限届满前,不得强制继承人作出选择,即使该期限已经届满,也是通过司法外行为来催告继承人作出选择。但是新民事诉讼法典例外地规定了一项迫使选择诉讼。根据该法典第 300 条和第 301 条的规定,如果原告以主诉讼(而非附带诉讼)的形式主张私文书为伪造,那么应当在诉状中敦促被告声明其是否打算使用被原告主张为伪造的私文书,若被告表示不会使用该文书,则法官判决原告胜诉。

宣告性诉讼(*action déclaratoire*)的目的是在司法上确认某一法律状况或

---

① Voir. H. Solus, R. Perrot, *Droit judiciaire privé*, Sirey, 1961, t. 1, n° 230 et n° 236 ; N. Cayrol, Procédure civile, Dalloz, 1er édition, 2017, n° 250.

② Voir. R. Cabrillac (ed.), *Dictionnaire du vocabulaire juridique*, V° *Action de jactance*, LexisNexis, 9e édition, 2017.

③ Voir. Y. Desdevises, O. Staes, *JurisClasseur Procédure civile*, *Fasc*. 500-75 : *Action en justice*. —*Recevabilité* —*Conditions subjectives -Intérêt*, 2016, n° 44.

④ Voir. S. Guinchard et T. Debard (eds.), *Lexique des termes juridiques*, V° *Action interrogatoire*, Dalloz, 25e édition, 2017.

⑤ Voir. S. A. Mekki, Y. Strickler, *Procédure civile*, PUF, 2014, n° 67.

某一权利是否存在。[①] 原则上,仅仅为了确认一项权利而提起诉讼是不被允许的,因为法官的职能是解决纠纷,而非提供法律咨询。[②] 但是某些宣告性诉讼得到了法国法院判例的承认,例如前述提及的仅为了宣告法国法院不具有国际管辖权而提起的诉讼。法国法中也存在关于宣告性诉讼的例外规定,例如根据《法国民法典》第 29-3 条第 1 款的规定,任何人均有权向法院起诉确认其是否具有法国人的资格。而在民事诉讼中,法国《新民事诉讼法典》第 296 条规定当事人可以主诉讼的方式提起字迹核对诉讼。通过这种诉讼,当事人得以确定其所持有的私文书是否确实出自签字人之手,能够避免将来在该文书的证明效力上产生异议,也可以借此获得该文书的执行力。[③] 在这些例外的情形中,不能仅凭当事人的权利还没有受到直接、确实的质疑就认为当事人只具有或然性利益;实际上,某项权利在近期将无法正常行使的状况,给当事人带来了严重的不确定性,这种不确定性促生了一项现实的利益。[④]

保全性诉讼(*action conservatoire*)则旨在请求法官采取保全措施,并不要求法官解决可能存在的争议。[⑤] 这类诉讼主要包括对证据的保全和对侵害的防止。法国《新民事诉讼法典》第 150 条规定了,在任何诉讼之前,若有保全或确定争议解决可能依据的证据的合法理由,得依任何利害关系人经申请(*requête*)或经紧急程序提出的请求,命令采取法律允许的证据调查措施[⑥]。法律之所以允许进行这类诉讼,是因为当事人在避免可能对将来进行的诉讼起到决定性作用的证据灭失这件事上存在利益。[⑦] 而根据《新民事诉讼法典》第 809 条第 1 款的

---

① Voir. G. Cornu (ed.), *Vocabulaire juridique*, V° *Action déclaratoire*, PUF, 12e édition, 2018.

② Voir. N. Cayrol, *Procédure civile*, Dalloz, 1er édition, 2017, n° 251.

③ Voir. C. Chainais, F. Ferrand, S Guinchard, *Procédure civile : Droit interne et européen du procès civil*, Dalloz, 33e édition, 2016, n° 721.

④ Voir. H. Solus, R. Perrot, *Droit judiciaire privé*, Sirey, 1961, t. 1, n° 233.

⑤ Voir. N. Cayrol, *Procédure civile*, Dalloz, 1er édition, 2017, n° 257.

⑥ 申请(requête)是指当事人直接向法官提出的书面请求,在存在紧急状况或不需要进行辩论时,可以不传唤对方当事人而直接依申请作出属于临时性裁决的命令(ordonnance)。Voir. S. Guinchard et T. Debard (eds.), *Lexique des termes juridiques*, V° *Requête*, Dalloz, 25e édition, 2017.

⑦ Voir. Y. Desdevises, O. Staes, *JurisClasseur Procédure civile*, *Fasc*. 500-75 : *Action en justice*. —*Recevabilité* —*Conditions subjectives -Intérêt*, 2016, n° 69.

规定，为防止近迫的侵害，法院院长可以经紧急程序命令采取保全措施。在这种情形中，损害虽然尚未发生，但是已经产生了足够的严重性和威胁性，对当事人造成了困扰，这种困扰便构成了当事人对预防这一损害发生的现实利益。①

2.合法利益(*l'intérêt légitime*)

合法利益是法国《新民事诉讼法典》第 31 条明确规定的诉的利益所应具有的特征。如前所述，对合法性的审查有预先审查案件实体问题的功能。且若要满足合法利益的要求，仅仅是宣告请求可受理是不够的，还需要法官宣告主张具有实体依据，因为如果主张最终被驳回，无法保护合法利益。② 可以说，合法利益这一特征混淆了诉的利益和主张的实体依据。尽管如此，大量的裁判还是以合法利益为要求来评估某些主张的可受理性的。③ 一般而言，法官对于合法性的评估会特别注意道德考量，因此请求人的主张可能因为其所为的严重不道德行为，或因其主张受到指责而不被受理。④ 由于合法利益的要求，法国法院曾一度不受理非法同居的女方因其伴侣死亡而提出的损害赔偿诉讼。⑤ 这是因为非法同居的双方之间不存在法律关系。直到 1970 年，法国最高法院作出一份判决，该判决认为《民法典》原第 1382 条(现第 1240 条)规定的对他人造成损害的行为实施者所负赔偿责任，在受害者死亡情况下，并不要求已故者与赔偿请求人之间存在法律关系，因交通事故而死亡的受害者的非法同居人因此可以请求肇事者赔偿她的个人损失。⑥ 但这并不表示对诉的利益的评估不再进行任何的道德衡量。若双方当事人互相存在严重不道德的行为，则法官有理由依职权决定

① Voir. L. Cadiet, J. Normand, S. A. Mekki, *Théorie générale du procès*, PUF, 2e édition, 2013, n° 81.

② Voir. W. Georges, *La légitimité de l'intérêt à agir*, in *Justices et droit du procès : du légalisme procédural à l'humanisme processuel mélanges en l'honneur de Serge Guinchard*, Dalloz, 2010, p.879.

③ Voir. Y. Desdevises, O. Staes, *JurisClasseur Procédure civile*, *Fasc*. 500-75 : *Action en justice —Recevabilité —Conditions subjectives -Intérêt*, 2016, n° 25.

④ Voir. S. Guinchard, F. Ferrand et alii, *Droit et pratique de la procédure civile*, 9e édition., 2016, n° 101.82.

⑤ Voir. Ph. Le Tourneau et alii, *Droit de la responsabilité et des contrats*, Dalloz, 11e édition, 2017, n° 2123.21.

⑥ Cass., ch. mixte, 27 fév. 1970, n° 68-10.276.

不受理一方向另一方提出的请求。[①]

3. 私人的直接利益(*l'intérêt direct et personnel*)

私人的直接利益这一特征说明了民事主体只有在对其声明的权利的侵犯影响其自身且进行诉讼为其带来个人惠利时才享有诉权。[②] 基于对私人的直接利益的要求,民事主体不能为了维护他人的利益而提起诉讼,但诉讼代理除外,在这类情形中,诉讼中的任何行为都被视为是被代理人自己完成的,因此对是否存在私人利益的判断也是针对被代理人的。[③] 不过,诉的利益应当是私人的直接利益只是一个原则性要求,法国法中存在着诸多的例外,这些例外就涉及了诉权存在的下一个要件——诉的资格。

(二)诉的资格(*la qualité pouragir*)

诉的资格是指赋予要求法官审查主张的实体理由的权利,即诉权的法律身份(*titre juridique*)。[④] 关于这一要件,最常见的情形是只要证明了具有私人的直接利益便具有诉的资格,此时诉的资格只是诉的利益的一个特定的面貌。[⑤] 这种情形中的诉权是一种所有对主张被支持或被驳回具有私人利益的人都能够享有的普通诉权(*action banale*)。[⑥] 但是,法律有时候不承认有私人的直接利益的民事主体拥有的诉的资格,有时候则会确认没有私人的直接利益的民事主体具有诉的资格,诉的利益这一概念因此起到了限制或扩展诉权主体范围的作用。[⑦]

1.诉的资格对诉权主体范围的限制

从《新民事诉讼法典》第 31 条的但书条款中可以得知,在某些情况下,法律会将诉权仅赋予其认定的有资格的主体。这就产生了与普通诉权相对的保留诉

---

① Cass., com., 27 avr. 1981, n° 80-11.200.

② Voir. C. Lefort, *Procédure civile*, 5e édition, Dalloz, 2014, n° 79.

③ Voir. G. Couchez, X. Lagarde, *Procédure civile*, Dalloz, 17e édition, 2014, n° 154.

④ Voir. L. Cadiet, E. Jeuland, *Droit judiciaire privé*, LexisNexis, 10e édition, 2017, n° 347.

⑤ Voir. C. Chainais, F. Ferrand, S Guinchard, *Procédure civile : Droit interne et européen du procès civil*, Dalloz, 33e édition, 2016, n° 188.

⑥ Voir. S. Guinchard et T. Debard (eds.), *Lexique des termes juridiques*, V° *Action banale*, Dalloz, 25e édition, 2017.

⑦ Voir. E. Jeuland, *Droit processuel général*, LGDJ, 3e édition, 2014, n° 301.

权(*action attitré*)。保留诉权是指保留给被法律赋予资格的主体专有的,而非由所有具有利益的主体享有的诉权。① 以婚姻无效之诉为例,《法国民法典》第184条规定的因未达法定年龄、重婚等原因而提起的婚姻绝对无效之诉属于普通诉权,夫妻、利害关系人或者检察官都可以提起诉讼。但是《民法典》第180条还规定了针对未经夫妻双方或一方自由同意而缔结的婚姻关系的无效之诉,这种无效之诉便只能由夫妻双方或同意表示不自由的一方提起,或由检察机关提起。法国法对保留诉权的规定颇多,尤其是在家事法领域。除了有关婚姻关系的诉讼,在有关亲子关系的诉讼中,《民法典》第327条规定了确认父子关系的诉权专属于子女。而在家事法领域之外也存在保留诉权,例如《民法典》第414-2条规定的针对因精神障碍而提起的行为无效之诉,在行为人生前只能由有利害关系的人提起。此外,法国2016年关于债法改革的第2016-131号法令也涉及了保留诉权,根据新增的《民法典》第1181条的规定,只有法律意图保护的当事人可以主张合同的相对无效。

2.诉的资格对诉权主体范围的扩展

《新民事诉讼法典》第31条的但书条款还规定了另一种情形,为了保护特定的利益,法律有时会将诉权赋予有资格进行保护的主体。所谓的"特定的利益",法国民事诉讼理论一般将其分为三类,即普遍性利益(*l'intérêt général*)、集体利益(*l'intérêt collectif*)和他人利益(*l'intérêt d'autrui*)。

(1)维护普遍性利益的资格。原则上,维护普遍性利益的资格属于检察机关,这种维护在民事诉讼中只针对关涉公共秩序(*ordre public*)的事件。② 法国《新民事诉讼法典》第422条规定了,在法律特别规定的情况下,检察机关得依职权提起诉讼。法律对检察机关享有民事诉权的规定有很多,主要涉及身份案件和家事案件,例如《法国民法典》第29-3条规定的国籍确认诉讼和前述提及的婚姻无效诉讼。合同法领域也有这类规定,例如2016年新增的《民法典》第1180条规定了,检察机关可以主张合同的绝对无效。这些诉讼属于前述提及的旨在维护合法性的客观法诉讼,因此一些对合法性的遵守有特别重要的私人利益的

① Voir. G.Cornu (ed.), *Vocabulaire juridique*, *V° Attitré*, PUF, 12e édition, 2018.

② Voir. E. Jeuland, *Droit processuel général*, LGDJ, 3e édition, 2014, n° 304.

主体也被赋予了诉的资格。① 依旧以合同绝对无效为例,《民法典》第1180条同时规定了,任何证明了有利益的人都可以主张合同的绝对无效。但是《法国民法典》第333条第2款规定了,除检察机关外,自出生或被承认之日起按照证书占有身份至少满5年时,任何人均不得对亲子关系提出异议。在依据法律的特别规定提起民事诉讼时,检察机关没有必要证明诉讼关系到公共秩序,因为法律规定的本身足以说明这一点。②

此外,根据《新民事诉讼法典》第423条的规定,除了法律特别规定的情况,在存在妨害公共秩序的事件时,检察机关得为维护公共秩序而提起诉讼。在此种情形下,检察机关只有证明了存在公共秩序被妨害的情况才能取得诉的资格。例如法国最高法院认可了检察机关提起的一项出生证明登载无效之诉的可受理性,登载(*transcription*)③无效诉讼并不在法律明确规定检察机关享有诉权的范围内,最高法院的理由在于,该出生证明来源于一份代孕协议,但法国法禁止这种协议(《法国民法典》第16-7条),对此禁止的违反妨害了公共秩序。④

(2)维护集体利益的资格。在维护集体利益的情形中,法国法主要将诉权赋予行业工会(*syndicats professionnels*)和协会(*associations*)。工会维护集体利益的资格是由法国劳动法典赋予的,根据《劳动法典》第L2132-3条的规定,行业工会具有诉权,其可以在任何司法机构,就直接或间接侵害其所代表的行业的集体利益的行为,行使保留给损害赔偿请求人的所有权利。行业工会的这类诉权以存在对整个行业利益的侵害为前提,这种侵害的特征是能够被工会的每一个成员所感知且对行业整体造成了损害。⑤ 不同于行业工会,对协会维护集体利益的资格并不存在像《劳动法典》第L2132-3条这样的一般性条款,但是越来越

---

① Voir. J. Ghestin, G. Goubeaux, *Traité de droit civil. Introduction générale*, LGDJ, 4e édition, 1994, n° 595.

② Voir. L. Cadiet, J. Normand, S. A. Mekki, *Théorie générale du procès*, PUF, 2e édition, 2013, n° 86.

③ 登载是指对某些法律文书的公告手续,方式是将文书内容誊写于登记机关。Voir. G.Cornu (ed.), *Vocabulaire juridique*, *V° Transcription*, PUF, 12e édition, 2018.

④ Cass., 1e civ., 17 déc. 2008, n° 07-20.468 : Gaz. Pal. 31 déc. 2008-3 jan. 2009, 18, obs. Weiss-Gout.

⑤ Voir. G. Couchez, X. Lagarde, *Procédure civile*, Dalloz, 17e édition, 2014, n° 155.

多的个别条款赋予了某些类型的协会维护集体利益的诉权。[①] 例如根据《法国消费法典》第 L621-1 条的规定,定期注册且在其章程中明确以保护消费者利益为宗旨的协会,如其获得履行这一宗旨的认证,就直接或间接侵害消费者集体利益的行为,得行使损害赔偿请求人被承认的所有权利。《法国环境法典》第 L142-2 条中对经认证的环境保护协会也作了类似的规定。需要注意的是,由于对私人的直接利益的要求也适用于法人,因此工会或协会能够以自己的名义提起诉讼来维护其私人利益,例如社团为维护其名誉而提起的诉讼。[②] 而这只是一个普通诉权,并不是为了维护集体利益而被法律赋予的诉权。

(3)维护他人利益的资格。如前所述,由于对是否存在诉权的评断是针对被代理人的,所以诉讼代理并不属于为维护他人利益而进行诉讼。为维护他人利益而提起的诉讼指的是进行诉讼之人取代了他人诉讼地位的代位诉讼(*action de substitution*)。[③] 在法国法中,代位诉权既可以赋予自然人,也可以赋予团体。将代位诉权赋予自然人的典型例证便是股东代位诉讼,根据《法国民法典》第 1843-5 条第 1 款的规定,除了就个人受到的损害提起赔偿之诉以外,公司股东有权就公司受到的损害请求赔偿,向对公司的经营管理人员提起追究责任的公司诉讼,法院判处的损害赔偿应当归于公司。而在第二种情形中,法律则将代位诉权赋予了行业工会,法国劳动法典中存在诸多关于工会为了雇员的利益而享有的诉权。例如根据《劳动法典》第 L1247-1 条第 1 款的规定,公司中的代表性工会组织可以为了定期合同雇员的利益而提起诉讼,且无须取得利益相关人的授权。

(三)不予受理抗辩(*la fin de non-recevoir*)

不予受理抗辩是一种目的为对无诉权施以惩罚,亦即对缺乏诉权存在要件施以惩罚的防御手段。[④] 法国《新民事诉讼法典》第 122 条规定了,使对方当事人的请求因无诉权,不经实体审查就被宣告不可受理的任何理由,诸如无资格、无利益、消灭时效期间届满、已过预定期限、存在既判事项,均构成不予受理抗

① Voir. C. Lefort, *Procédure civile*, 5e édition, Dalloz, 2014, n° 86.

② Voir. S. Guinchard, F. Ferrand, C. Chainais, *HyperCours -Procédure civile*, Dalloz, 5e édition, 2017, n° 71.

③ Voir. E. Jeuland, *Droit processuel général*, LGDJ, 3e édition, 2014, n° 308.

④ Voir. S. Guinchard, F. Ferrand, C. Chainais, *HyperCours -Procédure civile*, Dalloz, 5e édition, 2017, n° 140.

辩。因此,除了无资格和无利益外,提出不予受理抗辩的其他理由也是诉权存在的要件,但不同于诉的利益和诉的资格这种满足即存在诉权的积极要件,这些理由是条件不成就时才存在诉权的消极要件。此外,不予受理抗辩作为一种防御手段,其提出也需要遵循一定的程序制度。

1.提出不予受理抗辩的理由

(1)消灭时效期间届满(*prescription*)。根据《法国民法典》第 2219 条的规定,消灭时效是一种因权利人在一定时间内不行为而引起权利消灭的方式。这种表述很容易让人认为消灭时效期间届满属于针对案件实体问题的抗辩,但是根据民法典后续条文的表述,因时效期间届满而消灭的是诉权,在预定期限的情况下也是如此。[①] 例如前文曾提及的,《民法典》第 2224 条对人诉权或动产诉权的时效期间规定为 5 年,而《民法典》2227 条则将针对所有权以外的不动产对物诉权的时效期间规定为 30 年。需要注意的是,消灭时效届满属于纯粹的防御手段,根据《民法典》2247 条的规定,法官不得依职权替代当事人援用时效规则。

(2)已过预定期限(*délai préfix*)。预定期限是一种专门针对一些特殊的诉权而预先规定的一个法定期限,超出这一期限则丧失该诉权。[②] 原则上,预定期限既不能中止也不能中断。[③] 在民事诉讼中,预定期限多为启动救济途径的期限。例如法国《新民事诉讼法典》第 538 条规定了,诉讼案件经普通上诉途径提出上诉的期限为一个月,非讼案件经普通上诉途径提出上诉的期限为 15 日。而在民法典中也有诸多对预定期限的规定。例如《法国民法典》第 1648 条第 1 款规定了,因可以解除买卖的瑕疵而产生的诉讼,应由买受人自发现瑕疵之日起两年内提起。在某些情况下,预定期限不仅仅是要求在一定的期限内提起诉讼,而是要求当事人在提起诉讼和完成特定的法律行为中作出选择。在合同无效的情形下,有权主张无效的人可以通过放弃这种主张的行为对合同进行确认(《民法典》第 1182 条第 1 款)。根据《民法典》第 1183 条第 1 款的规定,有权进行这种确认的人经由另一方当事人的书面催告,在六个月内或者确认合同,或者提起无

---

① Voir. J. Théron, *JurisClasseur Procédure civile*, *Fasc*. 600-30 : *Moyens de défense -Généralités*, 2018, n° 138.

② Voir. S. Guinchard, F. Ferrand, C. Chainais, *HyperCours -Procédure civile*, Dalloz, 5e édition, 2017, n° 112.

③ Voir. S. Guinchard et T. Debard (eds.), *Lexique des termes juridiques*, V° *Délai préfix*, Dalloz, 25e édition, 2017.

效之诉,否则因逾期而丧失权利。

(3)存在既判事项(*chose jugée*)。既判事项具有不得将已经判决过的事项再次提交同一或其他法院的权威效力,正是这种权威效力使得存在既判事项成为构成不予受理抗辩的理由。① 《法国民法典》第 1355 条规定,既判事项的权威效力仅及于已经是判决标的(*l'objet du jugement*)的事项,请求的事物(*chose*)应当同一,请求应当基于同一的原因(*cause*),请求应当是由同一原告针对同一被告以同一身份(*la même qualité*)提出的。由此可见,是否存在既判事项以三重同一性为判断标准,即当事人(*parties*)的同一性、标的(*objet*)的同一性和原因(*cause*)的同一性。② 针对当事人的同一性,曾经以当事人身份参与诉讼的人,曾通过代理人参与诉讼的人,以及受让全部权利的人都应当被归入当事人的范畴,且仅仅是双方当事人相同还不构成当事人的同一性,还需要双方当事人的地位也相同。③ 对于标的同一性的判断,只有在当事人基于同一事物声明同样的权利时才构成同一标的。④ 而原因的相同则是指构成当事人声明的权利的直接基础的事实或行为是同一的,因此在基于形式瑕疵主张遗嘱无效的诉讼失败后,当事人以遗嘱人撰写遗嘱时存在精神障碍为由提起遗嘱无效诉讼。⑤

(4)其他理由。法国《新民事诉讼法典》第 122 条所列举的导致不予受理的理由并不是限制性的。⑥ 因此,除了第 122 条所列举的事项,法律中还存在其他对应当不予受理的情形进行的规定。例如,在夫妻一方因可归咎于他方的严重或反复违反婚姻权利义务的事实而提出的离婚诉讼中,根据《民法典》第 244 条的规定,如果夫妻双方在上述事实发生后已经达成和解,那么对再援用相同事实作为理由的离婚诉讼,法官应当宣告不予受理。法国的司法判例也在扩大构成

---

① Voir. Y. Desdevises, O. Staes, *JurisClasseur Procédure civile*, *Fasc*. 500-70 : *Action en justice —Recevabilité —Conditions objectives*, 2016, n° 27.

② Voir. S. A. Mekki, Y. Strickler, *Procédure civile*, PUF, 2014, n° 80.

③ Voir. L. Cadiet, E. Jeuland, *Droit judiciaire privé*, LexisNexis, 10e édition, 2017, n° 729.

④ Voir. S. Guinchard, F. Ferrand, C. Chainais, *HyperCours -Procédure civile*, Dalloz, 5e édition, 2017, n° 186.

⑤ Voir. F. Terré, *Introduction générale au droit*, Dalloz, 10e édition, 2015, n° 754.

⑥ Voir. J. Larguier, P. Conte, C. Blanchard, *Droit judiciaire privé -Procédure civile*, Dalloz, 20e édition, 2010, p.88.

不予受理的理由的范围,例如在合同订有先行于诉讼的强制调解条款时,最高法院认为合同当事人未经调解程序而直接提起诉讼构成了不予受理的理由。①

2.提出不予受理抗辩的程序

法国《新民事诉讼法》在第 123 条至第 126 条中规定了不予受理抗辩的程序制度。首先,不予受理抗辩可以在诉讼的任何阶段提出。其次,不予受理抗辩一经提出,法官就应当进行审查,无须提出抗辩的一方证明其受到妨害,即使这种不予受理的理由并无明文规定。再次,虽然不予受理抗辩是当事人的一种防御手段,但在具有公共秩序的事项上,尤其是因未遵守应当提出救济的期限或者不存在救济途径时,法官应当依职权认定不予受理。而对于无诉的利益、无诉的资格和存在既判事项的情况,法官也可以依职权认定不予受理。最后,需要注意的是,有些可能导致不予受理的情形是可以补正的,若导致不予受理的原因在法官作出判决前已经消失,则可予以受理。

结 语

法国法中的民事诉权作为围绕着主张的可受理性这一核心概念而形成的理论与制度,其特点是体现了三对紧密的关系。首先,民事诉权体现了实体与程序之间的紧密关系。可以发现,法国民事诉权制度的搭建是由实体法和程序法共同完成的,民事诉讼法对诉权制度作出概括性规定,并由实体法分散处理具体的情形,脱离了实体法,诉权制度根本无法运行。其次,民事诉权体现了制度与理论之间的紧密关系。法国新民事诉讼法典对诉权的制度化是在总结既有理论成果的基础上完成的,而诉权制度确立后便为后续的理论研究提供了基本的框架,民事诉权理论形成了较为完整的理论体系。再次,置于法国民事诉讼制度整体中的诉权制度,也使诉权理论与其他民事诉讼制度产生关联,诉权理论因此具有了开放性。最后,民事诉权体现了理论与实践之间的紧密关系。由于诉权制度的存在,法国民事诉权理论与司法实践直接产生关联,实践中对诉权制度的不断运用,为诉权理论内容的丰富提供了源源不断的素材,诉权理论因此具有了革新性。法国民事诉讼法在诉权理论上的丰厚积淀,启示着我国的诉权理论研究也需要把握好这三对关系。对民事诉权的研究,应当成为对接我国民事实体法与民事诉讼法的桥梁,也要注意对司法实践经验的提炼和总结,而在参考域外经验

① Cass. ch. mixte, 14 févr. 2003, n° 00-19.423.

时,不能人为地割裂理论与制度之间的联系。本文只是对法国民事诉权的初步探索,实际上其内涵远不止于此,并且仍在不断更新变化。同时,法国民事诉权也与各种具体的诉讼程序和制度相连,是了解法国民事诉讼理论与制度的最佳窗口。可以说,法国民事诉权是一个不能被忽视也不应该被忽视的研究范本,值得持续关注。